LITERATURSTUDIUM

Sturm und D

LITERATURSTUDIUM

Matthias Luserke

Sturm und Drang

Autoren – Texte – Themen

Philipp Reclam jun.
Stuttgart

Mit 17 Abbildungen

Die Deutsche Bibliothek – CIP-Einheitsaufnahme

Luserke, Matthias:

Sturm und Drang : Autoren – Texte – Themen / Matthias Luserke. –
Stuttgart : Reclam, 1997
(Universal-Bibliothek ; Nr. 17602 : Literaturstudium)
ISBN 3-15-017602-6

Universal-Bibliothek Nr. 17602

Gesamtherstellung: Reclam, Ditzingen. Printed in Germany 1997

ISBN 3-15-017602-6

Inhalt

Sturm und Drang [. . .] wer die drey Worte anstaunt, als wären sie chinesisch oder malabarisch, der hat hier nichts zu erwarten.

Heinrich Leopold Wagner, 1777

Frei wie der Wind
Götter wir sind.

Lenz, *Lied zum teutschen Tanz*, um 1776

1
Profil einer literaturgeschichtlichen Periode

Sturm und Drang ist die einzige Periode der deutschen Literaturgeschichte, die sich nicht griffig in einer adjektivischen Formel fassen läßt, ohne daß dadurch eine Bedeutungseinbuße riskiert würde. Die Literatur der Aufklärung ist die aufgeklärte Literatur, die Literatur der Romantik die romantische Literatur, die Literatur des Barock, des Naturalismus oder des Expressionismus ist die barocke, die naturalistische oder die expressionistische Literatur. Wie aber ist jene Literatur des Jahrzehnts zwischen 1770 und 1780 zu nennen, die als Sturm und Drang in die Literaturgeschichte eingegangen ist? Goethe und Lenz bilden seine stabilisierende Mittelachse sowohl literarisch als auch personell, deshalb ist ihnen in diesem Buch jeweils ein eigenes Kapitel gewidmet. Dies betrifft sowohl den Reichtum ihrer Werke als auch ihr persönliches Engagement, durch Besuche, Reisen und ausgedehnte Briefwechsel den Kontakt zu anderen Autoren des Sturm und Drang zu suchen, zu halten und zu festigen. Mit dem Bruch zwischen Goethe und Lenz, der sich bereits in Goethes Umzug nach Weimar ankündigt, bricht auch dieses festigende Moment der Gruppenkultur des Sturm und Drang weg. Es beginnt die Zeit des allgemeinen Widerrufs. Die Arbeiten der Sturm-und-Drang-Jahre werden von den Autoren selbst der Vergessenheit anheimgegeben, die teilweise Selbstauslöschung soll einen Neuanfang ermöglichen (wie im Falle Klingers), oder die Werke werden einer umfassenden Revision unterzogen (wie im Falle Goethes). Widerruf und Revision kennzeichnen die späten Jahre des Sturm und Drang. Andere Autoren wechseln in bürgerliche Berufe (Merck und Schlosser), sind verstummt (Füssli, Gerstenberg, Leisewitz, Lenz, Maler Müller) oder früh verstorben (Wagner) oder sitzen in Haft (Schubart).

Was also ist Sturm und Drang, ist er mehr als nur ein literaturgeschichtliches Schlagwort? Dreizehn Merkmale lassen sich vorweg knapp und allgemein skizzieren:

1. Sturm und Drang ist jene Literatur zwischen 1770 und 1780, die an sich selbst den Anspruch erhob, anders, und das heißt Avantgarde zu sein (die zeitgenössischen Bezeichnungen lauten: »junge Dichter«, »Genies«, »Goethe-Sekte«, »Originaldichter«).

2. Sturm und Drang ist Literatur, die sich bewußt formal wie inhaltlich von den bewährten Mustern der aufgeklärten Literatur der 1760er Jahre absetzt, sich der Fortschreibung dieser Literatur verweigert.

3. Sturm und Drang ist Literatur, die politisch sensibilisiert neue Themen sucht (Kindsmord, Genieästhetik, Shakespeareianismus, Volkslieder) oder alte Themen neu zur Anschauung bringt (Liebe, Sexualität, Standesunterschiede, poetologische und ästhetische Fragen).

4. Sturm und Drang ist Literatur, die philosophisch, theologisch und ästhetisch im Geist der Aufklärung gebildet ist und diesen Geist kritisch gegen die eigene Gegenwart wendet.

5. Sturm und Drang ist Literatur, die in der Geschichte (Mittelalter, Frühe Neuzeit) das sucht und findet, was sie in der Gegenwart vermißt, die in Phantasmen das beschreibt, was ihr die Gegenwart verweigert. Die zeitgenössischen Begriffe für diese auf exemplarisches Handeln fixierten Autoren wie ihre Figuren lauten dann ›Kraftgenies‹ und ›Kerls‹, denen es auch um die Emanzipation der Leidenschaften, um ungebändigte Sexualität statt zivilisatorisch überformter Empfindsamkeit geht. Goethe führte in *Dichtung und Wahrheit*, 10. Buch, den Begriff des »Selbsthelfers« hierfür

Johann Wolfgang Goethe
Gemälde von Daniel Bager (1773)

ein, der sich als Beschreibungs- und Kennzeichnungskategorie eines Sturm-und-Drang-Typus etablierte. So schreibt er über den Götz, er sei »die Gestalt eines rohen, wohlmeinenden Selbsthelfers in wilder anarchischer Zeit« (SW 16,445). Der Begriff ist gleichwohl ambivalent. Aus der Sicht des alten Goethe und seiner Zeitgenossen meint er nicht nur tatkräftiges, selbständiges Handeln, sondern spielt auch auf die Wirkungslosigkeit und geschichtliche Hilflosigkeit des Sturm und Drang an. Aus der Sicht des jungen Goethe und des Sturm und Drang selbst bedeutet »Selbsthelfer« indes das eigenständige, selbstbestimmte Handeln, das an die Stelle fremden Handelns tritt. Das im späteren Kantschen Sinne konsequent aufgeklärte Subjekt ist der männliche oder weibliche Selbsthelfer des Sturm und Drang.

6. Sturm und Drang ist Literatur, welche die Entdeckung des Individuellen als authentisches Erlebnis beschreibt, sich über Rollenzuweisungen in Drama und Lyrik hinwegsetzt und das je eigene Erlebnis und die je eigene Pein zum Gegenstand der Beschreibung macht, die beabsichtigt, »Gemälde zu liefern, ohne Subjekt«, wie es in Herders Sammlung *Von Deutscher Art und Kunst* heißen wird (S. 59), die das freie Individuelle höher schätzt als die Pflichten des Subjekts und die der Literatur damit einen unvergleichlichen Individualisierungsschub verleiht und die Literatur als Medium der Ichfindung begreift.

7. Sturm und Drang ist Literatur, die versucht, ihren gesellschaftlichen Standort jenseits der sozialen, und das heißt ständisch-hierarchischen Zuweisungen zu finden (und daran scheitert).

8. Sturm und Drang ist Literatur, die nicht Vorschläge macht, sondern sich wehrt, die sich nicht arrangiert, sondern kritisiert (auch dies wird wieder aufgegeben).

9. Sturm und Drang ist Literatur, die sich eines neuen Tons in der Literatur, der Ästhetik, der Philosophie und der

Literaturkritik bedient. Denn sie wagt, schrankenlos zu »elidieren«, wie es Herder in *Von Deutscher Art und Kunst* gefordert hatte, und zeigt damit, daß sie sich über aufgeklärte Regelbindungen der Sprach- und Stilhöhe hinwegsetzt, statt dessen mit Auslassungen, Ellipsen und den Techniken der Verknappung arbeitet, um der unverfälschten Sprache der Leidenschaft Gehör zu verschaffen.

10. Sturm und Drang ist Literatur, welche die Gattungsgrenzen ignoriert (vgl. etwa Lenz' Bestimmung der Komödie oder die Bedeutung der Tragikomödie), um die Echtheit des schöpferischen Erlebens zu wahren, und welche die Gattungscharaktere von Lyrik, Bürgerlichem Trauerspiel (*Hofmeister*) und Briefroman (*Werther*) nachhaltig prägt, ihnen wegweisende Merkmale mitgibt, die bis heute fortwirken (z. B. Bedeutung der Natur und Frauenbild in Goethes *Sesenheimer Liedern*.

11. Sturm und Drang ist Literatur, welche die Selbstbestimmung des Menschen nicht nur fordert, sondern literarisch beschreibt und damit Ideale der Aufklärung und ihr Scheitern konsequent vor Augen führt.[1]

12. Sturm und Drang ist der erste Versuch, ein Mißlingen der Aufklärung zu denken, den Vollkommenheitsanspruch der Aufklärung mit den Unzulänglichkeiten der gesellschaftlich-historischen Wirklichkeit zu konfrontieren.

13. Sturm und Drang ist eine Binnenrebellion, ein Aufstand gegen die Vaterinstanz in der Fremdbestimmtheit. Das Thema der feindlichen, sich befehdenden und schließlich einander umbringenden Brüder wird im Sturm und

1 Lenz formuliert schon sehr früh den Zweifel an dem aufgeklärten Autonomiepostulat und trifft damit den Ton der jungen Autoren, wenn er in *Über die Natur unsers Geistes* (entstanden 1771–73) schreibt: »Jemehr ich in mir selbst forsche und über mich nachdenke, destomehr finde ich Gründe zu zweifeln, ob ich auch wirklich ein selbstständiges [!] von niemand abhangendes Wesen sei, wie ich doch den brennenden Wunsch in mir fühle. [...] das erste aller menschlichen Gefühle« ist »unabhängig zu sein« (WuB 2,619).

Drang zum Thema der Selbstzerstörung des Individuums. Das Sturm-und-Drang-Drama zielt von vornherein auf die Unversöhnlichkeit des gesellschaftlichen *und* familialen Konflikts. Brudermord, Vatermord und Kindsmord erweisen sich als jene Themenbereiche, in denen die neue Literatur des Sturm und Drang ihre revolutionärste Darstellung findet. Nicht formal, sondern in der Radikalität, mit welcher diese Themen als die zentralen Konflikte der bürgerlichen Gesellschaft des 18. Jahrhunderts im literarischen Werk gestaltet werden.

Die Literatur des Sturm und Drang entsteht in einer Zeit großer sozialer und kultureller Umbrüche. In den Jahren 1763 bis 1805 ist die Buchproduktion, wenn man als Maßstab die Kataloge der Buchmessen heranzieht, gegenüber dem Zeitraum von 1721 bis 1763 um über das Zehnfache angewachsen. Insgesamt wurden im 18. Jahrhundert rund 175 000 Titel verlegt, im 17. Jahrhundert war es gerade einmal die Hälfte. Der Anteil der belletristischen Titel betrug im Jahr 1800 21,5 %, 1740 lag er bei 5,8 %.[2] Im *Hannoverischen Magazin* war 1782 folgendes zu lesen: »Gelehrte und Ungelehrte, Handelsleute, Handwerker, Ökonomen, Militärpersonen, Alte und Junge, männliches und weibliches Geschlecht sucht einen Teil der Zeit mit Lesen auszufüllen [...]. Alles will jetzt lesen, selbst Garderobenmädchen, Kutscher und Vorreuter nicht ausgenommen« (zit. nach: Plachta, B 2: 1994, 187). Die zunehmende Alphabetisierung und der Wechsel von der intensiven Wiederholungslektüre zum extensiven, einmaligen Lesen (zeitgenössisch charakterisiert durch das Stichwort ›Lesewut‹) trugen nachhaltig zur Entstehung eines differenzierten Buchmarkts bei, der sich nicht nur an vorhandenen Lesebedürfnissen orientierte, sondern solche auch erst schuf. Neue Formen des Lesens

2 Vgl. dazu Plachta, B 2: 1994,16; dort auch weiterführende Literatur. – Vgl. auch das nach wie vor unentbehrliche Standardwerk von Kiesel/Münch, B 2: 1977, und Wittmann, B 2: 1991.

wurden zu Beginn der Aufklärung vor allem anhand der Zeitungen und der moralischen Wochenschriften erprobt.

Vor diesem Hintergrund nimmt sich die Literatur des Sturm und Drang mit knapp zwei Dutzend Texten vergleichsweise bescheiden aus. Und doch gehört der Sturm und Drang in der deutschen Literaturgeschichte zu jener Phase der historischen Konsolidierung der bürgerlichen Gesellschaft im 18. Jahrhundert, die noch heute unseren Umgang mit Literatur und mit Fragen bürgerlichen Selbstverständnisses nachhaltig prägt.

Wenn also im folgenden die Rede vom Sturm und Drang ist, so gilt das Interesse einer historisch-literarischen Figuration, die ihre Bedeutung für die Gegenwart keineswegs verloren hat. Um so mehr erstaunt es, daß vor mehr als vierzig Jahren letztmals eine umfassende Gesamtdarstellung zum Sturm und Drang erschienen ist.[3] Dabei mangelte es in der Zwischenzeit keineswegs an Detailarbeiten zu einzelnen Fragestellungen und Problemlagen, zu einzelnen Autoren und Texten dieser literaturgeschichtlichen Periode. Doch fehlte bis heute der Versuch einer Synthese, die vor allem als Einführung und zur Anregung für weitere, eigenständige Studien gedacht ist.

Gerhard Sauder prägte in kritischer Weiterführung der Forschungsergebnisse von Werner Krauss (vgl. B 3a: 1985) die Formel vom Sturm und Drang als »Dynamisierung und Binnenkritik« der Aufklärung.[4] Der Aspekt der Weiterentwicklung und der radikalen Infragestellung aufgeklärter Positionen durch Autoren des Sturm und Drang wird damit unmißverständlich hervorgehoben, die Kontinuität von Aufklärung und Sturm und Drang gebührend berücksichtigt.

3 Vgl. Pascal, B 2: 1977. – Eine umfassende Darstellung der Wissenschaftsgeschichte des Sturm und Drang konnte aus Umfangsgründen nicht mit in dieses Buch aufgenommen werden. Sie wird separat an anderem Ort erscheinen.

4 Vgl. Sauder, »Einführung«, in: Goethe, SW 1.1,756.

Zuletzt argumentierten Andreas Huyssen (B 2: 1980) und Sauder (B 2: 1984) ausführlich mit dem Paradigma einer sozialgeschichtlichen Literaturwissenschaft, das der Sturm-und-Drang-Forschung insgesamt neue Perspektiven eröffnete. Hiervon ausgehend, haben Reiner Marx und ich 1992 vier Thesen zur Sturm-und-Drang-Forschung vorgelegt, welche die Formel vom Sturm und Drang als Dynamisierung und Binnenkritik, als »Seelengeographie«[5] der Aufklärung psychohistorisch erweiterten:[6]

– Chiffrenthese: Versuchsweise können die Zeichen S u D (Sturm und Drang) als Chiffren für ›Sexualität‹ und ›Diskursivierung‹ gelesen werden, wodurch schlagwortartig charakterisiert wird, was von den Zeitgenossen im Anschluß an Klingers Dramentitel als »Sturm und Drang« bezeichnet wurde.

– Verschiebungsthese: Diese These geht davon aus, daß sich in der Literatur des Sturm und Drang die für die Aufklärung kennzeichnende Kritik an Adel und Hof auf eine Binnenkritik bürgerlicher Normen und Bewußtseinsformen verschiebt, die gleichwohl von Adligen und Bürgerlichen repräsentiert werden.

– Dialektikthese: Sturm und Drang als Dynamisierung *und* Binnenkritik der Aufklärung zu begreifen bedeutet, sowohl seinen Emanzipations- als auch seinen Kompensationscharakter geltend zu machen. Sturm und Drang ist eine Emanzipationsgeste gegenüber einer als repressiv erfahrenen Aufklärung und gleichermaßen Kompensation dieser nicht gelungenen Befreiung. Die Autoren beschwören die Geste und verharren in der Pein.

5 Vgl. Klemm, *Die Seelengeographie*. Ich übernehme lediglich den Titel, der auf S. 24 des Stücks näher erklärt wird. Das Drama selbst führt einen theaterfähigen Ehekonflikt und dessen harmonische Lösung vor Augen, hier siegt noch der Verstand über den ›Sturm und Drang‹ der Leidenschaften.

6 Der Wortlaut der Thesen folgt weitgehend: Luserke/Marx, B 2: 1992. Reiner Marx möchte ich an dieser Stelle ausdrücklich danken, daß er hierfür seine Zustimmung gab.

– Kokonisierungsthese: Vereinzelung, Versingelung und das genieästhetische Konzept der Einzigartigkeit, gebündelt im modernen Begriff der Kokonisierung, sind die Antwort der literarischen Avantgarde der 1770er Jahre auf den Prozeß der Verbürgerlichung im 18. Jahrhundert. Vereinzelung ist jener Begriff, den Lenz in der *Moralischen Bekehrung eines Poeten* (1775)[7] für seine Lebenssituation selbst prägte.

Das vorliegende Buch knüpft in textnaher Argumentation an diese Diskussion an. Einige Punkte lassen sich schlagwortartig zusammenfassen, die – miteinander verknüpft – ein eigenes Profil der Sturm-und-Drang-Literatur ergeben:

Johann Georg Hamann spricht in seinen *Chimärischen Einfällen* (1761) von der »Höllenfahrt der Selbsterkänntnis«, die allein den »Weg zur Vergötterung« bahne, das unmittelbare Gefühl sei unersetzlich. Zu dieser Selbsterkenntnis gehört für Hamann die Einsicht, daß der Mensch ein Leidenschaftswesen ist: »Wenn unsere Vernunft Fleisch und Blut hat, haben muß, und eine Wäscherin oder Sirene wird; wie wollen sie es den Leidenschaften verbieten? Wie wollen Sie den erstgebornen Affect der menschlichen Seele dem Joch der Beschneidung unterwerfen?« (SW 2,164) Die Emanzipation der Leidenschaften, die Rebellion gegen ihre Unterdrückung, ist ein wesentliches Anliegen des Sturm und Drang.

Walter Benjamin schrieb in seinem Enzyklopädie-Artikel über Goethe und den Sturm und Drang: »Es war aber die verhängnisvolle Schwäche dieser spezifisch deutschen revolutionären Bewegung, daß sie mit den ursprünglichen Parolen der bürgerlichen Emanzipation, der Aufklärung, sich nicht zu versöhnen vermochte. Die bürgerliche Masse, die

7 »Es ist mir immer nur bange, teure Cornelia! daß ich bei meiner Vereinzelung nicht in Stolz gerate, das heißt mich zu weit über die andern Menschen hinaussetze, daß ich am Ende keinen mehr recht ertragen kann« (Lenz, WuB 2,330 »fünfte Selbstunterhaltung«).

›Aufgeklärten‹, blieben durch eine ungeheure Kluft von ihrer Avant-Garde getrennt. Die deutschen Revolutionäre waren nicht aufgeklärt, die deutschen Aufklärer waren nicht revolutionär [...].«[8] Dieses Bild stimmt heute nicht mehr. Zwar sind die Autoren des Sturm und Drang die literarische Avantgarde ihrer Zeit. Doch fällt das Urteil über die politische Schlagkraft, zumindest aber über die politischen Implikationen des Sturm und Drang heute wesentlich differenzierter, will sagen bescheidener aus. Die Einsicht in die Notwendigkeit politisch konkreter Veränderungen, wie sie Klinger in seinem *Damokles* (1790) formulieren wird, ist eine Einsicht der späten achtziger Jahre: »Da wo die Söhne von den Vätern abfallen, die Zwietracht in den Familien wütet, eigennützige Absichten die Bürger trennen, entflieht die Freiheit, und auf die Zerstörung der besten Gefühle der Menschen baut der Tyrann den Thron der Eigenmacht« (*Klingers Werke* 1,141). Im Prolog hatte der Verfasser geschrieben: »So machen leicht willige Sklaven den König zum Tyrannen; doch schwer legt man ein Volk in Ketten, das frei fühlt, frei sein und bleiben will!« (Ebd., 138) Und die Parallelisierung von ästhetisch-poetologischer und politischer Freiheit stammt nicht etwa von den Autoren des Sturm und Drang selbst, sondern von deren Kritikern. In den *Brelocken an's Allerley der Groß- und Kleinmänner* (1778) ist etwa die Rede von den »Diktatorsprätensionen« der Genies, und es wird an die Adresse der Sturm-und-Drang-Autoren gerichtet gefragt: »Und was ist *politische, gesellschaftliche Freyheit*? (moralische und natürliche kommen nicht in die Frage, gar nicht! [...], – Wenn ich Sinn und Gefühl habe für *Freyheit* des bürgerlichen Lebens, so kann sie nichts anders seyn, als feste, treue Handhabung der *gemeinschaftlich errichteten Gesetze*, die Eigenthum und Ehre schützen, und Bande sind für Reiche und Arme, Große und

8 Walter Benjamin, »Goethe«, in: W. B., »Gesammelte Schriften« II.2, hrsg. von Rolf Tiedemann und Hermann Schweppenhäuser, Frankfurt a. M. 1980, S. 705–739, hier S. 706.

Kleine, Bürger und Obere; und, krächze wie du willst, diese Freyheit blühet und wird selten gekränkt. – Euer Seufzen über Tyranney wär' löblich und heilsam, wenns nur nicht jedem Unbefangenen einleuchtete, daß Ihr Ungebundenheit sucht und *frey* zu seyn wähnen würdet, so bald sich – Alles nach euerm Kopf modelte, und, unterwürfig euern Diktatorsprüchen, Euch als weise Gesetzgeber verehrte [...].«[9] Der Sturm und Drang war also weder revolutionär, noch war er eine Bewegung noch gar eine revolutionäre Bewegung.

Die Versöhnung, wie es Benjamin nannte, mit der Aufklärung gab es durchaus, doch hörte Sturm und Drang in diesem Augenblick auf, Sturm und Drang zu sein. Die Versöhnung war ein Arrangieren der Avantgarde-Autoren mit den bestehenden Verhältnissen aus Gründen der persönlichen, sozialen oder literarischen Notwendigkeit. Diese Annäherung schließt den individuellen Opportunismus ebenso mit ein wie die Enttäuschung über die eigene Erfolglosigkeit als Autor oder über die Unveränderbarkeit der gesellschaftlichen Verhältnisse sowie den unausweichlichen Zwang zur Existenzsicherung. Die einzigen Ausnahmen sind Christoph Kaufmann, der lebte, was andere schrieben oder sagten, und selbst nicht schrieb, und Jakob Michael Reinhold Lenz, bei dem diese Verweigerung aber zum biographischen Riß führte und der schließlich literarisch verstummte.

Für die Zeitgenossen gehörten Sturm und Drang und Empfindsamkeit als moderne und bewährte Formen der Aufklärung zusammen. Ich würde aber nicht so weit gehen und mit Wolfgang Doktor sagen, daß Sturm und Drang und Empfindsamkeit in ihrem eigentlichen Kern der uneingeschränkten Entfaltung von Gefühlen identisch seien (vgl. Doktor, B 2: 1975, 223). Auf eine Formel gebracht und mit

9 Hottinger/Sulzer, *Brelocken*, 27 f. Mit dieser Schrift reagierten sie auf Ehrmann/Kaufmann, *Allerley gesammelt*.

dem Risiko der notwendigen Verknappung: Sturm und Drang ist natürlich, Empfindsamkeit ist kultürlich. Wohl gibt es Empfindsamkeit im Sturm und Drang, aber keinen Sturm und Drang in einem empfindsamen Text, und Doktor ist nun beizupflichten, wenn er herausstellt, daß es kaum einen Sturm-und-Drang-Autor gegeben habe, »der von gelegentlichen, mehr oder weniger nachhaltigen ›empfindsamen Anwandlungen‹ verschont geblieben wäre« (ebd., 224).[10]

Man kann zudem nicht von einer »bürgerlichen Masse« (Benjamin) der Aufgeklärten sprechen. Aufklärung war zunächst eine Elitekultur, die dem Selbstverständnis und der Selbstversicherung der Nichtadligen diente, deren Ziel die nicht ganz uneigennützige allmähliche Verbesserung des Menschen und der Gesellschaft war. Politische Revolutionäre gab es im duodezfürstlichen Deutschland erst nach 1789, ihre Ansichten finden sich in der sogenannten jakobinischen Literatur, die eine radikale, buchstäblich verstandene Aufklärung aller zum Wohle aller formuliert. Insofern waren *diese* Revolutionäre aufgeklärt, die Aufklärer hingegen wollten nie revolutionär sein. Sie suchten die Verständigung ebenso wie ihren Vorteil in einer lebenspraktischen Übereinkunft mit den Vertretern des aufgeklärten Absolutismus.

Das Verhältnis des Sturm und Drang zur Aufklärung läßt sich beispielhaft am Verhältnis von Lenz zur Aufklärung betrachten. Das Emblem der Aufklärung ist das Licht, das in die dunkelsten Winkel leuchtet, doch bleibt ein Rest von Dunkelheit. Eine radikale Aufklärung, die alles erhellt und dabei verkennt, daß sie selbst Schatten wirft, ist ihr eigenes Trugbild. Lenz schreibt, »wo Licht hinfällt tritt die rückweichende Nacht desto dichter zusammen« (WuB 3,300). Vielleicht, so könnte man fragen, sieht man mehr, wenn

10 Vgl. auch S. 226: »Der Empfindsame verinnerlicht, re-agiert aber nicht. Und diese Passivität [...] scheidet das empfindsame vom kraftgenialischen Wesen [...].«

man sich an das Dunkel gewöhnt? Wie die brennende Fackel der Wahrheit das Symbol der Aufklärung ist, so wurde die mythologische Gestalt des Prometheus zum Selbstbild der jungen Autoren des Sturm und Drang. Prometheus holt mit einer Fackel das Feuer vom Himmel und bringt es den Menschen, er stiehlt das Licht der Aufklärung und wird dafür vom Vater bestraft. In diesem Bild erweist sich der Sturm und Drang als eine Form radikalisierter Aufklärung. Denn das Feuer vom Himmel zu stehlen bedeutet neben der Demütigung für den Göttervater auch einen Akt der Demokratisierung des Wissens. Prometheus bringt den Menschen auch das Wissen darum, wie Feuer zu machen ist. Und da Prometheus selbst zum Bildner wird, der Menschen schafft, trägt er maßgeblich zur Vermenschlichung der Kunst bei.

In den folgenden Kapiteln können lediglich Skizzen zu den jeweiligen Themen entworfen werden, nicht alle Positionen der Sturm-und-Drang-Forschung können dabei zu Wort kommen. Ein Auswahlkriterium der Sekundärliteratur für diesen Band liegt darin, was diese Literatur uns heute noch sagt, welche Positionen heute noch bedenkenswert sind, sofern es sich nicht um reines Faktenmaterial handelt. Bei der Auswahl der Quellentexte wurde streng nach dem Kriterium der Wirksamkeit verfahren, das sich nach zweierlei Maßgaben richtet: erstens nach dem Erscheinungsjahr der veröffentlichten Texte, zweitens nach dem Bekanntheits- und Rezeptionsgrad eines während der Sturm-und-Drang-Periode nicht veröffentlichten Textes. So wird man in diesem Buch Goethes *Urfaust* ebenso vergeblich suchen wie den *Urgötz*. Beide Texte sind erst im 19. Jahrhundert in das Licht der Öffentlichkeit gerückt worden. Hingegen findet die Schrift *Über Götz von Berlichingen* von Lenz gebührende Beachtung, da sie zentrale Diskussionspunkte des Sturm und Drang formuliert, obwohl erstmals 1901 publiziert. Schillers *Räuber* (1781), *Fiesko*

(1783) und *Kabale und Liebe* (1784) fehlen ebenfalls, da sie Nachzügler der Sturm-und-Drang-Dramatik sind und zu einem Zeitpunkt in die Öffentlichkeit traten, als der Sturm und Drang längst sich selbst historisch geworden war. Ebenso fehlen spätere Bearbeitungen von Sturm-und-Drang-Stücken, etwa von Brecht und Hacks. Die Stellung von Schlossers *Anti-Pope* wäre zu untersuchen gewesen; zur Literatursatire des Sturm und Drang mangelt es nach wie vor an umfassenderen Untersuchungen; Ambühls Stellung zum Sturm und Drang ist nur wenig erforscht und mußte auch hier unerwähnt bleiben; Randfiguren wie Moritz und Carbonnières konnten erstmals wenigstens andeutungsweise in ihrer Beziehung zum Sturm und Drang vorgestellt werden, während Ludwig Philipp Hahn und andere Autoren unberücksichtigt blieben.

2
Begriffsgeschichte

Wie kam es zu der literaturgeschichtlichen Bezeichnung ›Sturm und Drang‹? Schon den Zeitgenossen der Sturm-und-Drang-Autoren war von Beginn an bewußt, daß Sturm und Drang neben einer Schreib- auch eine Lebenshaltung bedeutete. Sie erkannten die Provokation, die diese Literatur bei jeder Gelegenheit suchte. Doch nur wenige Aufklärer vermochten Sympathie mit den jungen Autoren zu hegen. Die Frage zu beantworten, wann sich ›Sturm und Drang‹ als literaturhistorische Kategorie, und wann sich der Begriff ›Sturm-und-Drang-Drama‹ zur Bestimmung einer bestimmten mentalitätsgeschichtlichen Position durchsetzten, ist schwierig, liegen uns doch immer noch keine zufriedenstellenden Untersuchungen hierüber vor.

Lenz ahnte die Um- und Aufbruchstimmung der 1770er Jahre und schrieb am 15. November 1775 an Boie:[1]

> [...] Deutschland wird in wenigen Jahren erstaunliche, unglaubliche Revolutionen in Litteratur, Geschmack, Religion u. s. w. erfahren. Ich weis, daß in fünf Jahren, denke dran 1780, wenn ich vielleicht nicht mehr bin, Deutschland alle Nationen um sich her und alle Zeitalter vor sich verdunkeln und überfliegen wird. Dieß ist nicht Weissagung, oder Gesicht des Propheten; es ist Vermutung, auf Data gegründet, die wenige wissen [...].

1 Lenz, *Briefe* 1,141. – Sigrid Damm hat diesen Brief in ihrer dreibändigen Lenz-Ausgabe nicht abgedruckt.

Auch wenn sich die Prognose von Lenz nicht bestätigt hat, so macht uns dieses Brieffragment heute doch unmittelbar deutlich, in welchem geistigen Klima die Autoren des Sturm und Drang kurz vor dem produktivsten Jahr 1776 schrieben. Sturm und Drang wurde zum Schibboleth – neudeutsch ›Logo‹ – dieser Aufbruchsstimmung, mit diesen drei Wörtern verband sich ein programmatischer Anspruch. Die Einzelbegriffe ›Sturm‹ sowie ›Drang‹ sind freilich schon vor 1776 belegt, Goethe etwa sprach am 28. November 1771 in einem Brief an Salzmann von einem »nisus vorwärts«, den er verspüre; auch bei Lenz taucht dieser Begriff vom »nisus« auf (vgl. WuB 2,589), der ›Drang‹ und ›Trieb‹, ›Tätigkeit‹ und ›Tun‹ bedeutet. Die Herkunft der Begriffe ›Sturm‹ und ›Drang‹ aus dem religiösen Wortschatz ist unbestritten. Allerdings gilt für den Begriffsgebrauch in der Literatur des Sturm und Drang, daß die religiöse Bedeutung mehr und mehr verwässert. August Langen hat dies genauer untersucht, und es sei hier auf seine kompendiöse Arbeit *Der Wortschatz des deutschen Pietismus* (1954) verwiesen (vgl. B 2: 1954, bes. 27, 125, 436 f.). ›Sturm‹ kann demzufolge die Anfechtung von außen (im Sinne einer Anfechtung durch Satan) wie auch die Prüfung durch Gott bedeuten. Dieses religiös gefärbte Verständnis wird in der Sturm-und-Drang-Literatur säkularisiert und mit neuen, menschliche Seelenlagen betreffenden Bedeutungsinhalten aufgeladen. An der Schwelle zwischen religiösem Wortgebrauch und säkularisiertem Bedeutungsinhalt steht, gleichsam als Verbindungsglied, Lavater. In einem Einleitungshymnus mit dem Titel *Beylage an das Urbild* zum 3. Band seiner *Physiognomischen Fragmente* schreibt er über die jugendlichen Gesichter:

Der den Drang dir herab in die unausfüllbare Brust grub,
Weiten der Himmel bereitet er dir.
[. . .]

Volldrang dränge dich hin zum Ziele der Ziele von allen
Wesen der Tiefen und Höhe!
(Lavater, *Physiognomische Fragmente. 3. Versuch*, 157)

Was die Begriffe ›Sturm‹ und ›Drang‹ jedoch im einzelnen meinen, hängt vom jeweiligen Kontext ab. ›Sturm‹ kann – in der Formel Sturm und Drang – sowohl die innerliche Befindlichkeit des Individuums bedeuten als auch die äußeren Umstände. ›Drang‹ wiederum kann im Sinne von äußerer Bedrängnis, aber auch als inneres Drängen verstanden werden.[2] In der spezifischen Verbindung ›Sturm und Drang‹ tritt indes eine Bedeutung in den Vordergrund, die bereits von den zeitgenössischen Autoren in dieser Form gebraucht und verstanden wurde. Es seien hier nur einige Belege zur Veranschaulichung angeführt, die keineswegs Anspruch auf Vollständigkeit erheben können. Lenz spricht in einem Brief an Boie Mitte Februar 1776 vom »Sturm der Leidenschaft«, der die Vernunft verdunkelt (WuB 3,383; vgl. auch den Brief an seinen Vater vom 18. November 1775). Dieselbe Formulierung »Sturm der Leidenschaften« gebraucht auch Christian Friedrich Daniel Schubart (1739–1791) in seiner Erzählung *Zur Geschichte des menschlichen Herzens* (1775; GS 6,88). Am 5. Juli 1780 teilt Lenz Lavater mit, daß er eine verbesserte Neuausgabe seiner Jugenddramen beabsichtige, und klagt über »jugendliche Unbesonnenheit, Sorglosigkeit, Sturm, Nichtachten der Verhältnisse, die wir oft durch einen unvorsichtigen Ausdruck unherstellbar zerstören« (WuB 3,620).

Gemeinhin wird die Entstehungsgeschichte des Sturm-und-Drang-Begriffs in den Literaturgeschichten folgendermaßen rekonstruiert: Klinger hielt sich im Sommer 1776 in Weimar auf und begann dort mit der Niederschrift seines

2 Vgl. dazu die einschlägigen Nachweise dieser Lemmata in Joachim Heinrich Campe, *Wörterbuch der Deutschen Sprache* [1809], reprogr. Nachdr. Hildesheim / New York 1969, Artikel »Drang«, Bd. 1, S. 742; »Sturm«, Bd. 4, S. 735 f., sowie im Grimmschen Wörterbuch.

Dramas *Der Wirrwarr* (vgl. Rieger, B 6b: 1880, 177). Christoph Kaufmann (1753–1795) soll bei seiner Durchreise durch Weimar Klinger den alternativen Titel *Sturm und Drang* förmlich aufgedrängt haben, woraufhin Klinger den Titel abänderte und damit der Zeit und der Kritik das Stichwort gab (vgl. Milch, B 3c: 1932). Als Quelle kann die Literaturgeschichte aber nur eine späte Mitteilung Klingers an Goethe anführen. Am 26. Mai 1814 schrieb Klinger einen ausführlichen Brief an Goethe, worin er u. a. seine frühen Dramen mit Ausnahme der *Zwillinge* (1776) und der Komödie *Die falschen Spieler* (1782) verwarf. Weiter führt Klinger über seinen früheren Aufenthalt in Weimar im Oktober 1776 aus:

> Das letzte Mal, da ich Sie sah, war in Weimar, während des ersten Sommers Ihres dortigen Aufenthalts; zu jener Zeit, als ich hoffte, durch Vermittlung der unvergeßlichen Herzogin Amalie, in Amerika, meine militärische Laufbahn anzutreten. Ich schrieb damals im Drange nach Tätigkeit, ein neues Schauspiel, dem der von Lavater (er ruhe sanft) zur Bekehrung der Welt abgesandte Gesalbte oder Apostel, mit Gewalt den Titel: Sturm und Drang, aufdrang, an dem später mancher Halbkopf sich ergötzte [...].
>
> (*Goethes Briefe* 2,114 f.)

Weitere wichtige Belegstellen der Sturm-und-Drang-Formel und ihrer Verbindungen haben Wilhelm Feldmann und John A. Walz nahezu zeitgleich zusammengestellt.[3] Danach teilte Klinger am 3. April 1777, zwei Tage nach der Aufführung von *Sturm und Drang* in Leipzig, in einem Brief einem Freund mit:

> Ich lebe so hin, bald in Drang und Sturm, bald im gelinden Säußlen, unter Musik, Comoedie und Spiel,

3 Vgl. Feldmann, B 2: 1904/05, 101–119, und Walz, B 2: 1905, 48 f. – Wichtige Ergänzungen bietet Zeydel, B 2: 1926.

> Musen und etc. [...]. Am Dienstage führten sie hier Sturm und Drang von mir auf, und eröfneten damit die Bühne. Es ist meine Lieblingsarbeit – und da saßen sie nun, konnten nicht fassen und begreifen, und doch schüttelte sie das Ding mächtig zusammen [...].
>
> (Zit. nach: Klinger, *Sturm und Drang*, 76)

Die erste öffentliche Nennung der Formel zur Charakterisierung einer bestimmten psychischen und mentalen Befindlichkeit scheint von Heinrich Leopold Wagner zu stammen. Dieser schrieb in seinen *Briefen die Seylerische Schauspielergesellschaft betreffend* (1777) über Klingers Stück, nachdem es in Frankfurt wenig Erfolg hatte, unter dem Datum vom 2. Juni 1777:

> Wie heißt das Stück? fragte fast jedermann, als es verwichenen Sonnabend angekündigt wurde: *Sturm und Drang!* – Sturm und – –? und *Drang!* mit dem weichen *D* und hinten ein g; ja nicht mit dem harten *T* oder dem ck! So, so! Sturm und Drang also! – Aber wenn ich bitten darf, was heißt das wol? ich kann mir nichts dabey denken! kommt etwa ein Sturm drinn vor? – das ich nicht wüßte! oder ist's der Sturm von *Schakespear*? auch nicht! *Klinger* verehrt diesen großen Dichter viel zu sehr, als daß er sich an ihm so schändlich versündigen sollte. – Je nun, so weis ich mir gar keinen Begriff davon zu machen. – Desto schlimmer für den Verfasser oder für Sie! Denn wenn sie beym Titel nichts fühlen, kann ihnen das Stück selbst unmöglich behagen. Ich finde es sehr lobenswürdig, daß er diese abstrakte, metaphysische – gewiß nicht zu viel anziehende – Ueberschrift gewählt hat; so teuscht er doch wenigstens keine Seele durch leere Erwartungen, wie bey andern vielversprechenden Titelblättern wol zu geschehen pflegt. Wer fühlt oder auch nur ahndet, was Sturm und Drang seyn mag, für den ist er geschrieben; wessen Nerven aber zu abgespannt, zu erschlafft sind, viel-

> leicht von jeher keinen rechten Ton gehabt haben; wer die drey Worte anstaunt, als wären sie chinesisch oder malabarisch, der hat hier nichts zu erwarten, mag immerhin ein alltägliches Gericht sich auftischen lassen.
> (Ebd., 78)

Zu erwähnen ist in diesem Zusammenhang ferner der zeitgleiche Gebrauch der Formel in einem satirischen Text mit dem Titel *Condolenz-Schreiben an die großen Geister Teutschlandes Hrn. Leßing, Hrn. Göthe und ihre Cameraden bey dem Tod der Emilia Galotti, der Mina von Barnhelm und des Götz von Berlichingen [...]* aus der Feder von August Friedrich Cranz (1737–1801).[4] Dies ist eine 16 Seiten umfassende Satire auf den heute völlig vergessenen, damals aber sehr erfolgreichen Schauspieler und Theaterschriftsteller Heinrich Ferdinand Möller (1745–1798). Cranz schreibt darin, es sei heutzutage so leicht, Schriftsteller zu werden:

> [...] hab mich daher entschlossen eine *Comediam* zu schreiben, und zwar mit Donner und Blitz, mit *Sturm und Drang*, und allerley durch einander, das es lermen und krausen soll das eine Lust seyn wird [...].
> (Cranz, 5)

Die nächste Nennung fand Walz in einer Rezension in der *Nürnbergischen gelehrten Zeitung auf das Jahr 1778*. Besprochen wurde die *Sammlung neuer Original-Stücke für das Deutsche Theater* (1777), und der Schriftsteller d'Arien wurde dabei lobend hervorgehoben:

> Es war uns ein wahres Vergnügen, unter so vielem Gewirre, Sturm und Drang und kolossalischen Karikaturen, an ihm einen Mann zu finden, der sich näher an die Natur hält. (Zit. nach: Walz, B 2: 1905, 48)

4 Vgl. dazu Schmidt, B 2: 1880, 190 f.

Jörg-Ulrich Fechner gibt aber zu bedenken, daß in dieser Sammlung neuer Theaterstücke zwar auch Klingers *Sturm und Drang* enthalten ist, jedoch in einem Teil des Drucks das Stück fehlt, so daß einige Rezensenten das Stück kennen, andere aber nicht (vgl. Klinger, *Sturm und Drang*, 137). In Maler Müllers *Fausts Leben. Fragment* (1778) sagt Atoti, »der Literatur-Teufel«, zu Lucifer, die jungen Autoren hielten Strohhalme in den Armen, mit denen sie durch die Straßen zögen, »immer schreyend von Kraft und Stärke, Sturm und Drang«, insgesamt seien sie »niedrige Buben, die Mutter Literatur die Schaam aufdecken, ohne einmahl selbst darüber zu erröthen« (W 2,19 ff.). Ein Jahr später, 1779, findet man die Formel im Prolog eines anonym erschienenen Textes mit dem Titel *Die neuen Schauspieler in Mannheim Vorspiel und Prolog, welches bei Eröfnung des Mannheimer deutschen Theaters hätte gegeben werden können* (1779; zit. nach: Schmidt, B 6e: 1879, 130, Anm. 34).[5] Die Gastwirtstochter Sophie schildert darin eine Probe, auf der ein halbstündiger Monolog »von Sturm und Drang, von plastischer Natur, Thatkraft, Wonnegefühl, bildendem Traum, von einem Ding, das ein Ding und wieder kein Ding ist« (ebd.), gehalten wird. Der Vater kommentiert dies mit den Worten: »Gans, das war ja ein deutsches Originalstück« (ebd.). Die *Nürnbergische gelehrte Zeitung* läßt 1780 entsetzt einen Beiträger ausrufen: »Romane, in welchen der Dämon der Empfindeley und des Drangs sein Spiel hat« (zit. nach: Walz, B 2: 1905, 49). Im gleichen Jahr findet die Partizipialform der Formel in der *Gothaischen gelehrten Zeitung* von 1780 Verwendung. Anläßlich der Besprechung von *Wilhelm Edelwald, die Geschichte eines verlornen Sohns* (1780) heißt es, es sei ein Roman, der sich »durch Vermeidung beydes der weichen schmelzenden Empfindeley und der starken, geniemässigen stürmenden und dringenden Kraft unterscheidet« (ebd., 48). Goethe wird in *Dichtung und Wahrheit*

5 Der Originaltext war mir leider nicht zugänglich.

die Infinitivform verwenden, um Klinger in Anspielung auf sein Drama zu charakterisieren:

> [...] vielmehr mußte er sich durchstürmen, durchdrängen; daher sich ein bitterer Zug in sein Wesen schlich [...]. (Goethe, SW 16,640)

In Friedrich Traugott Hases Roman *Geschichte eines Genies* (1780) findet sich im 1. Teil schon die typologisierende Bemerkung:[6]

> Es war daher so viel Sturm und Drang in ihr (und das mag ein mitleidenswürdiger Zustand seyn, denn wer bejammert nicht den Mann, der diese Verfassung der Seele öffentlich hat kund werden lassen?), daß sie im Grunde nicht wußte, was sie that.

In der *Nürnbergischen gelehrten Zeitung* vom 29. Juni 1781 war folgende distanzierende Notiz zu lesen:[7]

> Die Steckenpferde der Empfindsamkeit, des Geniewesens, des Sturms und Drangs sind, Gottlob! jezt größtentheils von den Büchermachern so steif und lahm geritten, daß man selten mehr, als Knaben oder Kranke, damit auf die Leipziger Messen traben sieht.

In den von Friedrich Schiller kurze Zeit redigierten *Nachrichten zum Nuzen und Vergnügen* vom 31. Juli 1781, S. 243 f., liest man, dem Hofberichterstatterton dieser Postille gemäß, über die Heirat per Losentscheid bei der »Secte« der »Non-Conformisten«:

> Arme Jugend von Calverton! wie selten werden unter dir die Legionen weiß herum schwermende inspirirte Jungens und Mädgens werden, wie wenig werden sie

6 [Friedrich Traugott Hase], *Geschichte eines Genie's*, 2 Bde., Leipzig 1780, Bd. 1, S. 292 f.

7 [Anon.], [Rez. von:] *Der Empfindsame Maurus Pankrazius Ziprianus Kurt, auch Selmar genannt, ein Moderoman. Erfurt 1781 [...]*, in: *Nürnbergische gelehrte Zeitung*, 52. St. (1781) Nr. 185, S. 417 f., hier S. 417.

> von Herzens Sturm und Drang, Mond- und Busch-Cameradschaft zu sagen wissen, wie selten werden sie Geisteskraft genug haben zu empfinden, wie Werther und sich das Hirn zu versengen, oder wie Sigwart, und es im Wasser aufzulösen.

Im *Almanach der Belletristen und Belletristinnen* von 1782 ist über den Autor Johann Friedrich Schink (1755–1835) zu lesen:

> Seine ersten Werke verkündeten so etwas von Wurf und Drang, doch bekehrt' er sich nachher [...].
> (Zit. nach: Walz, B 2: 1905, 49)

Auch hier wird also, in geringer Abänderung der Formel, Sturm und Drang als ein literarisches und entwicklungspsychologisches Durchgangsstadium begriffen und damit die Abwertung der Sturm-und-Drang-Literatur hervorgehoben. Und schließlich schreibt Woldemar Friedrich Graf von Schmettow in seinem Buch *Ueber Empfindeley u. Kraftgenies [...]* (1783–84):

> Wenn wird doch unser Geschmack eine vernünftige Richtung bekommen? Jetzt muß alles empfindsam weinerlich seyn, wie eine mit Vapeurs behaftete Dame, und denn hat der liebe Mond seine Plage, dem die Selmars, Fingals, Siegwarte, Idas und Agnesen, ihren läppischen Non sens verseufzen – oder es muß gebramarsiret seyn, mit Kraft und Drang, wie die Genies, die auf Steltzen gehn, schimpfen, und eine andere Art non sens, dem Donnerer des Olimps vor Scaudieren.
> (Schmettow, *Ueber Empfindeley*, 13)

Den *Werther* und den *Götz* nimmt Schmettow aus, doch die sogenannten Nachahmer Goethes und die Nachahmer dieser beiden Texte bezeichnet er als »Empfindelnde, und sogenannte Kraftgenies« (ebd., 14).

Dieser Zusammenstellung wären noch der Hinweis auf das Schauspiel *Die Seelenverkäufer* (1784) des Theaterschriftstellers Heinrich Gottlieb Schmieder (1763 – nach 1811) hinzuzufügen, wo es an einer Stelle heißt: »studierte nichts als Sturm- und Drangstücke ein«,[8] sowie Schinks *Satirische Improvisation auf die Empfindsamen* (1785), worin sich die Worte über den »Knaben ohne Bart«, den jungen Autor, finden:

Im *Mondschein* hingestrekt, voll Sturm und Drang und Sehnen,
Manch unerfarnes Ding empfindsam hinterging. –
[...]
Dies Kraftgenie, das stets mit Weh und O! und Ach!
Von menschlichem Gefühl und Drang des Herzens sprach
[...].

(Zit. nach: »Empfindsamkeit«, 163)

Feldmann (B 2: 1904/05) belegt neben »Sturm und Drang« noch weitere Verbindungen wie »Drang und Fülle« (erwähnt 1776), »Schwung und Drang« (1776), »Sturm-und-Drang-Stück« (1778), »Drang und Not« (1782), »Sturm und Wogendrang« (1789), »Sturm-und-Drang-Zeit« (1801), »Sturm-und-Drang-Periode« (1804 und 1829), und für den Zeitraum 1775 bis 1789 die Komposita »Dranggefühl«, »Freiheitsdrang«, »Geistesdrang«, »Geniedrang«, »Geniusdrang«, »Herzensdrang«, »Seelendrang« und »Stürmer«. Bei Gottfried August Bürger (1747–1794) findet sich in dem Sonett *Verlust* von 1789 längst die Übernahme der Sturm-und-Drang-Formel zur Schilderung der eigenen Lebenssituation:[9]

8 Heinrich Gottlieb Schmieder, *Die Seelenverkäufer. Originallustspiel in fünf Aufzügen*, Dresden/Leipzig 1784, S. 96.

9 Vgl. dazu Stern, B 4: 1968. Stern spricht zu Recht von einer Re-Privatisierung des Terminus ›Sturm und Drang‹ in Bürgers Gedicht (vgl. ebd., 175).

Wonnelohn getreuer Huldigungen,
Dem ich mehr als hundert Monden lang,
Tag und Nacht, wie gegen Sturm und Drang
Der Pilot dem Hafen, nachgerungen!
(Bürger, SW 144)

Wie ein ferner Nachhall auf die Befindlichkeit und Grundstimmung der 1770er Jahre liest sich noch die 1. Strophe von Bürgers Gedicht *An das Herz* von 1793:

Lange schon in manchem Sturm' und Drange
Wandeln meine Füße durch die Welt.
Bald den Lebensmüden beigesellt,
Ruh' ich aus von meinem Pilgergange.
(Ebd., 403)

Weniger poetisch spricht Goethe in einem Brief vom 22. Mai 1803 an Schiller von »Sturm und Drang« in seinen Aufzeichnungen zur Farbenlehre, um damit die Anstrengungen mit der Fülle des Materials zu kennzeichnen. Daß auch Friedrich Schlegel in seiner *Lucinde* (1799) mit der Formel »Sturm und Drang« absichtsvoll spielt und die Verbformen »stürmen« und »drängen« verwendet, mag ein Indiz dafür sein, wie gegenwärtig ihm und seinem Bruder die Literatur der 1770er Jahre war.[10]

Weitere Detailforschung wird mit Sicherheit den einen oder anderen zusätzlichen Beleg bergen können. Deutlich ist indes geworden, daß »Sturm und Drang« bereits Ende der siebziger Jahre zu einer Formel geprägt wurde, mit deren Hilfe der Anspruch der jungen Sturm-und-Drang-Autoren auf Originalität und Genialität als ästhetisch inakzeptabel zurückgewiesen und psychologisierend als Entwicklungsstufe abgewertet wurde. Sturm und Drang wurde so entliterarisiert und biologistisch psychologisiert; die Auto-

10 Vgl. Friedrich Schlegel, *Lucinde. Ein Roman*, hrsg. und mit einem Nachw. vers. von Karl Konrad Polheim, Stuttgart 1977, S. 25 und 34.

ren entwickelten sich entweder zu ›reifen‹ Persönlichkeiten, oder Sturm und Drang insgesamt wurde als Durchgangsstadium in der Geschichte der deutschen Literatur hin auf Klassik und Romantik (miß)verstanden.

3

Vorläufer, Wegbereiter, Einflüsse

Begreift man ›Sturm und Drang‹ als dialektischen Begriff, dessen Verständnis sich erst in der Berücksichtigung seiner historischen Bezugspunkte erhellt, so ist damit auch die Frage nach der Periodisierung gestellt. Diese Frage hat schon die Zeitgenossen bewegt, wenngleich Formulierungen vom Ende des Sturm und Drang oder des Geniewesens, was oftmals synonym gebraucht wurde, in den Zeitschriften und Publikationen der Aufklärer mehr Wunsch als historische Realität bedeuteten.

Sturm und Drang im Sinne einer literaturgeschichtlichen Periode wird in der Forschung als eine Erfindung der Romantik bezeichnet (vgl. Sauder, B 2: 1990b, 225).[1] Ludwig Tieck, der mit Maler Müller persönlich bekannt war und der die erste Ausgabe mit gesammelten Werken von Lenz herausgab, sowie Friedrich und August Wilhelm Schlegel sind hier an erster Stelle zu nennen. Nur kurze Zeit wurde im ersten Jahrzehnt des 19. Jahrhunderts der Versuch unternommen, die Literatur des Sturm und Drang ausgewogen ästhetisch zu bewerten. Bereits die spätromantischen Literaturgeschichten, wie beispielsweise Eichendorffs Schrift *Zur Geschichte des Dramas* (1854), kehrten zur moralischen und sich an formalen Kriterien orientierenden Verurteilung zurück (vgl. ebd., 228). Eichendorff schreibt darin:[2]

1 Trotz dieser verdienstvollen Studie bleibt es nach wie vor ein Desiderat der Forschung, das Bild der Sturm-und-Drang-Autoren in der Romantik genauer und umfassend zu untersuchen.

2 Joseph von Eichendorff, *Werke in sechs Bänden*, hrsg. von Wolfgang Frühwald, Brigitte Schillbach und Hartwig Schultz, Bd. 6: *Geschichte der Poesie. Schriften zur Literaturgeschichte*, Frankfurt a. M. 1990, S. 734.

> Und so brach denn plötzlich – ganz wider Lessing's Geist, dessen Ideen sie auf ihre ungeschlachte Weise sich interpretierten – der Lärm und Zorn der berüchtigten *Sturm- und Drangperiode* herein, welche mit einer Art von Berserkerwut gegen alle wirklichen und eingebildeten Schranken [...] anrannte.

Die Wortführer dieser »Revolutionäre«, wie Eichendorff die Autoren des Sturm und Drang nennt, sieht er in Klinger und Lenz. Eichendorff interessiert in seiner einseitigen Geschichte des Dramas lediglich die Frage – jenes von ihm so bezeichnete »präzise und unerläßliche Kriterium« –, wie es die Dichter mit der Gottheit Christi halten.[3] Das »Dioskurenpaar« Goethe und Schiller mußte die »verworrene Erbschaft des Sturm- und Dranggeschlechts« antreten, um auf ihre eigene Weise zu vollenden, was jenes nur begonnen hatte oder wozu es nicht in der Lage war:[4]

> Jene hatten aber, wie echte Revolutionäre, mit der bloßen Negation und dem Niederreißen aller Schranken begonnen, und was sie eigentlich wollten, aber nie erreichten, war eine Bildung ohne positive Religion, eine Selbsterziehung des menschlichen Geistes, der allein sich selbst Gesetz sein sollte.

Ein wenig angemessener Gedanke, hinter dem die Vorstellung einer sich in der Klassik Goethes und Schillers zuspitzenden Reifung und Verklärung jugendlicher Wirren steht.

August Wilhelm Schlegel (1767–1845) hatte in seinen Berliner Vorlesungen (1801–04) nachhaltig das Verständnis von Sturm und Drang als literarischem Epochenbegriff geprägt. Bei ihm ist der Begriff der Sturm-und-Drang-»Periode« im Sinne einer literaturhistorischen Kategorie erstmals

3 Vgl. ebd., 738 f.
4 Ebd., 739. – Ähnlich äußert sich Eichendorff auch in seiner *Geschichte der poetischen Literatur Deutschlands* (1857).

belegt. Schlegel spricht im Zusammenhang der Geschichte der Faust-Bearbeitungen auch von Maler Müllers Faust-Fragment, rühmt die »herrlichen Anlagen darin, die nur durch die üblen Manieren der damaligen Sturm- und Drang-Periode entstellt werden«.[5] Tieck übernimmt diesen Begriff in der Einleitung zum 1. Band seiner Ausgabe der *Gesammelten Schriften* von Jakob Michael Reinhold Lenz von 1828 und stellt fest, daß den jüngeren Zeitgenossen fast nur noch »der stehende Beiname der Sturm-und-Drang-Periode« (zit. nach: Luserke [Hrsg.], B 7: 1995, 20), nicht aber einzelne Autoren mehr erinnerlich seien.

Zwar ohne die begriffliche Schärfe Schlegels, in der Sache aber wesentlich präziser, fielen die Ausführungen eines Zeitgenossen des Sturm und Drang aus, der diese Periode auf genau fünf Jahre begrenzt. Zugleich sind diese Bemerkungen auch ein Beispiel für das Diffamierungspotential der späten Aufklärung, nachdem der Sturm und Drang als überwunden hatte gelten können. Johann Georg Zimmermann (1728–1795) schreibt in seinem vierbändigen Werk *Ueber die Einsamkeit* (1784–85):

> Eine Anzahl Sprudelgeister erinnert man sich vielleicht, die vor einigen Jahren sich über alle Bande des Universums hinwegsetzten, die in mehr nicht als fünf genau gezählten Jahren [Fußnote im Original: »Von 1776 bis 1780«] ganz Deutschland umstimmen, und dann, unter ihrer stolzen Anführung, durch die deutsche Nation alle Nationen um sich her, und alle Zeitalter vor sich verdunkeln und überflügeln wollten. Sie nahten sich den Herzen der Menschen mit Sitten aus den Zeiten Knipperdollings [...]; und ihrer Meinung nach, herrschten sie schon von Winterthur bis nach Astrakan über alles Volk, wie über Hunde und gemein

5 August Wilhelm Schlegel, *Vorlesungen über schöne Litteratur und Kunst. Dritter Teil (1803–1804): Geschichte der romantischen Literatur*, [hrsg. von Jacob Minor], Heilbronn 1884, S. 154 f.

Vieh. Aber in weniger als fünf Jahren waren alle diese glänzenden Hofnungen bankrott! Die betrübte Erfahrung zeigte bald, daß diese aus dem Samen Rousseaus in sandigtem Boden gezogene Kraftknaben, wie in der Unterwelt der Ochsenträger Milon beym Lucian, nicht eine Fliege wegjagen konnten. Sie hatten das Aeusserste versucht. Aber sie waren weder Rousseaus noch Fränkline, und in der menschlichen Gesellschaft was ein Rad ohne Zähne in einem Uhrwerk, welches nirgends eingreifen kann, und wo es anstößt den ganzen Mechanismus verwirret.

Vielleicht hätte die leidige Genieseuche in Deutschland weniger gewütet, wenn sie nicht am meisten unter rohe junge Leute gekommen wäre, die in der Entfernung von allem Weltumgange lebten, in bacchantischer Einsamkeit jene wilden Anfälle von ihrer Selbstheit hatten, und jene jämmerliche Träume von ihrer Kraft.

Sodann war ausgemacht bey diesen Knaben, man müsse ohne Lust und Liebe nichts lernen und nichts treiben. Die Absicht schien gut, und der Weg sanft. Aber deswegen sieht man seitdem so oft Genies in zerrissenen Hosen; und einige die nicht undeutlich zu verstehen geben: es wäre ihnen weit besser gedient mit etwas weniger Respekt für ihre Kraft, und desto mehr mit einem alten Ueberrock. [...] Also wäre es doch besser, wenn jeder junge Mensch, anstatt aus seiner Einsamkeit Deutschland umstimmen und die Welt reformiren zu wollen, sich erst ein wenig in der Welt umsähe, und dann vorläufig seine Reformation auf niemand weiter ausdehnte als auf sich selbst.

(Zimmermann, *Ueber die Einsamkeit* 2,8–11)

Weit davon entfernt, die Sturm-und-Drang-Literatur zu denunzieren, hatte schon 1781 Justus Möser (1720–1794) in seiner Schrift *Über die deutsche Sprache und Literatur* nachgerade daran appelliert, sich der ›vergessenen‹ Literatur der siebziger Jahre zu erinnern. Gegen die Abwertungen der zeitgenössischen deutschen Literatur durch Friedrich II. war dieser Text gerichtet. Möser hebt Goethes *Götz* hervor und schreibt über Klinger, Lenz und Wagner, daß sie in Teilen eine herkulische Stärke gezeigt hätten, »ob sie sich auch gleich wie dieser zuerst mit einer schmutzigen Arbeit beschäftigten und vielleicht zu früh für deutsche Kunst und ihren Ruhm verstarben« (SW 3,85). Bis auf Wagner lebten die Autoren 1781 noch, doch ist dieser Irrtum zugleich bemerkenswert früher Ausdruck eines Bewußtseins von der Geschichtlichkeit des Sturm und Drang.

Diese beiden Lesarten, um sie kurz zu benennen: die Schlegelsche und die Zimmermannsche, haben sich bis heute gehalten, doch sollte – im Sinne einer Literaturgeschichte des Kleinen – dieses Epochenverständnis kritisch hinterfragt werden. Gerhard Sauder hat die Empfindsamkeit als eine »Periode« der Aufklärung definiert (vgl. B 2: 1974, 234). Ähnliches ließe sich vom Sturm und Drang sagen. In der Epoche der Aufklärung (Makrostruktur) stellt der Sturm und Drang eine literaturgeschichtliche Periode (Mikrostruktur) dar. Die Aufklärung dauert, grob gesprochen, ein Jahrhundert, der Sturm und Drang dagegen nur ein Jahrzehnt in diesem Jahrhundert. Der Begriff der Sturm-und-Drang-›Bewegung‹ eignet sich in diesem Zusammenhang nicht. Herman Nohl hat ihm zu einer geistesgeschichtlichen Reputation verholfen, und man ist nachgerade sprachlos, mit welcher Naivität er, der von »Deutscher Bewegung« schon 1911 (im Titel eines Aufsatzes) und in seiner Göttinger Vorlesung von 1939 (!) sprach, dies nach 1945 wiederholte (vgl. B 2: 1970).[6] Selbst die Herausgeber von Nohls Schriften, Bollnow und Rodi, hatten 1970 erhebliche Mühe, den Begriff noch zu rechtfertigen. Um so ent-

6 In der Einleitung zur Herder-Werkauswahl von 1905 spricht Nohl explizit von »Sturm-und-Drang-Bewegung« (vgl. B 2: 1970, 16).

schiedener ist er hier, obwohl immer noch vereinzelt in Publikationen gedankenlos gebräuchlich, als literarhistorische Kategorie für den Sturm und Drang zurückzuweisen. Zu sehr lastet auf ihm das völkisch-nationale und nationalsozialistische Erbe. Zudem suggeriert der Begriff eine massenwirksame, zumindest breit wirkende Dynamik, die zwar Wunsch, nicht aber Realität der Sturm-und-Drang-Autoren war. Daß sich spätere Generationen von Schriftstellern, vom Vormärz, von den Naturalisten über die Expressionisten, über Brecht und Hacks bis zum zeitgenössischen Dokumentartheater immer wieder auf Themen, Inhalte und ästhetische Überlegungen des Sturm und Drang besannen, bleibt davon unberührt.

Was versteht Nohl unter »Deutscher Bewegung«? Die Antwort ist ebenso einfach wie unspezifisch: sie sei »Strom des Geistes« (ebd., 82), der aus dem Zusammenschluß von Kantischer Philosophie und der Kant-Kritik Hamanns, Herders, Jacobis und Schillers entstanden sei. Diese Kritik bezieht sich auf die Schriften des sogenannten kritischen Kant, also auf die *Kritik der reinen Vernunft* (1781), die *Kritik der praktischen Vernunft* (1788) und die *Kritik der Urteilskraft* (1790), Schriften insgesamt, die jenseits des Jahrzehnts der Sturm-und-Drang-Literatur erschienen sind. Damit erweist sich der Begriff der »Bewegung« für den Sturm und Drang selbst aus Nohls eigener Argumentation heraus als historisch falsch. Nohls kulturmorphologischer Dynamismus beschwört zwar die Einheit eines Volksgeistes, ersetzt dadurch aber lediglich historische Leerstellen.

Weiter wäre im Zusammenhang einer Periodisierung des Sturm und Drang die Frage zu stellen, ob es neben dem deutschen auch einen englischen oder französischen, jedenfalls anderen nationalsprachlichen Sturm und Drang gibt. Karl S. Guthke (B 2: 1958a) konnte nachweisen, daß der deutsche Sturm und Drang in England durch Matthew Gregory Lewis (1775–1818) rezipiert und vermittelt wurde. Gleiches läßt sich von Frankreich sagen, hier hat der heute nahezu vergessene Elsässer Louis Ramond de Carbonnières entscheidende Vermittlungsarbeit geleistet, ohne freilich bleibende Wirkungen in der französischen Literatur zu hinterlassen. Insofern ist es also nicht berechtigt, von einem englischen oder französischen Sturm und Drang als Pendant zum deutschen zu sprechen. Allenfalls kann die Rede sein von einer vergleichsweise peripheren Rezeption (Guthke spricht von einer Beeinflussung der englischen Romantik durch den Sturm und Drang, vermittelt durch Lewis) der Sturm-und-Drang-Literatur in England und Frankreich.[7]

Im Anschluß an Gerhard Sauders Modell einer konzentrierten Periodisierung (vgl. B 2: 1984, 332) lassen sich drei Phasen des Sturm und Drang voneinander unterscheiden:

1. In der Forschung herrscht Einvernehmen darüber, daß in den Begegnungen zwischen Herder und Goethe vom Spätsommer 1770 bis zum Frühjahr 1771 in Straßburg der Kern der Sturm-und-Drang-Kommunikation zu sehen ist. Die Texte, die vor 1770 veröffentlicht wurden und gemeinhin dem Sturm und Drang zugerechnet werden, können als vorbereitende verstanden werden. Dies betrifft vor allem Schriften von Hamann und Herder, aber auch Gerstenbergs *Ugolino* (1768).

2. Eine intensive Hochphase des Sturm und Drang kann für die Zeit der Gruppenbildungen der Autoren in Anspruch genommen werden, wie sie sich in Straßburg, Frankfurt, Darmstadt und Göttingen vollzogen haben. Diese Phase reicht bis in das Jahr 1776. Eine deutliche Zäsur, wenn nicht gar einen Riß erfährt der Sturm und Drang durch Goethes Amtsantritt in Weimar (Januar 1776; Ankunft in Weimar am 7. November 1775).

3. Eine eigentliche Schlußphase kann kaum benannt werden, denn bereits 1778 ist der Sturm und Drang ein histori-

7 Davon unberührt ist wiederum der Einfluß Sternes und Rousseaus auf Literaten des Sturm und Drang.

sches Phänomen. In der Forschung bleibt es umstritten, ob Schillers *Räuber* (1781), *Fiesko* (1783) und *Kabale und Liebe* (1784), ob Schubarts *Sämtliche Gedichte* (1785–86) und ob Heinses *Ardinghello* (1787) noch zu dieser Spätphase bzw. überhaupt zum Sturm und Drang gerechnet werden können.

Sturm und Drang ist zwar an einzelne Personen (es sind ausschließlich Männer)[8] und Gruppen geknüpft, doch bleiben diese Namen wiederum an bestimmte literarische Werke gebunden. Aussagen über den Sturm und Drang sind somit immer Aussagen über bestimmte Werke oder bestimmte Personen der 1770er Jahre. Während beispielsweise die *Soldaten* von Lenz aus dem Jahr 1776 zum Paradigma eines Sturm-und-Drang-Dramas avancieren konnten, bleibt die aus demselben Jahr und von dem gleichen Autor stammende Komödie *Die Freunde machen den Philosophen* ein Produkt empfindsamer Literatur. Friedrich Leopold Graf zu Stolbergs Prosahymnus *Über die Fülle des Herzens* (vgl. »Sturm und Drang«, Ausg. Loewenthal, 789–800) erschien 1777. Obwohl der Text als empfindsamer Katechismus gilt, in dem es ebenso um die Liebe, die Freundschaft und das Verhältnis zur Natur wie um Religion, Tierliebe, Wissenschaft und Seelenadel geht, enthält er doch einige Begriffe des Sturm-und-Drang-Vokabulars. Vom »Dränger« und vom »Bedrängten« als politischen Kategorien ist die Rede, das Bild der Löwin, die ihre Jungen verteidigt, wird zur Charakterisierung der Verteidigungshaltung der jungen Autoren beschworen, gegen einen einseitigen Vernunftgebrauch der Aufklärung wird argumentiert, es fehlt auch nicht die Metapher des göttlichen Funkens in den Jünglingen und damit die Prometheus-Genealogie. Stadt- und Zi-

8 Frauen sind allenfalls Mutterfigur, Partnerin im Briefverkehr oder unerreichbar idealisiert; die literarischen Frauenfiguren werden in der neueren Forschung als Männerphantasien verstanden, denen die historische Entsprechung fehlt. Die jungen Sturm-und-Drang-Autoren phantasieren das, was ihnen die Wirklichkeit verweigert. Vgl. dazu Prokop, B 2: 1988a und 1988b.

vilisationskritik werden neben dem Leben des Feuervollen und stark Empfindenden genannt. Oder, um ein anderes Beispiel anzuführen: Lessings *Emilia Galotti*, womit der Autor die Entwicklung des Bürgerlichen Trauerspiels nach seiner *Miß Sara Sampson* (1755) nachhaltig prägte, erschien 1772. In jenem Jahr wurden auch die Beiträge zu den *Frankfurter gelehrten Anzeigen*, die als Manifest der Sturm-und-Drang-Literaturkritik gelten, veröffentlicht.

Gerstenberg: *Ugolino*

1768 erschien von Heinrich Wilhelm von Gerstenberg (1737–1823) die »*Tragödie in fünf Aufzügen*« mit dem Titel *Ugolino*.[9] Gerstenberg war schon 1759 mit anakreontischen Gedichten, den *Tändeleyen*, hervorgetreten.

Im Februar 1768 schickte Gerstenberg das Manuskript des *Ugolino* an Lessing, um dessen Urteil zu erfahren. Lessing bescheinigte in seinem Antwortbrief vom 25. Februar 1768 dem Verfasser Genie, was wenig mehr als eine Höflichkeit war. Er wies darauf hin, daß der körperliche Schmerz am schwierigsten literarisch darzustellen sei. Die Beobachtung, daß auf der Bühne Kinder hungern und sterben und alle beteiligten Personen unschuldig leiden, führt Lessing zu einer bemerkenswerten Feststellung. Noch nie habe er bei der Lektüre einer Tragödie das Gefühl gehabt, daß ihm das Mitleid mit den Figuren zur Last geworden sei.[10] Lessing, dem großen Mitleidsphilosophen, dem Mit-

9 Textgrundlage: Ausg. Siegrist.

10 Vgl. Lessing, W 11.1: *Briefe von und an Lessing 1743–1770*, hrsg. von Helmuth Kiesel [u. a.], Frankfurt a. M. 1987, S. 505.

Heinrich Wilhelm von Gerstenberg

leid als die einzige tragische Leidenschaft galt, wird Mitleid lästig![11] Lessings Kritik am *Ugolino* ist dabei durchaus subtil. Dieses Unbehagen am Mitleid – so bemängelt er – rühre daher, daß der Leser nichts über die Gründe für das unschuldige Leiden erfahre, die Figuren litten, ohne daß einsichtig wäre, weshalb. Außerdem sei der Leser zu früh über den Ausgang des Stücks ins Bild gesetzt, bereits nach der Exposition wisse er, daß Ugolino und seine drei Kinder sterben müssen. Lessing gibt Gerstenberg zu bedenken, daß das Stück, das ursprünglich mit Anselmos Tod aufhörte, doch in Ugolinos Selbstmord enden könne, um die Affektblockierung bei Lesern oder Zuschauern aufzulösen. Dies sei »die kürzeste die beste Art ein Ende zu machen«.[12]

Gerstenberg nahm die Anregung auf und schrieb die Schlußszene um, doch mit einer dramaturgisch entscheidenden Änderung: Ugolino tötet sich nicht selbst, sondern droht nur mit seinem Selbstmord. Im letzten Augenblick gelingt ihm die zivilisatorische Bändigung, er stirbt den Hungertod in christlicher Verklärung. Nicht zu Unrecht wurde darin eine neostoizistische Haltung der Hauptperson, wie sie in den christlichen Märtyrertragödien des 17. Jahrhunderts gefeiert wurde, gesehen. Gerstenberg legte seine Gründe gegen einen Selbstmord auf der Bühne in einem Brief an Lessing vom Mai/Juni 1768 ausführlich dar:[13]

> Der Gang und das Ziel meines Drama war eine Verhungerung; ob die Vorsehung den unglücklichen Menschen retten, ob er seinem Charakter gemäß ausdulden wird, das ist der Knoten: diesen Knoten durch Selbstmord zerhauen, was kann leichter sein? aber wie unzusammenhangend mit der vorgesetzten Absicht wäre es gewesen?

11 Vgl. dazu Schings, B 2: 1980. – Vgl. auch den sogenannten Trauerspielbriefwechsel zwischen Lessing, Mendelssohn und Nicolai aus den Jahren 1756/57.
12 Lessing (Anm. 10), 507.
13 Ebd., 516.

Die Worte, die Gerstenberg wählt, um Lessing seine Argumente gegen den Selbstmord vorzutragen, sind aufschlußreich. Ugolino »droht« von der Macht der »Leidenschaft überwältigt« zu werden und sich selbst zu töten; doch »hält« er sich im letzten Augenblick »zurück«, er »kühlt« sich ab, er »raisonniert« über seine beabsichtigte Tat als »Katholik« und in den Vorstellungen des »Parterre«, also nach bürgerlicher Denkungsart.[14] Schließlich »ergibt« er sich in sein Schicksal und stirbt Hungers, dem Zuschauer eröffnet sich eine »heitere Aussicht«.[15] Gerstenberg skizziert damit sehr genau das Verlaufsschema der Erregung und der Bändigung von Leidenschaften der voraufklärungskritischen Literatur der 1760er Jahre. Mit diesem Schluß wurde das Stück 1768 gedruckt. In der Ausgabe von Gerstenbergs *Vermischten Schriften* (1815–16) erscheint dieses Ende dann nur noch als Variante (vgl. VS 1,520–526); jetzt endet das Stück mit einem erheblich erweiterten Schlußmonolog Ugolinos und dessen Selbstmord.

»Eine Art abgebrochner Phantasie«[16] nannte Gerstenberg die Schlußszene seines Dramas, die Figuren seien ihm ausgegangen, und den Monolog als dramatisches Mittel schätze er auch nicht. Freiwillig habe er sich an die Regeln der drei Einheiten binden wollen; eine detaillierte Exposition, wie sie Lessing vorgeschlagen hatte, sei ihm inakzeptabel erschienen, für ihn seien solche ausladenden erzählenden Szenen grundsätzlich ästhetisch mangelhaft. Gerstenberg erkennt freilich seine ambitionierten Ansprüche, er sieht voraus, daß die Leser, am meisten jedoch die Zuschauer, »eine gewaltige Disproportion zwischen dem Verbrechen und dem Leiden finden werden«.[17] Dieser Selbsteinschätzung ist

14 Nach Zedlers *Grossem vollständigen Universal-Lexikon* (1740, Bd. 26) ist das »Parterre« jener Ort, »wo man die geringern Personen gewöhnlicher massen hintreten oder auf Bänken sitzen lässet«.
15 Vgl. Lessing (Anm. 10), 517.
16 Ebd.
17 Ebd., 518.

wenig hinzuzufügen, eine abendfüllende Inszenierung des Stücks läßt sich nur schwer denken.

Graf Ugolino della Gherardesca wurde mit zwei Söhnen und zwei Enkeln in einem Turm neun Monate lang inhaftiert. 1229 befahl sein politischer Gegner Erzbischof Ruggiero, den Turm endgültig zu verschließen und den Schlüssel in den Arno zu werfen. Die Gefangenen verhungerten. Gerstenberg gewann die Anregung zu seinem Drama aus Dantes *Göttlicher Komödie* (»Inferno«, 32. und 33. Gesang), wo diese Tat und das Leiden der Opfer beschrieben werden. Schon im »Vorbericht« zum *Ugolino* weist er auf Dante hin. Gerstenberg verzichtet auf ein breit angelegtes Figurenensemble, fast schon in minimalistischer Konzeption konzentriert er sich auf die vier Hauptfiguren: Ugolino und seine Söhne Anselmo, Gaddo und Francesco. Ugolinos Frau erscheint nur als stumme Person auf der Bühne, als Leiche wird sie hereingetragen. Die Regeln der drei klassischen Einheiten von Ort, Zeit und Handlung werden von Gerstenberg genau befolgt. Auch der strukturelle Aufbau des Stücks entspricht den zeitgenössischen Erwartungen, die fünf Akte sind streng durchkomponiert.

Der Hunger treibt die Figuren allmählich in den Wahnsinn. Hunger, Wahn und Todesbedrohung sind jene Themen, aus denen Gerstenberg die Darstellung der Affekte zieht. Es kommt zu delirierenden Monologen und kannibalistischen Handlungen, wenn der dreizehnjährige Anselmo im 5. Aufzug aus der Brust seiner toten Mutter ein Stück Fleisch herauszureißen versucht, sie »annagen« will, wie Herder in seiner Rezension schreiben wird. Hunger beseitigt im Nu jegliche zivilisatorische Schranke. Die Sehnsucht nach der Mutterbrust endet hier in deren wahnsinniger oraler Einverleibung. Nur indem der Vater dazwischentritt, kann verhindert werden, daß Anselmo sein Werk zu Ende führt.

Unter dem Druck von Hunger und Wahn gelingt es dem Vater kaum, die patriarchale Ordnung aufrechtzuerhalten.

Die Figuren sind auf sich selbst zurückgeworfen. Erst am Ende wird die irdisch-familiale Ordnung, die zu zerfallen drohte, in die höhere göttliche Ordnung eingeschrieben. Ugolino teilt dem Publikum mit: »Meine zerrißne Seele ist geheilt« (S. 65 und 66). Biblisch mutet diese Schlußpassage an, Ugolino findet in der Verklärung einen gnädigen Tod. Vom empfindsamen Selbstmitleid übermannt, richtet er an sich selbst den Appell zu männlicher Zucht: »Ich will meine Lenden gürten wie ein Mann« (S. 66). Zugleich drückt sich darin auch die Umkehrung der biblischen Bescheidung aus, wie Gott sie in seiner ersten Rede Hiob (Hiob 38,3) befahl: »Gürte deine Lenden wie ein Mann!« Ugolino hat die Mäßigung verinnerlicht, er ist nun am Ende des Stücks nicht der kleingläubige Hiob, sondern der tugendhafte Mann und – sozialgeschichtlich gesprochen – Bürger.

Die Freiheit in der (äußerlichen) Unfreiheit besteht für die Söhne nicht nur in der Tat, sondern auch in der emotionalen Versicherung der gegenseitigen Solidarität und in der Gedankenfreiheit. Darin ist ein wichtiges Moment des Stücks zu sehen, daß es auf drastische Weise den Blick nach innen lenkt auf das psychische Substrat der patriarchalen, kleinfamilialen Ordnung. In diesem Rahmen wird das Scheitern gesellschaftlicher Initiationsriten und Bändigungszwänge gezeigt. Tapferkeit, Wagemut, Ausdauer und Selbstbeherrschung bezwingen nicht die drohende Gefahr, den Hungertod. Die gefangenen und auf sich selbst zurückgeworfenen Individuen kreisen in autistischer Kommunikation, sie bleiben in der Gruppe vereinzelt, nur im Tod kann diese Isolation durchbrochen werden. Die Vereinzelung des Vaters wird am deutlichsten zu Beginn des 4. Aufzugs. Beim Anblick des Leichnams seiner Frau und im Angesicht des eigenen Todes durchbricht er seinen Monolog dreifach mit der hyperbolisch gesteigerten Klage »einsam! [...] ganz einsam! [...] fürchterlicher als einsam!« (S. 43). Der tugendhafte Vater überlebt die enthemmten Söhne. Insofern könnte man Gerstenbergs *Ugolino* auch als eine Metapher auf das Scheitern des Sturm und Drang lesen, freilich gleichsam gegen den Willen seines Autors. Der *Ugolino* wird in neueren Darstellungen zum Sturm und Drang nur noch unter Vorbehalt als Vorläuferdrama bezeichnet, in einigen Publikationen fehlt er inzwischen ganz.[18] Dies aus verständlichen Gründen. Dem inneren Affektrausch der Figuren entspricht deren veräußerlichte, pathetische Sprache, die zudem im Falle Gaddos (kaum sechs Jahre jung, vgl. S. 12) und Anselmos (13 Jahre jung, vgl. S. 8) keineswegs ›altersadäquat‹ ist. Hierin – und in der formalen Geschlossenheit des Dramas – ähnelt der *Ugolino* wohl am wenigsten dem elliptischen Sprechen der Sturm-und-Drang-Dramen. Doch geht es Gerstenberg nicht um die Darstellung eines historischen Geschehens, um politische Machenschaften und stadtstaatliche Herrschaftskämpfe. Gerstenberg möchte psychische Details zeigen und nicht die gesamte tragische Vor- und Hauptgeschichte aufrollen, ihn interessiert die psychische Binnenperspektive der Figuren. An den hochgestellten Persönlichkeiten werden bürgerliche Verhaltensstandards der Affektbändigung vor Augen geführt. Insofern Dramen des Sturm und Drang Leiden bürgerlicher Individuen auf die Bühne bringen, mag Gerstenbergs *Ugolino* als Vorläuferdrama weiter vereinnahmt werden. Gerstenbergs literarische Bedeutung für den Sturm und Drang ist indes nicht in seiner Eigenschaft als Dramatiker zu sehen. Vielmehr ebnete er in seinen *Briefen über Merkwürdigkeiten der Litteratur* (1766), den nach ihrem ersten Publikationsort so benannten »Schleswigschen Literaturbriefen«, einem umfassenden Wandel in der Shakespeare-Rezeption den Weg. Hier tauchen erstmals Bewertungen von Shakespeares Werk und von Genialität auf, deren Spuren sich in zahlreichen Sturm-und-Drang-Texten wiederfinden. Gerstenberg kann in dieser Hinsicht

18 So etwa bei Huyssen, B 2: 1980, und in dem Band »Interpretationen«, B 2: 1987.

als jenes Missing link verstanden werden, das die These von der Diskontinuität von Aufklärung und Sturm und Drang erschüttert und die Kontinuitätsthese stärkt. Doch sollte man sich davor hüten, die Bedeutung des *Ugolino* für die Sturm-und-Drang-Dramatiker zu überschätzen. Es ist ein klassisch komponiertes, ein mit dem dramatischen Konzept eines Dramas des Sturm und Drang in nichts vergleichbares Stück.[19]

Herder hat den *Ugolino* ausführlich in der *Allgemeinen Deutschen Bibliothek* von 1770 rezensiert. Er bewundert die »tiefe innere Känntniß der Menschlichen Seele« (SW 4,308), die den Verfasser auszeichne, und hebt besonders dessen Stärke bei der Charakterzeichnung der Figuren hervor. Der Autor sei ein »luxurirendes Genie« (ebd., 317), Herder rückt ihn in die Nähe Shakespeares. Doch auch kritische Töne unterbleiben nicht. So wird die zu blumenreiche Sprache ebenso gerügt wie der Hang des Stücks zum Deklamatorischen. Herder verbindet diese Kritik mit der Hoffnung, daß Gerstenberg eines Tages als der deutsche Shakespeare reüssieren werde, eine Hoffnung freilich, die sich nicht erfüllen sollte. Ludwig Philipp Hahn wird 1776 mit seinem Drama *Der Aufruhr zu Pisa* an Gerstenberg anknüpfen und eine dramatisierte Vorgeschichte zum *Ugolino* nachreichen.

19 Vielleicht hat zu dieser Überschätzung eine Stelle, auf die in der älteren Forschung gerne verwiesen wurde, aus Karl Philipp Moritz' Roman *Anton Reiser* (1785) geführt. Dort wird erzählt, wie Anton Reiser sich von seinem Essensgeld lieber den *Ugolino* ausgeliehen und eine Kerze gekauft hatte und mit hungrigem Magen bei schlechtem Licht das Drama von der Verhungerung Gleichaltriger verschlang (!) (vgl. Moritz, *Anton Reiser*, 202). Daraus aber auf eine allgemeine, breite Rezeption des Stücks durch die Sturm-und-Drang-Autoren zu schließen ist mehr als zweifelhaft.

Schweizer Sturm und Drang: Füssli, Lavater

Die literarhistorische Bedeutung Schweizer Autoren in ihrer Vorläuferrolle für den Sturm und Drang erschöpft sich in vielen Darstellungen in der Hervorhebung von Lavaters *Physiognomischen Fragmenten*. Daß es daneben – und lange vor einem ›deutschen‹ Sturm und Drang – in der Schweiz entscheidende Versuche gab, sich aufklärungskritisch und engagiert mit den Mitteln der Literatur gegen das Ancien régime aufzulehnen, ein Motiv, das sonst gerne für den deutschen Sturm und Drang in Anspruch genommen zu werden pflegt, wird selten gewürdigt. Die Monographie von Hans Schnorf über den *Sturm und Drang in der Schweiz* (B 3d: 1914) ist in ihrer Materialfülle immer noch unübertroffen. Auch wenn der Verfasser mit dem bleibenden Wert der Schweizer Literatur der zweiten Hälfte des 18. Jahrhunderts hart ins Gericht geht, so wird doch deutlich, daß Namen wie Lavater, Sarasin, Pestalozzi, Ambühl, Zimmermann, Füssli, Kayser u. a. eine wichtige Tatsache der Geschichte des Sturm und Drang verbürgen: Die deutschen Autoren des Sturm und Drang standen in enger Verbindung mit den aufgeklärten und aufklärungskritischen Vertretern der Schweizer Literatur. Umfangreiche Korrespondenzen, kontinuierlicher Austausch von und über Publikationen, ein regelrechter literarischer Nachrichtendienst sorgten für einen jeweils aktuellen Wissensstand auf allen Gebieten, auch der nicht-fiktionalen Literatur. Oft verband die Sturm-und-Drang-Dichter mit den Schweizer Autoren und Literaturinteressierten eine persönliche Bekanntschaft und Freundschaft, einige machten sich auch selbst auf den Weg in die Schweiz wie Goethe, Heinse, Klinger und Lenz.

Unerläßlich ist es, die Bedeutung des *Götz* und des *Werther* für die Schweizer Literatur hervorzuheben, doch gilt es auch den Blick umzukehren und darauf zu lenken, daß noch ein anderer Autor neben Lavater (in seiner Genielehre) für den Schweizer Sturm und Drang von zentraler Bedeutung ist. Das Schicksal des Vergessenen trifft den Schweizer Johann Heinrich Füssli (1741–1825), der heutzutage fast nur noch als Maler bekannt ist. Der Literaturgeschichte ist es kaum eine Bemerkung wert gewesen, daß er darüber hinaus auch ein gesellschaftskritisches Pamphlet mitverfaßt und Sturm-und-Drang-Gedichte geschrieben hat. In den neueren Darstellungen findet er, wenn überhaupt, nur noch eine beiläufige Berücksichtigung. Dabei ist Füssli nicht nur für den Schweizer Sturm und Drang ein wichtiger Vorgänger, den es endlich durch die Literaturgeschichtsschreibung zu rehabilitieren gilt.

In seinen Gedichten, soweit sie überliefert sind, läßt Füssli den anakreontischen Stil der 1760er Jahre weit hinter sich und schlägt Töne an, die sich erst wieder in den Sturm-und-Drang-Gedichten des Göttinger Hain und in der Lyrik des jungen Goethe und Lenz wiederfinden werden. Füssli war, daran besteht kein Zweifel, literarisch und malerisch seiner Zeit voraus. Doch auch in einer weiteren Hinsicht ist Füssli für die Geschichte des Sturm und Drang von Bedeutung. 1762 veröffentlichte er zusammen mit seinem Freund Johann Kaspar Lavater (1741–1801) und Felix Hess eine kleine, 7 Seiten umfassende Broschüre, die in Zürich für Aufregung sorgte. Über den Landvogt Hans Felix Grebel aus Grüningen (Kanton Zürich) war ruchbar geworden, daß er während seiner Amtszeit (1755–61) sein Amt mißbraucht, die Menschen schikaniert und sich selbst auf Kosten anderer bereichert hatte. Am 21. Oktober 1762 ließen Füssli, Hess und Lavater ihre kleine Schrift drucken und am 29. Oktober in Zürich verteilen. Der Titel dieses Pamphlets war eindeutig: *Der ungerechte Landvogt oder Klagen eines Patrioten.*[20] Grebel

20 Ein vollständiges Faksimile dieser Schrift findet sich in: »Johann Heinrich Füssli«, B 3d: 1974, 68 f. – Leicht verändert auch abgedruckt in: *Der von Jo. Caspar Lavater glücklich besiegte Landvogt Felix Grebel*, Arnheim 1769, S. 9–16.

wird unmißverständlich als Tyrann bezeichnet, seine Ungerechtigkeit beim Namen genannt. »Nun will ich reden und laut wider die Ungerechtigkeit rufen« (zit. nach: »Johann Heinrich Füssli«, B 3d: 1974, 69), nehmen sich die Verfasser vor. Sie betrachten es als ihre republikanische Pflicht, einen strafbaren Mitbürger anzuklagen, wenn schon keine öffentliche Anklage gegen ihn erhoben wird.

> Jeder Gedanke, jedes Wort, jeder Schritt mußte dir bezahlt werden; allenthalben legtest du Strike daß die Unschuldigen fielen, dein Sekel zu füllen! deine Wege waren mit dem Schweisse deiner Unterthanen benezt und du soffest ihr Blut – – du reiztest die Leute, daß sie wider dich redeten, und dann straftest du sie vierfach [...].« (Ebd.)[21]

Die drei Verfasser rufen dazu auf, das Haus des Altlandvogts zu schleifen, ihm selbst wünschen sie den Tod, öffentlich nennen sie ihn einen »*erzgottlosen Bösewicht, einen meineidigen Tyrannen und einen schwerdtwürdigen Uebelthäter* – – [...] Ich werde nicht schweigen, nicht ruhen, bis du deinen Raub zurückgegeben, und als ein faules Glied unsers Staates abgehauen bist« (ebd.). Unübersehbar sind in diesem Pamphlet die rhetorischen Anleihen bei der Bibelsprache. Der Predigtton war den studierten Theologen Füssli und Lavater vertraut:

> Ach Herr warum stehest du so fern hintan; warum verbirgest du dich zur Zeit der Noth? [...] Stehe auf o Herr! erhebe deine Hand! vergiß des Elenden nicht!
> (Ebd.)

Diese Mischung aus hiobsiadischem Klagelied und Drohpredigt ist psalmodisch im Ton und entschieden in der Verheißung. Daneben tritt der Appell, sich die Schweizer Geschichte zu vergegenwärtigen, er dient der Solidarisierung

21 Offensichtliche Druckfehler wurden stillschweigend verbessert.

Johann Kaspar Lavater
Zeichnung von Johann Heinrich Lips (um 1785)

der aufrechten Bürger gegen den Tyrannen. Nicht von ungefähr zitieren die drei die historische Gestalt des Wilhelm Tell: »Solte Zürich keine *Tellen* keine *Baumgarten* mehr haben?« (Ebd.) Hier hatten junge Menschen die Stimme gegen Ausbeutung und Unterdrückung im Namen jener Unterdrückten erhoben, die selbst der schriftlichen Meinungsäußerung nicht fähig waren. Wie nah waren Füssli, Lavater und Hess an der geschichtlichen Wirklichkeit, und wie pathetisch geschichtslos nimmt sich demgegenüber mancher Ton von Beiträgern des Göttinger Hain aus.

Füssli hat später ein Gedicht geschrieben, worin er den Schweizer Freiheitshelden mit der Tyrannenmordgeste des Sturm und Drang besingt. Das *Skolion* (Trinklied) genannte Gedicht[22] hat folgenden Wortlaut:

> Der komme nicht zu meinem Tisch
> der dich o Tell nicht kennt!
> Der heisse kein Helvetier
> der dich kennt und nicht singt!
> Sind es nicht bald fünfhundert Jahre
> dass unsrer Väter Heer
> wie wir itzt thun, der Rebe Geist
> frey von Tirannen trank?
> Sind es nicht bald fünfhundert Jahre
> dass jeder Knabe frey
> sein Mädchen küsst, nicht schüchtern hin
> nach einem Gessler blikt?
> Doch Vater denkst du, wenn die Traube
> im Kelchglass schäumt an Tell?

22 Erstmals aus der Handschrift mitgeteilt von Federmann, B 3d: 1927, 99. – Die genaue Entstehungszeit ist unklar. Ich vermute aber, daß sie in die Zeit der Grebel-Affäre fällt, spätestens in die zweite Hälfte der 1760er Jahre. Eine spätere Entstehung ist eher unwahrscheinlich, wenn man bedenkt, daß Füssli 1770 die Entscheidung traf, nur noch malen zu wollen. Vgl. dazu seinen Brief an Lavater vom 14. Juni 1770: »Ich will ein Maler sein, wenn ich kann, weil es das stärkste Mittel in meiner Gewalt ist, wie ich hoffe, Gutes zu tun« (Füssli, *Briefe*, 155).

Denkt ihn dein Sohn, küsst er ein Kind
das ist wie Milch und Blut?
Thut ihr's nicht, so gab Gott dem Schüze
den Retterpfeil im Zorn!
Und Tell hat nicht Helvetier
Hat Sklavenvolk erlöst.

In der Volksüberlieferung der Schweiz hat die Sage von Wilhelm Tell, dem Freiheitshelden, bekanntermaßen einen festen Platz. Im sogenannten *Weißen Buch von Sarnen* (um 1470), einer Chronik, wird Wilhelm Tell erstmals erwähnt. Das Thema und die Figur sind in der mündlichen Volksliedtradition schon früh fest verankert, Füssli greift hier also auf dieses Vorverständnis zurück.

Grebel entzog sich zwar durch Flucht einer Bestrafung, nachdem eine Untersuchungskommission die Rechtmäßigkeit der gegen ihn in der Flugschrift erhobenen Vorwürfe festgestellt hatte. Doch wurde der Altlandvogt zu lebenslanger Verbannung aus seiner Heimat verurteilt. Auch die Verfasser wurden, obgleich durch den Ausgang des Verfahrens bestätigt, zu einem freiwilligen, befristeten Exil gedrängt, bis die Ordnung in ihrer Heimatstadt wiederhergestellt sei. Füssli kehrte daraufhin nicht mehr dauerhaft nach Zürich zurück, sondern übersiedelte nach Aufenthalten in Berlin und in Barth bei Johann Joachim Spalding (1714–1804), wohin er mit Hess und Lavater reiste, 1764 nach London.

Die Schrift *Der ungerechte Landvogt* macht deutlich, daß ein kritischer Ton keineswegs auf den Aufruf zur gewalttätigen Veränderung der herrschenden Unrechtszustände hinausläuft, sondern zunächst den bürgerlichen Instanzenweg sucht und sich dabei auf das Selbstverständnis eines patriotischen, selbstdenkenden und vor allem kritisch denkenden Bürgers beruft. Hier wird eine elementare Forderung der Aufklärung konsequent und mutig in die Tat umgesetzt. Ferner wird deutlich, daß der engagierte Ton, der sich später noch in Schubarts publizistischen Arbeiten wiederfinden wird, eine theologische Herkunft hat; der Predigtton prägt auch etliche moralische und ästhetische Schriften von Lenz und anderen und verschafft sich in den Briefen der Sturm-und-Drang-Autoren Gehör.

d'Holbach

Der gebürtige Pfälzer Paul Thiry d'Holbach (1723–1789), der vor allem als Mitarbeiter an Diderots *Encyclopédie* und als entschiedener Religionskritiker bekannt wurde, veröffentlichte 1770 auf französisch ein umfangreiches Buch mit dem vielversprechenden Titel *Système de la nature* (dt. 1783, vgl. Bibl.). Goethe hat sich zwar später in *Dichtung und Wahrheit* wenig zustimmend über dieses Werk geäußert, jedoch ist d'Holbachs Einfluß auf die Autoren des Sturm und Drang bis heute nicht untersucht (und daß sie sein *Système* gelesen haben, ist unzweifelhaft). Vieles von dem, was sich bei einigen zeitgenössischen Schriftstellern des Sturm und Drang findet, läßt sich bei d'Holbach nachlesen. Die wichtigste, weniger von Rousseau herrührende als von seinen Kritikern ihm untergeschobene Parole »Zurück zur Natur!« wird von d'Holbach ausführlich dargestellt. Auch sein kompromißloses Plädoyer für eine Emanzipation der Leidenschaften deckt sich mit vielem, was uns von Sturm-und-Drang-Autoren her bekannt ist. Soviel läßt sich zumindest sagen: Neben dem Einfluß Rousseaus auf den Sturm und Drang ist zukünftig auch der Einfluß von d'Holbachs *System der Natur* zu berücksichtigen. Auch wenn es beim derzeitigen Forschungsstand offenbleibt, ob man berechtigterweise von einem Einfluß sprechen kann, so läßt sich zumindest eine auffallende Übereinstimmung nicht bestreiten. Dies soll in wenigen Worten skizziert sein. Zunächst muß man Goethes Äußerung relativieren; sie wurde aus der Rückschau gemacht, und Goethe selbst gesteht die außerordentliche Wirkung des Titels von d'Holbachs Buch auf die Straßburger Sturm-und-Drang-Gruppe ein. Aus Neugier hätten es die jungen Dichter in die Hand genommen, schreibt Goethe:

> Wir begriffen nicht, wie ein solches Buch gefährlich sein könnte. Es kam uns so grau, so cimmerisch, so totenhaft vor, daß wir Mühe hatten, seine Gegenwart auszuhalten [...]; und so schien uns jenes Buch, als die rechte Quintessenz der Greisenheit, unschmackhaft, ja abgeschmackt. [...] Keiner von uns hatte das Buch hinausgelesen: denn wir fanden uns in der Erwartung getäuscht, in der wir es aufgeschlagen hatten. System der Natur ward angekündigt, und wir hofften also wirklich etwas von der Natur, unserer Abgöttin, zu erfahren. (Goethe, SW 16,523 f.)

Es ist schwer, anhand der erhalten gebliebenen Dokumente festzustellen, ob Goethes Mitteilung historisch zutreffend ist, spricht er doch stellvertretend für mehrere Autoren und aus der zeitlichen Distanz von mehreren Jahrzehnten. d'Holbach eröffnet sein *System der Natur* mit der Feststellung, der Mensch sei nur deshalb unglücklich, weil er die Natur verkenne (vgl. Holbach, *System der Natur*, 11). Im 14. Kapitel mit der Überschrift »Kurzer Abriß des Gesetzbuches der Natur« versucht d'Holbach in oftmals geradezu hymnischem Ton eine Art Rollenprosa. Der Verfasser spricht stellvertretend für die Natur, die als Kollektivindividuum verdinglicht wird:

> Kehre denn zurück, abtrünniges Kind; kehre zurück zur Natur! [...] Sei also glücklich, o Mensch!
>
> (Holbach, *System der Natur*, 603)

d'Holbach redet aber keinem ungehemmten und rücksichtslosen Hedonismus oder Egoismus das Wort. Im Gegenteil, er verbindet das Glück des einzelnen mit der Wohlfahrt aller, er appelliert an soziale Verantwortung, an Vernünftigkeit und Tugendhaftigkeit aus dem Geiste der Freiheit. Diese Freiheit meint nicht nur die politische Freiheit und die Freiheit von jeglicher religiösen Bevormundung – in diesem Sinne ist d'Holbachs Buch ein zutiefst atheistisch-materialistisches Bekenntnis –, sondern auch Befreiung von der durch Gesellschaft und Religion abverlangten Bändigung der Leidenschaften.[23] Diesem Disziplinierungszwang hält d'Holbach entgegen:

> Man verzichte also auf das törichte Vorhaben, die Leidenschaften in den Herzen der Menschen auszurotten; man lenke sie vielmehr auf die für sie und ihre Mitmenschen nützlichen Gegenstände. [...] kurz, man sollte den menschlichen Leidenschaften freien Lauf lassen, wenn sich wirkliche und dauerhafte Vorteile für die Gesellschaft daraus ergeben. (Ebd., 126)

Am Ende seines Buches läßt d'Holbach den »Apostel der Natur« ausrufen:

> O Natur, Beherrscherin aller Dinge, und ihr, deren angebetete Töchter: Tugend, Vernunft, Wahrheit! seid auf ewig unsere einzigen Gottheiten [...]. (Ebd., 610 f.)

Die Bedeutung der Natur und die Betonung der Freiheiten (der politischen, religiösen und individuellen) kann man als Vorwegnahme genuiner Positionen des Sturm und Drang bewerten, obgleich sich der Sturm und Drang der materialistischen Radikalität d'Holbachs verweigert.

Gelegentlich werden auch Jacob Mauvillon (1743–1794) und Ludwig August Unzer (1748–1774) mit ihren Ausfüh-

23 Vgl. dazu ausführlich Luserke, B 2: 1995, 209 ff.

rungen über die deutsche Literatur in ihrem fiktiven Briefwechsel *Ueber den Werth einiger Deutschen Dichter [...]* (1771–72) als Vorläufer des Sturm und Drang bezeichnet.[24] Doch hält dies einer kritischen Prüfung nicht stand. Mauvillon und Unzer geht es ausschließlich – wie der Titel anzeigt – um die Bewertung der Literatur der 1750er und 1760er Jahre, von einer Aufklärungskritik als wesentlichem Bestandteil des Sturm und Drang kann hier keine Rede sein. In ihrem kurzen Vorbericht, in dem sie ihr Buch als privaten Briefwechsel deklarieren, um auf diese Weise ihr offenes Urteil über die zeitgenössische Literatur zu rechtfertigen, wird zwar vom Anspruch junger Genies auf Originalität gesprochen, doch bezieht sich dies auf die Bardendichtungen, die als Irrweg in der Geschichte der deutschen Literatur verstanden werden. Die Verfasser wehren sich gegen den prognostizierten Untergang der deutschen Literatur, ihnen geht es darum, die angegriffenen oder gar verleumdeten, jedenfalls falsch verstandenen »wahren« Dichter zu rehabilitieren. Dabei fallen im Laufe des Briefwechsels Namen wie Gellert, Gleim, Haller, Dusch, Wieland, Uz, Hagedorn, Cronegk, Rabener und Lichtwer, da geht es um das Lehrgedicht und um die moralische Erzählung, um Themen also, die nichts mit Sturm und Drang zu tun haben.

1769 verließ der 25jährige Herder Riga per Schiff und schrieb über diese Schiffsreise eine Art Tagebuch mit dem Titel *Journal meiner Reise im Jahr 1769*. In Wirklichkeit ist dieses Journal eine gründliche Abrechnung mit aufgeklärtem Wissen und aufgeklärter Wissenschaft. Herder schreibt:

24 Die Behauptung einer Vorläuferfunktion mag sich darauf gegründet haben, daß man weniger die Schrift selbst als deren Rezension gelesen und dabei den ironischen Ton in Mercks Besprechung in den *Frankfurter gelehrten Anzeigen* (Nr. 15 von 1772) und dessen Rüge der »nachlässigen Weitschweifigkeit« Mauvillons und Unzers nicht wahrgenommen hat. Daß Merck unzweifelhaft der Verfasser dieser Besprechung ist, wies Bernhard Seuffert nach (vgl. *Frankfurter gelehrte Anzeigen*, XLIII und LXVII).

Johann Gottfried Herder
Gemälde von Anton Graff (1785)

> Was will alle Gelehrsamkeit, Typographien, Bibliotheken u.s.w. sagen? Eine Landplage, eine Barbarische Ueberschwemmung [...] kann den Geist einführen, Bibliotheken zu verbrennen, Typographien zu verbrennen, das Land der Gelehrsamkeit zu verlassen, aus Frömmigkeit Ignoranten zu werden. So arbeiten wir uns mit unserm Deism, mit unsrer Philosophie über die Religion, mit unsrer zu feinen Cultivirung der Vernunft selbst ins Verderben hinein. Aber das ist in der ganzen Natur der Sachen unvermeidlich. Dieselbe Materie, die uns Stärke gibt, und unsre Knorpel zu Knochen macht, macht auch endlich die Knorpel zu Knochen, die immer Knorpel bleiben sollen: und dieselbe Verfeinerung, die unsern Pöbel gesittet macht, macht ihn auch endlich alt, schwach und nichts tauglich. Wer kann wider die Natur der Dinge? Der Weise geht auf seinem Wege fort die Menschliche Vernunft aufzuklären, und zuckt nur denn die Achseln, wenn andre Narren von dieser Aufklärung als einem letzten Zwecke, als einer Ewigkeit reden. [...] Alle Aufklärung ist nie Zweck, sondern immer Mittel; wird sie jenes, so ists Zeichen daß sie aufgehört hat, dieses zu seyn [...].
>
> (Herder, SW 4,411 f.)

Darin drückt sich die Erkenntnis aus, daß Aufklärung in ihr Gegenteil umschlagen kann, und diese Gefahr von Repression durch Überaufklärung hatten die Autoren des Sturm und Drang erkannt. In diesem Sinne waren sie keine Aufklärungsgegner und schon gar keine Vertreter der Gegenaufklärung.[25]

25 Im Hinblick auf Herder haben dies Ulrich Gaier und Jürgen Brummack herausgearbeitet; vgl. Brummack, B 2: 1989, und Gaier, B 2: 1989.

4
Ästhetik

Die Kritik der Sturm-und-Drang-Autoren gilt ingesamt repressiven Strukturen, seien diese Produkt einer diskursiven Praxis etwa im Bereich der Philosophie, der Theologie, der ästhetischen und poetologischen Regeln, oder seien diese Produkt gesellschaftlicher Prägungen. Vier Gegenstandsbereiche dieser Kritik lassen sich behelfsmäßig voneinander abgrenzen:

1. Die Kritik bezieht sich auf das Herrschaftsverhältnis im Bereich gesellschaftlicher Macht. Dieser Bereich wurde in der Forschung meist unter den Stichwörtern ›Adelskritik‹, ›Gesellschaftskritik‹ und ›Zivilisationskritik‹ zusammengefaßt, obwohl nicht immer klar zu unterscheiden ist, was im konkreten Einzelfall darunter verstanden wurde. Die Adels- bzw. Ständekritik kann allerdings auch aus der rückschauenden Kenntnis des historisch-gesellschaftlichen Prozesses als Kritik an der sich konsolidierenden gesellschaftlichen Macht gerade des aufgeklärten Bürgertums gedeutet werden.

2. Die Kritik bezieht sich auf die Unterdrückung durch die Herrschaft poetologischer Regeln, deren ästhetische Normen, insbesondere dramentheoretische Vorschriften, sich letztlich auf Geschmacksurteile und moralische Werte gründen; das ästhetisch Gute ist das, was sich zivilisatorisch schickt. Der Sturm und Drang reagiert hierauf mit einem entfesselten Enttabuisierungswillen. Die ästhetische Rebellion wird ausgetragen als Aristoteles-Shakespeare-Debatte und Befehdung der aufgeklärt-normativen Poetik.

3. Diese Ästhetikkritik ist mit der Kritik an sexueller Repression durch die bürgerliche Gesellschaft verschränkt. Se-

xualität wird nun Gegenstand der Enttabuisierung, an ihr werden die Mechanismen und die Folgen gesellschaftlicher Unterdrückung und der Verinnerlichung ihrer Bändigungszwänge gezeigt. Die Vernunftherrschaft, als Autokratie absolut gesetzter Normen bürgerlicher Verhaltensstandards verstanden, wird als jener Punkt kritisiert, an dem sich Aufklärung in Repression verkehrt. Insbesondere betrifft dies die von den Sturm-und-Drang-Autoren mit Macht eingeforderte Emanzipation der Leidenschaften. Es liegt auf der Hand, daß dies auch Auswirkungen auf die Gegenstände der literarischen Darstellung und die Darstellungsweise hat; so schrieb Hamann an Herder schon am 23. Mai 1768, er habe »mehr die *inferna* eines Torso als die *superna* einer Büste zu erkennen und zu unterscheiden gesucht. Und meine grobe Einbildungskraft ist niemals im Stande gewesen, sich einen schöpferischen Geist ohne *genitalia* vorzustellen« (Hamann, *Briefwechsel* 2,415).

4. Schließlich betrifft die Kritik der Sturm-und-Drang-Autoren ihren Selbstanspruch, daß nur der literarische Diskurs (einschließlich der brieflichen und literaturkritischen Äußerungen) des Sturm und Drang Erkenntnis über Formen repressiver Aufklärung zu bieten vermag. Das bedeutet, daß sich der Sturm und Drang einer einheitlichen Theoriebildung verweigert, da die diskursive Macht einer Theorie bereits wieder Repression erzeugt. Während es zeitgenössische aufgeklärt-dominante theologische, medizinische oder juristische Theorien gibt, gibt es keinen theologischen, medizinischen oder juristischen Sturm und Drang. Sturm und Drang versteht sich somit konsequenterweise als einziges nicht-repressives Korrektiv der Aufklärung und zur Aufklärung.

Mir kommt es bei dieser Darstellung im wesentlichen darauf an, Sturm und Drang in Differenz *und* Kontinuität zur Aufklärung zu begreifen. Die Autoren des Sturm und Drang hatten erkannt, daß Aufklärung repressiv werden kann, und dagegen rebellierten sie. So verstanden waren sie keine ignoranten Aufklärungsgegner, sondern leidenschaftlich aufgeklärt. Die entschiedene Kritik an repressiven Strukturen war eine fundamentale Machtkritik, die sich sowohl auf diskursive Praktiken als auch auf Herrschaftspraktiken bezog. Im Schnittfeld von Adelskritik, Zivilisationskritik, Kritik an der eigenen bürgerlichen Schicht und Kritik an der Herrschaft poetologischer Regeln läßt sich das Postulat einer Emanzipation der Leidenschaften erkennen. Hier erfährt die Literatur durch den Sturm und Drang eine veränderte Funktionsbestimmung. Nur die Literatur – in ihrer fiktionalen wie nicht-fiktionalen Gestalt – kann die Aufklärungsarbeit über Formen aufgeklärter Repression leisten. Auf der produktionsästhetischen Seite entspricht dem die Einstellung, daß die Sturm-und-Drang-Autoren ein einheitliches, integratives, systematisches Konzept verweigern. Eine Theorie des Sturm und Drang, ob literarisch, poetologisch oder gesellschaftlich, oder auch eine selbständige und zusammenhängende Ästhetik des Sturm und Drang gibt es nicht. Nachweisbar ist lediglich eine ästhetische kritische Reflexion im Kontinuum aufgeklärten Denkens. Das Medium der Repressionskritik ist für die Autoren des Sturm und Drang die Literatur, nur sie vermag Aufklärung über die Aufklärung zu verbürgen. Die Maxime der Aufklärung, den Verstand aufzuklären und das Herz zu bessern, wird im Sturm und Drang umgekehrt. Nun rufen die jungen Dichter: wir wollen das Herz aufklären und den Verstand bessern!

Bei diesem Teil der Darstellung müssen Aspekte und Fragen einer umfassenderen Ästhetikgeschichte des Sturm und Drang unberücksichtigt bleiben. Dies betrifft die Kunstgeschichte und die Musikgeschichte. Schon Ernst Beutler monierte 1939, daß man beispielsweise an der Sturm-und-Drang-Malerei eines Johann Heinrich Füssli allzu lange vorbeigesehen habe (vgl. B 3d: 1939, 24). Das hat sich erst allmählich – und bei weitem nicht genügend – geändert.[1]

1 Vgl. die jüngeren Arbeiten von Maisak, B 2: 1988; Grieger, B 2: 1993a und 1993b. – Trotz dieser und der dort angeführten älteren Forschungen bleibt die Forschungslage zu diesem Thema insgesamt noch unbefriedigend.

Verschiedene Ausstellungen in den siebziger Jahren trugen dazu bei, den Maler Füssli einem weiteren Kreis über die kunsthistorischen Spezialisten hinaus in Erinnerung zu rufen. Daß es daneben auch einen Dichter Füssli zu entdecken gab, blieb lange verborgen. Merck, Goethe, Maler Müller, Lenz – sie alle waren auch ausgewiesene Zeichner, Maler und Kunstverständige. Goethe hat sich in seinem Aufsatz *Von Deutscher Baukunst* versiert und programmatisch mit der Architekturgeschichte beschäftigt.

Das gleiche Bild bietet sich in der Musikgeschichte. Beispielsweise widmete sich Schubart auch kompositorischen und musikästhetischen Fragen, Philipp Christoph Kayser (1755–1823) vertonte Sturm-und-Drang-Gedichte, Heinse wiederum schrieb in den 1770er Jahren (erst nach seinem Tod veröffentlichte) *Musikalische Dialoge* (vgl. Bibl.) usw. Eine künftige umfassende Darstellung der Ästhetikgeschichte des Sturm und Drang müßte also von vornherein kunst- und musikästhetische Forschungen berücksichtigen.[2]

Genieästhetik und das Vorbild Shakespeare

Die Geniediskussion in der Literatur hat eine lange Tradition.[3] In der Regel war damit das Problem verbunden, inwiefern der Dichter, von dem man die Nachahmung der Natur verlangte, überhaupt noch in der Lage sei, eigenständige

2 Dies gilt auch für die, soweit ich sehe, bislang einzige Musikästhetik, die sich ausdrücklich auf Autoren des Sturm und Drang beruft; vgl. Joseph Martin Kraus, *Etwas von und über Musik fürs Jahr 1777*, Faks.-Nachdr. der Ausg. Frankfurt 1778, mit Komm. und Reg. hrsg. von Friedrich W. Riedel, München/Salzburg 1977.

3 Vgl. Bauerhorst, B 4: 1930; Wolf, B 4: 1923; Peters, B 4: 1982.

Kunstwerke hervorzubringen. Im 17. Jahrhundert wurde in Frankreich der Streit zwischen Alten und Modernen ausgetragen, die sogenannte Querelle des anciens et des modernes, in der es vor allem um die Frage ging, ob und wie die modernen Dichter die vorbildhaften Alten überbieten können und ob sich das Genie durch ›ingenium‹, also durch Talent und Begabung, oder durch ›studium‹, also durch Gelehrsamkeit und Erlernen von Regeln, auszeichne. Auch in England gab es in der ersten Hälfte des 18. Jahrhunderts eine breite Geniediskussion (Shaftesbury, Addison, Young). Schon für Scaliger war der Dichter ein Alter deus, Shaftesbury spricht vom Dichter als einem »second maker« (»Such a *Poet* is indeed a second *Maker*: a just *Prometheus*, under *Jove*«, *Soliloquy or Advice to an Author*, 1711).[4]

Der Sturm und Drang entfachte aber eine neue Debatte. Die Autoren beanspruchten nun ein Selbstverständnis als Dichter, das weit über die Erwartungen und die Vorstellungskraft der Zeitgenossen hinausging (vgl. Sauder, B 4: 1984). Hier verschaffte sich die radikale Aufwertung der Produktionsästhetik gegenüber einer aufgeklärten Darstellungs- und Wirkungsästhetik Gehör. Grundlage dieser intensiven Diskussion war das Buch *Conjectures on Original Composition [...]* (1759) von Edward Young. Schon 1760 lag eine deutsche Übersetzung von H. E. von Teubern vor. Young grenzt das Genie vom Handwerker ab; Genie ist der Meister, Gelehrsamkeit, Bildung und Wissen sind nur Werkzeuge, die man gelegentlich auch entbehren kann (vgl. Young, *Gedanken*, 27). Regeln bezeichnet er als »Krücken, eine nothwendige Hülfe für den Lahmen, aber ein Hinderniß für den Gesunden« (ebd., 29) – eine Formulierung, die zu einem regelrechten Topos in der Ästhetikdiskussion des

4 Anthony Ashley Cooper, Third Earl of Shaftesbury, *Standard Edition. Sämtliche Werke, ausgewählte Briefe und nachgelassene Schriften*, in engl. Sprache mit paralleler dt. Übers., hrsg., übers. und komm. von Gerd Hemmerich und Wolfram Benda, Stuttgart-Bad Cannstatt 1981, S. 110. – Vgl. auch Walzel, B 2: 1910, 8.

Sturm und Drang wurde. Vom Genie erwartet Young Schönheiten, die noch niemals zuvor in Regeln beschrieben wurden, und Vortreffliches, von dem man noch keine Beispiele hat. In der alten Literatur findet er Pindar – später kommen bei anderen Autoren noch Homer und Sophokles, gelegentlich alle ›alten‹, griechischen Dichter hinzu –, in der neueren Literatur Shakespeare als Beispiele für Genies. Der Geniebegriff wird bei Young nach innen gewendet. In Analogie zum Gewissen, das unabhängig von der politischen Verfassung und den Gesetzen eines Landes im einzelnen Menschen wirkt, ist das Genie ein »Gott in uns« (ebd., 31), der sich über die Regeln der Gelehrsamkeit hinwegsetzt. Trotz dieser sich am Sokratischen Daimonion orientierenden Formulierung betreibt Young keine Profanierung des Geniebegriffs. Im Gegenteil, der Begriff des Genies wird religiös aufgeladen: das Genie stamme vom Himmel (vgl. ebd., 35). Dieser gottähnliche Dichter erzeugt originale Kunstwerke durch Nacheiferung, nicht durch äffische Nachahmung (Young gebraucht diesen Begriff, vgl. ebd., 40), der vorbildhaften Genies.

Gerhard Sauder hat darauf hingewiesen, daß sich bei den Sturm-und-Drang-Autoren keinerlei Belege für eine *unmittelbare* Rezeption von Youngs Schrift finden lassen (vgl. ebd., »Nachwort«, [49]). Wie im Falle Hamann wurden auch bei Young viele Gedanken vermittelt rezipiert. Eine Ausnahme stellt Mercier mit seinem *Neuen Versuch über die Schauspielkunst* (1776) – in der Wagnerschen Übersetzung – dar. Doch sind Youngs Ausführungen zum Genie in nahezu allen ästhetischen Schriften des Sturm und Drang in einer eigentümlichen Vermischung mit anderen Geniekonzeptionen gegenwärtig. Zu diesen gehört Hamanns vierter *Hirtenbrief das Schuldrama betreffend* (1763). Ein Genie müsse, schreibt Hamann dort, sich herablassen, Regeln zu erschüttern, und dann der erste sein, der die Kraft und die Wirkung der Regeln an sich selbst erfahre (vgl. SW 2,362). Ohne Selbstverleugnung sei kein Werk des Genies möglich (ebd., 363). Regeln werden demnach nicht grundsätzlich verworfen, sondern einer elementaren Prüfung unterzogen. Es wird gleichsam das nachgeholt, was die Aufklärung hier verweigerte. Georg Friedrich Meier erklärte schon 1745 in seiner *Abbildung eines Kunstrichters*, dem ersten Lehrbuch der Literaturkritik in Deutschland, er sei von der Wahrheit seiner Regeln, die er den Kunstrichtern vorgeschrieben habe, restlos überzeugt.[5] Damit wurde das Regelverständnis zunehmend immunisiert gegen Nachprüfbarkeit und Konsensfähigkeit. Lessing hatte sich in der *Hamburgischen Dramaturgie* (1768–69) zwar gegen die tyrannischen Regeln der Franzosen gewehrt, nicht aber die Einhaltung sinnvoller Aristotelischer Regeln generell in Frage gestellt.

Youngs Gedanken über das Genie haben bisweilen dazu geführt, die dem Geniebegriff inhärenten neuen Regeln (die Regeln der Natürlichkeit, des Interesses, der Wahrscheinlichkeit, der großen, wahren Charaktere und Leidenschaften usw., wie es bei Herder und Lenz heißt) zu übersehen. Die Kampfansage der Sturm-und-Drang-Autoren gilt nicht den Regeln schlechthin, sondern den alten, inhaltsleer gewordenen. Diese werden durch neue Bestimmungen und Erwartungen ersetzt. Der geniehafte Sturm-und-Drang-Dichter ist also keineswegs das anarchische Individuum, das jegliche poetologische und ästhetische Konvention um ihrer selbst willen sprengt.[6] Ebenso falsch ist es aber auch, von einem einheitlichen Geniebegriff des Sturm und Drang auszugehen, gar von einem Geniekonzept zu sprechen. Es gibt im Sturm und Drang mindestens ebenso viele Geniebegriffe, wie es, in ihrem Selbstverständnis, dichtende Genies gibt.

5 Vgl. Georg Friedrich Meier, *Abbildung eines Kunstrichters*, Halle 1745, S. 2.

6 Selbst Heinses Aussage in der »Vorrede« seiner Petronius-Übersetzung, daß dem Genie erlaubt sei, »alles zu beschreiben und zu malen, was geschehen ist und geschehen sein kann«, richtet sich ausnahmslos gegen die moralische Reglementierung von Literatur und versucht, den erotischen Inhalt seines Textes gegenüber dem zeitgenössischen Publikum zu rechtfertigen (vgl. Heinse, Petronius, 17).

Lavaters weit über das nur literarische Genie hinausgehender Geniebegriff bildet einen Höhepunkt der Diskussion und zugleich deren Ende. Das Genie wird zum Phantasma des schlechthin anderen, bekommt in seinem profanreligiösen Verständnis eine Erlöserrolle, die als Wunschbild begreiflich, in der historischen Lebenswirklichkeit hingegen nicht vorhanden war. Unter dem Artikel »Genie« schreibt Lavater im 1. Band seiner *Physiognomischen Fragmente* von 1775, mit denen er zugleich Menschenkenntnis und Menschenliebe befördern wollte:[7]

> Und Genie, *ganzes*, wahres Genie, *ohne* Herz – ist, wie anderswo erwiesen werden soll – *Unding* – Denn nicht *hoher Verstand allein*; nicht *Imagination allein*; nicht *beyde zusammen* machen *Genie – Liebe! Liebe! Liebe* – ist die *Seele des Genies.*
> Und nun sollt' auch noch ein Wort von nachstehender Vignette – dasselbe Gesicht – gesagt werden – Aller Zeichnungsfehler ungeachtet – drückt dennoch beynahe keines von allen die dichterische hochaufschwebende Genialität aus, wie dieß. –
> Und nun – verzeihe, edler Mann, gekannter und nicht gekannter – daß ich alles dieß von dir, ohne dein Wissen – hinstammle. Du weißt allein, was ich unterdrükken muß und will.
>
> (Lavater, *Physiognomische Fragmente*, Ausg. Siegrist, 242 f.)

Danach folgt ein Kupferstich mit Goethes Porträt. Im 4. Band von 1778 präzisierte Lavater seine Geniedefinition entscheidend, die nun 15mal umfangreicher ausfiel als die kurze Beschreibung von 1775. Hier seien nur Auszüge zitiert:

7 Dies betrifft den »Ersten Versuch«, wie Lavater den 1. Band nannte, von 1775. Der »Vierte Versuch«, dem das nachfolgende Zitat entnommen ist, stammt aus dem Jahr 1778. – Zum Programm der Menschenkenntnis und der Menschenliebe vgl. Lavater, *Physiognomische Fragmente*, Ausg. Siegrist, 147.

Wer bemerkt, wahrnimmt, schaut, empfindet, denkt, spricht, handelt, bildet, dichtet, singt, schafft, vergleicht, sondert, vereinigt, folgert, ahndet, giebt, nimmt – als wenn's ihm ein *Genius*, ein *unsichtbares Wesen höherer Art* diktirt oder angegeben hätte, der *hat* Genie; als wenn er *selbst* ein Wesen höherer Art wäre – *ist* Genie. (Ebd., 293)

Lavater unterscheidet also zwischen »Genie haben« und »Genie sein«. Genie *hat* derjenige, der nur Sprachrohr Gottes ist – dieser Vorstellung liegt unverkennbar das theologische Verständnis der Verbalinspiration zugrunde, wonach Gott in die Feder diktiert. Genie *ist* derjenige, der selbst spricht, Genie ist ein *»propior Deus«* (ebd., 294), ist gottgleich. Die Definition von Wesen und Natur eines Genies erfährt in den wichtigen Sturm-und-Drang-Jahren zwischen 1775 und 1778 durch Lavater eine Steigerung. Lavater definiert gewissermaßen aus der Rückschau das, was er aus seinen verschiedenen Briefwechseln und aus den zeitgenössischen Publikationen der Sturm-und-Drang-Autoren über deren Arbeit erfahren hatte. Die jungen Dichter vor Augen, kann er sich nun zu dem Ausruf hinreißen lassen, Genies sind »*Substantife* in der Grammatik der Menschheit!« (ebd., 297). »Blitz« bzw. »Blitzblick«, »Sturmwind« und »Adler« sind die Bilder, in denen er den Werdegang und die Schaffenskraft eines Genies beschreibt. Zwar erweitert Lavater seinen Geniebegriff nun auch auf die Gebiete der Moral und Religion, doch ist die zugrunde liegende Literarisierung und Ästhetisierung der Geniedefinition, wie er sie 1775 schon formuliert hatte, offensichtlich. Wie karg nehmen sich demgegenüber zwei Aphorismen von Füssli über das Genie aus, die er im Frühjahr 1788 geschrieben hatte, die aber erst nach seinem Tod 1825 veröffentlicht wurden: »Die Kunst ist die Dienerin der Natur, das Genie und das Talent sind die Gehilfen der Kunst«, und: »Entweder entdeckt das Genie neue Materien der Natur, oder es verbindet die schon bekannten auf eine neue Art« (Füssli, *Aphorismen*, Nr. 4 und 5, S. 39 f.). Wesentlich profaner ging es im *Wandsbecker Boten* zu, wo Matthias Claudius (1740–1815), die Elisionstechnik der Sturm-und-Drang-Dramatik parodierend, schrieb:

> Das Genie also ist – ist – weiß nicht – ist 'n Walfisch! So recht, das Genie ist 'n Walfisch, der eine Idee drei Tage und drei Nächte in seinem Bauch halten kann und sie denn lebendig ans Land speit [...].
>
> (Claudius, *Wandsbecker Bote*, 52)

Vom Erkennen und Empfinden der menschlichen Seele (1778) von Herder ist eine in ihrer Bedeutung für den Sturm und Drang insgesamt immer noch zu wenig gewürdigte Schrift. Darin mokiert sich der Verfasser über die vielen Abhandlungen, die in jüngster Zeit zum Thema Genie erschienen seien. Herder kritisiert das Vulgärverständnis von Genie: in die »Pöbelsprache« sei der Begriff bereits eingegangen, zur »Modeformel« (SW 8,224) geworden.

> Am ersten Genie, das den Funken vom Himmel stal, nagte der Geier, und jene Genies, die gar den Himmel bestürmen wollten, liegen unter dem Aetna und andern Bergen [...]. (Herder, SW 8,225)

Herder spielte damit auf den Prometheus-Mythos an, der den jungen Genies die metaphorische Größe zum historischen Selbstverständnis gab. Herder pries aber auch denjenigen glücklich, den die Natur vor dieser »Geniesucht« bewahrt habe. Schon in der Einleitung zu seiner Schrift *Ueber die neuere Deutsche Litteratur* (1767) hatte er vor den Gefahren gewarnt, als ein »zweiter Prometheus« (SW 1,256) Genie sein zu wollen. Kritische Töne über das Genie sind also schon sehr früh von den Autoren des Sturm und Drang selbst zu hören.

Kritik an dem inflationären Gebrauch des Geniebegriffs und der damit verbundenen offensiven Selbstdarstellung der jungen Autoren gegenüber den etablierten Dichtern

Johann Heinrich Füssli: *Prometheus* (um 1770/71)

haben bereits die Zeitgenossen geübt. Dabei galt die Kritik nicht nur den Genie in Anspruch nehmenden Dichtern, sondern auch jenen Kritikern, die jegliches Neue in der Literatur mit den Begriffen »Genie« oder »Originalität« als Diffamierungskategorien straften. Gottfried August Bürger etwa wehrte schon im April 1778 in der »Vorrede« zu seinen *Gedichten* den Vorwurf ab, daß er nur aus »Neuerungs- oder Geniesucht« geschrieben habe, und rechtfertigte sich dafür, daß er sich »dieses von Krethi und Plethi so – sehr ausgemergelten Spottworts bediene« (SW 724). Und wenig später, am 8. Juli 1778, schrieb Johann Heinrich Voß (1751–1826) an Leopold Friedrich Günther Goeckingk (1748–1828):

> Die Geniesucht wird ja bald ausgewütet haben, und man wird lernen, daß es bey der Darstellung auch darauf ankomme, *wie* man darstelle [...]. (Voß, *Briefe*, 48)

Ebenfalls 1778 erscheinen die *Brelocken an's Allerley der Groß- und Kleinmänner*, worin die Autoren mit dem Genieanspruch der Sturm-und-Drang-Autoren abrechnen und folgendes satirische »Genierezept« liefern:

> Spöttle über Aufklärung, Verstand, Vernunftsgebrauch und Ordnung. [...] Schreib allenfals auch ein Drama, wo du die drey Einheiten bedreymaldreyest[8], [...] tobe, rase, stampfe und klage über Thorheit und Neid [...]. Hab' eisenfeste Gesundheit, männlichschöne Figur, und laufe herum ohne Ziel und Zweck, wie ein brüllender Löwe [...].
>
> (Hottinger/Sulzer, *Brelocken*, 56 f.)

Zu Beginn der 1780er Jahre wird zwar noch die Genieseuche beklagt, zugleich aber auch deren Ende bestätigt. Die ersten Jahre dieses neuen Jahrzehnts dienen der Neuorientierung sowohl der Sturm-und-Drang-Autoren selbst als auch deren Kritiker. In einem *Radotage übers Geniewesen* betitelten Text, in dem auch Lenz porträtiert wird, ist noch 1781 die Rede von der »jetzt in Deutschland allenthalben grassirenden *Genieseuche*« (zit. nach: Preuß, B 7: 1993, 101). Gotthold Friedrich Stäudlin (1758–1796) veröffentlichte 1782 ein Gedicht mit dem Titel *Das Kraftgenie*[9], worin er schreibt:

> Ich bin und heise Kraftgenie,
> Ein Lieblingssohn der Fantasie!
> [...]
> Nicht Einfalt und Empfindelei –
> Genie ist wilde Fantasei,
> Und desto größer der Poet,
> Je minder ihn das Volk versteht. –

8 Ähnlich auch S. 135: »Bedreymaldreyer der Einheiten!« Vielleicht eine Anspielung auf Szene V,3 (S. 190) von Lenz' *Neuem Menoza* (»oder vielleicht, weil da die dreimal drei nicht beobachtet, wart, ich will dich bedreimaldreien. [...] Geschmackshöker!«).

9 Gotthold Friedrich Stäudlin, *Das Kraftgenie*, in: »Epochen der deutschen Lyrik«, Bd. 6: »Gedichte 1770–1800«, nach den Erstdr. in zeitlicher Folge hrsg. von Gerhart Pickerodt, München 1970, S. 158–160, hier: S. 158 f.

Der Medikus Zimmermann hingegen konstatierte bereits das Ende, wenn er in seinem Buch *Ueber die Einsamkeit* (1784–85) von der »leidigen Genieseuche« (2,10) spricht, die in Deutschland gewütet habe.

Justus Möser schrieb in seiner *Harlekin*-Schrift (1777, 1. Auflage 1761), einer Verteidigung des Lächerlichen und Komischen gegen die abwertenden Urteile aufgeklärter Regelpoetik:[10]

> [...] wenn die Absicht eines Verfassers ist, alle Regeln zu verletzen, und er thut es auf eine glückliche Art: so ist sein Werk einig und vollkommen [...].
>
> (Möser, *Harlekin*, 29)

Mösers Betonung der schöpferischen Individualität und dieses Plädoyer für den bewußten Regelverstoß wurden in der Forschung gelegentlich in direktem Zuschnitt auf den Sturm und Drang hin gesehen. Möser galt dann als einer seiner Anreger. Dies setzt aber voraus, dem Sturm und Drang insgesamt eine Art Ästhetik des Regelverstoßes unterzuschieben – ein zweifelhaftes Vorgehen, wie sich bei genauerem Hinsehen zeigen wird.

Im Selbstverständnis der Sturm-und-Drang-Autoren war Shakespeare das größte Genie der Literatur, das keine Regel gelten ließ. Mit ihm galt es zu wetteifern. Für Gerstenberg, der die entscheidende Vermittlungsarbeit zwischen dem bewunderten englischen Vorbild und den jungen deutschen Autoren leistete, ist Shakespeare das »Lieblings-Genie der mütterlichen Natur« (Gerstenberg, *Briefe über Merkwürdigkeiten*, 233). In der 3. Sammlung seiner *Briefe über Merkwürdigkeiten der Litteratur* (1767) gelangt Gerstenberg dann im berühmten 20. Brief zu der die Genieästhetik des Sturm und Drang charakterisierenden Definition: »wo Genie ist, da ist Erfindung, da ist Neuheit, da ist das Original; aber nicht umgekehrt« (ebd., 404 f.).

10 Derselbe Wortlaut auch in der 1. Auflage.

In seinem *Shakespear*-Aufsatz aus *Von Deutscher Art und Kunst*, dessen erste Fassung bereits im Sommer 1771 niedergeschrieben wurde, hat Herder die Unvergleichbarkeit zwischen dem griechischen Theater des Sophokles und dem nordischen Theater eines Shakespeare hervorgehoben. Dahinter steckt natürlich der Gedanke, daß damit auch die aus dem antiken Drama abgezogenen poetologischen Regeln keine Gültigkeit mehr haben für das an Shakespeare orientierte Drama des Sturm und Drang. Wie Lenz es in dem Dramenfragment *Die Kleinen* formulierte, »Genie bringt auf einmal dann aus der Tiefe eine Welt hervor« (WuB 1,497), scheinbar ohne Regeln. Herder verdammt die Aristotelische *Poetik* nicht in Bausch und Bogen, wie dies etwa Lenz in seinen *Anmerkungen übers Theater* weitaus radikaler tun wird. Vielmehr versucht er Aristoteles dadurch zu retten, daß er erst durch die Mißdeutung der Modernen in sein Gegenteil verkehrt worden sei (vgl. Herder u. a., *Von deutscher Art und Kunst*, 69). Seine Forderung, daß wieder ein neuer Aristoteles aufleben möge, schließt sich an jene Hoffnung der Aufklärung an, die als feststehende Redewendung den Wunsch nach Erneuerung der Literatur zum Ausdruck brachte. Corneille, Racine und Voltaire sind die Vertreter des französischen klassischen Dramas, denen die Kritik der Sturm-und-Drang-Autoren gilt. Während Natur das wahre Künstliche der antiken Regeln war, so stellt Herder fest, ist die Kunst der vorgeblich vorbildlichen französischen Tragödie ohne Natur, schlicht »eckel!« (ebd., 74). Vom Dichter verlangt Herder als Ergebnis seiner Shakespeare-Studie, daß er den Leser bzw. Zuschauer in eine Traumwelt mitreißen müsse. In der Handlung und der emotionalen Betroffenheit liegt nach Herder das Hauptgewicht eines Dramas, Raum- und Zeitgrößen werden nebensächlich und insofern auch die Bedeutung der Einheiten von Ort und Zeit überflüssig. Herder verwirft die strengen Gattungsgrenzen zwischen Tragödie und Komödie, wie sie noch die Aufklärung kennt, und die Grenzen zwischen philosophischer, historischer und dramatischer Schreibintention. Er trägt damit nachhaltig zur Aufweichung der strengen Gattungsnormen in den 1770er Jahren bei. Das Entscheidende eines Dramas ist für ihn ein »völliges *Grösse habendes Eräugniß einer Weltbegebenheit, eines Menschlichen Schicksals*« (ebd., 90).

Auch Goethe verfaßte 1771 einen kleinen Text aus Anlaß der Shakespeare-Feiern am 14. Oktober in Straßburg und im elterlichen Haus in Frankfurt (vgl. Brief an Herder, September 1771), der als Rede zwar konzipiert war, jedoch nicht von Goethe selbst in Straßburg vorgetragen wurde. Man kann Goethes *Zum Schäkespears Tag* durchaus auch als ein Sendschreiben an die Straßburger Freunde verstehen. Goethe räumt gleich zu Beginn ein, daß er bislang wenig über Shakespeare nachgedacht habe. »Ahnung« und »Empfindung« sind jene Vokabeln, mit denen der junge Autor seine Annäherung an das historisch-literarische Vorbild beschreibt. Die literarische Begegnung mit Shakespeare schildert Goethe fast schon als Epiphanie, Shakespeare wird zur Erscheinung, die ihn zeitlebens prägen werde. Goethe erkennt die poetologische Bedeutung der Shakespeareschen Dramen, die von Christoph Martin Wieland (1733–1813) in der Zeit von 1762 bis 1766 übersetzt worden waren und als sogenannte Zürcher Ausgabe dem Publikum vorlagen. Wieland selbst gehörte zu den begeistertsten Shakespeare-Anhängern, sein Beitrag für den *Teutschen Merkur* mit dem Titel *Der Geist Shakespears* (1773; vgl. dort 185) legt davon ein beredtes Zeugnis ab. Besonders seine Menschenkenntnis, die feinen psychologischen Nuancierungen beeindruckten Wieland.

Goethe zerschlägt den gordischen Knoten der drei Einheiten, zumindest programmatisch, wenn er schreibt:

> Es schien mir die Einheit des Orts so kerkermäßig ängstlich, die Einheiten der Handlung und der Zeit lästige Fesseln unsrer Einbildungskraft [. . .].
>
> (Goethe, SW 16,412)

Er kündigt eine regelrechte Fehde mit den Vertretern der Regeln an. Hier schlägt Kritik, die aus dem Geist der Aufklärung die individuelle Freiheit des Autors sucht, um in eine fulminante Kritik an der Aufklärung, ohne daß damit der ›Literaturvertrag‹ aufgekündigt wird. Danach sucht die Sturm-und-Drang-Literatur nicht den Bruch mit, sondern die Veränderung an der aufgeklärten Literatur nach dem Motto: Wir ändern die Literatur, aber nicht um den Preis eines vollständigen und unheilbaren Bruchs. Aus der Unzufriedenheit mit den bestehenden literarischen Verhältnissen schöpfen die Autoren des Sturm und Drang ihren Mut und ihre Kraft zur literarischen Innovation. Das Sturm-und-Drang-Theater beansprucht also vom Selbstverständnis seiner Autoren her die Geste einer emanzipativen Abkehr von der literarischen Tradition. Das bedeutet aber auch, sich dieser Tradition zu stellen, sich ihrer bewußt zu sein. In den Figuren der Shakespeareschen Dramen sieht Goethe, was er an der Literatur seiner Zeit, derjenigen der Franzosen wie der deutschsprachigen, welche die Regelkonstruktionen der Franzosen nachahmt, vermißt: Natur. Emphatisch ruft er aus: »Natur! Natur! Natur! nichts so Natur als Schäkespears Menschen« (ebd., 413). Prometheus gleich, bilde Shakespeare seine Figuren in »*Kolossalischer Größe*« (ebd., 414). Dies ist ein Affront gegen Winckelmanns kunstästhetisches Diktum von »edler Einfalt und stiller Größe«. Johann Joachim Winckelmann (1717–1768) beschrieb in seinen *Gedancken über die Nachahmung der Griechischen Wercke in der Mahlerey und Bildhauer-Kunst* (1755) als die vorzüglichsten Kennzeichen der griechischen Kunst, der es nachzuahmen gelte, edle Einfalt und stille Größe (vgl. Winckelmann, *Gedanken*, 20). Diese Formel prägte wirkungsvoll die kunstästhetische Diskussion. Sie meinte die Bändigung und Beherrschung der Leidenschaften, auch im Moment größter physischer Gefährdung, wie Winckelmanns Beispiel des vom Tod bedrohten Laokoon zeigt. Sittliche Größe und Erhabenheit äußern sich in der Beherrschtheit des leidenden

Ausdrucks. Bei Winckelmann erfährt die Bändigung der Leidenschaften als zivilisatorisches Programm ihre kunstästhetische Weihe. Das ästhetische, an Shakespeare orientierte Programm des Sturm und Drang rebelliert dagegen.[11] Goethes Begriff der kolossalischen Größe kann in diesem Sinne als Gegenbegriff zur stillen Größe des deutschen Klassizismus verstanden werden.

Und doch sind weder Goethes kleine Schrift noch Herders und Hamanns Äußerungen gegen den Regelzwang ein Plädoyer für eine gleichsam regellose Kunst. Auch hier zeigt sich eine Gruppenkonsistenz des Sturm und Drang, die einer ihrer wichtigsten Dichter, der sich oftmals zur Öffentlichkeitsarbeit, wie man heute sagen würde, berufen fühlte, zum Anlaß eines kleinen Aufsatzes nahm. Lenz wehrte sich gegen eine unbegründete Regellosigkeit, die von jungen Dichtern – so schreibt der selbst gerade erst 25jährige Lenz – aus bloßem Mutwillen, nur um das große Vorbild Shakespeare nachzuahmen, gepflegt werde. In diesem Aufsatz mit dem Titel *Über die Veränderung des Theaters im Shakespear*, den er am 25. Januar 1776 in der Deutschen Gesellschaft in Straßburg vorlas, geht Lenz und mit ihm die Sturm-und-Drang-Dramatik auf Distanz zur völligen Auflösung der formalen dramatischen Regeln. Die zeitgenössisch so benannten Unregelmäßigkeiten im formalen Aufbau und in der formalen Durchführung eines Dramas wie häufige Orts- und Zeitsprünge, Verzicht auf die Einheit der Handlung und statt dessen eine romanhafte Polyperspektive, die Vermischung der Gattungsgrenzen zwischen Komödie und Tragödie, zwischen Drama und dramatischem Roman usw. – all dies wird von Lenz gerügt, wenn es um seiner selbst willen geschieht und nicht begründet ist. Die »Erregung des Interesse, Ausmalung großer und wahrer Charaktere und Leidenschaften« (WuB 2,745) sowie

11 Der eingebürgerte Begriff der Shakespearomanie ist Grabbes Aufsatz *Über die Shakspearo-Manie* (1827) enlehnt; vgl. Inbar, B 7: 1982, 20.

wahrscheinliche Situationen bilden für Lenz den spezifischen Wert eines Dramas, wobei er dem Interesse als dem Hauptzweck Vorrang einräumt. Die Leser müssen also gefesselt bleiben durch leidenschaftliche Figuren in plausiblen Situationen, das Theater sei ein »Schauspiel der *Sinne*« (ebd., 747) und insofern auch auf den unmittelbaren sinnlichen Eindruck bei den Zuschauern angewiesen. Damit hält Lenz auch das dramentheoretische Postulat der Wahrscheinlichkeit aufrecht. Aristoteles hatte in seiner gleichermaßen deskriptiven wie normativen *Poetik* im Kapitel 9 vom Dichter gefordert, das nach den Regeln von Wahrscheinlichkeit oder Notwendigkeit Mögliche, und nicht das Wirkliche, darzustellen. Lenz wird so zum Fürsprecher Aristotelischer Regeln, die er in seinen *Anmerkungen übers Theater* wenige Jahre zuvor so heftig attackiert hatte.

Dem Sturm und Drang fehlt mithin die radikale Konsequenz, den Literaturvertrag mit der Aufklärung, wie er oben beschrieben wurde, restlos aufzukündigen. Bereits Mitte der 1770er Jahre zeigt sich, daß ein innerer Zirkel des Sturm und Drang sich mehr und mehr von unreflektierten Auswüchsen in der Literatur distanziert. Lenz wird damit unwissentlich zum Vollstrecker des sich allmählich abzeichnenden Endes dieser Literaturperiode.

Ossian und die Volkspoesie

Im Thema ›Volkspoesie‹ bündelt sich eine ganze Reihe verschiedenster Aspekte. Zum einen geht es um das Anliegen der Volkssprachlichkeit im Gegensatz zur gehobenen Gelehrtensprache und damit um das Generalthema des natürlichen Sprechens und Schreibens. Zum anderen geht es aber auch um Themen, die als echte, und das bedeutet im Verständnis der Sturm-und-Drang-Autoren unverbildete, literarische und gesellschaftliche Anliegen des Volks verstanden wurden, wie Liebe, Standesunterschiede, Probleme des Alltags, soziale Fragen, gesellschaftliches Unrecht, obrigkeitliche Willkür usw. Vorbilder fanden die Autoren in den historischen Gesängen der Barden- und Skaldendichtung, die als nordische Dichtung bewußt den südlichen, an den griechischen Vorbildern orientierten und zur Nachahmung empfohlenen Mustern entgegengesetzt wurden. In den Bardengesängen meinte man eine nicht in der Tradition antiker Regelhaftigkeit (dies betraf vor allem Aristoteles' *Poetik* und Horazens *Ars Poetica*) stehende Dichtung zu finden. Klopstock unternahm in der deutschsprachigen Literatur den entscheidenden Schritt mit seinen Oden *Hermann und Thusnelda* (1753) und *Auf meine Freunde* (1747 entstanden; in einer späteren Bearbeitung wird die antike Mythologie durch die nordische ersetzt). In letzterer ruft er enthusiasmiert aus:

> Die deutsche Nachwelt, wann sie der Barden Lied –
> Wir sind die Barden – künftig in Schlachten singt,
> Die wird dein Lied hoch im Getöse
> Eiserner Kriege gewaltig singen
> [...].
>
> (Klopstock, AW 14)

Klopstock folgten Gerstenberg mit seinem nur fünf Gesänge umfassenden *Gedicht eines Skalden* (1766), dem eine Erläuterung der *Edda*-Sprache in Form eines Namensglossars vorangestellt war, und die meisten Beiträger des Göttinger Hain zu Beginn der siebziger Jahre, in deren Bardendichtungen sich freilich oftmals aggressive nationale Töne mischten. Diese vorgeblich ursprüngliche, unverbildete Dichtung aus nationaler Vorzeit war gleichwohl ein Phantasieprodukt. Die Leerformel »Bardendichtung« war ein Phantasma, das als Modeerscheinung bereits Mitte der

1770er Jahre im Verschwinden begriffen war. Das große Interesse zahlreicher Autoren für diese Dichtung kann als Prozeß der Bewußtseinsfindung einer bürgerlichen im Gegensatz zur höfischen Kultur verstanden werden, wobei die Bedeutung historischer Identität kaum von Chauvinismen zu trennen ist. Die Bardendichtung war eine überzogene literarische Geste, voller Pathos, welche das Phantasma ihrer bürgerlichen Autoren von historischer Kontinuität beschwor. Über die selbsternannten Barden goß 1775 Claudius seinen unvergleichlichen Spott aus. Unter der Überschrift *Hier liegen Fußangeln* verfaßte er den Zweizeiler:

»Ich bin ein Barde«. Freund, sind deine Augen helle?
Gnügt dir die Eichel und die Quelle?

(Claudius, *Wandsbecker Bote*, 49)

Auch »Ossian« wurde zu einem Zauberwort der Zeit. Herder brachte es schon sehr früh in die Diskussion um die junge Literatur ein, und es scheint, als hätten die Literaten seinen Appell befolgt. Er wünsche sich, schreibt er in einer Rezension, »daß Ossian der Lieblingsdichter junger Epischer Genies werde!« (SW 4,325).[12] Es gibt kaum einen Sturm-und-Drang-Dichter, der sich nicht an einer Ossian-Übersetzung versucht, der nicht über Ossian korrespondiert hätte (vgl. dazu die Übersicht bei Tombo, B 4: 1966). 1762 veröffentlichte der Schotte James Macpherson (1736–1796) das Buch *Fingal. An Ancient Epic Poem in Six Books [...]* und behauptete, es handle sich dabei um Übersetzungen aus dem Gälischen, Verfasser sei der aus dem 3. Jahrhundert stammende Barde Ossian. Zwar knüpfte Macpherson vereinzelt an mündliche und schriftliche Überlieferungen an, doch war das Werk insgesamt seine eigene Erfindung. Schon Zeitgenossen bestritten zwar die Echtheit der Dichtung (so etwa Gerstenberg im achten seiner *Briefe über*

12 Die Rezension erschien in der *Allgemeinen Deutschen Bibliothek* (Bd. 10.1, 1769).

Merkwürdigkeiten der Litteratur, 1766), für die zeitgenössische Rezeption der Ossian-Dichtung durch die Sturm-und-Drang-Autoren war dies freilich unerheblich. In ihr fand man die völlig andere, eben der Kunstpoesie entgegenstehende Volkspoesie. Das von Macpherson zusammengestellte gälische ›Originalepos‹ (1807 nach seinem Tod erschienen) wurde 1895 definitiv als Fälschung erkannt.

Die von Herder herausgegebene Sammlung *Von Deutscher Art und Kunst* (1773) (vgl. Bibl.) wurde lange Zeit als Programmschrift des Sturm und Drang angesehen. Ohne die Bedeutung dieser Veröffentlichung schmälern zu wollen, läßt sich dies freilich auch von anderen Texten mit demselben Recht sagen. Herder selbst steuerte zu dieser Sammlung von fünf Texten die Aufsätze *Auszug aus einem Briefwechsel über Oßian und die Lieder alter Völker* (entstanden im Sommer 1771) und *Shakespear* bei; von Goethe stammte der Beitrag *Von Deutscher Baukunst* (1771/72 geschrieben, 1772 bereits als separate Flugschrift veröffentlicht); Paolo Frisi verfaßte den *Versuch über die Gothische Baukunst* (ital. 1766 erschienen, Übersetzer unbekannt); der Beitrag *Deutsche Geschichte* kam aus der Feder Justus Mösers (Auszug aus der Vorrede zu seiner *Osnabrückischen Geschichte* von 1768). In seinem ersten Beitrag kritisiert Herder die Entwicklung der Dichtkunst. Vieles deutet schon voraus auf seine wichtigen Überlegungen zum Problem des Verhältnisses von Erkenntnis und Gefühl, die er zum Gegenstand seiner Schrift *Vom Erkennen und Empfinden der menschlichen Seele* machte. In der alten Zeit, jenem Ort projektierter Idealität, hatten Dichter wie Homer und Ossian noch das Vermögen, unverstellt zu dichten, die Regeln waren Naturregeln. Die Kunst löschte die Natur aus, Kunst wurde Künstlichkeit. Nun hieß es:

> [...] nach Regeln zu arbeiten, deren wenigste, ein Genie, als Naturregeln anerkennet; über Gegenstände zu dichten, über die sich nichts denken, noch weniger *sin-*

> *nen*, noch weniger imaginiren läßt; Leidenschaften zu erkünsteln, die wir nicht haben, Seelenkräfte nachzuahmen, die wir nicht besitzen – und endlich wurde Alles Falschheit, Schwäche, und Künstelei [. . .].
>
> (Herder u. a., *Von deutscher Art und Kunst*, 35 f.)

Die Dichtkunst sei zur lahmsten Tochter der menschlichen Seele verkommen. Schon aus dieser Textpassage geht hervor, daß ein Genie – im Sinne Herders – durchaus Regeln gelten läßt, sofern es sich um natürliche Regeln und Regeln der Natürlichkeit handelt. Dann kommt Herder auf die deutschen Volkslieder zu sprechen. Im Volkslied findet er die Kriterien des Natürlichen, Allgemeinen und Volksmäßigen erfüllt (vgl. ebd., 43). Durch die Volksliedersammlung *Reliques of Ancient English Poetry* (1765–67) von Thomas Percy angeregt, stellte Herder nun die für die Herausbildung eines historisch-normativen Bewußtseins von Volksliedern wesentliche Frage. Er kenne, schreibt Herder seinem fiktiven Briefpartner, selbst viele Volks- und Bauernlieder, nur:

> [. . .] wer ist der sie sammle? der sich um sie bekümmre? sich um Lieder des Volks bekümmre? auf Strassen, und Gassen und Fischmärkten? im ungelehrten Rundgesange des Landvolks? um Lieder, die oft nicht skandirt, und oft schlecht gereimt sind? wer wollte sie sammlen – [. . .]? (Ebd., 43)

Goethe tat dies während seines Straßburger Aufenthalts, er sammelte zwölf Volkslieder (vgl. seinen Brief an Herder vom September 1771), ebenso wie Lenz, von dem aber keine Sammlung erhalten ist (vgl. seinen Brief an Johann Daniel Salzmann vom Anfang August 1772, worin er von einem »vortrefflichen Fund von alten Liedern« spricht). Zu den originären Leistungen des Sturm und Drang gehört es, dieses historische Bewußtsein für die ästhetische Aufwertung des Volkslieds nachdrücklich herausgebildet und zu einer wesentlichen Erweiterung der Literatur, man kann sagen, zu einer Demokratisierung des Literatur*begriffs* beigetragen zu haben (vgl. Kircher, B 4: 1902). Die Romantik wird hieran später anknüpfen.

Auch Bürger forderte von seinen Dichterkollegen die Abkehr von der »Versmacherkunst« hin zur Volkspoesie. Im 2. Teil mit der Überschrift »Herzensausguß über Volks-Poesie« seines Beitrags *Aus Daniel Wunderlichs Buch* für das *Deutsche Museum* 1776 nimmt er Herders Forderung nach der Sammlung von Volksliedern (in Sinne von Liedern des Volkes) auf. Unter Handwerkern, Bauern, Hirten und Jägern seien Volkslieder zu finden, welche die Kunstpoesie der gelehrten Poeten bei weitem überträfen (vgl. Bürger, SW 693). Bürgers Wunsch, daß doch endlich bald ein deutscher Percy sich erheben möge, sollte sich bald erfüllen. Schon im Oktober 1773 hatte Herder beabsichtigt, eine kleine Sammlung von Volksliedern zu veröffentlichen, das Manuskript war bereits fertig. Zum Druck kam es aber erst 1778–79 (2 Bände), denn widrige Umstände bei der Drucklegung verhinderten eine zügige Durchführung des Projekts. Hinzu kam, daß sich wie im Falle von Goethes *Werther* der Berliner Aufklärer Friedrich Nicolai zu Wort meldete. 1777–78 erschien seine zweibändige satirische Volksliedsammlung *Eyn feyner kleyner Almanach vol schönerr echterr liblicherr Volckslieder, lustigerr Reyen unndt kleglicherr Mordgeschichte [. . .]*, mit dem der Verfasser die Bemühungen der Sturm-und-Drang-Autoren, vornehmlich Herders und Bürgers, um das Volkslied parodierte und deren Volkslieder als »putzige wyndschife gelerte Volckslider, womit jr eytel Spilwerck treybt, unndt di's Volck nymmer syngen mochtt« (Nicolai, GW 4,19), verspottet. In seiner Schrift *Von der Popularität der Poesie* (1777/78 entstanden) trennte Bürger strikt zwischen Volk und Pöbel. »Unter Volk«, schreibt er, »verstehe ich nicht Pöbel« (SW 730). In der Vorrede zu seinen *Gedichten* von 1789 grenzte er den Begriff dann noch weiter ein. Unter Volk verstehe er nur das gebildete Volk, und in Parenthese setzt er hinzu: »Volk! Nicht Pöbel!« (ebd., 14). Wie ein roter Faden durchzieht aber seine Schriften die Forderung, daß nur Popularität – worunter er die Volkstümlichkeit von Dichtung versteht – eines Werkes das »Siegel seiner Vollkommenheit« (ebd.; vgl. auch ebd., 730) sei. Damit schrieb Bürger – anders als Lenz, der beanspruchte, daß sein Publikum »das ganze Volk« sei und er deshalb weder »den Pöbel« noch »Personen von Geschmack und Erziehung« (WuB 3,326) ausschließen könne – eine soziale Differenzierung fort, die sich aus der Aufklärung herleitete; dies kann als ein weiterer Beleg dafür gelten, daß der Sturm und Drang durchaus Positionen der Aufklärung auch unbefragt übernimmt. Insofern kann man kaum behaupten, daß mit Bürger ein demokratischer Aspekt in die Programmatik der Volksballadendichtung gekommen sei (so Druvius, B 4: 1989, 119). Auch Herder schreibt im 2. Teil seiner *Volkslieder* von 1779: »Volk heißt nicht, der Pöbel auf den Gassen, der singt und dichtet niemals, sondern schreyt und verstümmelt« (SW 25.1,323). Schon Johann Gottlob Benjamin Pfeil (1732–1800), der mutmaßliche Verfasser einer 1755 anonym veröffentlichten programmatischen Schrift über das neue Bürgerliche Trauerspiel, hatte dem Pöbel schlichtweg Literaturuntauglichkeit attestiert, der Pöbel habe im Bürgerlichen Trauerspiel nichts zu suchen. In dieser Festschreibung folgten ihm Lessing, Nicolai und Mendelssohn in ihrem sogenannten Trauerspielbriefwechsel (1756/57; vgl. Luserke, B 2: 1995, 151 ff.) Pfeil also schreibt:

> Man wähle die handelnden Personen niemals aus dem Pöbel. Der Pöbel ist zu einer großen Tugend zu dumm, und zu einem großen Laster [...] zu verzagt. [...] Kein Schneider, kein Schuster ist einer tragischen Denkungsart fähig. Es giebt einen gewissen Mittelstand zwischen dem Pöbel und den Großen. [...] Aus dieser Klasse müssen wir die Charaktere der handelnden Personen hernehmen.
>
> (Pfeil, *Vom bürgerlichen Trauerspiele*, 21 f.)

Im Gegensatz zum Pöbel ist das Volk, so heißt es dann noch in Herders *Oßian*-Aufsatz, »der grosse ehrwürdige

Theil des Publicums« (Herder u. a., *Von deutscher Art und Kunst*, 54). Diese Aufwertung, ja Idealisierung des Volksbegriffs ist schließlich noch Gegenstand einer literarischen Fehde zwischen Bürger und Schiller von 1791. In seiner Rezension *Über Bürgers Gedichte* bemängelte Schiller die fehlende Idealisierkunst bei Bürger, worauf dieser mit dem Vorwurf konterte, Schiller sei eher Metaphysikus als Künstler (vgl. Schiller, SW 5,979 und 1243).

Indes bleibt festzuhalten, daß die Entdeckung der Volkspoesie und der Beginn der wissenschaftlichen Beschäftigung mit ihr, d. h. des Sammelns, Archivierens und Beschreibens von Volksliedern, ein Verdienst des Sturm und Drang ist.

Natur und Leidenschaft

Claudius hat in dem Gedicht *Ich wüßte nicht warum?* für seinen *Wandsbecker Boten* die Sturm-und-Drang-Poetik nicht ohne Ironie so umrissen:

> Den griechischen Gesang nachahmen?
> Was er auch immer mir gefällt,
> Nachahmen nicht. Die Griechen kamen
> Auch nur mit einer Nase zur Welt.
> Was kümmert mich ihre Kultur?
> Ich lasse sie halter dabei,
> Und trotze auf Mutter Natur;
> Ihr roher abgebrochner Schrei
> Trifft tiefer als die feinste Melodei,
> Und fehlt nie seinen Mann;
> Videatur Vetter Ossian.
>
> (Claudius, *Wandsbecker Bote*, 89)

Johann Heinrich Füssli: *Erotische Burleske* (1770/72)

Spricht man über die Bedeutung der Natur für den Sturm und Drang, so spricht man über Jean-Jacques Rousseau (1712–1778). Seine Wirkung sei, schreibt Ralph-Rainer Wuthenow, unschwer festzustellen, schwieriger jedoch genau nachzuweisen und schier unmöglich, Belegstellen zu sammeln (vgl. Wuthenow, B 3c: 1989, 14). Denn Rousseau artikulierte eine Grundbefindlichkeit des Unbehagens an der modernen Zivilisation, welche in den Autoren des Sturm und Drang eine kongeniale Disposition antraf. 1767 erschien anonym in London die erste Gesamtdarstellung über Rousseau, auf englisch geschrieben von Johann Heinrich Füssli; der Titel: *Remarks on the Writings and Conduct of J. J. Rousseau.*[13] Von Hamann erschien sogleich eine zustimmende Rezension, auch Herder beschäftigte sich mit den *Remarks* (vgl. Guthke, B 2: 1957, 387 ff.).

13 Eine deutsche Übersetzung liegt erst seit 1962 vor, vgl. Bibl.

1753 lobte die Akademie zu Dijon einen Preis für die beste Antwort auf die Frage aus, worin der Ursprung der Ungleichheit unter den Menschen liege und ob sie als von Natur aus gerechtfertigt begriffen werden könne. Rousseau schrieb daraufhin seine *Abhandlung über den Ursprung und die Grundlagen der Ungleichheit unter den Menschen*, in der er die ursprüngliche Gleichheit der Menschen im unzivilisierten Naturzustand als Hypothese behauptet und die Ungleichheit mit der Herausbildung des Privateigentums verknüpft. Aus formalen Gründen wurde seine Antwort jedoch aus dem Wettbewerb genommen und erschien schließlich 1755 als selbständige Schrift. Bereits ein Jahr später, 1756, wurde sie von Moses Mendelssohn ins Deutsche übersetzt. Mit seinem Roman *La Nouvelle Héloïse* (1761) war Rousseau mehr Glück beschieden. Mit der Darstellung einer unerfüllten leidenschaftlichen Liebe zwischen der Adligen Julie und ihrem bürgerlichen Hauslehrer Saint-Preux über die Standesgrenzen hinweg, mit der Bedeutung von Natur und individueller Gemütslage sowie mit der Anlage des Romans als Briefroman wurde die *Héloïse* zu einem wichtigen literarischen Modell nicht nur für Goethes *Werther* und für den *Hofmeister* von Lenz. Auch Herder fühlte sich durch Rousseaus Schriften in seinen eigenen Ansichten bestätigt, und in Lenzens Drama *Der neue Menoza* fand die Zivilisationskritik aus dem Geiste Rousseaus in der Literatur des Sturm und Drang ihren wichtigsten Niederschlag. Rousseau lieferte so gesehen den Autoren die Rechtfertigung für das oppositionelle Denken im Sturm und Drang. Die Entmythologisierung von Fortschrittsglauben und Aufklärungsoptimismus durch Rousseaus entscheidende Aufwertung der Natur als Ort unverstellter Identitätsstiftung traf eine Grundbefindlichkeit der jungen Dichtergeneration. Sein Plädoyer für eine Akzeptanz der Leidenschaften – die bei Rousseau freilich auch ihre pädagogische und soziale Bändigung erfährt, wie das Beispiel des *Emile* (1762) zeigt, doch wurde dies von den Sturm-und-Drang-Autoren höchst einseitig rezipiert – beeinflußte entscheidend die emanzipatorische Grundhaltung dieser Autoren gegenüber den Leidenschaften und dem gesellschaftlich erforderten Bändigungszwang.

Johann Georg Hamann (1730–1788), schon durch seine *Sokratischen Denkwürdigkeiten* (1759) bekannt geworden, veröffentlichte in seinem Buch *Kreuzzüge des Philologen* (1762) eine *Aesthetica in nuce* mit dem bezeichnenden Untertitel »Eine Rhapsodie in Kabbalistischer Prose«. Damit war für viele – nicht nur ästhetische – Schriften des Sturm und Drang ein Stichwort und Gattungsmerkmal vorgegeben, das dem Bedürfnis der Autoren nach freier, ungebundener Assoziationsmöglichkeit entgegenkam. Die Rhapsodie wurde, ohne daß sie eigens ein theoretisches Fundament bekam, zu einer beliebten Textsorte des Sturm und Drang für nichtfiktionale Texte, bot sie doch Gelegenheit, die Regeln des aufgeklärten Argumentierens bewußt zu unterlaufen. Möglicherweise spielte Hamann mit diesem Untertitel auf das Buch *The Moralists. A Philosophical Rhapsody* von Shaftesbury an, das mit diesem Titel bereits 1709 erschienen war.

Hamann, der von vielen Zeitgenossen in einer auf Friedrich Karl von Moser zurückgehenden Formulierung als »Magus in Norden« bezeichnet wurde, gliedert seinen Text nicht logisch und stringent, er ordnet seine Thesen, Ansichten und Argumente nicht in Sinnabschnitte und Paragraphen, sondern durchbricht immer wieder die Entwicklung einer gefügigen Argumentation, streut Zitate und Anspielungen in den Text, so daß schon seine Zeitgenossen über die Dunkelheit seiner Schriften klagten. Karikierend wurde diese Kultivierung des Rhapsodischen, das natürlich auch dem Willkürlichen und nicht Begründeten, bloß Behaupteten Tür und Tor öffnete, bereits 1779 aufs Korn genommen in den anonym erschienenen *Rhapsodien aus den Handschriften eines Tadlers* (vgl. Bibl.). Doch siebzehn Jahre zuvor galt das Rhapsodische eines Textes nicht nur als Makel.

Hamann plädiert in seiner *Aesthetica* für eine Intensivierung der Bilder. Bilder und Metaphern seien die Brücke zwischen Sinnlichkeit und Vernunft.

> Sinne und Leidenschaften reden und verstehen nichts als Bilder. In Bildern besteht der ganze Schatz der menschlichen Erkenntniß und Glückseeligkeit.
> (Hamann, *Sokratische Denkwürdigkeiten*, 83)

Hamann wendet sich ausdrücklich gegen die Unterdrükkung von Leidenschaften und Sexualität. Den Lesern ruft er zu:

> Wagt euch also nicht in die Metaphysick der schönen Künste, ohne in den Orgien und Eleusinischen Geheimnissen vollendet zu seyn. Die Sinne aber sind Ceres, und Bacchus die Leidenschaften; – alte Pflegeltern der schönen Natur. (Ebd., 97)

Mit Ceres- bzw. Demeter- und Bacchus- bzw. Dionysos-Orgien sind weibliche und männliche Sexualität gemeint. Die Dichter des Sturm und Drang haben diesen Rat befolgt. Und mit Anspielung auf den Kirchenlehrer Origenes, der sich selbst kastrierte, und auf Mt. 19,12 schreibt Hamann gegen den Disziplinierungsdruck einer sexualitätsfeindlichen Tugendmoral:

> Wenn die Leidenschaften Glieder der Unehre sind, hören sie deswegen auf, Waffen der Mannheit zu seyn? Versteht ihr den Buchstaben der Vernunft klüger, als jener [...], der sich selbst zum Verschnittenen machte, um des Himmelreichs willen? (Ebd., 119)

Von 1774 aus gesehen, könnte man diese Textstelle auch auf den unglücklichen Hofmeister in Lenz' gleichnamiger Tragikomödie beziehen. Weshalb aber wertet Hamann die Bedeutung von Sexualität und Leidenschaften für die Ästhetik und Literatur so auf? Die Antwort, die Hamann gibt, ist verblüffend. Wenn es die Aufgabe der Kunst ist, die Natur nachzuahmen – woran Hamann keineswegs zweifelt –, dann müssen Sexualität und Leidenschaften als Bestandteile dieser Natur anerkannt werden. Denn Natur kann nur durch sie wirken.

> Die Natur würkt durch Sinne und Leidenschaften. Wer ihre Werkzeuge verstümmelt, wie mag der empfinden? Sind auch gelähmte Sennadern zur Bewegung aufgelegt? (Ebd., 113)

Leidenschaft allein gebe den Abstraktionen und Hypothesen Hände, Füße und Flügel, den Bildern und Zeichen gebe sie Geist, Leben und Zungen (vgl. ebd., 121). Hamann wendet sich hier gegen eine blutleere Ästhetik, die bloß auf die Nachahmung des Schönen in der Natur abhebt und dabei die Leidenschaftsfähigkeit und Leidenschaftlichkeit jeder Natur, auch der nicht-schönen, übersieht. Charles Batteux (1713–1780) hatte die Nachahmung der schönen Natur in seiner Schrift *Les Beaux-Arts réduits à un même principe* (1746), die schon 1751 in einer Übersetzung von Johann Adolf Schlegel unter dem Titel *Einschränkung der schönen Künste auf Einen einzigen Grundsatz* (vgl. Bibl.)[14] vorlag und heftig diskutiert wurde, als genuin aufgeklärte, poetologische Formel des französischen Klassizismus festgeschrieben. Hamann bleibt also, wenn er sagt, Poesie sei die Nachahmung der schönen Natur (vgl. Hamann, *Sokratische Denkwürdigkeiten*, 111), zwar ein Kind seiner Zeit. Doch sind für ihn Leidenschaften, Sinnlichkeit, Sexualität ebenso natürlich und gehören demzufolge mit zur ästhetischen wie poetischen Darstellung des Natürlichen.

> Die Arbeit und Ruhe des Weisen [...] liegen im fruchtbaren Schooße der Leidenschaften vor unsern Sinnen vergraben. (Ebd., 123)

14 Vgl. dazu Ludwig Tavernier, »L'imitation de la belle nature. Zum Verständnis des Künstlers in der Nachahmungstheorie von Charles Batteux«, in: Hans Körner, Constanze Peres, Reinhard Steiner, Ludwig Tavernier (Hrsg.), »Empfindung und Reflexion. Ein Problem des 18. Jahrhunderts«, Hildesheim / Zürich / New York 1986, S. 49–98.

Hamann setzt damit unmißverständlich die Leidenschaften in ihr Recht, er fordert geradezu die Emanzipation der Leidenschaften als Bedingung für Vernunft. Dies stellt einen entscheidenden Versuch dar, Vernunft und Leidenschaft als eine Einheit zu verstehen. Zugleich machen Hamanns Bemerkungen deutlich, daß er sich nicht gegen aufgeklärte Vernunft und Vernünftigkeit schlechthin stellt, also nicht einem blinden Irrationalismus das Wort redet.

Freilich kommt dies einer Aufwertung des poetischen Sprechens, der »Muttersprache des menschlichen Geschlechts« (ebd., 81), als die er die Poesie versteht, gleich, und man kann dann durchaus Hamanns *Aesthetica* als Programmschrift des Sturm und Drang lesen. Doch wird man ihm nicht gerecht, wenn man die *Apostille* seiner *Aesthetica* unterschlägt. Dort beschreibt er die »Hauptsumme« seiner Ästhetik folgendermaßen:

> Fürchtet GOtt und gebt Ihm die Ehre, denn die Zeit seines Gerichts ist kommen, und betet an Den, der gemacht hat Himmel und Erden und Meer und die Wasserbrunnen! (Ebd., 147)

Das bedeutet, daß die Warnungen der Hamann-Forschung ernst genommen werden müssen. Historischen Vereinfachungen und literaturgeschichtlichen Überbewertungen gegenüber, wie der in der älteren Literaturgeschichtsschreibung öfter zu lesenden, mit Hamann fange der Sturm und Drang an, kann nur Skepsis geboten sein. Zum einen sind Hamanns Schriften der ersten Schaffensphase in denkbar kleinen Auflagen gedruckt worden, d. h., ihr Verbreitungsgrad war äußerst gering, der Wirkungsradius möglicherweise auch. Zum zweiten hat Hamann weder selbst direkt noch haben seine Schriften unvermittelt im wörtlichen Sinn auf die Autoren des Sturm und Drang gewirkt. Herder ist der Multiplikator der Hamannschen Schriften für den Sturm und Drang. Das schließt Akzentverschiebungen, Varianten von »Lesarten«, wie dies Hamann selbst in der *Aes-*

thetica nannte (vgl. ebd., 105), unterschiedliche Deutungen und Vereinfachungen mit ein. Vor allem ist davon drittens die Säkularisierung seiner Schriften betroffen.[15] Hamanns Texte haben bei allem philologischen und poetologischen Furor eine eindeutig theologische Intention, die in der Rezeption durch die Sturm-und-Drang-Autoren verflacht wurde. Die literaturgeschichtlich bedeutsame Wirkung Hamanns liegt deshalb in der Säkularisierung seiner Ansichten, nicht so sehr in seiner unmittelbaren Wirkung auf die Dichter des Sturm und Drang. Die Sturm-und-Drang-Autoren haben Hamann, daran kann kein Zweifel bestehen, nur selektiv rezipiert. Hamann wurde so zum Wegbereiter des Sturm und Drang, nicht zu dessen Vorläufer oder Vater.

Der Franzose Louis-Sébastien Mercier (1740–1814) machte mit seinem Buch *Du Théâtre ou nouvel essai sur l'Art Dramatique* großen Eindruck auf die Autoren der Straßburger Sturm-und-Drang-Gruppe. 1773 war es in Amsterdam erschienen, schon bald arbeitete der Straßburger Heinrich Leopold Wagner an einer Übersetzung (vgl. Mercier, *Du Théâtre*, und Mercier/Wagner, *Neuer Versuch*). Diese erschien 1776, zu einem Zeitpunkt, als schon die wichtigsten Dramen des Sturm und Drang geschrieben waren. Ursprünglich sollte Goethe einige Anmerkungen zu Wagners Übersetzung beisteuern, doch kam es zwischenzeitlich zu einer tiefen Verstimmung. Wagner hatte seine Satire *Prometheus, Deukalion und seine Rezensenten* im Stil Goethes verfaßt und anonym veröffentlicht. Allgemein wurde sie Goethe zugeschrieben, der sich daraufhin veranlaßt sah, sich in einer öffentlichen Erklärung davon zu distanzieren, die am 21. April 1775 u. a. in den *Frankfurter gelehrten Anzeigen* erschien. Wagner hat dann nur noch einen *Anhang aus Goethes Brieftasche* seiner Mercier-Überset-

15 In bezug auf den Geniebegriff hat dies Jørgensen, B 3b: 1976, 45, hervorgehoben.

zung angefügt. Goethes Anmerkungen beziehen sich allerdings nicht auf den Text von Mercier, sondern kreisen – trotz ihres scheinbar heterogenen Inhalts – allesamt um das Thema Kunst bzw. Künstler.

Merciers *Nouvel essai* avancierte schnell zu einem Kultbuch der jungen Sturm-und-Drang-Autoren, vornehmlich Wagner orientierte sich stark an dem französischen Vorbild, doch liegt auch hier, was die genauen Einflüsse und wirkungsgeschichtlichen Zusammenhänge betrifft, noch vieles im dunkeln.[16] Peter Szondi fand die treffenden Worte, wenn er schreibt, daß sich die Dramatik des Sturm und Drang von Merciers *Neuem Versuch* »sei's die Richtung weisen, sei's die Richtung bestätigen ließ« (Szondi, B 7: 1973, 185). Mercier stellt in seinem Buch die moralische Funktion des Theaters nicht grundsätzlich in Frage. Die Reinigung von Leidenschaften (Katharsis) betrifft nach Mercier nur die unmoralischen, schändlichen, und das bedeutet schädlichen Leidenschaften.

> Die menschlichen Leidenschaften gleichen den neuentdeckten Südländern, in welchen man einige Schritte gethan hat, die aber noch unbekannt und fast ganz noch erst zu durchlaufen sind. Wie viel bewundrungswürdige, versteckte Produkte!
>
> (Mercier/Wagner, *Neuer Versuch*, 277)

Freilich war es von jeher eine poetologische Forderung, daß Dichtung Leidenschaften zu erregen habe, und Mer-

16 Dringend gehört die Studie von San-Giorgiu (B 3c: 1921, bes. 60 ff.) ergänzt. Auch die Arbeit von Boubia läßt noch viele Fragen offen (vgl. Boubia, B 3c: 1978, bes. 21 ff.). Boubia kann aber nachweisen, daß die meisten deutschen Übersetzungen von Merciers Werken (also nicht nur des *Nouvel essai*!) in den Jahren zwischen 1771 und 1776 veröffentlicht wurden (vgl. ebd., 229 f.). – Vgl. auch Hanno Beriger, »Mercier et le ›Sturm und Drang‹«, in: »Louis-Sébastien Mercier précurseur et sa fortune. Avec des documents inédits. Recueil d'études sur l'influence de Mercier«, hrsg. von Hermann Hofer, München 1977, S. 47–72, und McInnes, B 3c: 1985. – Versteckt, aber um nichts weniger wichtig sind die Bemerkungen von Schings, B 2: 1980, 54 ff. – Grundsätzlich lesens- und bedenkenswert immer noch Szondi, B 7: 1973, 148 ff. (zu Lessing und Mercier).

ciers Übertreibung verdeckt diesen historischen Bezug etwas. Seine Euphorie und Entdeckerfreude beziehen sich daher vor allem auf die Erkenntnis – und darin folgen ihm die Autoren des Sturm und Drang –, daß die Normvorgabe, wonach Leidenschaften ausschließlich in (hohen) Tragödien erregt und gereinigt werden können, begründet aufgehoben werden kann, ja daß diese Aufhebung von dem »neuen Drama« regelrecht gefordert wird.

Mercier verlangt vom Dichter eine absolute Realismustreue und differenzierte Kenntnis menschlicher Charaktere. Sein Urteil, »jedes Drama, das die Natur nicht schildert, ist der Aufmerksamkeit eines vernünftigen Mannes unwürdig« (ebd., 165), seine Ablehnung einer künstlichen Sprache um des gehobenen Stils der Tragödie willen, sein klarer Blick für die Bedeutung der sozialen Unterschiede der Bühnenfiguren wie des Publikums, all dies sind elementare Bestandteile der Ästhetik des Sturm und Drang. Besonders aber mußten sich die Sturm-und-Drang-Autoren vom 28. Kapitel seines Buches angesprochen fühlen. Mercier schreibt hier unter dem Titel *An einen jungen Dichter*:

> Du, der du dir einen Funken von Genie fühlst, was brauchst du dich mit Poetiken zu umschanzen, und ihnen die Ehre anzuthun bald diese bald jene zu Rath zu ziehn? [...] Folg deinem Feuer; du kommst weiter damit als mit Regeln. Was können dich Aristoteles, Vida, Horaz, Skaliger, Boileau lehren? Gemeinörter, abgedroschene Wahrheiten; das Geheimniß der Komposition gewiß nicht. Es steckt in dir, es ist dein, wenn du es zu entwickeln weist [...]. (Ebd, 416)

Die Frage, woran man denn die eigene, produktive Genialität erkennen könne, beantwortet Mercier damit, daß man sich bei der Lektüre der historischen Vorbilder gerührt fühlen müsse. Durch diese Lektüre muß der Enthusiasmus entzündet werden, Genialität zeugt so Genialität, Literatur zeugt Literatur. Danach gibt Mercier praktische Ratschläge, wie ein Drama von der ersten Gedankenskizze bis zum druckreifen Manuskript zu verfertigen sei. Auch wenn die Ausführungen Merciers auf die Verhältnisse des französischen Buchmarkts und Literaturpublikums bezogen sind, so ließen sich für die Sturm-und-Drang-Schriftsteller immer noch genügend allgemeine produktionsästhetische Erkenntnisse daraus gewinnen. Die stärksten Entsprechungen wird man in den *Anmerkungen übers Theater* von Lenz wiederfinden, auch wenn bis heute nicht zweifelsfrei geklärt ist, ob Lenz Merciers *Neuen Versuch* vor oder nach der endgültigen Niederschrift seiner *Anmerkungen* gelesen hat. Ob man Lenz' nur einige wenige Zeilen umfassenden Text *Für Wagnern* mit dem Untertitel *Theorie der Dramata* als unmittelbare Reaktion auf Merciers Dramentheorie lesen kann, scheint mir zweifelhaft. Der Text belegt aber, daß es einen intensiven Gedankenaustausch zwischen Wagner und Lenz im Kontext der Mercier-Übersetzung über dramenspezifische Fragen gegeben haben muß. Dies legt auch eine Anmerkung in Wagners Übersetzung nahe, wo er auf Lenz' *Anmerkungen* verweist (vgl. ebd., 292 f.).

5
Goethe

Von Deutscher Baukunst

Goethes kleiner Beitrag[1] zu Herders Sammlung *Von Deutscher Art und Kunst* wurde in Straßburg oder Sesenheim im Frühjahr 1771 begonnen und im Herbst 1772 abgeschlossen. Der kurze Text wurde wahrscheinlich durch die Vermittlung Mercks 1772 zum Druck befördert, vordatiert auf das Jahr 1773; heute sollen von dieser Erstausgabe nur noch fünf Exemplare existieren. Erst durch Herders Wiederabdruck fand Goethes Schrift gebührende Aufmerksamkeit (vgl. dazu Beutler, B 5: 1941).

Schon während seines Leipziger Studienaufenthaltes hatte sich Goethe kunsthistorisch interessiert gezeigt. Der Unterricht an Adam Friedrich Oesers »Zeichnungs-, Malerei- und Architektur-Akademie« vermittelte dem jungen Goethe neben der klassizistischen Malerei eine umfassende Kenntnis der zeitgenössischen kunstästhetischen Diskussion. Hier mag er auch Laugiers *Versuch über die Baukunst* kennengelernt haben, der 1768 in Leipzig in deutscher Übersetzung erschien. Das Straßburger Münster – der gewaltige Bau und die architektonische Meisterleistung – machte auf Goethe einen tiefen Eindruck. Nach seiner Rückkehr aus Straßburg schrieb Goethe den vorletzten Abschnitt, worin er auch gegen Sulzers Schrift *Die schönen Künste in ihrem Ursprung [. . .]* (1772) polemisiert. In der elterlichen Bibliothek fand Goethe dazu die neueste Literatur zur Kunst- und Architekturgeschichte.

1 Textgrundlage: Herder / Goethe / Frisi / Möser, Ausg. Irmscher.

Straßburger Münster
Kupferstich von Isaak Brunn (1615) aus Goethes Besitz

Goethes Abhandlung ist in fünf Abschnitte gegliedert.[2] Sie gleicht einem großen Prosahymnus auf den Dombaumeister des Straßburger Münsters Erwin von Steinbach (gest. 1318), der eine sich keineswegs an die Realhistorie haltende Stilisierung durch den Autor erfährt. Goethe sucht ein Vorbild, eine in die Geschichte zurückprojizierte Identifikationsgröße und findet diese in dem Tatmenschen Steinbach. Dies geht aus Goethes Brief an Johann Gottfried Röderer vom 21. September 1771 hervor: »Ja der Künstler muss eine so grose Seele haben, wie [...] ein Mann wie Erwin«. Die Gleichsetzung des historischen Baumeisters mit der Bestimmung des Künstlers ist mehr als bloße Bewunderung des Vorbilds. Denn indem sich Goethe selbst als Künstler begreift, als Künstler, der Großes will und eine große Seele hat, nimmt er für sich implizit in Anspruch, daß zukünftige Generationen auf sein Werk mit demselben Respekt zurückblicken werden, den er selbst vor dem Werk Erwin von Steinbachs empfindet. Der große Künstler mit großer Seele, mit jener Herderschen ausgeprägten Empfindungsfähigkeit, ist nach der zeitgenössischen Lesart das Genie. Damit erweist sich die Schrift *Von Deutscher Baukunst*, was ihren Gegenstand betrifft, bereits als ein Zeugnis der neuen Literatur des Sturm und Drang.

Als Goethe nach Straßburg kam, unterlag er dem Vorurteil, daß gotischer Baustil barbarischen Geschmack verrate und jegliche Schönheit in der Harmonie der Einzelteile vermissen lasse.[3] Als er Straßburg verließ, hatte er durch eigene Anschauung und Empfindung die gegenteilige Ansicht gewonnen. Dahinter verbirgt sich mehr als nur ein Meinungs-

2 In der zugrunde gelegten Ausgabe des Textes ist der fünfte Abschnitt nicht durch eine Leerzeile vom Ende des vierten Abschnitts abgesetzt. Dadurch entsteht der fälschliche Eindruck eines durchgängigen vierten und letzten Abschnittes (vgl. S. 101, Zl. 10).

3 »Gotik« war das Synonym für Altertümlichkeit, für Baustile, Kunststile oder Verhaltensweisen, die als längst überholt galten. Auch Wagner läßt in seiner *Kindermörderin* den v. Gröningseck sagen: »Gothische Zeiten! Gothische Sitten!« (1. Akt), und spielt damit auf das frühe Heiratsalter vergangener Zeiten an.

wandel. Das Schlüsselwort ist auch in Goethes Schrift »fühlen«. Nicht planmäßige Berechnung und ästhetisches Kalkül – dies kann man auch durchaus als Seitenhieb auf die Regelpoetik verstehen – erschaffen jene »lebendige Schönheit« (S. 96), die Goethe als darstellungs- und wirkungsästhetisches Kriterium gilt. In einer Rezension für die *Frankfurter gelehrten Anzeigen* Nr. 78 vom 29. September 1772 hatten Goethe und Merck eine knappe, aber präzise Definition davon geliefert, was sie unter Schönheit verstanden. Der selbstsichere Gestus der Formulierung, der keine Infragestellung und keinen Widerspruch duldet, kann ebenso als Spezifikum des Sturm und Drang verstanden werden wie die inhaltliche Bedeutung der Definition:

> Wir gehören mit unter diejenige, welche wie Aristoteles [...] die Frage: *Was ist schön?* für die Frage eines Blinden halten; und wir glauben, das Schöne ist so wenig zu erklären, als das Süße, das Bittere, das Helle u. dgl. [...]; d. i.: schön ist, was wir als schön empfinden. Die einzige beste Erklärung des Schönen, die wir kennen! (Goethe, SW 1.2,362)

Goethes lebendige Schönheit ist nur jenseits von Prinzipien, Regelwerken und Definitionen vom Genie hervorzubringen. Damit hat Goethe neben dem Begriff der kolossalischen Größe (vgl. seinen Aufsatz *Zum Schäkespears Tag*) einen zweiten Schlüsselbegriff einer Ästhetik des Sturm und Drang eingeführt. Winckelmanns aufgeklärter klassizistischer Formel von edler Einfalt und stiller Größe setzt Goethe seine lebendige Schönheit und kolossalische Größe entgegen. Goethes Eindrücke und ästhetische Überlegungen speisen sich aus einem Fühlen; ein diffuses Empfindungsbild setzt sich beim Anblick des Straßburger Münsters zu einem ganzheitlichen Eindruck zusammen, an dessen Ende die »integrale Bildbeschreibung« (Osterkamp, B 5: 1991, 20) steht. Goethe leitet damit seine ästhetischen Urteilskriterien aus der ästhetischen Erfahrung, dem Genuß ab.

> Ein, ganzer, großer Eindruck füllte meine Seele, den, weil er aus tausend harmonirenden Einzelnheiten bestand, ich wohl schmecken und genießen, keineswegs aber erkennen und erklären konnte [...]. (S. 99)

Die ästhetische Erfahrung liefert die Grundvoraussetzungen für den hermeneutischen Zugriff. Zu verstehen, was schön ist, heißt, zu erfahren, was schön ist. Das bedeutet eine völlige Umkehr der bisherigen rationalen Ästhetik der Aufklärung, die aus Prinzipien ableitete, was schön ist, und das hieß: schön ist, was als schön definiert werden kann, und nicht, was als schön erfahren wird. Goethe redet hier, ohne daß dies im einzelnen weiter entfaltet wird, einer subjektivistischen Ästhetik das Wort, die konsequent den individualistischen Anspruch des Sturm und Drang erhebt.

Goethe widerspricht der zeitgenössischen Theorie eines Sulzer, der meinte, das Wesen der Kunst liege in der Funktion der Verschönerung als gelungener Verbindung von Angenehmem mit Nützlichem. Goethe schleudert diesem Kunstverständnis ein »Das ist nicht wahr!« (S. 102) entgegen. Kunst ist bildend (im Sinne von ›hervorbringend, schöpferisch‹), und sie ist große Kunst, bevor sie schöne Kunst ist, denn dem Menschen eignet eine »bildende Natur« (ebd.). Damit bringt Goethe zwei Begriffe zusammen, die in der ästhetischen Debatte der 1770er Jahre kontrovers diskutiert wurden: Kunst und Natur. Goethe verbindet sie durch einen einfachen Gedankengang: Die schöpferische Natur im zivilisierten wie im unzivilisierten Menschen (Goethe nennt ausdrücklich den »Wilden«) bringt schöpferische Kunst (natürlichen Ursprungs) hervor. Kunst, die aus *einer* Empfindung hervorgeht, ist »karackteristische Kunst« und steht über dem »Gestaltsverhältniß« (ebd.) des künstlich Schönen. Diese charakteristische Kunst nennt Goethe »ganz und lebendig« (ebd.) – auch hierin kann man eine Brechung von Winckelmanns Diktum sehen.

Am Ende von Goethes Text erfährt die Schönheit gar eine Apotheose, als »himmlisch« wird sie bezeichnet und »Mittlerin« zwischen den Göttern und den Menschen genannt (vgl. S. 104). Goethe ruft diese Göttin an, der Ton des Textes gleicht einem antiken Dithyrambus. Der Künstler bringt die lebendige Schönheit hervor, gebiert diese Göttin und ist damit mehr als ein Göttersohn, er wird selbst gottgleich – hier ist man versucht, an Lavaters Propior Deus zu denken. Dieser Idealtypus des genialen Künstlers, den Goethe zeichnet, übersteigt noch die Symbolhaftigkeit von Prometheus, indem der durch die Erfahrung der »Begierden und Leiden« (S. 104) gegangene Künstler durch seine Kunst der Götter Seligkeit den Menschen vermitteln soll. Antike Mythologie und christliche Theologie überblenden sich in diesem Bild. Wenn Goethe »mehr als Prometheus« (ebd.) formuliert, dann liegt darin aber auch schon die Ahnung vom Ende des Prometheus-Mythos auf Erden. Die Tat des Genies ist prometheisch, die Wirkung aber muß die Tat übersteigen. Das ist ein gewaltiger Anspruch, den Goethe an sich *und* an die Autoren des Sturm und Drang stellt.[4]

Für Goethe tritt also der Baumeister Erwin von Steinbach neben die personifizierten Symbole des Sturm und Drang Prometheus, Albrecht Dürer, Hans Sachs und Götz von Berlichingen. Nimmt man hier noch Shakespeare, Pindar, Homer und Ossian hinzu, dann hat man die heilige Familie des Sturm und Drang beisammen. Bezeichnend ist, daß es eine ausschließlich männliche Familie bleibt; neue Väter suchen sich die jungen Autoren, sie konstruieren sich diese Väter in der Geschichte nach der Vorlage ihrer Wunschvorstellungen. Sie entwerfen psychische Binnenperspektiven als literarische Muster, die Ort ihrer Phantasmen

4 Für Ernst Beutler ist Goethes Schrift ein »Hymnus auf den Genius seiner Jugend, auf den Glauben an die eigene Schöpferkraft« (vgl. Beutler, B 5: 1941, 247). Dies greift meines Erachtens zu kurz.

und Utopien zugleich sind. Somit ist Prometheus für die Sturm-und-Drang-Autoren nicht nur das idealtypisierte Spiegelbild des eigenen Ichs, sondern gleichermaßen auch der bewunderte Bruder und der vorbildliche, verehrte neue Vater. Das Emblem des Sturm und Drang wird so ein Paradox. Das Symbol für Autonomie, Genialität und Freiheit wird der gefesselte Prometheus. Am Ende siegt, in der Mythe wie in der Literaturgeschichte, die Vätergeneration.

Götz von Berlichingen mit der eisernen Hand

Goethes Beschäftigung mit der Geschichte des 15. und 16. Jahrhunderts, insbesondere mit den Themen Faustrecht und Fehde, datiert auf das Ende seines Straßburger Aufenthalts. Durch Herder wurde Goethe mutmaßlich auf Justus Mösers Abhandlung in der Beilage zum *Osnabrücker Intelligenzblatt* (April 1770) *Von dem Faustrechte* aufmerksam gemacht, die Möser später in den 1. Band seiner *Patriotischen Phantasien* (1774) unter dem Titel *Der hohe Stil der Kunst unter den Deutschen* aufnahm (vgl. SW 4,263 ff.). Möser zeichnete darin ein mehr als positives Bild des mittelalterlichen Faustrechts. Er glorifizierte die Frühe Neuzeit als Epoche, in welcher der deutsche Nationalcharakter sich in außergewöhnlichen Personen gebündelt zum Ausdruck gebracht habe. Von »großer Periode« und »Genie« ist bei Möser die Rede, wenn er Zeiten und Menschen des Faustrechts und dessen »Vollkommenheit« schildert und »individuelle Mannigfaltigkeit und Vollkommenheit« (ebd., 265) des einzelnen Ritters hervorhebt. Das Faustrecht als ein Recht des Privatkrieges sei wesentlich vernünftiger gewesen als das moderne Völkerrecht. Vor diesem Hintergrund wird verständlich, wenn Mösers Name bei der Darstellung der

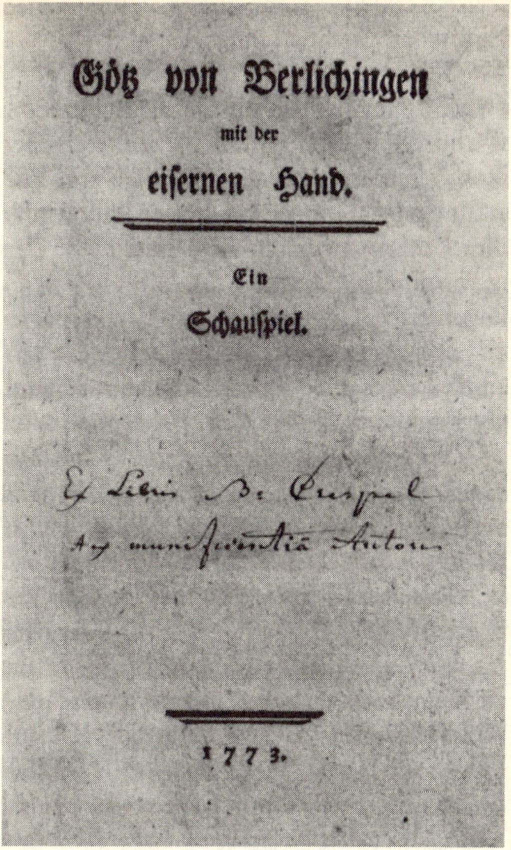

Götz von Berlichingen

mit der

eisernen Hand.

Ein

Schauspiel.

Ex Libris Dr. Crespel
ex munificentia Autoris

1773.

Titelblatt der Erstausgabe von Goethes Drama
Götz von Berlichingen

Entstehungsgeschichte des *Götz von Berlichingen*[5] stets genannt wird.[6]

In anderen Geschichtswerken informierte sich Goethe über den Wormser Reichstag von 1495. Seit dem Spätsommer 1771 galt das Interesse Goethes, der inzwischen nach Frankfurt zurückgekehrt war, der historischen Figur des Götz von Berlichingen. Er studierte dessen Autobiographie (*Lebensbeschreibung Herrn Götzens von Berlichingen*), die 1731 erstmals erschienen war; sie wurde zur unverzichtbaren Quelle für sein Drama. Folgt man den Angaben aus *Dichtung und Wahrheit* (13. Buch), so hat Goethe die erste Fassung seines Schauspiels in etwa sechs Wochen niedergeschrieben (vgl. SW 16,605). Der Titel lautete: *Geschichte Gottfriedens von Berlichingen mit der eisernen Hand*. Nur wenige Freunde und Bekannte Goethes wie Herder, Lerse, Merck und Salzmann dürften dieses Schauspiel gekannt haben. Dieser von der Forschung so genannte *Urgötz* von 1771 wurde erst 1832 in der *Ausgabe letzter Hand* (Band 42) veröffentlicht. Goethe hatte das Manuskript des *Urgötz* an Herder geschickt, der das Stück herb kritisierte, wie es Goethe später in *Dichtung und Wahrheit* darstellte (vgl. ebd., 604). Seit Ende 1772 dachte Goethe an eine Umarbeitung der *Geschichte Gottfriedens*, die er dann auch zügig durchführte. Einige Szenen wurden ganz gestrichen, andere neu eingefügt, einzelne Passagen wurden gekürzt, Dialoge gestrafft. Am meisten änderte Goethe im 5. Akt. Strukturell hingegen nahm Goethe an der Anlage des Stückes keine Veränderungen vor, es blieb ein für den Sturm und Drang typisches ›Antidrama‹. Goethe bin-

5 Textgrundlage: SW 1.1,549–653.

6 Man sollte aber die Vorbehalte gerade der jüngeren Forschung ernst nehmen, die betont, daß der Nachweis eines Einflusses von Mösers Schrift auf Goethe nicht eindeutig zu erbringen ist. Vgl. Stauf, B 5: 1991, 378. Stauf (S. 381) sieht gerade in der Spannung von Traditionsbezug, gegenwartsorientierter Zeitkritik und Zukunftsperspektive die Berührungspunkte von Mösers Geschichtsbild und Goethes *Götz*.

det seine Hauptfigur Götz in der Druckfassung enger an die historische Biographie des Ritters. Insgesamt erfährt die Charakterisierung der Figuren deutliche Verschiebungen (so bei Götz, Weislingen und Adelheid), auch die Sprache ist in der Druckfassung gemäßigter. Die Überarbeitung kann auch als ein Akt der Selbstbändigung des Autors verstanden werden. Im *Urgötz* schreibt Goethe ohne Rücksichten auf das Publikum und auf den herrschenden Geschmack seiner Zeitgenossen. Dies geht aus seinem Brief vom 28. November 1771 an Salzmann hervor:

> Es ist eine Leidenschafft, eine ganz unerwartete Leidenschafft [...]. Ich kann nicht ohne das seyn, [...] und koste was es wolle, ich stürze mich drein. [...] Ich dramatisire die Geschichte eines der edelsten Deutschen, rette das Andencken eines braven Mannes [...].

Vom edlen Vorfahr ist die Rede, den er nun im Leben darstelle. Gemeint war damit der *Götz*. Trotz der Umarbeitung barg der Druck von 1773 noch genügend Provokationen für das aufgeklärte Lesepublikum, der *Götz* wurde zum Initiationstext des Sturm und Drang. Mit Unterstützung Mercks brachte Goethe das Drama unter dem neuen Titel *Götz von Berlichingen mit der eisernen Hand. Ein Schauspiel* Mitte Juni 1773 im Selbstverlag heraus, Kosten für Druck und Papier trugen sie selbst. Von einer öffentlichen Wirkung kann man erst im Hinblick auf diese zweite, im Druck erschienene Fassung sprechen.

So sehr in der zeitgenössischen Rezeption wie in der literaturgeschichtlichen Wertung des Textes das Neue, Unerhörte der kompositorischen Form anerkennend oder ablehnend wahrgenommen wurde, so wenig schöpfte Goethe aus dem Nichts. Shakespeares Historiendramen geben das strukturelle Modell für den *Götz* ab. Selbst die Überarbeitung hat die poetologische Bedeutung des Textes nicht geschmälert. Der *Götz* bleibt ein absichtsvoller Verstoß gegen das klassizistische Regeldrama. Die Fehde, die Goethe in seiner Shakespeare-Abhandlung angekündigt hatte, war hier Wirklichkeit geworden. Hat der *Urgötz* insgesamt 59 einzelne Szenen, davon 5 im 1., 10 im 2., 22 im 3., 6 im 4. und 16 im 5. Akt, so finden sich in der umgearbeiteten, zweiten Fassung immerhin noch 56 Einzelszenen. Wegen der ständigen Ortswechsel, der teils extrem kurzen Szenen und der zahlreichen Personen war das Stück für die zeitgenössischen Bühnen nahezu unspielbar. Seine Wirkung lag zunächst in seiner Bedeutung als Lesedrama. Unisono wurde in zeitgenössischen Beurteilungen, Meinungen und Rezensionen der auffällige Verstoß gegen den klassischen Regelkanon festgestellt.

> Einheit der Zeit, des Orts, der Handlung, alle Regeln des Drama sind hier bey Seite gesezt worden, und wenn ein Verfasser so viel aufopfert, so ist der Leser berechtigt, nichts Geringes zur Entschädigung zu gewarten.
>
> (*Neuer gelehrter Mercurius*, 19. August 1773; zit. nach: »Schiller und Goethe«, B 5: 1883, 4)

Der Rezensent der *Frankfurter gelehrten Anzeigen* vom 20. August 1773 verschweigt nicht seinen Schrecken darüber, wie »bunt« es in diesem Schauspiel zugehe. Aber, so tröstet er sich, »wir vergassen unsern Aristoteles und weideten uns treflich« (ebd., 5). In den meisten Rezensionen wird Goethes Vorbild und literarisches Muster Shakespeare erkannt und im *Götz* eine gelungene Adaption eines Shakespeareschen Stücks gesehen. Matthias Claudius hebt in seiner Besprechung im *Wandsbecker Boten* (3. Juli 1773)[7] hervor, daß der Autor alle dramaturgischen Regeln und konventionellen Schranken durchbreche wie Götz die Schar feindlicher Reiter. Claudius gelingt es mit diesem Bild, einen Bezug herzustellen zwischen der personalen Struktur der Hauptfigur und

7 Nicht abgedruckt in »Schiller und Goethe«, B 5: 1883. Vgl. aber den Auszug in Goethe, SW 1.1,958.

der kompositorischen Struktur des Textes. Der Text wird zum Spiegelbild, zur konsequent in die Öffentlichkeit verlängerten Darstellung der psychischen und familialen Privatheit der Figuren; und umgekehrt, in Götz' plakativer Tatkraft spiegelt sich der bewußte Verstoß seines Autors gegen Gepflogenheiten und Erwartungen des zeitgenössischen Zuschauer- und Lesepublikums. Diese doppelte Schreibabsicht liegt dem Stück zugrunde und macht es als ›Modelltext‹ des Sturm und Drang auch so wegweisend.[8]

Goethe wählt sein dramatisches Sujet aus der Frühen Neuzeit. Dies kann als Flucht vor der eigenen Gegenwart verstanden werden, wenn man den *Götz* einsinnig als Geschichtsdrama auslegt. Doch sind die Gründe für diese Wahl vielschichtig. Im historischen Gegenstand formuliert Goethe seine Kritik an der Gegenwart, er beabsichtigt nicht, Geschichte abbildend zu erzählen oder neu zu schreiben. Vielmehr bündelt sich im Charakter des großen Mannes Götz von Berlichingen die Kritik am historischen Prozeß, der zu dieser gesellschaftlich, politisch, ästhetisch und literarisch unbefriedigenden Gegenwart geführt hat. Im geschichtlichen Sujet gelingt Goethe die Verschmelzung von Charakter- und Gesellschaftsdrama (vgl. Martini, B 2: 1979, 114). Diese Verbindung führte in der Folge zu einem wesentlichen Innovationsschub im zeitgenössischen Drama, wie Lenz dies programmatisch in seinen *Anmerkungen übers Theater* festhalten wird. Goethes dramatische ›Fehde‹ und der geschichtliche Charakter der Titelperson seines Schauspiels tragen dem Rechnung.

Der Verzicht auf eine Einheit der Handlung wird in der Reihung von Episoden deutlich, die sich nach ihrer dramati-

8 Wenn Ilse Graham über den *Urgötz* schreibt, der junge Goethe verstehe es nicht, »jenen existentiellen Erfahrungen direkten Ausdruck zu verleihen, die den irrationalen Tiefen des menschlichen Seins entstammen und nicht den bewußten Schichten unseres Intellekts« (vgl. Graham, B 5: 1965, 263), so gebärdet sich dies beckmesserisch und verkennt die literaturgeschichtliche Bedeutung, die dem *Urgötz* wie auch der Druckfassung von 1773 als Stiftungstexten der Sturm-und-Drang-Dramatik zukommt.

schen Bedeutung und nicht nach historischer Diachronie oder dramatisch-narrativer Notwendigkeit ordnen. So ist die Figur des Klosterbruders Martin für den Gesamtverlauf des Stücks völlig unerheblich, als Einzelszene aber ist die Begegnung zwischen Martin und Götz unverzichtbar, thematisiert sie doch zum einen ausdrücklich die Bedeutung der eisernen Hand, zum anderen ergänzt sie das Spektrum der Aufklärungskritik entscheidend. Bruder Martin bildet in dieser Szene die Kontrastfigur zu Götz. Armut, Keuschheit und Gehorsam sind für Martin Formen der Entmenschlichung, lästige Pflichten, ja »unerträglich« nennt er sie (vgl. S. 555). Das Kloster ist ihm ein Käfig, als Gefangener nimmt er wahr, daß die natürlichen Triebe des Menschen aus falschverstandener Gottesfurcht unterdrückt werden. Und doch verharrt er, anders als Götz, in der Geste der Klage. Martin verkörpert das religiöse Programm der Selbstbändigung der menschlichen Natur und Leidenschaften, während Götz dessen konsequente Destruktion vor Augen führt. In ketzerischer Umkehr der kirchlichen Lehre erscheint dem Geistlichen die Frau als die »Krone der Schöpfung« (S. 556). Für Martin strukturiert sich die Welt geschlechterdifferent – wie übrigens auch für Weislingen, der jedoch die Frau als Zauberin mythologisiert (vgl. S. 594) und sie damit, ideologisch aufgeladen, dämonisiert –, für Götz hingegen ständedistinkt. In beiden Formen der Erfahrung werden elementare Seiten der Aufklärungskritik des Sturm und Drang deutlich: Als Götz Martin die linke Hand zur Verabschiedung reicht, erkennt dieser sofort Götz von Berlichingen. Nicht der Ort, nicht der Dialog, nicht die Sprache und nicht der Stand des Ritters sind Zeichen des Erkennens – obgleich Götz selbst auf den Hauptmann der Zigeuner den Eindruck eines edlen Mannes »an Gestalt und Wort« (S. 643) macht –, sondern die eiserne Hand. Martin sieht in der Hand mehr als eine christliche Reliquie (vgl. ebd.), die nicht mehr handeln kann, von der nur noch Wunder zu erwarten sind, es ist die Hand des Mannes, »den die

Fürsten hassen, und zu dem die Bedrängten sich wenden« (ebd.). Ein großer Mann, als den Martin Götz bezeichnet, ist kein Bischof und kein Fürst, sondern der Retter der Unterdrückten. Unverkennbar sind hier in Götz auch Züge eines christlichen Heilsbringers eingezeichnet. Der *Götz* spart zudem nicht mit Standes- und Adelskritik, auch wenn sie historisch verbrämt erscheint: »Dürften wir nur so einmal an die Fürsten, die uns die Haut über die Ohren ziehen« (S. 551), heißt es schon am Ende von I,1.

Worauf der Titel bereits hinweist, stellt sich im Verlauf des Dramas als zentrales Symbol dar. In Goethes Quelle liest sich dies im Originalton folgendermaßen:

> Wie ich aber damalen geschossen sey worden, das hat diese Gestalt, [...] und wie wir demnach am Sonntag vor Landshut, obgehörter massen wieder scharmützelten, da richten die von Nürnberg das Geschüz in Feind und Freund, [...] und scheußt mir einer den Schwerd-Knopf mit einer Feld-Schlangen entzwey, daß mir das halbe Theil in Arm gieng, und drey Arm-Schienen damit [...], daß ich gedenck, die Stang und das andere Theil vom Knopf hab mir zwischen dem Handschuh und dem Arm-Zeug die Hand herabgeschlagen, also, daß der Arm hinten und vornen zerschmettert war, und wie ich so das siehe, so hengt die Hand noch ein wenig an der Haut, und leit der Spieß dem Gaul unter denen Füssen, so thet ich eben als wäre mir nichts darum [...]. (*Lebensbeschreibung*, 59 f.)

Vor dem Hintergrund dieser Selbstbeschreibung des Opfers wird die Gestaltungskraft des Autors Goethe erkennbar, die aus der Armprothese, der in Aufführungen immer wieder das Schicksal eines bloßen Theaterrequisits droht, ein Symbol macht. Götzens eiserne Hand symbolisiert Versehrtheit *und* Verletzlichkeit. So wie der Hofmeister Läuffer bei Lenz verstümmelt ist, so ist auch Götz Invalide. So stark sich diese Individuen geben, so verletzlich sind sie.

Entdeckt der Sturm und Drang das Individuelle im aufgeklärten Individuum, so ist Götz dessen radikalisierte Darstellung. Die Wahrheit liegt für diese Autoren in der Versehrtheit einer geschlossenen Vorstellung von Individuum und Individualität. Obwohl invalid, versucht Götz dennoch, seiner selbstgestellten Aufgabe treu zu bleiben; er verfolgt keinen weltlichen oder göttlichen Auftrag, Sendungsbewußtsein ist ihm fremd, er verfolgt sein Ziel, weil er von der Richtigkeit seines Tuns überzeugt ist. Zugleich verkörpert Götz auch eine elementare Leiderfahrung des Sturm und Drang, die Autoren sind nicht weniger versehrte, verstümmelte Individuen. Das Recht auf Individualität ist nur im Kampf gegen die Vatergesellschaft einzufordern. Beinahe unverändert können die Worte, die Götz an Weislingen richtet, auf das Selbstverständnis der Sturm-und-Drang-Autoren übertragen werden: Der freie Mann – und dies ist durchaus geschlechtsspezifisch zu lesen, die freie Frau steht nicht auf dem Programm des Sturm und Drang – hängt nur ab »von Gott, seinem Kaiser und sich selbst« (S. 565). Gott wollen die Dichter nicht für tot erklären, allenfalls neu auslegen;[9] ihre Fürsten wollen sie nicht stürzen, sofern sie sich als Vertreter eines aufgeklärten Absolutismus, wie das Beispiel Weimar zeigt, erweisen; nur sich selbst gegenüber wollen sie Rechenschaft ablegen müssen. Die verlorene Hand beraubt sie nicht der Handlungsfähigkeit, doch hält der Ersatz (die Prothese) ihnen dauerhaft ihre Versehrtheit an Leib und Seele vor Augen. Das Handeln ist authentisch, nicht aber die Mittel dazu sind es, die eiserne Hand ist das Symbol für die Künstlichkeit der Kunst, mit der für ein wahres und echtes Ziel gestritten wird. Nach Ganzheit streben die Dichter, im Wissen, daß

9 Obgleich diese neuen Auslegungen meist nur in Sprache und Darstellungsform neu sind, nicht aber, was die theologische Interpretation betrifft, die ihren Inhalten nach der orthodoxen Theologie verhaftet bleibt (vgl. Sauder, der dies am Beispiel Lenz untersucht hat: B 7: 1994). – Vgl. auch Janentzky, B 3d: 1916.

sie der Ganzheit verlustig gegangen sind, sie handeln energisch, aber halbiert, sie machen Erfahrungen, aber begrenzte, die Natur der rechten Hand ist durch die Kunst ersetzt, Kunst ist Ersatz für Natur und damit nur noch Mittel zum Zweck, nicht mehr Selbstzweck in der Genügsamkeit der Verschönerungsästhetik. Der Zweck ist die wahre Aufklärung als Kritik an der Aufklärung.

Götz ist auch in seiner Abwesenheit gegenwärtig, wie die 1. Szene des 1. Aktes zeigt. Weislingen sollte, so wollte es Götz, dessen rechte Hand sein (vgl. S. 565),[10] die dann die Tat vollzieht, wenn Götz selbst handlungsunfähig ist, Weislingen sollte die Stellvertreterhand der stellvertretenden eisernen Hand sein. Dieses ›doppelte Double‹ ist es denn auch, das Götzens Machtspiel untergräbt. Wo nur stellvertretend gehandelt wird, wo kein authentisches Handeln mehr möglich ist, entstehen Soll-Bruchstellen. Weislingen ist Teil von Götz' Person, zugleich markiert seine Bedeutung als rechte Hand die Entfremdung, die sich in Götz vollzieht. So wie Götz seine rechte Hand verloren hat, so verliert er allmählich auch den Bezug zu einer sich verändernden Außenwelt, personifiziert in Weislingens Bruch oder Verrat. Der Tatmensch Götz sieht nur noch die Tat, aber nicht mehr deren Wirkung. Götz leidet, da er sich an ein überkommenes Bild von Ständegerechtigkeit klammert, an zunehmendem Realitätsverlust. Indem Goethe dies den Lesern vor Augen stellt, macht er deutlich, daß vom Selbsthelfer die historische Tat nur noch um ihrer selbst willen gefeiert wird, deren familialer und gesellschaftlicher Ort aber nicht mehr erkannt wird. Da Goethes *Götz*, ohne ein Geschichtsdrama im herkömmlichen Sinne zu sein, sich doch an historische Realien hält und diese Probleme einer Lösung in der Geschichte zuführt, stellt sich nun die Frage, wie die Autoren des Sturm und Drang damit umgehen,

10 Vgl. Graham, B 5: 1965, 249, die ebenfalls die Bedeutung Weislingens für Götz als dessen rechte Hand hervorhebt.

welche Lösungsmodelle sie entwerfen, wenn sie in ihren Texten je aktuell, gegenwartsbezogen schreiben, wenn also die Antworten, die Probleme und Problembenennungen nicht historisch gespiegelt, sondern in der eigenen Gegenwart der Autoren verhandelt werden.

Ebenso wie Götz seine Rechte verlor, verliert er also auch deren Ersatz, Weislingen läuft in das Lager der langen Reden über (man vergleiche die Unterhaltung zwischen Weislingen und dem Kaiser). Götz ist kein Freund großer Worte, er erklärt sich selbst als »Feind von Explikationen« (S. 567), das gelehrte und aufgeklärte Gespräch ist seine Sache nicht. Wort und Tat liegen unversöhnlich auseinander, Schreiben bedeutet ihm geschäftiger Müßiggang (vgl. S. 632). Das Lager der Feinde ist das Lager der Explikationen, die Götz knapp und bündig mit dem berühmten Zitat beantwortet. Das undeutliche Gemurmel von außen, das Gerede, dessen Inhalt nicht zu verstehen ist, beantwortet Götz mit sechs Worten, die deutlich und unüberhörbar sind und aus dem Innern kommen: »er kann mich im Arsch lekken« (S. 615). Dieses Zitat ist die perfekte Parodie auf die Genieästhetik, es offenbart das ambivalente Verhältnis der jungen literarischen Avantgarde zu ihrem eigenen Anspruch und Selbstverständnis. Ein Genie darf dies schreiben, da es Genie ist, und ein Genie muß dies schreiben, da es menschlich ist. Goethe selbst liefert im Text die poetologische Rechtfertigung, wenn er Franz sagen läßt, den Dichter mache ein »volles, ganz von einer Empfindung volles Herz« (S. 578) aus. Ist die Empfindung Leidenschaft, so hat sie um so ungefilterter in Rede und Handlung der Figuren zur Darstellung zu gelangen.

Indem Götz daraufhin das Fenster zuschmeißt, zerstört er symbolisch die kommunikative Verbindung nach außen. Götz wird immer einsamer und isolierter, nimmt mehr und mehr die Leidenszüge der Sturm-und-Drang-Autoren an. Deshalb kann er auch der Aufforderung »rede mit mir« (S. 651) seiner Frau Elisabeth nicht nachkommen. Am Ende, als er im Heilbronner Turm sitzt, erkennt er dies; nach und nach habe man ihn verstümmelt, zuerst die Hand, dann die Freiheit, die Güter und schließlich den guten Namen genommen (vgl. S. 651). Hamanns Imperativ »Rede, daß ich Dich sehe!« (siehe in vorliegendem Band S. 208) erfährt in Götz und im *Götz* seine strikte Verweigerung. Verhallt die Rede, verblaßt die Schrift, so verschwindet der Mensch, bewahren kann ihn nur die erneute Rede, die erneute Schrift, die Literatur. Nicht von ungefähr läßt Goethe sein Drama mit den Worten Metzlers einleiten: »Erzähl das noch einmal, vom Berlichingen« (S. 549).

Götz und Weislingen, das sind also zwei ungleiche Brüder. Doch ist in dieses genuine Sturm-und-Drang-Motiv der feindlichen Brüder auch ein Vater-Sohn-Konflikt eingeschrieben.[11] Der Kaiser ist für beide jener Vater, dessen Liebe zu gewinnen und zu erhalten sie, die ›Söhne‹, bestrebt sind. Zugleich verliert er aber auch zunehmend an Autorität, und die Söhne tragen dazu maßgeblich bei, obwohl Götz seinem Handeln gerade die gegenteilige Absicht unterlegt.

Wie Gerstenbergs Ugolino, so ist auch Götz am Ende Gefangener seiner selbst und Gefangener der Außenwelt. Nur mit Anstrengung vermag er dem Tod den letzten Rest an Sinnhaftigkeit abzugewinnen, ohne daß dies allerdings zu seiner Apotheose führt, wie gelegentlich angemerkt wurde.[12] Für die Freiheit stirbt Götz (vgl. S. 618 und 653), was aber nicht bürgerliche oder politische Freiheit meint. Elisabeth kommentiert zutreffend den Zerfall des Ideals. Doch erst als Götz gestorben und damit ihr eigenes patriarchales Gefängnis aufgebrochen ist, fühlt sie sich ermächtigt, diese Worte über die Freiheit in die Freiheit zu entlassen: »Nur droben droben bei dir. Die Welt ist ein Gefängnis« (S. 653).

11 Vgl. Rainer Nägele, »Götz von Berlichingen«, in: »Goethes Dramen. Neue Interpretationen«, hrsg. von Walter Hinderer, Stuttgart 1980, S. 65–77, hier S. 72.

12 Vgl. Martini, B 2: 1971, 118, der die Position Korffs inhaltlich zustimmend referiert.

Für Adelheid hingegen besteht Freiheit nur in der Verfolgung ihrer politischen Ambitionen und in der freien Wahl ihrer Liebhaber (vgl. S. 630 und 645). Deshalb läßt sie auch Weislingen umbringen, und Franz nimmt für kurze Zeit seinen Platz ein. Dadurch wird zweierlei deutlich: Zum einen wird die Korrumpierbarkeit des Freiheitsbegriffs, der Mißbrauch politischer Freiheit kritisiert; zum anderen wird die Tatsache hervorgehoben, daß Freiheit jenes Verbindungsglied ist zwischen dem Anspruch auf Individualität und den Pflichten dem Gemeinwohl gegenüber, zwischen dem radikalisierten Freiheitsverständnis von Privatheit, das ästhetische und sexuelle Freiheiten mit einschließt, und dem Freiheitsverständnis von Öffentlichkeit, das nur zaghaft auf grundsätzliche politische Freiheitsrechte drängt. Dringlicher sind den Autoren des Sturm und Drang Fragen der individuellen Freiheit in der öffentlichen Verantwortung wie beispielsweise die Freiheit der Berufswahl, die Freiheit der Liebesheirat (statt Konvenienzehe) usw.

Das augenfällige Handeln der Figuren im Stück verweist auf eine grundlegende Kontrastierung, diejenige von Handeln und Müßiggang. Während aus der Sicht der bürgerlichen Autoren des Sturm und Drang die Aristokraten den Müßiggang pflegen und das Bürgertum die alleinige treibende ökonomische Kraft des Staates bildet, wird diese Opposition in Goethes *Götz* in den Text hineingenommen und in die Geschichte zurückprojiziert. In der Figurenkonstellation des Stücks wird die Entgegensetzung von Handeln und Nicht-Handeln (Müßiggang), wie Rainer Nägele nachgewiesen hat, zum strukturbildenden Moment (vgl. B 5: 1980, 69). Götz' rechte Hand Weislingen muß zum Handeln geradezu gedrängt werden; Georg ersehnt die bewährende Tat, Carl hingegen schlägt nicht seinem Vater nach; während Elisabeth eher als Tätige figuriert ist, versenkt sich Maria in passiver Empfindsamkeit.

Natürlich ist Götz eine Wunschprojektion der sich durch die Tradition versehrt fühlenden Autoren des Sturm und

Drang. Doch anders als der mythologische Prometheus vermag Goethes *Götz* den Autoren das Bild von historischer Unmittelbarkeit und Ursprünglichkeit vor Augen zu stellen. In diesem Bild bewahren sie das Wissen, daß Handeln möglich und notwendig ist, zugleich aber auch die Ahnung, daß das Scheitern droht. Götz wird nicht aus seinem Gefängnis befreit, wie Prometheus aus seinen Ketten am Berg, Götz ist sterblich, nur der Mythos überlebt. In die Texte des Sturm und Drang ist das tiefe Wissen seiner Endlichkeit eingeschrieben.

Volker Neuhaus hat Goethes Abhandlung *Zum Schäkespears Tag* »fast eine Art Vorrede zum *Götz*« genannt (B 5: 1981, 85). Dies ist durchaus zutreffend, in der Shakespeare-Rede entwickelt Goethe sein Programm eines Sturm-und-Drang-Dramas, das er dann im *Götz* realisiert. Die in jener Abhandlung angekündigte Fehde ist im *Götz* Ereignis, in doppelter Bedeutung: Götz trägt eine Fehde aus mit den Vertretern des Modernen, Neuen; Goethe dagegen mit den Vertretern des Alten, Überkommenen. Der Goethesche Götz wird somit zur umgekehrt gespiegelten Problemfigur des Stum-und-Drang-Dramatikers. Während Götz die Einheit des Reiches und der Stände, Beständigkeit und Bodenständigkeit sucht, also an einem Ort unbehelligt verweilen will, durch die ›modernen‹ Umstände aber beständig zum Verstoß dagegen herausgefordert wird, so bekämpft und zerstört der Autor Goethe gerade dieses Einheitsdenken auf poetologischer Ebene, er zerstört die Normen der Einheit von Ort, Zeit und Handlung. Goethe führt seine Fehde gegen das klassizistische Drama mit einer Figur, die historisch genau das Gegenteil will. Zugleich verbirgt sich in der Figur des Götz aber auch der Anspruch des jungen Sturm-und-Drang-Autors: Sie, die als Sekte beschimpften Autoren, sind die eigentlichen Bewahrer der Tradition. Sie reklamieren das Recht der Ursprünglichkeit und Unverfälschtheit; was ihnen als aufgeklärtes Zeitalter begegnet, empfinden sie als Abweichung, als kulturellen und zivilisatorischen Verfall. Lenz wird in seinem *Neuen Menoza* noch einen Schritt weiter gehen und den vermeintlich Wilden als eigentlichen Zivilisierten, und das bedeutet Aufgeklärten vorstellen. Goethe, Lenz, Klinger und Wagner – sie verstehen sich als die legitimen Erben der Aufklärung. Wer ihnen ihr Erbteil verweigert, muß mit dem Götzischen Modell rechnen: entweder mit Ignoranz und Provokation bestraft, wie sie sich im berüchtigten Götz-Zitat ausdrückt, oder mit der plötzlichen und unerbittlichen Tat konfrontiert zu werden.

Goethes *Götz von Berlichingen* fand viele Nachahmer. Zwischen 1775 und 1811 erschienen allein 38 Ritterdramen. Heinrich von Kleist berichtete in einem Brief vom 14. September 1800 nach dem Besuch in einer Würzburger Lesebibliothek, dort hätten sich keine Werke von Wieland, Goethe oder Schiller gefunden. Statt dessen »Rittergeschichten, lauter Rittergeschichten, rechts die Rittergeschichten mit Gespenstern, links ohne Gespenster, nach Belieben«.[13] Friedrich der Große beklagte in seinem Buch *De la littérature allemande [...]* von 1780 (zeitgleiche deutsche Übersetzung: *Über die deutsche Literatur, die Mängel, die man ihr vorwerfen kann, welches ihre Ursachen sind und mit welchen Mitteln man sie beheben kann*), wie wenig Geschmack in Deutschland herrsche. Shakespeares Stücke verstießen gegen sämtliche Regeln der Dramenkunst, wo doch die Regeln keineswegs willkürlich gesetzt, sondern ihre Wahrheit und Unverzichtbarkeit von Aristoteles in seiner *Poetik* erwiesen worden seien. Als deutsches Beispiel dieser unwürdigen Entwicklung nennt der Monarch Goethes *Götz von Berlichingen*, eine »abscheuliche Nachahmung dieser schlechten englischen Stücke« sei dieses Schauspiel, »und die Zuschauer im Parterre klatschen Beifall und verlangen begeistert die Wiederholung dieser widerlichen Platthei-

13 Heinrich von Kleist, *Sämtliche Werke und Briefe*, hrsg. von Helmut Sembdner, München [8]1985, Bd. 2, S. 563 (im Original kursiv).

ten«.[14] In Friedrichs Ablehnung des *Götz* wie überhaupt der jungen deutschsprachigen Literatur drückt sich ein Grundproblem der Literatur des Sturm und Drang aus: sie ist eine Literatur von Bürgerlichen für Bürgerliche, eine Art Selbstvergewisserungsliteratur, und darin zutiefst der Aufklärung verpflichtet. Der von Friedrich reklamierte gute Geschmack ist der Geschmack der Herrschenden, wer gegen den guten Geschmack verstößt, stellt sich gegen die herrschende Ordnung. Diese ist gesellschaftlich sowohl vertikal installiert, was die Klassengegensätze von Adel und Bürgertum, von Bürgern und Unterschichten betrifft, als auch horizontal, was das Verhältnis zur eigenen Schicht der Bürgerlichen anbelangt. Normverstöße werden in beiderlei Hinsicht geahndet; ästhetische, dramentheoretische und dramenpraktische Tabus zu verletzen bedeutet stets, gegen die sakrosankte aufgeklärte Ordnung zu verstoßen. In diesem politischen Fadenkreuz bewegen sich die bürgerlichen Autoren des Sturm und Drang.

Zur willentlichen Normverletzung rief dagegen ein Autor des Sturm und Drang geradezu auf; wie ein Manifest moderner Handlungstheorie liest sich, was hier niedergeschrieben wurde. Wiederum war es Goethes Straßburger Freund Lenz, der entscheidende Momente und Muster der Rezeption von Goethes *Götz* in einer programmatischen Schrift des Sturm und Drang festhielt. *Über Götz von Berlichingen* nannte Lenz diesen Text (vgl. WuB 2,637–641), die genaue Entstehungszeit ist nicht bekannt, doch muß er zwischen Ende 1773 und dem Beginn des Jahres 1775 geschrieben worden sein. Lenz beabsichtigte, den *Götz von Berlichingen* mit Mitgliedern der Straßburger Deutschen Gesellschaft aufzuführen. Der Text weist aber weit über seinen eigentlichen Anlaß hinaus, hier wird erstmals von einem Autor des Sturm und Drang präzise auf den Begriff ge-

14 Friedrich II. von Preußen, *Schriften und Briefe*, hrsg. von Ingrid Mittenzwei, Frankfurt a. M. 1986, S. 383.

bracht, was Sturm und Drang in der Literatur wie im Leben diesem Autor bedeutet.

Selbstbestimmung, Individualität, Autonomie – das sind die Begriffe, um die Lenz' Schrift kreist. Nicht nur die Sprache des Textes, der möglicherweise auch als Rede gehalten wurde, ist fast schon antiaufklärerisch zu nennen, auch der Sprachduktus und die kompositorische Anlage sind es. Lenz beansprucht von vornherein eine Beurteilungsinstanz, die für die Ästhetik des Sturm und Drang bezeichnend ist: Das *Gefühl* jedes einzelnen muß die Richtigkeit des Vorgetragenen bestätigen; Lenz bietet keine klar und distinkt gegliederte, vernünftige Argumentation, er erhebt keinen Anspruch auf intersubjektive Überprüfbarkeit oder hebt gar auf Konsensfähigkeit ab. Die Wahrheit lautet: handeln ist die Seele der Welt (vgl. WuB 2,638), nur durch Handeln erlangen die Menschen Gottähnlichkeit. In die Sprache der Genieästhetik übersetzt heißt dies: ein Genie muß, um seinem Anspruch als Prometheus und zweiter Schöpfer gerecht zu werden, handeln. Lenz fordert für die handelnde Kraft im Menschen, den Geist, einen Freiraum, den er als individuelle Freiheit definiert. Hier scheint die Auslöschung der Schrift durch die Tat zu drohen. Doch zieht man die etwa zeitgleich entstandene theologische Schrift *Über die Natur unsers Geistes* von Lenz zu Rate, dann wird deutlich, welchen Handlungsbegriff er zugrunde legt. Dort heißt es: »Um vollkommen selbständig zu sein, muß ich also viel gehandelt, das heißt meine Empfindungen und Erfahrungen oft verändert haben« (WuB 2,622). Hier werden Handeln, Empfinden und Autonomie als individuelle Rechte des Sturm und Drang in Anspruch genommen.

Die Lehre der Lenzschen Pragmatik fordert in einem zweiten Schritt eine Umstellung der bisherigen literarischen Wertung. Ein Schauspiel solle zukünftig nur noch nach seiner Wirkung beurteilt werden. Lenz wirft das gesamte Regelinventar der klassischen Literaturkritik über Bord, für ihn sind keine inhaltlichen, ästhetischen oder moralischen

Kriterien mehr gültig, sondern allein die Frage bleibt bei der Beurteilung eines Stücks zu beantworten: »*cui bono*? was für Wirkung?« (WuB 2,639). Literatur muß den »prometheischen Funken« (ebd.) im Menschen wieder entzünden, und dies geht nur durch überzeugendes Handeln. Das literarische Modell dieses Handlungsmenschen liefert der *Götz*, der gleichnamigen Hauptperson nachzuahmen gilt Lenz als Voraussetzung dafür, Selbständigkeit im Leben seinen individuellen Anlagen entsprechend zu finden. Hier wird nicht mehr zur Nachfolge Christi aufgerufen, sondern zur Nachahmung des Götz. Oder anders gewendet, Götz erfährt durch Lenz eine Erhebung ins Religiöse. War bislang für Lenz Christus das Vorbild für selbständiges Handeln, so wird es nun eine literarische Figur, Götz. In einem dritten Schritt schließlich vollzieht Lenz den Wechsel von der binnenliterarischen Perspektive zum großen Theater der Welt (vgl. WuB 2,640 f.). Das literarische Handeln wird zum Modell für das gesellschaftliche Handeln. Mit dem praktischen Ratschlag, die Rollen des Stücks *Götz von Berlichingen* immer wieder zu studieren, alle Äußerlichkeiten wie Fragen der Dekoration und Kulisse beiseite zu lassen, gibt Lenz ein Lehrstück für eine ›moderne‹ Pragmatik. Der theoretischen Erkenntnis folgt das literarische Modell als eine Art Rollenspiel, dem sich die Konkretion in der Lebenswirklichkeit anschließt. Dies alles zeigt, mit welch ungeheurem psychischen und emotionalen Aufwand Lenz und mit ihm die Autoren des Sturm und Drang Goethes *Götz* als Medium der Selbstfindung und Identifikation verstanden. Das bedeutet freilich keine Abdrängung des Vorbilds ins bloß Literarische, sondern Lenz besteht ja gerade darauf, die literarische Erfahrung ins Leben hinein zu verlängern. Literatur bietet das, was das wirkliche Leben den Autoren verweigert, mehr noch, Literatur des Sturm und Drang intendiert unmittelbare Lebenserfahrung und zielt auf ein Bewußtsein, das als Moment gesellschaftlichen Handelns gedacht wird.

Clavigo

Clavigo. Ein Trauerspiel[15] (1774) war das erste Werk Goethes, das unter Angabe seines Namens erschien. Es spielt, im Gegensatz zum *Götz*, in Goethes Jahrhundert und verarbeitet Anregungen aus dem 1774 erschienenen Buch *Quatrième mémoire à consulter contre M. Goezman* von Pierre Augustin Caron de Beaumarchais. Darin berichtet Beaumarchais u. a. über seinen Aufenthalt in Madrid 1764, der nötig geworden war, um die kompromittierte Ehre seiner Schwester wiederherzustellen. Zweimal hatte der spanische Archivar und Schriftsteller José Clavijo y Fajardo sein Heiratsversprechen kurz vor der Hochzeit gebrochen.

Goethes *Clavigo* ist ein regelmäßiges Drama, die Einheit der Zeit, des Orts und der Handlung werden gewahrt, das Personal ist begrenzt, die Szenen sind überschaubar. *Clavigo* ist so gesehen der formale Kontrapunkt zum *Götz*, doch inhaltlich schreibt das Stück die Geschichte eines Sturm-und-Drang-Typus, des Selbsthelfers, fort. Es beginnt mit einer Aussage über die Wirkung der Schrift: moralische Wochenschriften, jenes wichtigste Distributionsmedium der europäischen Aufklärung, werden als Instrument der Manipulation begriffen. Clavigo, als Archivar des Königs selbst Sachwalter der Schrift, gibt eine moralische Wochenschrift heraus, um »alle Weiber« zu »bezaubern« (S. 697). Er verfolgt planvoll den sozialen Aufstieg. Ohne geburtsständische Empfehlung, ohne einen eingeführten Namen und ohne Vermögen kam er nach Madrid, um am Hof Karriere zu machen. Dabei geht er im Verlauf des Stücks buchstäblich über Leichen. Seine Braut Marie läßt er mit einem uneingelösten Heiratsversprechen kompromittiert sitzen. Deren Bruder, der bezeichnenderweise keinen Vornamen, nur den Geburtsnamen Beaumarchais trägt, läßt alles im Stich, »Vaterland, Pflichten, Familie, Stand, Vergnügen« (S. 710),

15 Textgrundlage: SW 1.1,697–744.

und kommt in die Hauptstadt, um seine Schwester zu rächen. Um der Niederlage zu entgehen, hält Clavigo erneut um Maries Hand an, wieder sind die Treueschwüre Lippenbekenntnisse. Es ist Buenko, ein Freund der Familie, der das Spiel Clavigos durchschaut, der in dem Wechsel von leidenschaftlicher Nähe und brutaler Abkehr nichts anderes sieht als eine Verdinglichungsform der bürgerlichen Warengesellschaft:

> Daß er wiederkehrt, daß ihm auf einmal beliebt, wieder zu kehren, und zu sagen: jetzt mag ich sie, jetzt will ich sie. Just als wäre diese treffliche Seele eine verdächtige Ware, die man am Ende dem Käufer doch noch nachwirft [...]. (S. 719)

Goethe hat später noch in einem Epigramm diesen Aspekt festgehalten:

> Alle Weiber sind Waare, mehr oder weniger kostet
> Sie den begierigen Mann der sich zum Handel entschließt.
> (Goethe, WA 1.53,13)

Der gezierte Stil, gelegentlich den zeitgenössischen Kanzleistil parodierend, und die gezierte Sprache Clavigos verfehlen dort ihre Wirkung, wo sie nicht auf ein weibliches Publikum treffen, sondern auf einen handelnden, tatkräftigen Mann. Goethe stellt damit ein geschlechterdifferentes Muster bürgerlicher Rezeptionsformen von Literatur vor Augen. Dies macht deutlich, daß die Worte zwar nicht zu hintergehen sind – das Wort ist nur noch durch die Tat zu tilgen –, daß man mit Worten aber hintergangen werden kann. Selbst das vertraglich versicherte Wort, steht es dem gesellschaftlichen Aufstieg im Wege, wird durch die Tat ausgelöscht. Clavigo entpuppt sich damit als eine Negativfigur, er ist das Gegenbeispiel eines Sturm-und-Drang-Helden. Für ihn sind das Wort und die Schrift nur noch Selbstzweck, seine Tat hat sich bereits verselbständigt jenseits jeglicher vernünftigen Kontrolle.

Das Gefängnis der Frauen ist nicht der Turm, das Verlies, sondern sind ihre Gefühle. Zwischen der Liebe zu ihrem Bruder und dem Begehren nach dem Geliebten, zwischen Schicklichkeit, gesellschaftlicher Erfordernis und Leidenschaft hin und her gerissen, vermag Marie keine selbständige Entscheidung mehr zu treffen. Für sie wird entschieden und gehandelt. Weibliches Sprechen und Handeln sind ein delegiertes Sprechen und Handeln. Die patriarchale Ordnung wird dadurch gewahrt, daß der Bruder stellvertretend für Marie handelt. Es ist zweifellos ein Verdienst Goethes, dies im *Clavigo* offengelegt zu haben.

Clavigos Mitleid gilt sich selbst, in Selbstmitleid löst er sich auf. Goethe karikiert damit empfindsames Mitleid, das sich im Strom der Tränen, im symbolischen Zeichensystem der Empfindsamkeit Ausdruck verschafft. War Marie eingangs zu keinen Tränen, damit zu keiner menschlichen Rührung, und das heißt zu keiner empfindsamen Tugend mehr fähig (vgl. S. 701), so vergießt sie nach Clavigos scheinbarer Reue einen »Strom von Tränen« (S. 723). Gerade ein solcher *»Strom von Tränen«* (S. 729) wird in der Regieanweisung vom Schauspieler des Clavigo durch den Autor gefordert. Clavigo wird zur sentimentalen Karikatur, in der Kritik an übertriebener Empfindsamkeit ebenso erscheint wie Kritik am Selbsthelfersyndrom des Sturm und Drang. Clavigo ist eigentlich ein Antiheld, denn wenn er zu Carlos sagt: »Rette mich! [...] von mir selbst« (S. 730), so bedeutet dies den Verzicht auf das Selbsthelferbewußtsein. Wer andere um Hilfe bittet, kann sich selbst nicht mehr helfen. Während Clavigo allerdings noch Verständnis bei seinem Freund Carlos findet, erfährt Beaumarchais von seiner Schwester nur noch Spott und Verachtung angesichts seines selbsthelfenden Handelns. Sophie schleudert ihm ein »Retter! – Rächer! – Hilf dir selber!« (S. 739) entgegen, in dem sich die ganze Verzweiflung der auf symbolisches Handeln reduzierten Frau bündelt. Beaumarchais und Clavigo – beide sind Typen des gescheiterten Selbsthelfers. Das etwas dünne dramatische Geflecht des *Clavigo* wäre weiter nicht bemerkenswert, wenn Goethe nicht durch die Darstellung dieser Antitypen Rezeptionserwartungen nach dem *Götz* absichtsvoll mißachtet hätte. Dies verleiht dem Stück auch heute noch seine literaturgeschichtliche Bedeutung.

Die Leiden des jungen Werthers

Im Februar 1774 begann Goethe mit den Arbeiten an seinem ersten Roman. Im Mai des gleichen Jahres schickte er das Manuskript an seinen Verleger, zur Michaelismesse 1774 lagen *Die Leiden des jungen Werthers*[16] im Druck vor, sechs Wochen nachdem der *Clavigo* erschienen war.

Am 30. Oktober 1772 hatte Karl Wilhelm Jerusalem, das historische Urbild von Goethes Werther-Figur, Selbstmord begangen, gerade erst 25 Jahre jung. Als Legationssekretär und Kollege Goethes war er am Wetzlarer Reichskammergericht tätig gewesen. Berufliche Schwierigkeiten mit seinem Vorgesetzten und eine unerfüllte Liebe zu einer verheirateten Frau hatten ihn in eine tiefe Depression gestürzt. Goethe erhielt im November 1772 von Johann Christian Kestner, mit dessen Pistole sich Jerusalem erschossen hatte, einen umfassenden Bericht über die Geschehnisse. In etlichen Details folgte Goethe im *Werther* diesem Bericht, doch ist die Exaktheit in der Darstellung der psychischen Verwicklungen Produkt von Goethes ureigenster Einbildungskraft. In *Dichtung und Wahrheit* (13. Buch) stellt er es so dar, daß ihn Kestners Schilderung im richtigen Augenblick erreicht habe. Er suchte ohnehin für ein dichterisches Pro-

16 Textgrundlage: SW 1.2,197–299. – Die nachfolgenden Ausführungen zum *Werther* folgen im wesentlichen meiner Darstellung in: Luserke, B 2: 1995, Tl. 3, Kap. 3.

jekt eine »Fabel« (SW 16,619), in der sich seine Überlegungen und Pläne verdichten konnten. Jerusalems tragischer Tod gab den äußeren Anlaß dazu. Diesen Ausführungen muß man allerdings noch folgendes hinzufügen: Kestner, Hannoveraner Gesandtschaftssekretär in Wetzlar, war mit Charlotte Buff verlobt. Goethe lernte sie auf einem Ball am 9. Juni 1772 kennen und verliebte sich in sie. Am 11. November 1772 verließ Goethe Wetzlar wegen auftretender Spannungen. Auf der Rückfahrt nach Frankfurt stattete er Sophie von La Roche in Koblenz einen Besuch ab. Nun verliebte er sich in deren Tochter Maximiliane. Im Januar 1774 heiratete der um 21 Jahre ältere Frankfurter Kaufmann Brentano Maximiliane von La Roche. Die häufigen Besuche Goethes bei Maximiliane weckten die Eifersucht ihres Mannes. Es kam zu einer verbalen Auseinandersetzung, die Besuche unterblieben von nun an. Dies ist der biographische Hintergrund, so wird es in den Literaturgeschichten berichtet, und hätte Goethe über diese Begebenheiten nicht einen der wichtigsten Romane des 18. Jahrhunderts geschrieben, würde sich heute vermutlich zumindest an Jerusalem niemand mehr erinnern.

Der *Werther* ist ein Briefroman. Goethe bediente sich damit einer Gattung, die sich in den fünfziger und sechziger Jahren des 18. Jahrhunderts außerordentlicher Beliebtheit erfreute, die geradezu Beispielcharakter für die Befindlichkeit der bürgerlichen Autoren erhielt.[17] Durch den Anspruch, Privates öffentlich zu machen, wie es in persönlicher Korrespondenz geschieht, wurde der Briefroman zu einem wichtigen literarischen Medium der bürgerlichen Selbstvergewisserung. Richardson in England und das große Vorbild Rousseau in Frankreich wirkten mit ihren Briefromanen entscheidend auf deutsche Autoren. Christian Fürchtegott Gellerts (1715–1769) *Leben der Schwedischen Gräfin von G**** (1747) war der am meisten verbreitete deutsche Brief-

17 Vgl. dazu die nach wie vor lesenswerte Arbeit von Voßkamp, B 2: 1971.

roman vor dem *Werther*. *Sophiens Reise von Memel nach Sachsen* (1770–72) von Johann Timotheus Hermes (1738–1821) und Sophie von La Roches (1730–1807) *Geschichte des Fräuleins von Sternheim* (1771) sind populäre Muster des deutschen Briefromans, die dem *Werther* unmittelbar vorangingen. Von der Perspektive und den Erwartungshaltungen der Rezipienten dieser didaktisch-empfindsamen Briefromane her gesehen wird verständlich, in welchem Maße Goethes *Werther* formal und inhaltlich provoziert haben muß.

Der traditionelle Briefroman lebt vom Dialog, von Brief und Gegenbrief, und transportiert die Botschaft von Moral und Tugendhaftigkeit, erzählerisch notwendige Verstöße werden durch den Kommentar im Text geahndet. Der Briefroman soll zum guten Beispiel anhalten, das schlechte will er als verwerflich darstellen. Damit übernimmt der aufgeklärte Briefroman wichtige Funktionen der bisherigen moralischen Wochenschriften. Die Bedeutung von Kommunikativität als Merkmal bürgerlicher Umgangsformen zeichnet ihn aus. Es verwundert also nicht, daß die Autoren des Sturm und Drang, sofern sie sich überhaupt mit der Gattung Roman beschäftigten, bei der strukturellen Anlage von Prosatexten auf die gut eingeführte Gattung des Briefromans zurückgegriffen haben. Doch ähnlich wie im Falle des *Götz* mißachtete Goethe auch in seinem *Werther* elementare poetologische Regeln, um zu provozieren. Schon der Wechsel vom Drama zur Prosa unter Beibehaltung desselben typisierten Charakters eines Selbsthelfers zeigt an, daß Goethe nicht daran dachte, einen herkömmlichen Briefroman zu schreiben. Werthers Briefe sind Monologe, welche die soziale und kommunikative Vereinzelung als Folge einer radikalen Subjektivität vor Augen stellen. Die vom Autor konsequent betriebene Intimisierung Werthers im Roman verhindert eine kommunikativ-dialogische Anlage des Textes. Die Form wird so zum adäquaten Ausdruck der psychischen Befindlichkeit der Textfigur. Die Gegenwarts-

Die Leiden
des
jungen Werthers.

Erster Theil.

Leipzig,
in der Weygandschen Buchhandlung.
1774.

Titelblatt der Erstausgabe von Goethes *Werther*

nähe des Themas und die Anlage der Figur als Projektionsfläche bürgerlicher Aufklärungskritik, die viele junge Leser zur unmittelbaren Identifikation regelrecht einlud, trugen maßgeblich dazu bei, daß der *Werther* eine solche Wirkung entfalten konnte. Der verlegerische Erfolg war zwangsläufig. Noch 1774 mußte eine 2. Auflage nachgedruckt werden, allerdings kam es auch zu vielen unrechtmäßigen Nachdrucken (sogenannte Raubdrucke). Für die Ausgabe seiner *Gesammelten Werke* überarbeitete Goethe 1787 den *Werther*; es entstand eine in Details gemäßigtere Fassung. Gewirkt hat freilich im Jahrzehnt des Sturm und Drang die Erstausgabe.

Seit Beginn der wissenschaftlichen Beschäftigung mit Goethes *Werther* wurde immer wieder kontrovers diskutiert, ob der Roman nun ein Produkt der Empfindsamkeit oder des Sturm und Drang sei. Doch wird diese Frage nebensächlich, wenn man zugesteht, daß sich beide Schreibhaltungen sowohl beim Autor Goethe (man denke etwa an *Stella* als Beispiel eines empfindsamen Dramas der Sturm-und-Drang-Periode) als auch im Text *Werther* selbst finden (vgl. Doktor, B 2: 1975, 301). Sturm und Drang und Empfindsamkeit sind so verstanden unveräußerliche Bestandteile aufgeklärter Literatur in gleichen und in unterschiedlichen historischen Phasen. Datiert man die erste Phase der empfindsamen Tendenz auf die Zeit von 1740 bis 1750 (vgl. Sauder, B 2: 1974, 234), so fällt die zweite Phase mit der Literatur des Sturm und Drang in den 1770er Jahren zusammen. Für die zeitgenössischen Leser bedeutete der Name des Autors Goethe ein Synonym für das »Phänomen Leidenschaft« (vgl. Flaschka, B 5: 1987, 232). Während aber der Autor seine Kompetenz hierfür erfolgreich vor Augen führt, mißlingt genau dies der Figur Werther.

Der Anlaß für Goethes Roman war ein äußerlicher. Doch bündelt der Text die gesamte Symptomatik des komplizierten Verhältnisses der Autoren des Sturm und Drang zur

Aufklärung. Insofern konnte der *Werther* auch von der jungen Generation sowohl der Autoren wie der Leser als ein Modelltext verstanden werden, der das Unbehagen an der Aufklärung so thematisierte, daß nur Identifikation oder Gegenidentifikation als Rezeptionshaltungen möglich waren. Dieses Modell basiert auf dem Zusammenhang von Leiden und Leidenschaft im Roman. Die Autoren des Sturm und Drang schreiben gegen den Versuch der Aufklärung, Leidenschaften zu pathologisieren, sie als heilbare Krankheitssymptome einer ungesunden Entwicklung auszuweisen, beständig an. Sie kündigen das andere Modell, das Modell einer empfindsamen Balance zwischen Vernunft und Leidenschaft, zwischen Kopf und Körper auf. Ihr Ziel ist die Befreiung des Individuums von den Zwängen der Vergesellschaftung, wozu auch die Emanzipation der Leidenschaften, die eine Aufwertung der Sexualität zur Folge hat, gehört, oder wie Goethe es in einem späteren Epigramm formulierte: »Freye Liebe sie läßt frey uns die Zunge, den Muth« (WA 1.53,13).

Bereits der Titel von Goethes Roman benennt den Zusammenhang von Leiden und Leidenschaft, er dient als absichtsvolle Provokation. Der Leidensbegriff verweist dabei auf eine christliche Bedeutungsebene, die den Begriff eng an die Passionsgeschichte bindet. Im Titel *Die Leiden des jungen Werthers* stehen die Leiden Christi und die Leiden Werthers gleichwertig nebeneinander. Der Leidensbegriff wird auf diese Weise desakralisiert, dem verweltlichten Vokabular des Sturm und Drang einverleibt, wie dies auch schon bei den Begriffen ›Sturm‹ und ›Drang‹ selbst sowie ›Genie‹ zu beobachten war. Dieses Wechselspiel von christlicher Leidenstopik und bürgerlich-weltlicher Krankheitsgeschichte der Leidenschaft durchzieht also den Text von Beginn an.[18] Horst Flaschka hat in seiner grundlegenden

18 Vgl. zu dem Versuch einer Rekonstruktion der religiösen Anschauungen Werthers und seines Autors: Schöffler, B 5: 1956; ferner Graefe, B 5: 1958, und Zabel, B 5: 1972.

Studie zum *Werther* darauf hingewiesen, daß die Pluralbildung »Die Leiden« zum einen eine uneingeschränkte Gleichsetzung mit dem christologischen Leidens- bzw. Passionsbegriff verwehrt (Goethe selbst verwendet Singular und Plural des Begriffs außerdem uneinheitlich), zum anderen der Artikel »Die« in späteren *Werther*-Ausgaben wegfällt (vgl. Flaschka, B 5: 1987, 209).

Auch Goethe selbst bestätigt den Zusammenhang von Leiden und Leidenschaften, wonach Leiden als Kollektivsingular aufgefaßt werden kann: »Allerhand neues hab ich gemacht«, schreibt Goethe in einem Brief an Gottlob Friedrich Ernst Schönborn vom 1. Juni / 4. Juli 1774 aus der Entstehungs- und Publikationszeit des *Werther*:

> Eine Geschichte des Titels. die Leiden des iungen Werthers, darinn ich einen iungen Menschen darstelle, der mit einer tiefen reinen Empfindung, und wahrer Penetration begabt, sich in schwärmende Träume verliert, sich durch Spekulation untergräbt, biss er zulezt durch dazutretende unglückliche Leidenschafften, besonders eine endlose Liebe zerrüttet, sich eine Kugel vor den Kopf schiesst.
>
> (*Goethes Briefe* 1,161)

Auch im Text selbst schöpft Goethe die religiöse Ikonographie für das Leiden und Sterben Werthers reichlich aus (vgl. dazu ausführlich Luserke, B 2: 1995a, 242), so z. B. die Abendmahlssymbole Brot und Wein bei der Vorbereitung des Selbstmords (vgl. S. 295), der ja keineswegs überstürzt und planlos durchgeführt, sondern regelrecht inszeniert wird; ferner erscheint Werthers Tod als Opfertod, an Lotte schreibt er, daß er sich für sie opfern wolle (vgl. S. 281); und schließlich scheint sich Werther kurz nach Mitternacht erschossen zu haben (vgl. S. 298), und die Todesstunde fällt in die Zeit »um zwölfe Mittags« (S. 299), so daß der zeitgenössische Leser unschwer eine Parallele zum neutestamentlichen Bericht über Kreuzigung und Tod Jesu ziehen konnte (vgl. Mt. 27,45 ff.). Mit diesen offensichtlichen Analogien zwischen der weltlichen Romanfigur und religiösen Zeugnissen hebt Goethe die Bedeutung von Werthers Geschichte als Passionsgeschichte im doppelten Wortsinn hervor, als die Geschichte von Leiden (»passio«) und von Leidenschaften (»passiones animi«). Leidenschaft bringt also nicht nur Leiden hervor, Leidenschaft *ist* Leiden. Damit wird vom Autor auch klargestellt, daß es in seinem Roman nicht um körperliches, sondern um psychisches Leiden, um die Innenansicht eines leidenden Subjekts der Aufklärung geht, das mit den Bändigungszwängen der Gesellschaft nicht mehr zu Rande kommt. Die Bedeutung dieser psychischen Binnenperspektive des Textes wird schon im Titel den Lesern mit auf den Weg gegeben.

Der Titel hat über den Bedeutungshorizont des christlichen Leidensbegriffs hinaus noch in weiterer Hinsicht die Funktion eines provokanten Signals: Goethe läßt ein *junges* Subjekt aus Leidenschaften leiden. Dies kommt einer Verweigerung des jungen bürgerlichen Subjekts gegenüber den Ansprüchen der bürgerlichen Gesellschaft gleich. Werthers Forderung nach einer Emanzipation der Leidenschaften bedeutet für diese Gesellschaft Bedrohung insofern, als sie den Verlust eines tätig werdenden jungen Subjekts nicht zuletzt auch als Wirtschaftsfaktor und Wirtschaftskraft darstellt. Wer jung ist und leidet, arbeitet nicht und geht der Gesellschaft somit verloren. Schließlich liegt auch eine Provokation des Titels im Namen des Protagonisten. Werther bedeutet neben dem eigentlichen bürgerlichen Namen – wobei bemerkenswert ist, daß nur Werther mit Nachnamen genannt wird, während Lotte und Albert ihre Vornamen tragen – auch den zweisilbigen Komparativ zum Positiv ›wert‹, Werther ist mehr wert.[19] Auf die Figurenkonstellation des

19 In der originalen Orthographie des 18. Jahrhunderts wurden ›wert‹ und ›werter‹ je mit th als ›werth‹ und ›werther‹ geschrieben, womit bereits für die zeitgenössischen Leser die Kongruenz des Adjektivs mit dem Eigennamen Werther wahrgenommen werden konnte.

Romans übertragen bedeutet dies, Werther ist mehr wert als Albert, trotz seines Leidens. Oder anders formuliert: Der Versuch einer Emanzipation von Leidenschaften durch Werther ist mehr wert als deren Bändigung durch Albert. Dieser Versuch ist freilich nur als literarisches Experiment möglich, Anspruch und Wirklichkeit klaffen hier auseinander. Werther ist auch für Lotte mehr wert als Albert, der beginnt, »das Elend ihres Lebens zu machen« (S. 282), während es von Werther an gleicher Stelle heißt: »Ein geheimer Zug hatte ihr ihn vom Anfange ihrer Bekanntschaft *teuer* gemacht« (S. 282 f., Hervorhebung M. L.). So wie Lotte zu Werther über ihre Mutter sagt, »sie war wert, von ihnen gekannt zu sein« (S. 245), ist Lotte werter, von Werther als von Albert geliebt zu werden. Und schließlich erkennt Werther seinen Eigenwert erst in Lottes von ihm phantasierter Liebe zu ihm, also in der narzißtischen Selbstbespiegelung: »Und wie wert ich mir selbst werde! [...] – wie ich mich selbst anbete, seitdem sie mich liebt« (S. 226; vgl. »Wörterbuch«, B 5: 1966). Selbst der Ort, an dem sich Lotte aufhält, erfährt durch die begehrte Frau für Werther eine enorme psychische Aufwertung, eine regelrechte Mythisierung. So heißt es im Brief vom 12. Mai schon gleich zu Beginn des Romans vom städtischen Brunnen: »Da ist gleich vor dem Orte ein Brunn', ein Brunn', an den ich gebannt bin wie Melusine mit ihren Schwestern« (S. 199). Und nach einem Spaziergang mit Lotte ist dieser Ort für Werther ein »Brunnen, der mir so wert ist, und nun tausendmal werter ward, als Lotte sich aufs Mäuergen setzte« (S. 223).

In Briefen an den Freund Wilhelm und an Lotte berichtet Werther von seinen Leiden und Leidenschaften. Die Form der Darstellung dieser Leidens- und Leidenschaftsgeschichte ist die Schrift. Sein Begehren bändigt Werther in der und durch die Schrift, bis schließlich auch dieser Versuch scheitern muß. Werthers Versuch der Selbstbändigung wird wiederum von dem Kommentar des Herausgebers begleitet, Herausgeber und Wilhelm sind jedoch nicht identisch (vgl. S. 296). Der fiktive Herausgeber wird die Rolle des Kommentators von Werthers Leidenschaftsgeschichte im 2. Teil des Buchs übernehmen.

Nach der Bestimmung des Herausgebers soll »das Büchlein« (S. 197) die Funktion erfüllen, Freund des Lesers zu werden, es soll Trost aus Werthers »Leiden« (ebd.) spenden. Was Werther selbst unmaskiert als »Leidenschaft« bezeichnet, nennt der Herausgeber bezeichnenderweise »Drang« (ebd.). Die Funktion dieser dem Roman vorangestellten fiktiven Leseranrede des Herausgebers besteht darin, daß die Leser sich durch Werthers Leiden trösten lassen sollen, wenn sie denselben Leidenschaften verfallen sind. Dies setzt voraus, daß mit diesen Leidenschaften der Liebe und des Begehrens nicht anders als maßvoll bändigend umgegangen werden kann. Der Text wird gleichsam als Gegengift gegen den übermäßigen Anspruch einer Emanzipation der Leidenschaften empfohlen. Doch der Autor umgeht gewitzt diese Empfehlung, die als aufgeklärte Lesehaltung verstanden werden kann, indem er Werther gegen den erzwungenen Verzicht und seine Folgen anschreiben läßt. Werther entwickelt als literarische Figur ein Gegenmodell zur erzwungenen Selbstbändigung. Damit ist die zentrale Frage des Textes berührt: Können Leidenschaften gebändigt werden, indem sie verschriftlicht werden? Kann die Tat in die Schrift überführt werden? Kann die Schrift die Tat auslöschen? Werther verkörpert so gesehen die Hoffnungen, aber auch die Grenzen des Sturm und Drang.

Das Medium von Werthers Versuch der Selbstbändigung sind Papier, Wörter, Texte, die von ihm wiederholt beschworen werden. Das Papier ist das Medium der Verdinglichung, Werthers Leidenschaften werden der Verkörperlichung im Text zugeführt. Die Verbindung zwischen Schrift und Seele stellt Werther ungebrochen und unverkürzt dar. Das Papier ist der Körper, der als Objekt der Verschriftlichung, nämlich als Werthers Bericht, das tun kann, was Werther als schreibendem Subjekt nicht verstattet ist. Die grundsätzliche Unzulänglichkeit der Kunst, die zu Beginn des Buchs gleich thematisiert wird, und damit auch die Unzulänglichkeit des Schreibers Werther, erweist sich für ihn am Ende als Unmöglichkeit der Bändigung seiner Leidenschaften durch Schreiben. Das Papier, der Text, Werthers Schreiben gehören zu einer Form der Selbstkontrolle, die als Sozialnorm der bürgerlichen Gesellschaft zu erlernen er nicht in der Lage ist. Wie er selbst in der Rolle des Schöpfergottes dem Papier Leben »einhauchen«, das spenden möchte, was »so voll, so warm« (S. 199) in ihm lebt, so entscheidet er dann auch in der Geste des Richtergottes über Leben und Tod. Den Diskurs zu beenden bedeutet für Werther, seinem eigenen Leben ein Ende zu setzen. Unterstrichen wird die Bedeutung dieser Verschränkung von Leben spenden und Leben beenden durch den nachfolgenden Anakoluth: »Mein Freund – Aber ich gehe darüber zu Grunde« (ebd.). Unmißverständlich läßt Goethe Werther als gescheiterten Prometheus agieren.

Albert ist im Gespräch mit Werther »sehr tief in Text« (S. 233) geraten, Werther hört ihm nicht mehr zu. Er verweigert sich dem aufgeklärten Diskurs, weil er dessen Bändigungsabsicht erkennt. Umgekehrt beginnt aber Lotte, das Objekt des Begehrens, von etwas anderem zu sprechen, um Werther »nicht tiefer in den Text kommen zu lassen« (S. 267). Der Abstand zu den Vernünftigen und Aufgeklärten wie Albert wird für Werther zunehmend größer, die Kluft unüberwindlich. Nicht Werther beherrscht das Objekt, dem seine Leidenschaft gilt, vielmehr beherrscht ihn das Objekt. Lotte kann mit ihm »machen was sie will« (ebd.). Als Werther dies erkennt, weiß er, daß Lotte die Bändigung ihres Begehrens gelingt. Von hier aus verläuft die psychische Entwicklung Lottes und Werthers auseinander, eine Solidarität in Leidenschaft, Gemeinsamkeit im Leiden gibt es nicht. Werther ›versingelt‹ zunehmend, kommuniziert mit sich selbst und dem Papier.

Wie beschreibt nun Werther das Modell einer Affektkontrolle in der bürgerlichen Gesellschaft? Die Sublimierung seines Begehrens ist Werther schon zu Beginn des Textes nicht mehr in jeder Form möglich, so kann er schon bald nicht mehr zeichnen (vgl. S. 199). Nun sublimiert er sein Begehren durch die Schrift. Auch wenn er die Unzulänglichkeit seines Versuchs und die Unmöglichkeit betont, daß das Papier zum Spiegel der Seele (vgl. ebd.) werde, so zwingt er die beabsichtigte Tat der Leidenschaft doch in die Schrift. Erst im Tod erlischt auch die Schrift.

Im Brief vom 26. Mai 1771 wählt Werther ein »Gleichnis« (S. 205) als Kontrastfolie, um zu veranschaulichen, wogegen sich seine Weigerung einer konsequenten Selbstdisziplinierung richtet. Zunächst schildert Werther eine ländliche Szene. In Wahlheim beobachtet er zwei spielende Kinder; er beginnt zu skizzieren, und nach einer Stunde ist »eine wohlgeordnete sehr interessante Zeichnung verfertigt« (ebd.). Das anfängliche Unvermögen zu zeichnen wird also durch die Zeichnung selbst widerlegt. Werther wird diese Erfahrung zum Anlaß, sich zukünftig ausschließlich an die Natur zu halten, »sie allein ist unendlich reich, und sie allein bildet den großen Künstler« (ebd.). Werther unterliegt der Gewalt der Naturempfindung. Die Natur gilt als die ungebändigte, unbezwungene Schöpfungskraft, Regeln hingegen bilden das Instrumentarium eines Beherrschungs- und Bezwingungswillens, sie sind Ausdruck einer instrumentellen Vernunft.[20] In der Engführung von Natur und gesellschaftlich-ästhetischen Regeln stellt Werther die Last einer Verbindung von individueller Affektbeherrschung und sozialer Kontrolle heraus. Für Werther heißt ästhetische Regeln zu befolgen, dem gesellschaftlichen Erfordernis der Affektkontrolle zu entsprechen. »Ableiten«, »abwehren«, »beschneiden«, »brauchbar« sein, »einschränken«, »dämmen«,

20 Dirk Grathoff geht noch einen Schritt weiter und interpretiert die Gesellschaft in der Bedeutung für Werther als »in schlechte Regeln gebrachte Natur« (B 5: 1994, 393).

»modeln« (vgl. S. 205 f.) – mit diesen Wörtern kommentiert Werther sein Gleichnis. Sie nehmen die Sprache der Affektkontrolle (»einschränken«, »einsperren«, »gefangen sein«, »stumm machen«) aus dem Brief vom 22. Mai wieder auf (vgl. S. 201). Regel bedeutet für Werther demnach Regulierung, eine künstlerisch-ästhetische Regel, z. B. die Natur abzubilden oder das Schöne in der Kunst darzustellen, heißt Leidenschaften zu regulieren, sie zu bändigen. Regeln, so führt Werther weiter aus, zerstörten das wahre Gefühl und den wahren Ausdruck von der Natur, es sei damit »wie mit der Liebe« (S. 205). Werther führt das Beispiel des Philisters an; dieser verlangt von den Leidenschaftlichen, den Liebenden, die sozial verträglichste Einteilung der Zeit in Arbeitszeit und Freizeit.

> Lieben ist menschlich, nur müßt ihr menschlich lieben! Teilet eure Stunden ein, die einen zur Arbeit, und die Erholungsstunden widmet eurem Mädchen. (Ebd.)

Außerdem sollte die Geliebte nur nach der Ordnung und den Regeln des Kalenders beschenkt werden. Befolgt der Liebende nun – so Werther – diese Forderungen, »so gibts einen brauchbaren jungen Menschen« (ebd.). Brauchbar wird dieser Mensch allein für das gesellschaftliche Arbeitsleben, nur mit der Liebe, der Leidenschaft, dem Begehren »ist's am Ende« (S. 206). Und mit der Leidenschaft erlischt, wenn der Liebende ein Künstler ist, auch seine Kunst.

Werthers Gleichnis macht deutlich, daß sich die Leidenschaften nicht bändigen, nicht »dämmen« (ebd.) lassen, ohne dabei den Anspruch auf Selbstbestimmung und Individualität aufzugeben. Hier erfährt eine Position des Sturm und Drang durch den Aufweis ihrer Grenzen eine entscheidende Korrektur. Maßlose Leidenschaft und vollkommene Individualität sind nach Maßgabe der Gesellschaft unvereinbar. Diese Unvereinbarkeit deckt die Entfremdung des selbstbestimmten Individuums von seiner Triebnatur auf.

In einem Gespräch mit Albert, das Werther im Brief vom 12. August beschreibt, weist er auf die Grenzen der *menschlichen* Natur hin. Freude, Leid und Schmerzen könnten nur bis zu einem bestimmten Grad ertragen werden. Für den Menschen gelte, daß er den Leidensdruck nur bis zu einem gewissen Maß aushalten könne (vgl. S. 235). Legt man hier die Lesart der Titelvorgabe von Goethes Roman zugrunde, so muß dies auch für die Leidenschaften gelten: das Maß des Leidens ist das Maß der Leidenschaften. Die vielzitierte »Krankheit zum Tode« (ebd.) hat ihre Ursache in dem Leidensdruck, den die nicht gebändigten und nicht zu bändigenden Leidenschaften auslösen (vgl. Meyer-Kalkus, B 5: 1977).

In seinem vorletzten Brief an Wilhelm vom 8. Dezember verschränkt Werther die binnenpsychische Natur seiner Leidenschaften mit der außerweltlichen Natur. Dadurch gelingt es dem Autor Goethe, die Natürlichkeit, und das heißt die Unzivilisierbarkeit von Leidenschaften herauszustellen. Die Natürlichkeit ist deren Natur, die sich nur durch verstümmelnde Eingriffe bändigen läßt.

> Manchmal ergreift mich's [...]! es ist ein inneres unbekanntes Toben, das meine Brust zu zerreißen droht, das mir die Gurgel zupreßt! Wehe! Wehe! (S. 273)

In der Nacht zuvor hatte sich eine Naturkatastrophe ereignet, auch Werther rennt nächtens in die Natur hinaus, als er von der Überschwemmung des Wahlheimer Tales erfährt. Wahlheim, der Ort, wo er in einsamer Homer-Lektüre und in ausgiebigen Naturstudien anfänglich noch sein seelisches Gleichgewicht gefunden hatte, war für Werther auch seine Wahlheimat (vgl. S. 204 ff.). Dieser Fluchtpunkt der äußeren Identität ist nun bedroht.

> Mit offenen Armen stand ich gegen den Abgrund, und atmete hinab! hinab, und verlor mich in der Wonne, all meine Qualen all meine Leiden da hinab zu stürmen, dahin zu brausen wie die Wellen. (S. 274)

Der natürlichen Zerstörung der äußeren Natur entspricht die Zerstörung der inneren Natur Werthers, als Folge ihrer nicht beherrschten Natürlichkeit. Wie er seine äußere Heimat verliert, so geht ihm auch die innere verloren, gewalttätig, eruptiv, unbeherrschbar. Nicht die Leidenschaften selbst und nicht der Anspruch auf Emanzipation der Leidenschaften zerstören das Individuum, sondern allein das Unvermögen, mit ihnen anders als disziplinierend umzugehen in einer Gesellschaft, welche diese Bändigung zur Selbststabilisierung und zu ihrem Selbstverständnis dem einzelnen abverlangt. Hier zeigt der Sturm und Drang eine zutiefst gesellschaftskritische Ausrichtung.

In einer anderen Gesprächssituation – als »der Diskurs auf Freude und Leid in der Welt roulierte« (S. 220) –, die wiederum die Bedeutung des gesprochenen Worts für das geschriebene Wort im *Werther* hervorhebt, gesteht Werther zu, daß körperliches Wohlbefinden unmittelbaren Einfluß auf die Affektlage des Menschen hat. Üble Laune wird als Beispiel für einen nicht ausgeglichenen Affekthaushalt genannt. Nach Werthers Vorschlag solle dieser Befund als »Krankheit« (S. 221) verstanden werden, für die nun im Gespräch ein Heilmittel gesucht wird. Lotte antwortet daraufhin spontan mit einem Hinweis auf ihre persönliche Erfahrung.

> Wenn mich etwas neckt, und mich verdrüßlich machen will, spring ich auf und sing ein paar Contretänze den Garten auf und ab, gleich ist's weg. (S. 221)

Werther kann Lottes Aussage nur bestätigen: »Das war's, was ich sagen wollte« (ebd.), Lotte spricht jetzt für Werther. Als Frau gelingt ihr, was die Männer des Sturm und Drang in theoretischen Schriften forderten: individuelles Empfinden und Fühlen sind Voraussetzung, um urteilen zu können. Lottes persönliche Erfahrung umgeht die medizinische und psychologische Regelapparatur der Aufklärung. Die Rückkehr zur Natürlichkeit bedeutet in diesem Zusammenhang auch eine Rückkehr zum unverbildeten, gesunden Menschenverstand.

Mit dieser bemerkenswerten Textstelle wird eine Form der Leidenschaftsäußerung dadurch aufgewertet, daß sie als Mittel der Affektmodellierung zugelassen ist. 1771 war das Tanzen, auf das Lotte anspielt, noch keinesfalls Ausdruck eines emanzipativen bürgerlichen Bewußtseins.[21] Davon ausgenommen waren natürlich die Tänze aus Anlaß von Hochzeiten und Taufen. Der Tanz galt vielmehr bis weit ins 18. Jahrhundert hinein als genuines kulturelles Ausdrucksmittel des Adels. Johann Georg Sulzer etwa behandelte in seiner *Allgemeinen Theorie der schönen Künste* unter den Artikeln »Tanz« und »Tanzkunst« nur die (höfisch-)gesellschaftlichen Tänze oder die Tänze professioneller Tanzgruppen, Ausführungen zu den Volkstänzen fehlen. Gesellschaftstänze dienen Sulzer freilich nur als »würkliche Uebungen in edlen Empfindungen« (Sulzer, *Allgemeine Theorie* 4,505) zur Ausbildung zivilisatorischer Standards, wie Ehrfurcht der Jugend vor dem Alter, Bescheidenheit, Mäßigung, Mut und Standhaftigkeit.

21 Einen versteckten Hinweis auf die Außergewöhnlichkeit des Tanzens in kleinbürgerlichen und bürgerlichen Lebensverhältnissen findet man auch im *Werther* selbst. Im Brief vom 12. August erwähnt Werther ein Mädchen aus kleinbürgerlichen Verhältnissen, »das weiter keine Aussicht von Vergnügen kannte, als [...] vielleicht alle hohe Feste einmal zu tanzen« (S. 236). – Vgl. Möller, B 2: 1969, bes. 161. – Julius Bernhard von Rohr widmet in seiner *Einleitung zur Ceremoniel-Wissenschafft der Privat-Personen* von 1728 (vgl. Bibl.) dem Tanzen ein eigenes Kapitel, worin er schreibt (S. 466 f.): »Ob und wie weit das Dantzen nach denen Regeln der Christlichen Sitten-Lehre vor zuläßig oder unzuläßig zu achten, ist in vielen Streit-Schrifften mehr als zu weitläufftig untersucht und abgehandelt worden. [...] Wenn ich das Dantzen, wie es heutiges Tages, theils unter den Hohen auf ihren so genandten Bällen, theils unter den Adelichen und Bürgerlichen, auf ihren mancherley Zusammenkünfften, theils unter dem Pöbel, in den Schencken, und auf denen Dantz-Plähnen gebräuchlich ist, in einige genaue *moralische* Betrachtung ziehe, so muß ich bekennen, daß ich mehr Mißbrauch als Gebrauch dabey antreffe, und daß die meisten Menschen sich dessen als einer solchen Ergötzlichkeit, die durch sie sündlich und unzuläßig wird, bedienen.«

Lotte argumentiert im *Werther* also fortschrittlich im Stile des Sturm und Drang. Sie bestätigt durch eigene Erfahrung und ohne auf das Reglement vernünftigen Argumentierens zu achten, die bändigende Wirkung des Tanzes auf die Leidenschaften. Dies knüpft an eine frühere Textstelle an, die jetzt erst ihre Erklärung findet. Im Brief vom 16. Juni berichtet Werther:

> Das Gespräch fiel auf das Vergnügen am Tanze. Wenn diese Leidenschaft ein Fehler ist, sagte Lotte, so gesteh ich ihnen gern, ich weiß nichts übers Tanzen. (S. 211)

Tanzen ist eine Leidenschaft, die Vergnügen bereitet, auch Werther wird es zuteil. Im Tanz mit Lotte erfährt er die Frau als Objekt seiner Leidenschaft (vgl. S. 212). Weit davon entfernt, Leidenschaften schlechthin zu verteufeln, bedeutet Lotte durch ihre Äußerung dem leidenschaftlichen Werther, daß es durchaus Leidenschaften gibt, die *ihre* Billigung finden, die ihr sogar Vergnügen bereiten.

> Und wenn ich was im Kopfe habe, und mir auf meinem verstimmten Klaviere einen Contretanz vortrommle, so ist alles wieder gut. (S. 211 f.)

Diese Erfahrung der bändigenden Wirkung von Musik vereint Lotte und Werther. Im Brief vom 16. Juni schreibt dieser, Lotte habe eine Melodie auf dem Klavier gespielt »mit der Kraft eines Engels, so simpel und so geistvoll, es ist ihr Leiblied, und mich stellt es von aller Pein, Verwirrung und Grillen her, wenn sie nur die erste Note davon greift« (S. 227). Die Stilisierung der Geliebten als Engel, das Singen und Spielen von empfindsamen Melodien gehören zum Inventar empfindsamer Ausdrucksformen und machen einmal mehr deutlich, daß sich auch ein Text des Sturm und Drang empfindsamer Verständigungsstrukturen und Kommunikationsmodelle bedient.[22]

22 Vgl. dazu das umfangreiche Register empfindsamer Topoi in: Sauder, B 2: 1980, 357 ff.

In Zeiten psychischer Depression und großer Selbstmordgefährdung, »oft zur Zeit, wo ich mir eine Kugel vor'n Kopf schießen möchte« (ebd.), wirkt Lottes Musik auf Werthers Leidenschaft mäßigend, heilt vorübergehend sein Leiden.[23] In dieser psychischen Verwirrung, von der Werther spricht, empfindet er dann seinen Körper als »Kerker« (S. 204), Lotte ist diejenige, die ihn daraus zu befreien vermag. Freiheit ist für Werther nur noch ein »Gefühl« (ebd.). So wird diese Frau mit einem Anspruch konfrontiert, der sie zwangsläufig überfordern muß, da nur Werther sich selbst helfen könnte. Darin liegt ein bemerkenswerter Unterschied zum Selbsthelfertypus des *Götz*. Freiheit wird im *Werther* radikal psychologisiert, das ursprünglich äußere Gefängnis kehrt sich nach innen, verzweifelt wird um das Verstehen psychischer Binnenkonflikte gerungen, die Außenwelt erfüllt gelegentlich nur noch die Aufgabe einer Kulisse, so wie die äußere Natur unmittelbar Werthers innere Natur spiegelt.[24] Im Zusammenhang der letzten Begegnungen zwischen Lotte und Werther kommt Goethe nochmals auf die affektbindende Wirkung von Musik zurück. In der Rolle des Erzählers, versteckt hinter der Fiktion des Herausgebers (vgl. S. 276), kommentiert er Lottes Versuch einer empfindsamen Bändigung ihrer Leidenschaften.

23 Von der erregenden wie dämpfenden Wirkung der Musik auf die Leidenschaften und ihre zivilisatorische Bedeutung handelt der kleine, das aufgeklärte Wissen hierüber resümierende medizinisch-musiktheoretische Traktat von Ernst Anton Nicolai, *Die Verbindung der Musik mit der Artzneygelahrheit 1745*, mit einem Nachw. von Christoph Schwabe, London / New York 1990, bes. § 14, 17, 21, 32.

24 Allerdings ist Hans Peter Herrmann zuzustimmen, der für die Bedeutung von Natur und Landschaft im *Werther* insgesamt eine eigene Sprachqualität geltend macht, die das zum Ausdruck bringe, was auf andere Weise im Roman nicht gesagt werden könne; insofern sei Landschaft mehr als nur Schmuck (vgl. Herrmann, »Landschaft in Goethes *Werther*«, B 5: 1994, 369). Dieser Befund deckt sich auch mit der beobachteten ›Sprachqualität‹ von zitierten Texten im Roman (Ossian-Lektüre) oder der Musik (Tanz und Klavierspiel).

Lotte beginnt beim Gedanken an die unglückliche Partnerschaft mit Albert und an ihre Einsamkeit zu weinen, sie wird melancholisch (vgl. S. 283). Nach der Lesart des Briefs vom 13. Mai ist der Übergang »von süßer Melancholie zur verderblichen Leidenschaft« (S. 200) fließend und außerdem gefährlich schnell vollzogen (vgl. Schings, B 2: 1977, bes. 272 ff.). Lotte befindet sich im Zustand hochgradiger Leidenschaftsfähigkeit, Werthers Leiden scheint auch ihr bevorzustehen. Sie gerät jetzt in jenen Zustand, den er bereits hinter sich hat. Ihre psychische Erregung äußert sich körperlich (»wie schlug ihr Herz«, S. 283), als Werther, den sie eigentlich nicht mehr sehen wollte, sie besucht und sie seine Stimme hört. Wieder ist es ein akustisches Signal, das unmittelbar in den Affekthaushalt eingreift. Lotte spielt Klavier, um ihre aufgewühlte Seele zu beruhigen. Erst danach vermag sie sich neben Werther aufs Kanapee zu setzen. Nun ist Werther die Klaviatur, auf der sie zu spielen versucht, doch der eintretende Effekt ist katastrophal. In der gemeinsamen Lektüre Ossians, einem Signaltext des Sturm und Drang, schaffen sich beide unwissentlich die Voraussetzung für den endgültigen Gefühlsausbruch. Die »Gewalt« (S. 290) der Schrift ebnet der Tat den Weg, Lotte und Werther fassen sich an.

> Die Welt verging ihnen, er schlang seine Arme um sie her, preßte sie an seine Brust, und deckte ihre zitternde stammelnde Lippen mit wütenden Küssen. (S. 290)

Wenn Werther über Lotte schreibt: »Sie ist mir heilig. Alle Begier schweigt in ihrer Gegenwart. [. . .] es ist als wenn die Seele sich [. . .] umkehrte« (S. 226), so gleicht dies syntaktisch und vom Sprachmodus her gesehen einer Zustandsbeschreibung. Doch in Wirklichkeit meint Werther damit: Lotte soll heilig sein, das Begehren soll schweigen. Aus diesem Sollen wird im Laufe der Textentwicklung eine klare apodiktische Aussage: Lotte muß heilig sein, das Begehren muß schweigen, oder: Lotte muß heilig sein, damit das Begehren verstummt. Wenn etwas aber schweigen soll, dann hat es zuvor gesprochen. Die Umkehrung der Seele, von der Werther spricht, bedeutet dann nicht die gelungene Bändigung der Leidenschaften, sondern gerade den Verlust der Fähigkeit zur Selbstbändigung. Dieses Versagen des Ansichhaltens ist bei der Ossian-Lektüre im buchstäblichen Sinne handgreiflich geworden.

Mit Albert tritt in das Ensemble der Diskutanten des *Werther* ein dritter Beteiligter ein. In einem Streitgespräch mit Werther, worin es um die Sittlichkeit des Selbstmords als freier Willensentscheidung geht, bezieht Albert die Position des aufgeklärt Argumentierenden. Für ihn steht im Mittelpunkt der moralischen und juristischen Beurteilung einer Tat nicht die Tat selbst oder das Tatmotiv, sondern allein der Täter. Werther führt in seiner Entgegnung u. a. zwei Fragen an, die sich mit der Verletzung von Sexualitätstabus befassen. Werther wechselt dabei unmerklich von einer aufgeklärten zu einer aufklärungskritischen Position:

> Wer hebt den ersten Stein auf gegen den Ehemann, der im gerechten Zorne sein untreues Weib und ihren nichtswürdigen Verführer aufopfert? Gegen das Mädgen, das in einer wonnevollen Stunde, sich in den unaufhaltsamen Freuden der Liebe verliert? (S. 233)

Bei der ersten Frage argumentiert Werther genau so, wie es auch Albert kurz zuvor getan und was Werther zu dem gleichermaßen emphatischen wie empörten Ausruf verleitet hatte:

> Daß ihr Menschen [...] gleich sprechen müßt: Das ist törig, das ist klug, das ist gut, das ist bös! (Ebd.)

Entschieden wendet sich Werther gegen moralische Werturteile, wenn es um die Beurteilung einer Sache, Handlung, Tat geht. Und gerade mit solch wertenden Epitheta bezieht er nun Position gegen die ungebändigte Leidenschaft. Werther ergreift in der ersten Beispielfrage Partei für eine reglementierte, unfreie Sexualität, er argumentiert hier noch aus der Sicht eines betrogenen Ehemanns, um dies in der zweiten Beispielfrage sofort zu widerrufen. Jetzt argumentiert er aus der Perspektive einer Frau, die nicht mehr in der Lage ist, ihre Leidenschaft zu bändigen. Werther rechtfertigt nun aufklärungskritisch eine emanzipative Haltung den Leidenschaften gegenüber. Nicht die Tat der vor- oder außerehelichen Sexualität ist verwerflich, sondern die moralische Aburteilung der Liebenden durch die Gesellschaft. Dieser Perspektivenwechsel vollzieht sich plötzlich, innerhalb zweier Sätze. Die Gründe liegen auf der Hand, denn Werther rechtfertigt damit im Vorgriff auf die weitere Entwicklung das von ihm begehrte Verhältnis zu Lotte.

In demselben Gespräch verteidigt Werther schließlich auch den Selbstmord. Als Beispiel dient der Fall eines Mädchens, das vom begehrten Mann verlassen wird und das sich deshalb umbringt (vgl. S. 235 f.). Indem Werther den Selbstmord der Frau verteidigt, rechtfertigt er seine eigene Position gegenüber Lotte. »Die Natur findet keinen Ausweg aus dem Labyrinthe der verworrenen und widersprechenden Kräfte, und der Mensch muß sterben« (S. 236), sagt er zu Albert. Doch auch die Zivilisation ist nicht imstande, einen Ariadnefaden zu spinnen, der aus diesem Labyrinth herausführte. Was die aufgeklärte bürgerliche Gesellschaft abverlangt, überfordert das aufklärungskritische, auf Autonomie und Freiheit pochende Individuum.

Zwischen diese beiden Positionen Werthers, die Rechtfertigung der freien Sexualität und die Verteidigung des Selbstmords, ist eine heftige Kontroverse zwischen Albert und Werther über den Zusammenhang von Leidenschaft und Wahnsinn gestellt. Albert entgegnet Werther, daß der Tabubruch der vorehelichen Sexualität aus Liebesleidenschaft und die Handlung im Affekt, die Werther in seinem Beispiel vom betrogenen Ehemann anführte, mit der phasenweise minderen Zurechnungsfähigkeit der Handelnden zu erklären sei. Mit diesem Argument wird das unbedachte Handeln aus Leidenschaften für den aufgeklärt Denkenden wieder teilweise entschuldbar. Handeln ist hier nicht mehr jenes politisch-gesellschaftliche Handeln des *Götz von Berlichingen*, sondern eine ausschließlich aus dem psychischen Binnenleben des Individuums herrührende Selbstbetätigung. Wieland hat dies in seiner Rezension im *Teutschen Merkur* treffend als »Gemälde eines innern Seelenkampfes« (S. 788) beschrieben. Der Begriff des Handelns erfährt im *Werther* eine hochgradige Intimisierung und verdeutlicht damit einen zivilisatorischen Prozeß, der die Entstehung der bürgerlichen Gesellschaft im 18. Jahrhundert maßgeblich mitbestimmte. Ein Mensch, »den seine Leidenschaften hinreißen« (S. 233), verliert jedwede Kontrolle über seine Handlungen, er ist unzurechnungsfähig und wird deshalb als »Trunkener, als ein Wahnsinniger angesehen« (S. 233 f.). Hinter diesem Argument versteckt sich unschwer das aufgeklärte Bemühen, Leidenschaften als Teil einer Krankengeschichte, als Krankheitssymptome zu begreifen.[25] Die Medizin des Aufklärungszeitalters ordnete nahezu jegliche Verhaltensauffälligkeit oder körperliche Abweichung dem Ursachenkomplex Leidenschaften zu: Fieber, Wechselfieber, Typhus, Hirnwut, Zahnweh, Podagra, Ausschlagsfieber, Pest, Blutstürze, Gebärmutterblutstürze, Blutfluß zum Abortieren, Nervenkrankheiten, schlafsüchtige Zufälle, Schlagfluß, Entkräftung, Schwachheiten, Ohnmacht, Hypochondrie, Bleichsucht, Krämpfe, krampfartige Krankheiten, anhaltende Zusammenziehung besonderer Teile, krankhafte Engbrüstigkeit, zufälliges Schlucken, das hysterische

25 Insofern ist auch jenem Teil der Forschung zu widersprechen, der sich gerade gegen den Aspekt einer individuellen, gleichwohl exemplarischen Krankengeschichte wandte und statt dessen Werthers Leiden an den feudalaristokratischen Arbeits- und Lebensbedingungen der bürgerlichen Gesellschaft des 18. Jahrhunderts betonte; vgl. etwa Scherpe, B 5: 1970, und Stephan, B 5: 1975, bes. 150. In der Verschiebung der Erkenntnisinteressen vom sozio- zum psychohistorischen Substrat eines Textes kann man durchaus ein Stück Wissenschaftsgeschichte der Germanistik erkennen.

Übel, Melancholie, Raserei, Skorbut, Gelbsucht und Heimweh.[26]

Werthers Antwort auf Albert fällt dementsprechend heftig aus:

> Ach ihr vernünftigen Leute! [...] Leidenschaft! Trunkenheit! Wahnsinn! [...] Ich bin mehr als einmal trunken gewesen, und meine Leidenschaften waren nie weit vom Wahnsinne, und beides reut mich nicht, denn ich habe in meinem Maße begreifen lernen: Wie man alle außerordentliche Menschen, die etwas großes, etwas unmöglich scheinendes würkten, von jeher für Trunkene und Wahnsinnige ausschreien müßte. (S. 234)

Leidenschaften als Wahnsinn zu erklären ist Ausdruck einer Diffamierungspraxis, deren Ziel die Unterdrückung von Leidenschaften ist. Dagegen setzt sich das selbsthandelnde Individuum Werther zur Wehr und reklamiert eine grundlegende Position des Sturm und Drang für sich. Wie schon zuvor Lotte, so greift auch Werther an dieser Stelle auf seine subjektive Erfahrung zurück. Es geht ihm um den unverkürzten Anspruch einer Emanzipation der Leidenschaften, die den sozial notwendigen und gesellschaftlich erforderlichen Mechanismen der Bändigung entgegensteht. Während Albert gesellschaftlich argumentiert, argumentieren Lotte und Werther individualistisch, eben vom betroffenen Individuum aus.

Im Brief vom 30. November 1771 berichtet Werther von der Begegnung mit dem wahnsinnigen Heinrich in der Natur, die nun nicht mehr schön ist, sondern als öd und naßkalt, der herbstlichen Stimmung entsprechend, charakterisiert wird. Heinrich, den Werther einen »glücklichen Unglückli-

26 Vgl. William Falconer, *Abhandlung über den Einfluß der Leidenschaften auf die Krankheiten des Körpers. Preißschrift welcher die Fothergillsche Medaille zuerkannt wurde*, aus dem Engl. übers. und mit einigen Zusätzen verm. von Christian Friedrich Michaelis, Leipzig 1789, Inhaltsverzeichnis [o. S.].

chen« nennt (vgl. S. 272), war als Sekretär bei Lottes Vater angestellt gewesen, bis eine »unglückliche Leidenschaft« (ebd.) zu ihr zum Verlust der Stelle führte. Die Leidenschaft wird zur Ursache des sozialen Abstiegs. Anders als Crugantino in Goethes Schauspiel *Claudine von Villa Bella* geschieht dieser Abstieg hier unfreiwillig. Zunächst idealisiert Werther noch den Zustand des Wahnsinnigen, doch wird ihm mit dessen Schicksal zugleich bewußt, daß es in der aufgeklärten bürgerlichen Gesellschaft der 1770er Jahre keinen Raum für eine Emanzipation der Leidenschaften gibt. Wer leidenschaftlich liebt, fällt aus der bürgerlichen Ordnung. Da Werther diesen Weg der gesellschaftlichen Isolation und der psychiatrischen Verwahrung nicht wählen wird, bleibt ihm nur der Weg zur ›freiwilligen‹, aber endgültigen Isolation im Tod. In Werthers Geschichte spiegelt sich die Geschichte der zunehmend isolierten Individuen des Sturm und Drang wider, wie Werther in Heinrichs Geschichte seine eigene Geschichte wiederfindet. Goethe stellt neben eine elementare Forderung (Individualität, Einzigartigkeit) des Sturm und Drang dessen drohende Überforderung (Isolation, Versingelung), Hoffen und Scheitern werden im Wechselspiel von Figur und Autor zum doppelten Charakter des Sturm und Drang.

Werther macht Albert gegenüber ein Modell der Entstehung von Leidenschaften geltend, das auf die Vorstellung einer Macht- und Einflußlosigkeit des Individuums seinen Leidenschaften gegenüber hinausläuft. Damit will sich Werther für sein psychisch bedingtes Handeln von jeglicher Verantwortung freisprechen, sich gleichsam im Vorgriff Absolution von Albert erteilen lassen. Albert läßt dies nicht gelten. Der aufgeklärte Mensch, ein »Mensch von Verstande« (S. 237), könne sich selbst bändigen. Aufklärung von Leidenschaften bedeutet in dieser Lesart Bändigung von Leidenschaften. Damit bringt Albert ein Argument in die Diskussion, das Goethe fast unverändert von Jerusalem übernimmt. »Tugend«, hatte Jerusalem in seinen *Philosophischen Aufsätzen* geschrieben, die nach Kestners Bericht an Goethe vom 2. November 1772 bei Jerusalems Selbstmord neben Lessings *Emilia Galotti* auf dem Pult lagen, »ist *die Beherrschung unserer Leidenschaften durch die Vernunft*« (zit. nach: Lessing, W 8,148). Jerusalem stellt die Frage, was dies heiße, und gibt die Antwort: »Nichts anders, als *die dunkeln Vorstellungen unserer Seele zu deutlichen aufklären*« (ebd.). Im *Werther* behauptet Albert, daß der aufgeklärte Mensch durchaus in der Lage zur Selbstbändigung ist, die als empfindsame Tugendhaftigkeit gesellschaftliche Anerkennung findet. Doch Werther schließt auch hier die Möglichkeit einer empfindsamen Balance zwischen Verstand und Gefühl aus und verdeutlicht dadurch seine aufklärungskritische Position.

Am Ende des Gesprächs wird Werthers Handeln selbst zum unmittelbaren Ausdruck seiner Ratlosigkeit, wie in der aufgeklärten Gesellschaft mit Leidenschaften anders als disziplinierend umzugehen ist.

> Der Mensch ist Mensch, und das Bißgen Verstand das einer haben mag, kommt wenig oder nicht in Anschlag, wenn Leidenschaft wütet, und die Grenzen der Menschheit einen drängen. Vielmehr – ein andermal davon, sagt ich, und griff nach meinem Hute. O mir war das Herz so voll – Und wir gingen auseinander, ohne einander verstanden zu haben. (S. 237)

Der Abbruch des Gesprächs kehrt stilistisch als Anakoluth wieder, der Gedankenstrich markiert die Trennung, die Unvereinbarkeit der beiden Standpunkte. Die Versagung in Werthers Realität kehrt nun als Wunscherfüllung in nächtlichen Träumen wieder. Werther phantasiert Lotte. Im Brief vom 21. August 1771 schreibt er:

> Umsonst strecke ich meine Arme nach ihr aus, Morgens wenn ich von schweren Träumen aufdämmere, vergebens such ich sie Nachts in meinem Bette, wenn mich ein glücklicher unschuldiger Traum getäuscht hat [...]. (S. 240)

Fast ein Jahr hält diese Phantasievorstellung der vollzogenen Ehe mit Lotte an. Am 29. Juli 1772 schreibt Werther noch:

> Ich ihr Mann! [...] Sie meine Frau! [...] – Es geht mir ein Schauder durch den ganzen Körper, Wilhelm, wenn Albert sie um den schlanken Leib faßt. (S. 260)

Der Impuls, nach dem begehrten Objekt zu greifen, ist für Werther kaum mehr zu unterdrücken. Die Unmöglichkeit der Selbstbändigung, die er Albert gegenüber allgemein beschrieben hatte, erfährt er nun am eigenen Leib. Am 30. Oktober 1772 schreibt er in einem kurzen Brief über Lotte, sprachlich schon merklich von der Stillage der anderen Briefe abgesetzt:

> [...] so viel Liebenswürdigkeit vor sich herumkreuzen zu sehn und nicht zugreifen zu dürfen. Und das Zugreifen ist doch der natürlichste Trieb der Menschheit. (S. 266)

Im Brief vom 17. Dezember 1772 gesteht er schließlich ein, daß die Leidenschaft sich nicht mehr kontrollieren lasse:

> Diese Nacht! Ich zittere es zu sagen, hielt ich sie in meinen Armen, fest an meinen Busen gedrückt und deckte ihren lieben lispelnden Mund mit unendlichen Küssen. (S. 274 f.)

Noch sind es nächtliche Träume, in denen er sich diesen Wunsch erfüllt. Doch schon wenig später versagt auch die nächtliche Traumarbeit als letzter Mechanismus der Selbstbändigung. Werther erfüllt sich nun in der Realität, was ihm verwehrt geblieben war, und steuert damit in die Katastrophe (vgl. S. 290 f.).

Werther unterläuft absichtlich gesellschaftliche Bändigungsgebote. Lottes Ausruf: »Werther, [...] mäßigen Sie sich. O! warum mußten Sie mit dieser Heftigkeit, dieser unbezwinglich haftenden Leidenschaft für alles, das Sie einmal anfassen, geboren werden« (S. 279), appelliert an den zivilisatorischen Verhaltensstandard der Selbstbeherrschung, der Selbstzucht oder der verinnerlichten Bändigung von Leidenschaften. Daß dieser Appell notwendig ins Leere läuft, ist ihr nicht bewußt. Im Gegenteil, sie tut das, was Werther aufgrund seiner Ehephantasie überfordern muß, sie berührt den Mann, der zuletzt nur noch von der unmittelbaren körperlichen Berührung mit Lotte geträumt hat. Lotte nimmt Werther »bei der Hand« (S. 279) und wiederholt ihren Mäßigkeitsappell. Das uneigentliche Sprechen verstellt das eigentliche, die Gesten sind so codiert, daß sie der andere nicht mehr verstehen kann. »Sein Sie ein Mann« (ebd.), fordert Lotte fast imperativisch von dem Mann, der genau diese Erwartung nicht erfüllen kann. Denn Lotte spricht uneigentlich, sie meint nicht das, was sie sagt, sondern meint das, was sie nicht sagt. Sie erwartet von Werther ein den bürgerlichen Schicklichkeitsstandards gehorchendes Verhalten, während für Werther Lottes Aufforderung, ein Mann zu sein, nur wörtlich verstanden werden kann, und das heißt, diesen zivilisatorischen Erfordernissen eben nicht zu gehorchen. Lotte meint Mannhaftigkeit, Werther denkt Mannbarkeit. Lotte rät Werther eine empfindsame Lösung, die bereits nicht mehr funktionieren kann:

> Suchen Sie, finden Sie einen werten Gegenstand all Ihrer Liebe, und kehren Sie zurück, und lassen Sie uns zusammen die Seligkeit einer wahren Freundschaft genießen. (S. 279)

Werther verweist diese Empfehlung in das Reich der Ratgeberliteratur; er »fing einen unbedeutenden Diskurs an« (ebd.), das Eigentliche, das Bedeutende, die Tat selbst weicht in der Folge in die Schrift zurück. Am nächsten Morgen teilt Werther Lotte brieflich seinen Entschluß mit, aus dem Leben zu gehen. Das Medium, welches bislang zur Darstellung von Werthers Leben und Leidenschaften und damit der verschriftlichten Bändigung diente, wird nun zum Medium der Mitteilung auf deren Verzicht, zum Brief.

Der Romankommentar spricht unverhohlen von der subversiven Macht von Werthers Leidenschaften, die das friedvolle Zusammenleben zwischen Albert und Lotte regelrecht »untergraben« (S. 276) habe. Diese Metapher knüpft wieder an Werthers eigene Beschreibung an, die er im Brief vom 26. Mai 1771 gegeben hat. Was er bei dem wahnsinnigen Heinrich festgestellt hatte, wird nun durch den Kommentar bei ihm selbst diagnostiziert. Die im Titel angezeigte Leidensgeschichte erfaßt jetzt auch Lotte und Albert, sie beginnen unter Werthers Leiden zu leiden. Eine provokantere Brechung könnte das empfindsame Gebot des Mitleidens kaum erfahren. Mitleiden ist am Ende des *Werther* keine bürgerliche Sozialtugend mehr (im Gegensatz zum mitleidslosen und mitleidsunfähigen Adel). Das Leiden des anderen wird als Krankheit beschrieben, die infektiös zu wirken beginnt, Lotte wird »zuletzt selbst mit angesteckt« (ebd.). Werthers Leidenschaft bedroht die patriarchale Ordnung der Zweierbeziehung, gefährdet Alberts Rechte gegenüber Lotte (vgl. ebd.). Innerhalb weniger Zeilen wechselt der Autor Goethe von der bisherigen Monoperspektive Werthers zu deren Korrektiv, dem Kommentar. Die Leidenschaftsgeschichte als Leidensgeschichte wird darin noch weiter verschärft zur Krankengeschichte. Leidenschaften sind ein unheilbares, ansteckendes Fieber, sie sind eine Bedrohung der gesellschaftlichen Ordnung, wenn sie außer Kontrolle geraten.

Goethe beschließt die Mitteilung »Der Herausgeber an den Leser« (ebd.), seinen Kommentar, mit folgender Bemerkung über Werther: »das *stürmende* Abarbeiten seiner Kräfte, ohne Zweck und Aussicht, *drängten* ihn endlich zu der schröcklichen Tat« (S. 277, Hervorhebungen M. L.). Diese Formulierung ist in zweierlei Hinsicht aufschlußreich: Zum einen bestätigt sie eine Diffamierungspraxis der Aufklärung gegenüber dem Sturm und Drang; das zweck-

und ziellose Handeln eines Autonomie beanspruchenden Individuums muß zwangsläufig in die das Gemeinwohl gefährdende Tat münden. Zum anderen bringt sie aber auch unverfälscht das Selbstverständnis von Sturm und Drang als Aufklärungskritik zum Ausdruck. Daß Goethe dieses Selbstverständnis dem aufgeklärten Romankommentar unterlegt, mag eine Pikanterie sein, hat aber literaturhistorische Bedeutung insofern, als darin die Zusammengehörigkeit von Aufklärung und Sturm und Drang trotz aller Kritik und trotz aller Unterschiede hervorgehoben wird. Lange bevor Klinger seinem Drama jenen Namen gab, der sich zur Bezeichnung einer bestimmten literarischen und gesellschaftlichen Haltung der Aufklärung gegenüber einbürgerte, war das Verständnis von Sturm und Drang als Chiffre einer verdeckten Opposition zur Aufklärung in Goethes *Werther* gegenwärtig.

Der fiktive Herausgeber von Werthers Briefen – und mit ihm Goethe – sah sich im Schlußteil des Romans genötigt, Werthers Bericht durch Kommentare zu unterbrechen. Die zeitgenössische Rezeption des Romans bestätigte diese Notwendigkeit, sie führte entweder zur völligen Ablehnung des Textes und seines Autors oder zur maßlosen Identifikation mit den Figuren. Die heftigen Attacken auf Autor und Buch nach Erscheinen des *Werther* reichen bis zu Zensurmaßnahmen. So berichtet etwa das Wiener Zensurprotokoll vom 2. Dezember 1774: »In diesen Briefen ist der Ausdruck einer übermäßigen Leidenschaft eines jungen Menschen gegen die Frau seines Freundes allzu lebhaft und feurig abgeschildert, so jugendlichen Lesern gar zu empfindsame Eindrücke machen dörfte« (zit. nach: Plachta, B 2: 1994, 66), und rät, das Buch auf den Index der verbotenen Bücher zu setzen (*Index librorum prohibitorum*). Im März 1786 wurde erneut über das Verbot des *Werther* in Wien verhandelt trotz der ungeheuren Popularität, die das Buch und sein Autor inzwischen erfahren hatten. Während die

Hofkanzlei für die Beibehaltung des Verbots plädierte, befürworteten Gegengutachten, die geltend machten, daß das Buch ohnehin schon von den meisten gelesen worden sei, dessen Aufhebung. Joseph II. schloß sich dem an, der *Werther* war in Österreich von 1786 an nicht mehr verboten (vgl. ebd., 66 f.).

Auch in Leipzig wurde ein Verbot des *Werther* beantragt. Gefürchtet wurde etwa von der theologischen Fakultät der Universität, daß der Roman besonders für »Weibs-Personen« (S. 786) verführerisch werden könne. Außerdem wurde Goethes Buch als Empfehlung zum Selbstmord verstanden. Der Rat der Stadt Leipzig folgte dem Antrag und verfügte am 30. Januar 1775 ein Druck- und Verkaufsverbot.

Zu den aufgeklärten Gegnern des Buchs gehörten Nicolai, Campe, Lessing und der Hamburger Pastor Goeze. Während Nicolai lediglich eine *Werther*-Parodie mit dem umständlichen Titel *Freuden des jungen Werthers. Leiden und Freuden Werthers des Mannes. Voran und zuletzt ein Gespräch* (1775; vgl. Bibl.) verfaßte, die Inhalte und formale Elemente des Sturm und Drang diffamierte, plädierte der Aufklärer Johann August Schlettwein anläßlich des *Werther* für die Notwendigkeit der Zensur. Durch den ungünstigen Einfluß solcher Texte auf die Menschen »entflammen die Leidenschaften, erschlaffen alle Kräfte zur wohlthätigen Arbeit für die menschliche Gesellschaft, und machen unaufhaltbar die Menschen und Staaten unglücklicher« (zit. nach: Jäger, B 5: 1974, 399).

Zustimmung erfuhr der *Werther* vorwiegend – neben den wohlmeinenden Stimmen von Wieland, Gleim, Zimmermann u. a. – aus dem Lager der Sturm-und-Drang-Autoren. Claudius, Stolberg, Schubart, Bürger, Lenz und viele andere schrieben in Briefen enthusiastisch über diesen Roman. Zu den engagiertesten Verteidigern des *Werther* zählte Lenz. Er verfaßte zehn *Briefe über die Moralität der Leiden des jungen Werthers* (vgl. WuB 2,673 ff.) und schickte sie Goethe. Die Veröffentlichung scheiterte daran, daß sich Goethe einer Beurteilung Friedrich Heinrich Jacobis anschloß, der bei einem etwaigen Druck der *Briefe* Nachteile für sich und Goethe befürchtete. Daraufhin distanzierte sich Goethe von einer Drucklegung.[27] Erst 1918 wurden die *Werther-Briefe* von Lenz gedruckt, 1987 war das Manuskript bei einer Auktion für 90 000 DM zum Kauf angeboten worden.

Mit den *Werther-Briefen* trat Lenz vorbehaltlos für Goethes Roman ein. Jacobi hingegen hatte in einem Brief an Goethe vom 25. Mai (oder März) 1775 bemängelt, daß manches in den *Werther-Briefen* flach, hastig und unbedacht sei. Man müsse auch »den sausenden Ton ein bißchen tüschen, der durchherrscht und nur Wirrwarr aufbraust« (*Goethes Briefe* 5,47). Die Briefe sind an einen fiktiven Freund gerichtet, eingeleitet werden die ersten acht jeweils durch eine rhetorische Frage, die einen Einwand aus der kritischen Diskussion oder aus den Rezensionen aufnimmt. Lenz bricht in den *Briefen* entschieden mit der Funktionsbestimmung von aufgeklärter Literatur, er verneint deren moralisch-didaktischen Auftrag. Im Brief vom 10. Mai 1775 an Friedrich Wilhelm Gotter (1746–1797) formulierte dies Lenz präzise: »Was sagen Sie zu all dem Gelärms übern Werther? Ist das erhört einen Roman wie eine Predigt zu beurteilen. O Deutschland mit deinem Geschmack!« (WuB 3,318) Im dritten Brief unterscheidet Lenz zwischen der Moralität eines Textes und dem »moralischen Endzweck« (WuB 2,676), gewissermaßen der moralischen Bot-

27 Wie Lenz auf diese Ablehnung reagierte, läßt sich aus einem Nachlaßblatt ersehen, das im Düsseldorfer Goethe-Museum aufbewahrt wird. Es ist eine unmittelbare Reaktion auf Goethes und Jacobis Ablehnung der *Briefe über die Moralität der Leiden des jungen Werthers*: »Göthe *wühlt* in der phischen Natur, wie Fritz [Friedrich Heinrich Jacobi] die menschliche Seele durchgrübelt, u wie die Zartheit des Einen, nur in höheren Regionen sich erheben mag, so treibt das ungestüme Feuer des andren, u der Stolz der nicht suchen darf ohne zu finden, ihn bis ins innre Mark der Erde u der Gebeine; durchleuchtet das Licht mit neuem Strahl, belebt den grauen Schatten, u bringt unter Gesetz u Regel was in wilder bunter Verzweiflung sich vor ihm stellt.« (Das Lenz-Autograph wurde erstmals veröffentlicht in: Luserke, B 2: 1995a, 379.)

schaft, die ein Dichter mit seinem Text verfolge. Die Moralität des Textes definiert er rezeptionsästhetisch als die moralische *Wirkung* eines Textes auf die Leser. Dann stellt Lenz die eher rhetorische Frage: »Die Darstellung so heftiger Leidenschaften wäre dem Publikum gefährlich?« (Ebd.) Wenn Literatur wirken solle, dann könne sie es nur, indem sie Leidenschaften errege. Lenz argumentiert betont subjektivistisch: wenn ein Text wie der *Werther* das Herz der Leser erreicht, kann er nur moralisch gut wirken (das Herz bessern). Dies sei aber nur möglich, wenn er zuvor heftige Leidenschaften im Leser errege. Die aufgeklärten Kritiker erkannten diesen Zusammenhang. Johann Jakob Bodmer (1698–1783) schrieb beispielsweise am 20. November 1774 über Goethes Roman an Heinrich Schinz (1726–1788): »Die Jünglinge finden in Göthens Werk Sophismen für die ausschweifendste Leidenschaft« (*Der junge Goethe im zeitgenössischen Urteil*, 155). Schroff steht dem die Beurteilung durch einen der führenden Sturm-und-Drang-Autoren gegenüber: »Eben darin besteht Werthers Verdienst daß er uns mit Leidenschaften und Empfindungen bekannt macht, die jeder in sich dunkel fühlt, die er aber nicht mit Namen zu nennen weiß. Darin besteht das Verdienst *jedes Dichters*« (WuB 2,682), schreibt Lenz, und man kann dies durchaus als poetologische Selbstaussage des Sturm und Drang verstehen. Lenz sieht den *Werther*-Roman nicht als Gefahr für junge Leser, männlichen oder weiblichen Geschlechts, im Gegenteil, er preist das Buch als »ein Heilungsmittel« (WuB 2,684) für all diejenigen, die unempfindlich für Leidenschaften und damit nicht besserungsfähig sind. Werther ist – und Lenz gelingt damit wohl die treffendste Formel – »ein gekreuzigter Prometheus« (WuB 2,685). In diesem Bild wird die Projektion zurück in den Prometheus-Mythos als Teil des dichterischen Selbstverständnisses überblendet mit der christlichen Gegenwart und den unmittelbaren Erfahrungen der Dichter mit dieser Gegenwart. Prometheus bzw. Werther ist Religionsstifter, er ist gescheitert, das Kreuz wird zum Symbol der Handlungsunfähigkeit; der im antiken Mythos an den Berg gefesselte Prometheus wird in der Moderne zum durch christliche Moral und Sittlichkeit gekreuzigten Prometheus, und als Gekreuzigter bleibt er endlich, ein Heilsversprechen gibt es nicht. Werthers Tod ist notwendig, verlangt aber nicht die getreue Nachahmung.

Vor dem Hintergrund dieser Rezeptionszeugnisse sollte man also nicht übersehen, daß die ambivalente Wirkung des Buches auch maßgeblich durch die epochale Tabuverletzung bedingt ist, die der Text ja beging. Der *Werther* rührte an das Tabu einer nichtsublimierten Sexualität, er bot das (freilich gescheiterte) Gegenmodell zur Bändigung, das auf der Forderung nach Emanzipation der Leidenschaften beruhte. Dieser Tabubruch wurde zusätzlich noch verstärkt durch die Thematisierung und Rechtfertigung des gesellschaftlich gebannten Selbstmords. Goethe wertet das bürgerliche Subjekt insofern auf, als er nachdrücklich herausstreicht, daß es fundamentale Leidenschaften zu entwickeln und zu äußern überhaupt in der Lage ist. In diesem Punkt bricht Goethe ein Tabu, da er das Problem der Leidenschaften und des Scheiterns ihrer restlosen, aber vom Sturm und Drang für unverzichtbar gehaltenen Befreiung in der bürgerlichen Gesellschaft gezielt aufwirft. Der *Werther* ist ein Text über die Unmöglichkeit des Ansichhaltens und verletzt gerade in der drastischen Offenlegung dieses Scheiterns ein Tabu.

Claudine von Villa Bella

Mit seinem Singspiel *Claudine von Villa Bella. Ein Schauspiel mit Gesang*[28] (1776) stellte sich Goethe bewußt in die Tradition der spanischen Romanze und des spanischen

28 Textgrundlage: SW 1.2,78–121.

Mantel-und-Degen-Stücks und verzichtete auf die Anknüpfung an die Geschichte des deutschen Singspiels. Der in der Regieanweisung zu Beginn des Stücks genannte Wirrwarr, den die Zuschauer durch Musik zu gewärtigen hätten (und der zunächst als eine Replik auf Klingers *Sturm und Drang* mißverstanden werden kann), wird sogleich vom Autor als »fröhlicher Tumult« bezeichnet. Damit ist von vornherein im Stück der emanzipatorische Anspruch von Sturm und Drang getilgt. Nur ein einziges Mal kann man von einer Textpassage im Duktus des Sturm und Drang sprechen: in einem Monolog Claudines. Sie stellt die Frage, ob sie dem »Tumult« (S. 108) ihres Herzens freien Lauf lassen dürfe. Die Frage ist rhetorisch, denn danach jagen sich die Ausrufezeichen und Gedankenstriche, eingeleitet durch das folgende typische Sturm-und-Drang-Bekenntnis: »Ha, wie das all drängt und tobt, die verborgne mir selbst bisher verborgne Leidenschaft!« (S. 108 f.) Doch entscheidend ist, daß diese Leidenschaft, so sehr sie das sprechende Individuum zu erschüttern scheint, am Schluß sprachlich gebändigt und in einen zivilisatorisch schicklichen Modus überführt wird. Claudine beschließt ihren Monolog nämlich mit dem Gedicht »Herz, mein Herz, / Ach, will verzagen!«. Auch hier fängt das Wort die Tat ab. Diese Szene korrespondiert übrigens auffallend mit jener aus Goethes Singspiel *Erwin und Elmire* (1775), wo Erwin ausruft: »Wenn ich nicht umkommen, nicht an meiner ewig zurückgetriebenen Leidenschaft ersticken wollte!« und anschließend das Gedicht »Sein ganzes Herz dahin zu geben« (SW 1.2,28) singt.

Zugespitzt ließe sich formulieren: klingt Sturm und Drang in *Claudine von Villa Bella* an, wird er sofort widerrufen. Die beiden Textstellen, an denen von Natur im aufklärungskritischen Sinne die Rede ist, reichen nicht aus, daraus die Merkmale eines Sturm-und-Drang-Dramas abzuleiten. Wenn Claudine sagt, »je näher wir der Natur sind, je näher fühlen wir uns der Gottheit« (S. 86), beschwört dies eine pantheistische Grundstimmung, die für die Figuren wie für die verhandelten Themen ohne Folgen bleibt. Und durch Gonzalo erfährt der naturliebende Bauer lediglich eine Idealisierung (vgl. S. 102), die dem Adligen als Sehnsuchtsprojektion dient, mit dem den Stand zu tauschen oder daraus eine kritische Reflexion abzuleiten ihm aber nicht in den Sinn kommt.

Da ist Crugantino weitaus konsequenter, er hat durchaus Züge eines Sturm-und-Drang-Typs. Sebastian sagt unverblümt über ihn: »Das ist ein Kerl« (S. 103); Gonzalo beeindruckt die kraftgenialische Gebärde, die Crugantino in seinem Lied »Es war ein Buhle frech genung« besingt (vgl. S. 103 f.), nicht jedoch die reale Tat. Crugantino verläßt seinen Ort in der gesellschaftlichen Hierarchie und begibt sich zu den Recht- und Ehrlosen, zu den Vagabunden. Nicht einmal zu den Bürgerlichen möchte er gehören: »Eure bürgerliche Gesellschaft ist mir unerträglich! Will ich arbeiten, muß ich Knecht sein; will ich mich lustig machen, muß ich Knecht sein« (S. 119). Doch ist Crugantinos Ausruf: »Ich kann den gebietenden Ton nicht leiden« (S. 97), weniger Ausdruck einer emanzipativen Grundhaltung, welche Freiheitsrechte und gesellschaftliche Anerkennung auch für Vagabunden fordern könnte, als deren einer er durchs Land zieht. Vielmehr ist sein aristokratisches Bewußtsein gekränkt, das keine Befehle kennt, sondern nur selbst zu befehlen weiß und – wie der klassische Galan – das Liebesabenteuer sucht.

Da Crugantino also adliger Abstammung ist und dies auch weiß, handelt es sich im Stück um keinen für das Sturm-und-Drang-Drama spezifischen Ständekonflikt. Erst die Schlußszene, die wie in *Ugolino* und *Götz* im Gefängnis spielt, offenbart dies. Hier wird der psychische Stellenwert individuellen Handelns vor dem sozialen deutlich. Bis hierher schrieb der Autor die Sturm-und-Drang-Geschichte der phantasierten Herkunft umgekehrt fort. Crugantino wollte seine adlige Herkunft verleugnen und phantasierte sich in die soziale Rolle eines ort- und zeitlosen Außenseiters der Gesellschaft. Nun entdeckt Sebastian dem inhaftierten Pedro und Crugantino, daß sie Brüder sind. Goethe wandelt das Brudermotiv des Sturm und Drang ab, nicht die Feindschaft der beiden Brüder steht am Ende, sondern deren Versöhnung. Claudine, förmlich eingekeilt zwischen dem Begehren der beiden Brüder, sieht ihren Ausweg nur noch im Kloster, stammelnd wiederholt sie am Schluß die patriarchale Ordnung der bürgerlichen Gesellschaft, in der die Frau dem Vater und dem geliebten, zukünftigen Mann untersteht: »Mein Vater! Pedro!« und »Pedro! Mein Vater!« (S. 121). Während dem Vater alles nur noch als Traum zu verstehen gelingt (vgl. S. 120) und er damit seine Unfähigkeit offenbart, sich dem augenblicklichen sozialen und psychischen Ereignis zu stellen – in diesem Sinne ist er also durchaus ein Vertreter des Ancien régime –, ergehen sich Pedro, Crugantino und Sebastian, der Stifter des wiederhergestellten Geschwisterverbunds, im gemeinsamen Lob der Brüderlichkeit. Selbst Claudine schließt sich dem an, die Benennung des begehrten Mannes Crugantino als Bruder (»sollst mein Bruder sein«, S. 120) ist der höchste Ausdruck sexueller Entsagung und deren zivilisatorisch schicklichste Form, die sich auch sprachlich im Gebrauch des Hilfsverbs ›sollen‹ als ethisches Sollen ausdrückt. Daß es durchaus auch andere Möglichkeiten der Aufhebung triadischer Verflechtungen gibt, hat Goethe in seiner *Stella* gezeigt. Neben das Modell der Auslöschung des begehrenden Individuums (*Werther*) und jenes der harmonischen Dreiergemeinschaft (Fernando, Stella, Cezilie in der *Stella*) stellt Goethe eine dritte Variante vors Publikum, die radikale Entsagung und die Aufhebung des Begehrens in der neu konstituierten Familie.

Crugantinos Absage an ein Leben »unter den Kerls« (S. 93), das ihm unerträglich, langweilig und einerlei werde, kann als die sich ankündigende Abkehr des Autors Goethe vom Sturm und Drang verstanden werden. Durch den

Gang nach Weimar hat er dem auch äußerlich Ausdruck verliehen. Ob dieses Schauspiel also noch zu den genuinen Sturm-und-Drang-Dramen zu rechnen sei, ist umstritten. Unzweifelhaft sind jedenfalls Elemente der Sturm-und-Drang-Dramatik festzustellen. So verzichtet auch dieses Schauspiel auf eine Akt- und Szeneneinteilung. Rasche Ortswechsel und ungehemmte Affektausbrüche sichern ihm eine Eigendynamik, die Goethe bereits im *Götz* erfolgreich erprobt hatte. Das Motiv der feindlichen Brüder enthüllt sich vom Ende her zwar als Nebenmotiv, dem keine tragende dramaturgische Bedeutung zukommt. Für die psychohistorische Entwicklung des Sturm und Drang ist es aber charakteristisch, wird hier doch an dem großen literarischen Projekt seiner Autoren, sich Alternativen zur bestehenden Ordnung zu phantasieren, fortgeschrieben. Die Söhne spielen die Möglichkeit einer anderen Herkunft durch, sie phantasieren Lebensalternativen und erproben sie in dramatischen Konzepten und an literarischen Figuren. So gesehen ist Goethes *Claudine von Villa Bella* auch ein Stück phantasierter literarischer Familienbildung, die Familie ist nicht Ausgang, sondern Endpunkt der dramatischen Entwicklung, Fluchtpunkt der getriebenen Individuen. *Claudine von Villa Bella* ist das einzige Singspiel des Sturm und Drang; seinem Verfasser gelang damit zwar eine interessante Erweiterung des Gattungsrepertoires des Sturm und Drang, was gleichwohl folgenlos geblieben ist.

6
Gruppenbildung und Gruppenbindung: die »Göthisch-Lenzische Manier«

Wir werden geboren – unsere Eltern geben uns Brot und Kleid – unsere Lehrer drücken in unser Hirn Worte, Sprachen, Wissenschaften, – irgend ein artiges Mädchen drückt in unser Herz den Wunsch es eigen zu besitzen, es in unsere Arme als unser Eigentum zu schließen, wenn sich nicht gar ein tierisch Bedürfnis mit hineinmischt – es entsteht eine Lücke in der Republik wo wir hineinpassen – unsere Freunde, Verwandte, Gönner setzen an und stoßen uns glücklich hinein – wir drehen uns eine Zeitlang in diesem Platz herum wie die andern Räder und stoßen und treiben – bis wir wenns noch so ordentlich geht abgestumpft sind und zuletzt wieder einem neuen Rade Platz machen müssen – das ist, meine Herren! ohne Ruhm zu melden unsere Biographie – und was bleibt nun der Mensch noch anders als eine vorzüglichkünstliche kleine Maschine, die in die große Maschine, die wir Welt, Weltbegebenheiten, Weltläufte nennen besser oder schlimmer hineinpaßt. (Lenz, WuB 2,637)

Mit diesen Worten beschrieb Lenz in der ›Straßburger Gesellschaft‹ das Befinden der jungen bürgerlichen Autoren, mit ihnen eröffnete er seinen Aufsatz *Über Götz von Berlichingen*. Rhapsodisch gehalten, förmlich gehetzt, treibt der Text die bittere Erkenntnis vor sich her, daß der Mensch ersetzbar ist. Lamettries Maschinenmetapher[1] ist ebenso ge-

1 Schon Descartes hatte die Lebewesen als maschinenhafte Automaten verstanden; in Deutschland wurde nicht nur Lamettries Buch *L'Homme*

genwärtig, wie der kritisch-ironische Ton unüberhörbar ist; Lenz' Beschreibung seiner und der anderen Biographie ist in Wirklichkeit ein als Zustand vorweggenommener Wunsch. Die Autoren wünschen sich diese Lücke in der Gesellschaft, wo sie hineinpassen. Es steht zu vermuten, daß Lenz mit diesen Worten das Lebensgefühl seiner Zuhörer traf.

Die Literatur des Sturm und Drang ist ohne das Gruppenbewußtsein ihrer Autoren und ohne die teils offenen, teils unbewußten Gruppenbindungen undenkbar. Ein eigentliches Zentrum des Sturm und Drang, vergleichbar der Bedeutung der Berliner oder der Züricher Aufklärung, gibt es freilich nicht.[2] Zwar steht Straßburg einige wenige Jahre lang als Synonym für die neue Literatur, doch der mündliche oder briefliche Austausch, die Kritik, die Diskussionen, die Rivalitäten und auch die Feindschaften über die Stadtgrenzen hinaus sind unverzichtbare Voraussetzungen der Literatur des Sturm und Drang. Dies betrifft allerdings nur einen kurzen Zeitraum. In dem Augenblick, wo die führenden Autoren die Gruppen verlassen oder auf Distanz zu ihnen gehen, zerfällt der Sturm und Drang und bietet allenfalls noch den Autoren der zweiten Generation, die sich an der Überwindung des Sturm und Drang abarbeiten, wie beispielsweise Moritz oder der junge Schiller, das Bewußt-

machine (1748) breit rezipiert, sondern auch die Philosophie des Leibniz-Schülers Christian Wolff, der die Welt insgesamt als Maschine Gottes im mechanistischen Sinn verstand (vgl. Wolffs *Vernünfftige Gedancken* [Deutsche Metaphysik], 1720, § 557: »Denn die Welt ist gleichfalls eine Maschine. Der Beweiß ist nicht schwer. Eine Maschine ist ein zusammengesetztes Werck, dessen Bewegungen in der Art der Zusammensetzung gegründet sind. Die Welt ist gleichfalls ein zusammengesetztes Werck, dessen Veränderungen in der Art der Zusammensetzung gegründet sind [...]. Und demnach ist die Welt eine Maschine.«)

2 Gleichwohl gibt es jene berühmte Inschrift auf dem Turm des Straßburger Münsters mit folgenden Namen: G. u. F. Comites de Stolberg, Goethe, Schlosser, Kaufmann, Ziegler, Lenz, Wagner, v. Lindau, Herder, Lavater, Pfenninger, Haffelin, Blessig, Stolz, Tobler, Roederer, Bassavant, Kaiser, Ehrmann, M. M. Engel 1776 (vgl. Werner, B 6e: 1977, 114 f.).

sein einer fortschrittlichen Literatur. Nach dem Jahr 1776 ist der Sturm und Drang im wesentlichen sich selbst historisch.

Das Bewußtsein, zur literarischen Avantgarde ihrer Zeit zu gehören, oder zumindest der Anspruch, dieses Bewußtsein für sich reklamieren zu können, ist nicht ohne den entschiedenen Druck zu erklären, den die Autoren von seiten orthodoxer Aufklärer erfahren haben. Lange bevor in Wielands *Teutschem Merkur* von der »Goetheschen Sekte«, womit die neue Literatur des Sturm und Drang gemeint war, geringschätzig gesprochen wurde, hatte schon Füssli das Wort von der »Nicolaischen Sekte« geprägt. Dazu zählte er die Vertreter der orthodoxen (Berliner) Aufklärung wie auch Lessing. Am 22. Dezember 1763 schrieb Füssli in einem Brief aus Berlin an Bodmer:

> Sie wollen wissen, ob ich keinen Einfall gehabt habe, die Nicolaische Sekte zu verhogardisieren? Es ist dieselbe wirklich allzu unbeträchtlich zu so etwas [...].
>
> (Zit. nach: Federmann, B 3d: 1927, 26 f.)

In origineller Umkehrung deklariert Füssli die vorherrschende Geisteshaltung als eigentliche Abweichung. Der Hinweis auf den englischen Zeichner William Hogarth (1697–1764) beinhaltet für den Briefempfänger eine codierte Leserlenkung. Hogarth galt den Zeitgenossen als Meister der Karikatur. Demnach ist die Berliner Aufklärung für den jungen Füssli, der eben erst das Pamphlet gegen den Landvogt Grebel und dessen feudalrechtliche Herrschaftspraktiken mit veröffentlicht hatte, nur als Abweichung und Karikatur einer ›eigentlichen‹ Aufklärung erträglich. Füsslis Äußerung formuliert damit ein Selbstverständnis dieses Sturm-und-Drang-Autors und -Malers, das sich nicht im Gegensatz zur Aufklärung schlechthin selbst definiert, sondern seine Identität in dem selbstbewußt vorgetragenen Anspruch einer kritischen Aufklärung sucht.

Dieses frühe Zeugnis einer aufklärungskritischen Haltung findet seine Fortsetzung in den literarischen und ästhetischen Arbeiten der deutschen Autoren des Sturm und Drang. Unter dem Druck der Kritiker, die den jungen Autoren Sektenbildung vorwerfen und sie als Abweichler verunglimpfen, bildet sich eine vorübergehende Gruppenbindung; ein ausgeprägtes Zugehörigkeitsgefühl entwickelt eine Art Verständniskultur, die auf Anteilnahme und rückhaltloser Solidarität beruht, neue Väter (und auch Mütter)[3] werden gesucht und gefunden.[4] Was den persönlichen Kontakt untereinander betrifft, gehören u. a. Salzmann, Pfeffel und auch Herder dazu, das Verhältnis zu Lavater ist ambivalent, Klopstock, Shakespeare und Plautus sind als wichtige literarische Bezugsgrößen zu nennen. Dagegen werden andere der Autoritätsanmaßung bezichtigt. Um drei Beispiele zu nennen: Über Wieland äußerte sich Goethe im Mai 1774 gegenüber Johanna Fahlmer kritisch. Was ihn so reize und ärgere und ihn zur Abfassung einer Satire auf Wieland veranlaßt habe, sei »der *Ton* . . . just so spricht mein Vater; die nämliche Händel, die ich mit diesem in politischen Sachen habe, hab' ich mit W.[ieland] in diesen Punkten. Der Vater-Ton! der ist's just, der mich aufgebracht hat« (SW 1.1,987). Lenz spricht Anfang November 1777 in einem Brief an seinen Basler Freund und Förderer Jakob Sarasin von »La-Vaters Tisch« (WuB 3,561) und meint damit einen Tisch im Hause Lavaters, an dem er gerade schreibt. Lavater wird so zum übermächtigen Sinnbild des Vaters, der weibliche Artikel »La« mag den Autoritätsanspruch und Autoritätscharakter der Elternpersonifikation noch herausstreichen. Schließlich sei auf den Tod eines jungen Adligen hingewiesen, der sich 1788 erschoß, neben ihm lag der *Werther*, und in einem Abschieds-

3 Vgl. etwa den Brief von Lenz an Sophie von La Roche vom 31. Juli 1775, worin er die 21 Jahre ältere Frau folgendermaßen anredet: »Ja, meine Mutter! – Die Männer wollen nicht geliebt, nur geschmeichelt werden« (WuB 3, 330).

4 Wie sich die Autorität des Vaters in der literarischen und sozialen Erziehungsarbeit der bürgerlichen Kleinfamilie konstituiert und welche Rolle dabei das Gespräch bei der pädagogischen Figuration einnimmt, hat Reiner Wild (B 2: 1987) ausführlich dargestellt.

brief waren diese Worte über seinen Vater zu lesen: »Mein Tyrann hat mich getödtet« (zit. nach: Walter, B 2: 1930, 145). Die – freilich mißverstandene – literarische Vorlage gab dem Täter das Motiv zur Tat. Robert Hot in Lenz' *Engländer* (1777) fordert schlicht: »Weg mit den Vätern!« (WuB 1,330)

Goethes Vater-Ton, Lenzens La-Vater und das Opfer familialer Tyrannei dürfen jedoch nicht dazu verleiten, die ästhetischen und literarischen Anliegen des Sturm und Drang auf einen bloßen Generationskonflikt zu reduzieren. Richard Quabius hat mit Recht vor dieser Einseitigkeit gewarnt, nur ob sein Vorschlag, statt dessen von »Generationsverhältnissen« zu sprechen, den Sachverhalt tatsächlich exakter beschreibt, bleibt fraglich (vgl. Quabius, B 2: 1976). Im Jahr 1773 betrug das Durchschnittsalter der Autoren Goethe, Herder, Klinger, Lenz, Müller und Wagner 24 Jahre. Herder ist 29, Wagner 23, Klinger 21, Merck 32, Jung-Stilling 33, Heinse 27 und Moritz erst 16, Hamann hingegen 43, Möser gar 53 Jahre alt (vgl. ebd., 74). Allerdings führen solche Zahlenspiele leicht zu einem biologistischen Argument, das im Sturm und Drang lediglich die unreife Jugend am Werke sieht, die gegen die Vaterwelt rebelliert. Wie die literarischen Helden, so haben auch ihre Autoren sehr viel Selbstbewußtsein (zu ergänzen wäre, daß sich dies aus dem explizit vorgetragenen Selbstverständnis als Genies speist), aber wenig Sendungsbewußtsein, führt Quabius aus (vgl. ebd., 132). So richtig dies ist, daß nicht Kampf, sondern Flucht die meisten literarischen Figuren kennzeichnet, so problematisch bleibt es, von der Ebene der Texte auf die Biographien ihrer Autoren zu schließen. Viel entscheidender ist, daß die Autoren gerade die Flucht als Moment des Handelns und der willentlichen Distanzierung von der überkommenen Ordnung verstehen. Damit machen sie auf das Dilemma aufmerksam, daß politisches Handeln zwar unterbunden ist, dessen Notwendigkeit aber begriffen wird und somit die Flucht als einzig angemessene Protesthandlung verstanden werden muß.

Das Selbstverständnis der Autoren zielt auf einen Neuanfang aus der Distanz heraus, der die literarische, ästhetische, literaturkritische Individualität des einzelnen schroff der Ordnung des Ganzen gegenüberstellt. Die imaginierte Gruppe wird zur Ersatzfamilie, die dann zerbricht, wenn sich die Ersatzväter autoritär gebärden oder sich der Vaterwelt lebensgeschichtlich anpassen. Die Auseinandersetzung mit dem Vater ist eine Auseinandersetzung mit der Vaterautorität in jedweder Gestalt, sei sie literarisch, ästhetisch, kirchlich oder politisch. Daß jedoch am Ende stets wieder die väterliche Ordnung hergestellt und das befehdete Vaterwort wieder ins Recht gesetzt ist, zeigen allenthalben die Texte der Sturm-und-Drang-Autoren. Sturm und Drang ist weder eine Massenbewegung noch eine sich politisch verstehende Gruppe. Der Sturm und Drang ist – um es plakativ zu formulieren – also nicht die APO seiner Zeit. Welch hohen Stellenwert die Gruppenkommunikation hatte, verdeutlicht eine briefliche Bemerkung von Lenz. Im Februar 1775 schreibt er an Goethe:

> Ist doch uns kein höher Glück auf der Erde gegönnt als uns zu unterreden – mir ists das höchste. Denn alle meine Wirksamkeit ist für andre [...].
>
> (Lenz, WuB 3,306)

Christian Heinrich Schmid (1746–1800) etwa schreibt in Wielands *Teutschem Merkur* (1774):

> Noch immer ertönen von allen Seiten die Klagen über die *Secten*, und Spaltungen, welche auf unserm Parnasse herschten. (Schmid, *Fortsetzung*, 165 f.)[5]

Hamann und Herder werden als Oberhäupter einer Partei und literarischen Sekte bezeichnet, deren feurige Phantasie sich mit einer ausgeprägten Neigung zum Philosophieren und einer unbeherrschten »Neuerungssucht« (ebd., 176)

5 Lenz (vgl. WuB 3,307) und Wagner (siehe in vorliegendem Band S. 309) bezeichnen ihrerseits die Aufklärungsvertreter als »Insekten«.

verbinde. Dann schwenkt Schmid seinen Blick auf die jüngst erschienene fiktionale Literatur und fährt fort:

> Unter allen Göttern und Götterkindern, welche in Herders Himmel über die Stämme teutscher Nation herrschen, wird keiner jetzt begieriger gelesen, und hat also keiner mehr Einfluß auf den Modegeschmack unsrer Tage, als Herr *Göthe*. Denn er beschäftigt sich mit Gegenständen und Dichtungsarten, welche für die gewöhnlichen Leser anziehender sind, als philologisch-kritische Untersuchungen, platonische Träume, und vaterländische oder hochbrausende Oden.
>
> (Ebd., 179 f.)

Goethe, der von Schmid anerkennend als »Originalgenie« bezeichnet wird, sei »mit jener Secte nur durch Sympathie und Aehnlichkeit der Gesinnungen verbunden« (ebd.). Schmid knüpfte mit dem Vorwurf der Sektenbildung an jene Bemerkungen in der *Deutschen Bibliothek der schönen Wissenschaften* von 1768 an, wo von der »Königsberger Sekte« (Hamann war gebürtiger Königsberger) und von den »kleinen Hamännchen« (zit. nach: Unger, B 3b: 1963, 1,430) die Rede war. Herder hatte sich in der Vorrede zur 2., völlig umgearbeiteten Ausgabe seiner »Fragmente« – so der Untertitel – *Über die neue deutsche Literatur* (1768) gegen diesen Vorwurf der Sektenbildung energisch zur Wehr gesetzt:

> Ich habe wie unter einer Blumendecke, und oft mit Anspielungen geschrieben: wer es für den Zweck meines Hervortretens ansieht, diese Blumendecke zu zeigen, denket von mir klein; wer aber gar träumt, daß sie das Panier einer neuen Sekte des Geschmacks, und ich das Muster einer sonderbaren Schreibart werden wolle – hat mir nie ins Gesicht gesehen. Was gehen meinem Stande und meiner Denkart alle Schulen der Ästhetik, alle Sekten der Journäle, alle Classen des Modegeschmacks in und außer Deutschland an?
>
> (Herder, W 1,67)

Zwischen 1768 und 1774 lagen freilich die entscheidenden, produktiven Jahre des Sturm und Drang. Schmid konnte daher der Bewertung der expositorischen Texte Hamanns und Herders die Beurteilung der fiktionalen Literatur zur Seite stellen. Im besonderen betraf dies Goethes *Werther, Götz, Clavigo* und *Götter, Helden und Wieland* sowie Lenz' *Hofmeister, Neuen Menoza* und seine Plautus-Adaptionen. Wenn sich Schmid auch als selbsternannter Gralshüter des deutschen Parnasses verstand, so ist ihm doch zugute zu halten, daß er die literarische Leistung von Lenz neben Goethes Werken anerkannte. Goethe und Lenz – die Reihenfolge entspricht Schmids Hierarchie – bilden die Avantgarde der Sturm-und-Drang-Literatur, alle anderen Autoren sind für ihn mehr oder minder gute oder schlechte Nachahmer und Nachbeter dieses »Doppelgipfels« (Schmid, *Fortsetzung*, 183). Und dieses Bild entsprach durchaus dem Urteil der zeitgenössischen Literaturkritik. So konnte sich unter dem Druck des Vorwurfs einer literarischen Sektenbildung und der Hervorhebung der beiden Autoren Goethe und Lenz ein Gruppenbewußtsein herausbilden; die Gruppenbindung wurde dadurch nur befördert.

Am 4. April 1770 war Goethe in Straßburg angekommen. Er wohnte in unmittelbarer Nähe des Münsters, einen Mittagstisch erhielt er mit anderen bei den Schwestern Lauth. Dieser kleinen Gruppe aus jungen Leuten, vorwiegend Studenten, präsidierte der Aktuarius Johann Daniel Salzmann (1722–1812), geistiger Mentor von Lenz, der sich am längsten in Straßburg aufhielt. Als Lenz und Goethe längst schon in Weimar weilten, schrieb Salzmann unter dem Datum vom 21. September 1776 an Lenz empört, und dies ist durchaus ein Beleg für das gruppenbindende Kommunikationsbedürfnis:

Was machen Sie und was macht Göthe? Ihr Affengesichter! warum erfahr ich nichts was Ihr tut was Ihr schreibt was Ihr herausgebt?

(Zit. nach: Lenz, WuB 3,497)

Erst im Mai 1771 kam Lenz in Straßburg als Reisebegleiter der Barone von Kleist an, die sich auf ihrer Kavalierstour befanden. Im selben Jahr lernte er Goethe und Salzmann kennen, im März 1776 brach er in Richtung Weimar auf. Zwischenzeitlich mußte er immer wieder die Stadt verlassen, um seine Arbeitgeber in ihre Garnisonen zu begleiten. Erst im Herbst 1774 konnte Lenz dieses Arbeitsverhältnis beenden und sich als ›freier‹ Schriftsteller versuchen. Seinen Lebensunterhalt bestritt er vorwiegend durch Privatstunden. Herder, den Johann Heinrich Jung-Stilling (1740–1817) in seiner Autobiographie ein »herrliches Genie« (Jung-Stilling, *Lebensgeschichte*, 214) nennt, kam am 4. September 1770 in Straßburg an, um sich einer Augenoperation zu unterziehen. Ende September begegneten sich Herder und Goethe erstmals. Im Frühjahr 1771 brach Herder in Richtung Bückeburg auf, und im August desselben Jahres verließ auch Goethe Straßburg.

Jung-Stilling hat seine erste Begegnung mit Goethe in Straßburg eindrucksvoll beschrieben:

Des andern Mittags gingen sie [der Wundarzt Troost und Jung-Stilling] zum erstenmal ins Kosthaus zu Tische. Sie waren zuerst da, man wies ihnen ihren Ort an. Es speiseten ungefähr zwanzig Personen an diesem Tisch, und sie sahen einen nach dem andern hereintreten. Besonders kam einer mit großen hellen Augen, prachtvoller Stirn, und schönem Wuchs, mutig ins Zimmer. Dieser zog Herrn Troosts und Stillings Augen auf sich; ersterer sagte gegen letztern: »Das muß ein vortrefflicher Mann sein.« Stilling bejahte das, doch glaubte er, daß sie beide viel Verdruß von ihm haben würden, weil er ihn für einen wilden Kameraden an-

sah. Dieses schloß er aus dem freien Wesen, das sich der Student ausnahm; allein Stilling irrte sehr. Sie wurden indessen gewahr, daß man diesen ausgezeichneten Menschen Herr Goethe nannte.
[...] Noch einer fand sich ein, der sich neben Goethe hinsetzte, von diesem will ich nichts mehr sagen als daß er – ein guter Rabe mit Pfauenfedern war.

(Jung-Stilling, *Lebensgeschichte*, 207 f.)

War damit Lenz gemeint? Am 24. März 1772 reiste auch Jung-Stilling aus Straßburg wieder ab.

Zeitschriften

Möglicherweise war es für das sich zaghaft bildende und keineswegs konsistente Gruppenbewußtsein des Sturm und Drang ausschlaggebend, daß sich 1772 einige Autoren zusammenfanden, welche die *Frankfurter gelehrten Anzeigen* neu gründeten und für kurze Zeit zum Organ des ›neuen Tons‹ in Publizistik, Kritik und Dichtung machten. Die neugewonnene individuelle Freiheit, und sei sie nur als rhetorische Geste oder als dramatisches Thema ins Werk gesetzt, fand ihre publizistische Entsprechung.

Eine eigentliche Zeitung oder Zeitschrift des Sturm und Drang gab es nicht, lediglich einige wenige Blätter öffneten sich für begrenzte Zeit den Ideen der jungen Autoren. Meist waren dies Zeitschriften, die ohnehin schon eine aufklärungsskeptische oder empfindsame Position vertraten. Namentlich zu nennen sind hier die *Briefe über Merkwürdigkeiten der Litteratur* (1766–67 und 1770), herausgegeben von Heinrich Wilhelm von Gerstenberg; ferner *Der Wands-*

becker Bote (1771–75, ab 1773 unter dem Titel *Der deutsche, sonst Wandsbecker Bote*), der viermal pro Woche erschien und von Matthias Claudius redigiert wurde; der Jahrgang 1772 der *Frankfurter gelehrten Anzeigen*, der von Johann Heinrich Merck (1741–1791) und Johann Georg Schlosser (1739–1799) herausgegeben wurde und zweimal wöchentlich erschien; und bedingt ist auch die Zeitschrift *Iris* (1774–76), herausgegeben von Johann Georg Jacobi (1740–1814), dazu zu rechnen, an der Autoren wie Lenz, Goethe und Heinse mitarbeiteten (vgl. dazu Wilke, B 2: 1978, 2,98 ff.). Christian Friedrich Daniel Schubart (1739–1791) gab die zweimal wöchentlich erscheinende *Deutsche Chronik* (1774–77) heraus, in der er auch viele seiner politischen Gedichte erstmals veröffentlichte und die, anders als die *Frankfurter gelehrten Anzeigen*, musikalische Beilagen und Berichte über die zeitgenössische Musikkultur enthielten (vgl. *Deutsche Chronik* und Schubart, *Gedichte*). In seinen literaturkritischen Beiträgen für die *Deutsche Chronik* setzte er sich für die Lyriker des Göttinger Hain und die Literatur des Sturm und Drang ein. Schubarts Ziel mit seiner Individualzeitschrift – nur wenige Beiträge stammten nicht aus seiner Feder – war es, eine nationale Zeitschrift zu schaffen, was ihm mit einer Auflage von 1600 Stück im Jahr 1775 und einem durchschlagenden Publikumserfolg auch gelang. Die Zahl seiner Leser schätzt man auf 20 000 (vgl. Schubart, *Gedichte*, 179) in ganz Europa. 1777 wurde Schubart verhaftet und für zehn Jahre eingekerkert.

Doch ebenso zahlreich waren jene Publikationsorgane der Aufklärung, die dem Sturm und Drang reserviert bis ablehnend gegenüberstanden, allen voran Friedrich Nicolais ›Zentralorgan‹ der Berliner Aufklärung, die *Allgemeine Deutsche Bibliothek* (1765–1805). Ihre lyrischen und prosaischen Versuche veröffentlichten die Autoren des Sturm und Drang hingegen in diversen anderen Zeitschriften wie z. B. dem *Deutschen Museum*, wenn sie nicht als selbständige Publikationen ihren Weg in die Öffentlichkeit fanden.

Die Musenalmanache spielten eine weitere wichtige Rolle bei der Herausbildung eines literarischen Elite- und Geniebewußtseins, besonders gilt dies für die Dichter des Göttinger Hain.

Seit 1736 gab es die *Franckfurter gelehrte Zeitung*, das Vorgängerblatt der seit 1772 so benannten *Frankfurter gelehrten Anzeigen* (vgl. das Standardwerk von Bräuning-Octavio, B 2: 1966). Nach dem legendären Sturm-und-Drang-Jahrgang 1772, dessen Nummern allerdings nur einen Absatz von je 200 Exemplaren erreichten, wurde die Zeitschrift bis 1790 fortgeführt. Spätere Herausgeber ignorierten den Jahrgang 1772 und begannen die Zählung erst mit dem Jahrgang 1773. Im Jahr 1772 erschienen knapp 400 Rezensionen, 140 davon widmeten sich der Belletristik, Kunst und Ästhetik, 53 der Philosophie und Pädagogik, 49 der Theologie und 40 mathematischen, medizinischen und naturwissenschaftlichen Themen, ferner gab es – als Neuerung – Besprechungen von Kupferstichen.

Vier Gruppen von Mitarbeitern haben hauptsächlich das Erscheinungsbild der Zeitschrift geprägt (vgl. Bräuning-Octavio, B 2: 1966, 89 ff.): 1. der Darmstädter Kreis der Empfindsamen, dem folgende Mitarbeiter zuzurechnen sind: der Mitherausgeber Merck, Herder, Georg Wilhelm Petersen (1744–1816), Louis von Schrautenbach, Franz Michael Leuchsenring (1746–1827) und Helfrich Bernhard Wenck (1739–1803); 2. der Frankfurter Kreis um Goethe und den zweiten Herausgeber Schlosser, der Verleger der Zeitschrift Deinet, Behrends, Olenschlager u. a.; 3. der Gießener Kreis mit Karl Friedrich Bahrdt (1741–1792), der 1773 und 1774 auch alleiniger Herausgeber war, Johann Christoph Friedrich Schulz (1747–1806), Ludwig Julius Friedrich Höpfner (1743–1797) und Helwig Bernhard Jaup (1750–1806); 4. auswärtige Mitarbeiter, die nur unregelmäßig für die Zeitschrift schrieben, wie Waldin, Lebret, Raspe u. a. Überblickt man alle Beiträger, so haben kaum mehr als 40 Rezensenten mitgearbeitet (vgl. ebd., 738 f.). Die meisten

Beiträge stammen aus der Feder von Goethe, Merck, Herder, Schlosser und Petersen. Bis heute bleibt allerdings die Autorschaft etlicher anonymer Rezensionen strittig, zumal es im Jahrgang 1772 auch zahlreiche sogenannte Protokoll-Rezensionen als Ergebnis von Redaktionssitzungen gibt, die von mehreren Autoren verfaßt wurden.[6]

Goethe arbeitete seit Anfang März 1772 mit, Herder kam Anfang April hinzu, von Ende Juli an übernahm Schlosser die Redaktionsgeschäfte. Das Programm der *Frankfurter gelehrten Anzeigen* geht bereits aus der »Nachricht an das Publikum« hervor, die der 1. Nummer vom 3. Januar 1772 vorangestellt wurde. Man wolle nur die »*gemeinnüzigen*« Bücher aus Theologie, Jurisprudenz und Medizin dem Publikum bekannt machen, während das Gebiet der Philosophie, Geschichte und der schönen Wissenschaften und Künste »in seinem ganzen Umfange« (*Frankfurter gelehrte Anzeigen*, 3) erfaßt werden solle; besondere Aufmerksamkeit wolle man der englischen Literatur schenken. Das bedeutete weder einen absoluten Neuanfang noch einen radikalen Bruch mit Inhalt und Gepflogenheiten wissenschaftlicher Literaturkritik der Aufklärung. Nahezu alle Namen deutscher Dichter, insofern ihnen in der Gelehrtenrepublik Bedeutung zugesprochen wurde, finden sich wieder in den *Frankfurter gelehrten Anzeigen*. Angeführt wird diese Hitliste von Klopstock, besonders seine *Oden* werden gerühmt. Doch auch Lessing, Wieland, Sophie von La Roche, der Anakreontiker Johann Wilhelm Ludwig Gleim, Johann Georg Jacobi, Boie, Claudius, Hölty u. v. a. werden besprochen. Bemerkenswert ist, daß Lessings *Emilia Galotti*, die wohl wichtigste Neuerscheinung des Jahres 1772, mit keinem Wort erwähnt wird (vgl. Bräuning-Octavio, B 2: 1966, 420). Neu und ungewohnt und in der Wirkung provokant war der scharfe Ton der Rezensionen. Brachten die Januar-

6 Doch auch hier wird die genaue Anzahl recht unterschiedlich beurteilt. Vgl. im einzelnen Bräuning-Octavio, B 2: 1966, 259 ff.

und Februarnummern des Jahrgangs noch größtenteils sachliche, aber durchaus zupackende Kritiken von Merck, Petersen und Schlosser, so ließ »der neue Ton« (so die Formulierung von Bräuning-Octavio, ebd., 393) erstmals in der 18. Nummer vom 3. März 1772 aufhorchen. Als spöttisch, provokativ bis verletzend wurden vornehmlich die Rezensionen Goethes und Herders nicht nur von den Gescholtenen empfunden. Die Bewertungsmaßstäbe und ästhetischen Kategorien zentrierten sich bei den Autoren um die Begriffe des Genies und des Gefühls, hier dokumentiert sich schon die Unantastbarkeit der Individualität. Forciert tragen dies Goethe und Merck vor, wenn sie anläßlich einer Rezension von Purmanns *Zufälligen Gedanken über die Bildung des Geschmacks in öffentlichen Schulen* die Frage, was schön sei, lapidar beantworten: »schön ist, was wir als schön empfinden. Die einzige beste Erklärung des Schönen, die wir kennen!« (*Frankfurter gelehrte Anzeigen*, 514). Als kleines ästhetisches Manifest des Sturm und Drang kann die ebenfalls von Goethe und Merck gemeinsam verfaßte Rezension von Sulzers Werk *Die schönen Künste in ihrem Ursprung, ihrer wahren Natur und besten Anwendung* (1772) gelesen werden. Sulzers These, daß die Aufgabe der Kunst in der Verschönerung der Dinge nach dem Beispiel der Natur liege, widersprechen die Rezensenten, »die *Kunst* ist gerade das Widerspiel, sie entspringt aus den Bemühungen des Individuums, sich gegen die zerstörende Kraft des Ganzen zu erhalten« (ebd., 667). Goethe und Merck stellen die Künstlerautonomie absolut in den Mittelpunkt, allein der Maßstab der produktionsästhetischen Bedingungen zähle, die Rezeption eines Kunstwerks sei völlig nebensächlich. Der Künstler müsse die »Seeligkeit des Lebens« (ebd., 669) in seinem Kunstwerk spüren. Nur der Kunstliebhaber sei der wahre Rezipient, sei das wahre Publikum des Künstlers. Dies ist ein deutlicher Hinweis auf die zunehmende Isolationspraxis der ästhetischen Rezeption im Sturm und Drang, denn der Kunstliebhaber ist zugleich auch derjenige, der gleich denkt und ähnlich fühlt wie der Künstler selbst. Die Einzigartigkeit des Künstlers findet ihre Entsprechung in der vereinzelten Rezeption. Dieses Moment der ästhetischen Bestimmung fördert die Gruppenbindung. Grundlage dieses Verständnisses von Produktion und Rezeption von Kunst ist die individualistische, sinnenästhetische Autonomie, die sich auf die Formel bringen läßt: Was als schön, als Genie oder als Kunst empfunden wird, ist schön, Genie oder Kunst, und nur wer Gleiches empfindet, vermag Schönheit, Genialität oder Kunst angemessen zu beurteilen. Einem objektivierten oder objektivierbaren Urteil wird damit eine klare Absage erteilt. Nur konsequent ist es, wenn die Rezensenten ausrufen: »Gott erhalt unsre Sinnen, und bewahr uns vor der Theorie der Sinnlichkeit!« (Ebd.)

In der Ankündigung der Zeitschrift durch den Verleger hatte man lesen können:

> Eine Gesellschaft Männer, die ohne alle Autorfesseln und Waffenträgerverbindungen im stillen bisher dem Zustand der Litteratur und des Geschmacks hiesiger Gegenden, als Beobachter zugesehen haben, vereinigen sich, um dafür zu sorgen, dass das Publikum von hieraus nicht mit unrichtigen, oder nachgesagten, oder von den Autorn selbst entworffenen Urtheilen getäuscht werde. (*Frankfurter gelehrte Anzeigen*, XXXI)

Aus dieser Interessensolidarität entwickelte sich eine Schreibsolidarität, die weit über die Mitarbeit an der Zeitschrift hinausging; ohne die verschiedenen Ansätze zur Gruppenbildung in Straßburg hätten die *Frankfurter gelehrten Anzeigen* nicht als ein solches Gemeinschaftsunternehmen begonnen werden können. In der Nachrede zum Jahrgang 1772 schreibt Goethe über die Rezensionspraxis der Zeitschrift im Vergleich zu anderen Kritikern: »Wir trieben das Handwerk ein Bißchen freyer als sie, und mit mehr Eifer« (ebd., 689). Freiheit bei der Auswahl der besprochenen Bücher und der erklärte Verzicht auf den Anspruch einer allumfassenden Darstellung der Neuerscheinungen aus allen Wissensgebieten, das charakterisiert diesen Jahrgang, der überhaupt freier im Ton, freier im Stil, freier in der Sprache und freier in der Themenwahl war als die anderen zeitgenössischen Zeitschriften.

Klinger

Friedrich Maximilian Klinger (1752–1831) gehört zu jenen Autoren des Sturm und Drang, deren Lebensgeschichte nicht gerade als exemplarisch gelten kann. Aus ärmlichen Verhältnissen stammend, hatte Klinger schon früh seinen Vater, einen Frankfurter Konstabler, verloren.[7] Mit der finanziellen Unterstützung Goethes begann er 1774 ein Jurastudium an der Universität Gießen. Bereits 1775 erschienen seine ersten Dramen *Otto* und *Das leidende Weib*. Nach einem kurzen Aufenthalt in Weimar 1776 kam es zum Bruch mit Goethe. Bis 1778 war Klinger Dramaturg und Theaterdichter der Schauspieltruppe von Abel Seyler. Durch Vermittlung Schlossers gelang Klinger schließlich eine militärische Karriere in Rußland. Klinger war also der einzige der Sturm-und-Drang-Autoren, der theaterpraktische Erfahrungen hatte und auch im Hinblick auf eine konkrete Realisierung seiner Stücke auf der Bühne schrieb.

7 Vgl. zu Leben und Werk Klingers die noch immer grundlegenden Arbeiten von Rieger, B 6b: 1880 und 1896.

Otto

Zwischen 1774 und 1777 hat Klinger neun Dramen geschrieben, sein Erstlingswerk ist *Otto. Ein Trauerspiel*[8], erschienen anonym 1775. Das umfangreiche Stück – im Original über 180 Druckseiten – orientiert sich stark an zwei Vorbildern, einmal an Goethes *Götz von Berlichingen*, zum anderen an Shakespeares *King Lear.* Daneben wurden von der Forschung noch *Hamlet, Othello, Macbeth* und sogar Gerstenbergs *Ugolino* als Vorbilder genannt. Entscheidend ist jedoch, daß es nicht um den Nachweis von wörtlichen oder inhaltlichen Entsprechungen geht, sondern Klingers »Vorliebe für bestimmte Züge der großen Vorbilder« (Hering, B 6b: 1966, 46) verständlich bleibt.

Das Stück ist Klinger mißraten. Die Hauptfigur Otto, Ritter am Hofe Herzog Friedrichs, verschwindet hinter dem Versuch, politische Aktion mit familiären Verwicklungen zu verschränken. Allerdings weist das Trauerspiel einige Merkmale und inhaltliche Besonderheiten auf, die nicht nur für Klingers nachfolgende Sturm-und-Drang-Dramen, sondern für die Sturm-und-Drang-Literatur im allgemeinen von Bedeutung sind. Da ist zunächst die mutterlose adlige Schrumpffamilie des Herzogs mit seinen beiden Söhnen Karl und Konrad und der Tochter Gisella. Beide Brüder werden schnell in politische Händel gegeneinander und gegen den Vater verstrickt. Damit sind die Motive des Bruderkonflikts und des Vatermords vorgegeben. Klinger versuchte, in Otto einen Sturm-und-Drang-Kerl zu zeichnen, doch sind auch andere Figuren des Textes mit solchen plakativen Eigenschaften ausgestattet, und es fehlt auch nicht an der stiltypischen sprachlichen Derbheit. Von »S--kerls« und »S--Gesichter[n]« (S. 6) ist die Rede, Interjektionen wie ey!, ha!, prah!, hurla!, oh! u. a. finden reichlich Verwendung.

8 Textgrundlage: W 1,1–102. – Leider sind bislang nur 4 Bände erschienen, und es steht zu befürchten, daß diese Ausgabe nicht fortgeführt wird.

Friedrich Maximilian Klinger
Kreidezeichnung von Goethe

Bischof Adelbert versucht sich zu bereichern und bringt die beiden Brüder sowie die Söhne und den Vater durch Intrige gegeneinander auf. Otto ist zwar der formal-dramaturgische Mittelpunkt, zumindest als solcher am Beginn des Stücks festgelegt, wenn der Bischof darüber sinniert, wie er den Ritter auf seine Seite ziehen könnte, doch geht Otto unter dem Wust von Episodenhandlungen und Deklamationen förmlich unter. Graf Normann, der eigentliche Gegenspieler Ottos und Vertreter des bischöflichen Hofes, fordert vom Herzog den Verzicht auf die Regierungsgewalt und die Übertragung der politischen Macht auf den Sohn Karl. Die Worte in der Schlüsselszene II,2, mit denen er seine Forderung beschließt, klingen wie das Programm des jungen Autors gegenüber der Vätergeneration:

> Karl ist ein tapfrer junger Mann von mächtigem Feuer, und hoch ist der Geist dieser Leute gespannt, da seht ihr nicht nauf. (S. 28)

Noch deutlicher wird dies in V,6, Normann legt ein regelrechtes Sturm-und-Drang-Bekenntnis in elliptischem Stil ab:

> Den Gedanken aus meiner Seele zu reißen! aufgeben! – nimmer. Groß, groß! grösser! Das Ziel übertreten, gar keins haben und haben wollen. Da Ziel, Bestimmung, wo das größte? – – Geht Menschen euren Schneckengang[9]; taumelt zurück, wenn einer Riesenschritte über euch alle hinaus macht! [...] Wach Geist! ihr meine Kräfte auf! (S. 94 f.)

9 Auch Lenz beklagte sich in einem Brief an Goethe vom Februar 1775 über die »steife leise Schneckenmoralphilosophie die ihren großmütterlichen Gang fortkriecht« (WuB 3,306) und die es zu überwinden gelte. – Vgl. auch *Das leidende Weib* IV,3, wo Graf Louis sagt: »Rasch denn Zeit weg! Oh des verfluchten Schneckengangs! Immer, immer gespannt und getrieben. Zeit rasch weg; oder stocke alles!«

Der Herzog erkennt zwar diese Provokation, er gibt auch zu, daß der Sohn ihm über den Kopf gewachsen ist (vgl. S. 29), doch läßt er es auf eine Machtprobe ankommen. Gisellas Lautenspiel wirkt nicht mehr beruhigend auf den Vater, der fordert statt dessen eine Musik, die seiner aggressiven Affektlage angemessen ist. Rauh, stürmisch, widernatürlich und widrig solle die Musik sein, damit man wisse, »der Sohn will gegen den Vater gehn, ihn zu morden!« (S. 30). Die väterliche Ordnung ist bedroht, ihr Untergang unausweichlich.

Karl hingegen phantasiert den Freundschaftsbund und ergeht sich in einer Erlöserphantasie. Er sieht seinen Vater in Not und will ihn retten (vgl. S. 38). Doch der Vater verlangt die Annullierung von Karls Ehe mit Adelheid, der Tochter seines persönlichen Feindes. Karl weiß, was die Ablehnung der väterlichen Forderung für ihn bedeutet, und spricht es aus: »Vatermord« (S. 43). Damit ist bereits in II,8 der dramatische Knoten so geschürzt, daß die komplizierte Konfliktlage nicht weiter überboten werden kann. Was nun folgt, ist der Ablauf dessen, was der Zuschauer ohnehin schon erwartet. Erst in III,9 wird auch der Herzog selbst auf der Flucht erkennen, worum es tatsächlich geht, »Vatermord! [...] Vatermord!« (S. 67). Der Kanzler des Herzogs nennt Konrad innerhalb weniger Zeilen viermal einen Vatermörder (vgl. S. 69). Selbst die von Konrad gedungenen Mörder, die in V,3 den Herzog umbringen sollen, können dies nicht, denn sie fühlen sich wie Vatermörder (vgl. S. 90).

Das Stück mündet im letzten Akt in Ottos furiosen Angriff auf jedwede Form aufgeklärter Affektkontrolle; die radikale Emanzipation der Leidenschaften verschafft sich hier Gehör (»den Zorn wegvernünfteln«, S. 96), auf Zorn, Wut, Rache, Vergeltung zu verzichten kommt für ihn nicht in Frage. Vielmehr formuliert er seine unbändige Leidenschaft so:

> Blutdurst leite mich! Raserey! Raserey! tobt, tobt, Elemente! vereinigt euch mit mir! (S. 97)

Vor seinem Selbstmord, nachdem er Normann umgebracht hat, verflucht er noch die Philosophen und attackiert die »kaltblütigen Vernünftler« (S. 100). Am Ende bleibt der Auftrag des sterbenden Herzogs an seinen Sohn Karl, ihn zu rächen, den bösen Bruder aber zu schonen, denn »er ward verführt. Nimm ihm alle Macht, Böses zu thun!« (S. 101). Der Konflikt zwischen den ›verfeindeten Brüdern‹ ist damit nicht entschärft.

Die Kritik lehnte Klingers *Otto* ab, zu offensichtlich waren den Zeitgenossen die thematischen und strukturellen Parallelen des Stücks mit den bis dahin erschienenen Sturm-und-Drang-Dramen von Goethe und Lenz. In einer Rezension des Shakespeare-Experten Johann Joachim Eschenburg (1743–1820) in der *Allgemeinen Deutschen Bibliothek* von 1776 etwa heißt es (27.2,384 f.):

> Es war zu vermuthen, daß die wilde regellose Manier einiger neuern deutschen Schauspiele gar bald viele Nachahmer finden würde; um so mehr, je geneigter junge Leute, sich alles kritischen Zwanges zu entsagen, und je sichrer eine neue und ungewöhnliche Gattung bey einem leicht in Erstaunen und Bewundrung gesetzten Haufen angegafft wird.

Eschenburg hält den *Otto* schlicht für eine Nachahmung des *Götz von Berlichingen*, man solle Shakespeares *King Lear* lesen, um zu verstehen, was in Klingers Stück mißraten sei. Und in der Tat kann man etliche Details im Drama, so etwa die Kinderszenen, nicht gerade als gelungen bezeichnen. v. Hungen, ein ehemaliger Vasall des Bischofs, hat drei Kinder, die allesamt auftreten, aber nur geschwätzig wirken. Die Handlungsführung insgesamt ist umständlich, die Dialoge sind oft gestelzt und plakativ auf ihre theatralische Wirkung hin angelegt. Mit seinem Erstling *Otto* sucht Klinger aber immerhin sofort den direkten Anschluß an die ›moderne‹ zeitgenössische Literatur.

Das leidende Weib

Das leidende Weib[10] kann als konsequente Weiterführung von Klingers *Otto* gelesen werden. Bezog sich dort die Emanzipation der Leidenschaften u. a. auf die Affekte Zorn, Wut, Rache und waren sie Spiegel schichtenspezifischer Machtkämpfe und Herrschaftsansprüche im Zeichen der Vatermacht, so betrifft sie im *Leidenden Weib* weibliche und männliche Sexualität. Das handelte Klinger sehr schnell den Vorwurf ein, sein Stück sei unmoralisch. Deshalb sah er sich genötigt, am 11. August 1775 in den *Frankfurter gelehrten Anzeigen* in einem offenen Brief, worin er sich gegen diesen Vorwurf zur Wehr setzte, folgendes zu erklären:

> Was ich über den Zweck meines Dramas sagen will, ist dieses: Ich wollte den Werth der Unschuld, das Heiligthum des Orts eines andern, meinen Lesern durch Beispiel und Handlung nicht durch Geschwätz anschaulich machen. (Klinger, W 1,XVII; im Original kursiv)

Das »Heiligthum des Orts eines andern« ist die sexuelle Reinheit der begehrten Frau, zugleich symbolisches Kapital (der eigentliche ›Wert‹) in der patriarchalen bürgerlichen Gesellschaft. Klinger stellt die Bedrohung dieses Heiligtums durch die Profanierung des Begehrens dar.

Das Vorbild von Lenz' *Hofmeister* bleibt in Klingers Stück stets gegenwärtig; Klinger hebt dieses Drama ausdrücklich als Referenztext zu seinem eigenen Stück hervor, auch im *Leidenden Weib* gibt es die Figur des Privatlehrers Läufer. So wird ein intertextueller Dialog mit Hilfe von Themen, Namen und Anspielungen entsponnen, der den Zeitgenossen wiederum den Gruppencharakter des Sturm und Drang und seiner Literaten bestätigen konnte, zugleich aber auch thematisch den Bezugspunkt der verbotenen Sexualität eröffnete. Die Hauptfigur ist die Gesandtin, die als

10 Textgrundlage: W 1,103–166.

leidende Frau förmlich umstellt ist von einem vierfachen männlichen Begehren. Erstens ist sie mit dem Gesandten verheiratet, den sie liebt und den sie zweitens betrogen hat mit Herrn von Brand, der sich als eine Jugendliebe (vgl. S. 131) auf ein älteres »Recht« (S. 123) gegenüber der Gesandtin beruft, drittens wird sie begehrt von Baron Blum, der die Möglichkeit eines galanten Abenteuers wittert, und viertens von Graf Louis, der die Gesandtin als »Göttin« (S. 127) phantasiert und dessen sexuelle Phantasie sogar den Tod der Frau billigend in Kauf nimmt (vgl. S. 128). Herr von Brand trägt – wie übrigens auch Baron Blum – einen sprechenden Namen, eine »brennende Leidenschaft« (S. 111) zur Gesandtin peinigt ihn, »ich liebe brennend« (S. 112), bekennt er. v. Brand ist zugleich auch Repräsentant der Sturm-und-Drang-Generation. Dies wird in derselben Szene deutlich, wenn Blum das Begehren als die Ursache von Sturm und von Drang identifiziert: »Es ist eine verfluchte Existenz, euch Kerls zuzusehen, wie's in euch kocht und wallt« (ebd.). Auch Franz ist der Typus eines jungen Kraftkerls, dessen Unbeherrschtheit am Ende mit zur tragischen Entwicklung führt. Schon zu Beginn des Stücks wird er von seinem Schwager zur Mäßigung aufgerufen (vgl. S. 114). Von seiner Geliebten Julie – die Anspielung auf Rousseau ist offensichtlich, zugleich geht Klinger über diesen empfindsamen Kontext hinaus – wird Franz als »Stürmer« (S. 140) bezeichnet.

Louise, das Kammermädchen der Gesandtin, rät dieser zur Fortsetzung des Liebesverhältnisses mit v. Brand. Sie wirft ihr vor, daß moralische Skrupel von einer kleinstädtischen Gesinnung zeugten und sich die Gesandtin wie eine »honette Bürgersfrau« (S. 117) verhalte, nicht aber wie eine Aristokratin. Hier treffen unterschiedliche Verhaltensstandards und Wertmaßstäbe aufeinander. Für Louise, welche die gesellschaftliche Schicht der Dienstleute vertritt, ist die soziale Bezugsschicht nicht das Bürgertum, sondern der Adel. Sie orientiert sich in ihrem eigenen Handeln an der durch die Standesprivilegien geduldeten Promiskuität des Adels. Die Befreiung von sexueller Unterdrückung ist für Louise nur im Adel und in ihrer eigenen Schicht möglich, das Bürgertum hingegen gilt ihr als honett, kleinstädtisch und moralisch. Vertreter des hohen Adels im Stück sind Graf Louis – ein unehelicher Sohn des Landesfürsten –, der erklärtermaßen gegenaufklärerisch gesinnt ist und jeglicher Vernunft entsagt (vgl. S. 130), sowie Baron Blum, der sich selbst als allgemeinen Menschenhasser bezeichnet (vgl. S. 131). Graf Louis reklamiert für sich, daß es unmöglich sei, Leidenschaften zu bändigen. Seinem Hofmeister erklärt er:

> Wenn Sie zu den Leidenschaften sagen: Tobt nicht; ists eben, als sagten Sie zum Wind, stürme nicht! (S. 143)

Louis beruft sich auf den *Hofmeister*, der veranschauliche, wohin Selbstbändigung und Triebverzicht führten. Er schlägt statt dessen ein privatistisches Modell der Triebabfuhr vor, welches das Staatsmodell, wie es Lenz in seinen *Soldaten* diskutieren läßt, vorwegzunehmen scheint.

> Hättet ihr mir eine Maitresse gehalten, da es in mir anfieng aufzuwachen, wärs gut gegangen. Und sollt ich einen Buben haben, soll er in seinem sechzehenden Jahr eine haben, und sich nicht peinigen oder gar verderben. (S. 144)

Blum hingegen rät v. Brand, sich kastrieren zu lassen (vgl. S. 149). Klinger übt mit den Figuren Graf Louis und Baron Blum dadurch subtile Kritik am absolutistischen Herrschaftssystem seiner Zeit, das psychische und sexuelle Unterdrückung produziert, daß er die Vertreter von Staatsmacht und Staatsräson als die eigentlichen Antiaufklärer auftreten läßt.

Ein ländlicher Maskenball – hier liegt der Vergleich mit Lenz' *Neuem Menoza* nahe – wird schließlich der Ort der Katastrophe, dort treffen die rivalisierenden Männer aufeinander. Während sich v. Brand und Baron Blum zunächst mit dem Blick auf die begehrte Frau aus der Distanz begnügen, hat Graf Louis die Gesandtin bereits sexuell attackiert:

> Ich hab ihre Finger berührt; mir war, als genöß ich alle Wollust der Welt. Meine Hand fuhr unvermerkt in dem Umschlingen über ihren Busen – Hab ich Athem? [...] in aller ihrer Macht! Sie kann tödten, ich will an ihrem Busen aufleben, aufleben, leben, leben, leben!
> (S. 155)

Doch während sich Donna Diana im *Neuen Menoza* (vgl. V,6) gegen die Vergewaltigungsversuche des Grafen zur Wehr setzt, geht die Gesandtin im *Leidenden Weib* an der physischen Gewalt des Grafen Louis seelisch zugrunde, sie stirbt. Die Vergewaltigung der Gesandtin kann nur durch den hereinstürzenden v. Brand verhindert werden, der Louis mit einem Pistolenschuß tötet (vgl. IV,9). Gleichwohl wird die gesellschaftliche Schande von dem Bruder der Gesandtin, Franz, als untilgbar empfunden, für ihn ist seine Schwester eine »Hure« (S. 160 und 161). In diesem patriarchalen Reaktionsmuster wird nicht nach Schuld und Unschuld der bedrängten und bedrohten Frau gefragt, nicht das psychische Leid der Frau wird bedacht – was den Titel gegen zeitgenössische Kritik ins Recht setzt – es geht allein um die gesellschaftliche Schande des öffentlich gewordenen Ehebruchs. Franz bricht auf, um seine Schwester zu töten und die Familienehre wiederherzustellen, doch zuvor stirbt die Gesandtin. Die Verinnerlichung bürgerlicher Verhaltensstandards im 18. Jahrhundert muß letztendlich zur Selbstauslöschung des weiblichen Subjekts führen. Der Verzicht auf sexuelle Autonomie der Frau bedeutet in diesem Fall den Verzicht auf das Leben insgesamt und erfüllt damit einen längst fragwürdig gewordenen Ehrenkodex. Ihr Liebhaber v. Brand tötet sich am Ende selbst, er stirbt auf dem Grabhügel seiner Geliebten – durch Millers *Siegwart* (1776) wird dieses Motiv populär werden –, der Gesandte und

Franz haben Vermögen und Ämter verloren und bewirtschaften ein kleines Landgut. Die Natur gilt nicht mehr als tröstender Fluchtpunkt in der Zivilisationsferne. Die Natur wird vielmehr zum Ort des Schreckens, beständig ist die tote Gesandtin im Sternenhimmel anwesend, die Mitschuld der Männer an ihrem Tod wird nicht getilgt (vgl. die Schlußszene).

Die dramatischen Verwicklungen des Stücks sind zum Teil umständlich entfaltet. Die Katastrophe, der Tod der Gesandtin, ist jenes Opfer, das Klinger dem zeitgenössischen Theaterpublikum bringen mußte, das vom Text her aber nicht zureichend motiviert ist. In einzelnen Szenen entfaltet Klinger seine parodistische Kraft, etwa wenn er den empfindsamen Gesprächston der beiden Liebenden Franz und Julie in einer Nachtszene, die stark an jene in *Sturm und Drang* erinnert, karikiert (vgl. III,3, 4 und 5) und kurz darauf Läufer mit Julie durchbrennen läßt (vgl. IV,2).

In die späteren Werkausgaben nahm Klinger *Das leidende Weib* nicht mit auf, eine Umarbeitung ist nicht bekannt. In seinen *Betrachtungen und Gedanken über die Welt* (1804) erklärt er in den Aphorismen Nr. 309 und 310, vielleicht auch mit Blick auf die eigenen Umarbeitungen seiner anderen Stücke und die Vorfälle um Wagners *Kindermörderin*:

> Ich weiß nicht, ob es nöthig und vortheilhaft ist, die so kühn-genialischen Produkte der Dichtkunst dem Publikum in einer vernünftigern, das heißt, kältern Gestalt noch einmal zu geben: der Dichter sieht wenigstens immer so dabei aus, als hätte er sich aus Gefälligkeit und Bescheidenheit nun selbst kastrirt. Doch, er ist ja Herr über seinen Leib; was soll man aber zu dem sagen, der die Werke anderer verbessert, der sich dem Publikum als Genieverschneider aufdringt, ohne dazu aufgefordert zu seyn? Und wenn dieß nun gar ein Genie dem andern thut? […]

> Mit [...] den kühn-genialischen Produkten der Jugend, steht es vielleicht wie mit dem Beischlaf. Ein Mann, den etwas Erschlaffung zum Künstler in diesem Punkt gemacht hat, fördert vielleicht auch ein recht fein geformtes Kind zur Welt. Vergleicht es aber mit dem, das der gezeugt hat, auf den die volle Kraft der Natur so wirkte, daß er nur ihrem Drang gehorchte und kaum wußte, was er that. (Klinger, SW 4,254 f.)

Klinger nimmt hier die Metapher der Selbstkastration auf, wie sie Lenz in seinem *Hofmeister* als Realgeschehen geschildert hatte. Der drohende Akt symbolischer Selbstverstümmelung, als die eine Umarbeitung und ›Entschärfung‹ der Genie-Stücke von Klinger verstanden werden, macht die Widerstände deutlich, die durch die Sturm-und-Drang-Dramen geweckt wurden.

In seiner Rezension zum *Leidenden Weib* in Nicolais *Allgemeiner Deutschen Bibliothek* (1776; 27.2,386 f.) schrieb Eschenburg:[11]

> Das Werk eines jungen Menschen, bey dem die Aufwallungen jugendlicher Hitze noch in der ersten Gährung sind. [...] alles hat das Gepräge dieser ungezähmten Hitze. [...] Den Nachahmer des Hofmeisters sieht man überall. [...] Und doch wagen wir es, dieser ganzen Art der dramatischen Schriftstellerey keine sonderliche Dauer zu prophezeien. [...] Diese Sächelchen sind einförmiger, als mancher Schriftsteller denkt. Man wird ihrer sehr bald überdrüssig, und [...] zum Gähnen gebracht.

Die Nähe des Stücks zu Lenz' *Hofmeister* verleitete noch Ludwig Tieck dazu, *Das Leidende Weib* in seiner dreibändi-

11 Identifizierung nach: [Gustav C. F. Parthey], *Die Mitarbeiter an Friedrich Nicolai's Allgemeiner Deutscher Bibliothek nach ihren Namen und Zeichen in zwei Registern geordnet. Ein Beitrag zur deutschen Literaturgeschichte*, reprogr. Nachdr. der Ausg. Berlin 1842, Hildesheim 1973, S. 38.

gen Lenz-Ausgabe (1828) als ein Werk von Lenz selbst auszugeben. Den Zeitgenossen blieb jedenfalls die thematische Kühnheit des Stücks und sein antiklassizistischer Aufbau nicht verborgen, der Autor Klinger wurde als Vertreter des Sturm und Drang, der »Göthisch-Lenzischen Manier«[12], wahrgenommen.

Die Zwillinge

Am 18. Februar 1775 schrieb das Hamburger Theater unter Federführung der Prinzipalin Sophie Charlotte Ackermann (1714–1792) und ihres Sohnes Friedrich Ludwig Schröder (1744–1816) einen Dramenwettbewerb aus, bei dem ein »Originalstück« gesucht wurde, »es sei Trauer- oder Lustspiel«. Dem Sieger winkte ein stattliches Preisgeld von 100 Talern[13], folgende Bedingungen wurden dazu formuliert:

> Wir müssen nemlich 1) ersuchen, dass das Stück von der Beschaffenheit sey, dass es a. in Ansehung seines sittlichen Inhalts auf die Bühne gebracht werden dürfe; dass es auch b. um aufs Theater gebracht zu werden, keine ausserordentlich grossen Kosten an ungewöhnlichen Kleidertrachten und sonstigen Decorationen erfordere; ferner c. nicht die Zahl der agirenden Perso-

12 Im *Almanach der deutschen Musen auf das Jahr 1776*, S. 35, ist in der Rezension von Klingers *Leidendem Weib* zu lesen, »daß dieses Stück in der *Göthisch-Lenzischen* Manier abgefaßt ist«. Dies gilt dem Rezensenten als Qualitätsmerkmal der neuesten Literatur des Sturm und Drang.

13 Zum Vergleich: Goethes Einstiegsgehalt als Minister betrug 800 Taler jährlich, Leisewitz bekam als Sekretär einer Kreditanstalt 310 Taler, ein Hauslehrer verdiente zwischen 20 und 53 Talern, und der Koch in Goethes Vaterhaus erhielt 16 Taler im Jahr. Die Summe des Preisgelds entspricht im übrigen jenem Betrag, der dem Vater von Evchen Humbrecht in Wagners *Kindermörderin* als Abfindungszahlung für das uneheliche Kind angeboten wird (vgl. 5. Akt).

> nen übersteige, die man billiger Weise auf einer deutschen Bühne erwarten kann; d. ob wir gleich Trauerspiele in Versen nicht ganz ausschliessen, so werden uns gleichwohl die in Prosa von sonst gleicher Güte viel lieber seyn [...]. (Zit. nach: Karthaus, B 6c: 1987, 102)

Lediglich drei Stücke wurden daraufhin eingereicht. Die Literaturgeschichte verdankt dem Preisausschreiben aber zwei bedeutende Dramen des Sturm und Drang, denn Klinger schrieb seine *Zwillinge*[14] und Leisewitz den *Julius von Tarent*. Daß alle drei Stücke einen Brudermord dramatisieren, mag Zufall sein. Doch die Übereinstimmungen zwischen den Dramen von Leisewitz und Klinger sind augenfällig, die Forschung spricht vornehm davon, daß Klinger durch Leisewitz zu seinem Drama angeregt worden sei. Heutzutage würde man zumindest einen Plagiatsverdacht in Erwägung ziehen. Johann Martin Miller (1750–1814), der mit seiner empfindsamen Wertheriade *Siegwart. Eine Klostergeschichte* (1776) großen Erfolg hatte, war ein Freund von Leisewitz und gab bei einem Besuch Ende Juli 1775 Klinger mutmaßlich die entscheidenden Hinweise. Leisewitz hatte sein Drama bereits im Sommer 1774 geschrieben.

Das Stück kommt mit sechs Hauptpersonen aus, erfüllt also zumindest die formale Wettbewerbsbedingung eines überschaubaren Personals. Herzog Guelfo – im Text immer nur der »alte Guelfo« genannt –, seine Frau Amalia (auffallend ist die Namensidentität mit Anna Amalia, der Mutter von Herzog Carl August von Sachsen-Weimar-Eisenach), die Söhne Ferdinando und Guelfo sowie deren Vetter Grimaldi, der Vertraute des jungen Guelfo, und Ferdinandos Verlobte Gräfin Kamilla – das sind die Personen, zwischen denen der tragische Konflikt ausgetragen wird. Ohne Umschweife stellt Klinger Guelfo als unbeherrschten, leidenschaftlichen Kraftmenschen vor, mit allen theatralischen Attitüden, welche natürlich auch der Bühnenwirksamkeit der

14 Textgrundlage: Ausg. Guthke.

Figur dienen sollen. Bereits der Einleitungssatz, mit dem Grimaldi Guelfo charakterisiert, verbindet Affektbereitschaft und Vernunftarbeit in einem Oxymoron, Guelfo sei »sehr wild ernsthaft« (S. 5). Für die Mutter ist ihr Sohn hingegen nur »ein bischen wild« (S. 18), während sich für den Vater Guelfos Wildheit mit den Wörtern »unbändig«, »stolz«, »rachgierig«, »blinder Zorn« und »Feuer« verbindet. Er selbst vermag es nicht mehr, »den Sohn Guelfo zu bändigen« (S. 31). Mit seinem Sohn Ferdinando und Kamilla spricht er ein Erziehungsprogramm ab, um sich Guelfo gefügig zu machen. Kamilla soll Laute spielen und singen, harmonische Musik wirke beruhigend. Doch Musik hat – man vergleiche die Analogie zu Klingers *Otto* – längst keinen mäßigenden Einfluß mehr auf ihn, schon eingangs des Stücks scheiterte Grimaldis Versuch, Guelfo durch Musik zu beruhigen (vgl. S. 8 f.). Der Vater erklärt: »Wir wollen [...] ihn zähmen« (S. 32). Damit gibt er selbst das Stichwort für den Sturm und Drang, dessen Autoren in der familialen wie in der gesellschaftlichen Erziehungsarbeit lediglich Bändigungsversuche erblicken, Versuche, sich die Abweichler gefügig zu machen. Der Vater ist die Bändigungsmaschine, die Vaterwelt die Welt des Bändigungszwangs.

Guelfo stellt das Erstgeburtsrecht seines Bruders in Frage, er behauptet, bei der Geburt mit ihm vertauscht und damit von der dynastischen Folge ausgeschlossen worden zu sein. Der Verlust der Herrschaftsmacht, der Standesprivilegien sowie materielle Benachteiligung sind ihm Ausgangspunkt seines Handelns, außerdem will der Bruder die Frau heiraten, die Guelfo selbst begehrt. Allein ihm stehe, so erklärt er Grimaldi, die Frau als Lohn für seine erfolgreichen Schlachten zu (vgl. S. 26 f.), übrigens eine erstaunliche Parallele zu Guidos Anspruch in Leisewitz' *Julius von Tarent*. Eifersucht und Besitzdenken vermischen sich in seinen Motiven also unauflöslich mit der strikten Weigerung, anders als im Affekt zu handeln. Sein Ziel formuliert er ohne

Umschweife: »Vater! Mutter! ich will euch ausstreichen!« (S. 12), nachdem er zuvor – vorläufig nur metaphorisch – den Namen Ferdinandos aus dem Stammbaum gestrichen hat (vgl. S. 6). Kein Zweifel, Klinger zieht in den *Zwillingen* alle Register theatralischer und dramatischer Möglichkeiten. Ferdinando wird von Grimaldi als süß, klug und empfindsam charakterisiert, von Guelfo gar als ein »eitles, schwaches, elendes, püppisches Männchen, der von Empfindsamkeit viel schwätzt, nichts als ein bischen Mädchenseele hat« (S. 45), er besitzt also Eigenschaften, die nicht diejenigen eines Kraftkerls sind. Guelfo selbst begreift sich als Löwe, »ich [...], der Löwe Guelfo! Ich hab Muth, Feuer, Geist, Stärke« (S. 17; ähnlich auch S. 26),[15] und dennoch bleibt er der verfluchte und verlorene Sohn (vgl. S. 22), zu dem er sich selbst stilisiert. Die Musik bleibt wirkungslos. Hinzu kommt, daß Ferdinando bis zum Schluß versucht, einzulenken und die Situation zwischen den Brüdern zu befrieden. Er sucht eine harmonische Lösung, welche den affektbesessenen Bruder in die Verantwortung für Familie und Staat einbinden, ihn zur geschwisterlichen Zuneigung sogar zwingen will (vgl. S. 32). Doch genau dem widersetzt sich Guelfo.

Der Brudermord wird erstmals ausdrücklich von Guelfo in II,1 erwähnt, eine stählerne Keule erbittet er sich, um damit das Haupt seines Bruders zu zerschlagen. Noch eignet diesen kraftvollen Worten eine metaphorische Qualität, noch ist es eine bloße Absichtserklärung dem vertrauten Freund Grimaldi gegenüber. Entscheidend für diese Textstelle ist das Motiv, aus dem heraus Guelfo seine phantasierte Tat rechtfertigt. Eifersucht auf den Bruder ist der Beweggrund, eine ungebändigte Leidenschaft für Kamilla, die der Bruder hei-

15 Gelegentlich wird darauf hingewiesen, daß Klinger in seinem Stück *Simsone Grisaldo* (1776) den Begriff »Löwenblutsäufer« verwende, um damit den Anspruch auf Sturm-und-Drang-Größe zu formulieren. Jedoch spricht dort in I,1 lediglich ein Sarazenenkönig davon, daß er den Löwen bezwungen und sein heißes Blut getrunken habe. Dies ist durchaus wörtlich gemeint und in diesem Sinn keine Parallelstelle zu den *Zwillingen*.

raten wird. Guelfo selbst charakterisiert sich als derjenige Mann, der allein wisse, wie man mit der Frau in Kamilla umgehen müsse. Damit gerät der Bruderkonflikt in die patriarchale Auseinandersetzung um die Macht über eine Frau, die sich allmählich mit dem Kampf um die politische Vorherrschaft im Land und damit um den großen materiellen Besitz verknüpft. Auch in diesem Stück ist die scheinbar private (Liebes-)Leidenschaft zutiefst politisiert, wer sich im Bereich der häuslichen Privatheit als unbeherrscht erweist und keiner vernünftigen Affektkontrolle zugänglich ist, der ist für den Bereich der Öffentlichkeit ungeeignet, dessen politisches Handeln birgt stets eine allgemeine Gefahr, welche die Wohlfahrt des Staatswesens bedroht. Klinger versucht auf diese Weie, bürgerliche Privatheit als Ort der Einübung öffentlicher Verantwortung aufzuwerten.

Guelfos kraftgenialische Gebärde zeigt sich also am deutlichsten in seinem Anspruch zu handeln, ohne zuvor Ziel und Folgen abzuschätzen. Seine Aufforderung an Grimaldi »Laß mich was thun!« (S. 27) gleicht eher einem Befehl, den er sich selbst gibt, in der Formel »was ich thu, thu ich!« (S. 28) bündelt er sein Programm. Nicht der Inhalt und das Ziel des Handelns sind entscheidend, sondern allein die Aktivität an sich. Hier hat man es bereits mit einer Schwundform des Handlungsmotivs in der Sturm-und-Drang-Literatur zu tun. Das Handeln ist seines ursprünglichen Sinnes, eine Gegenordnung zur väterlichen Welt zu gründen, entleert. Verglichen mit Götzens Handlungsabsichten ist Guelfos Handeln regelrecht blutleer.

Guelfos Parole ist aber auch die radikal zugespitzte Variante zu Christoph Kaufmanns – auf Lavater zurückgehenden – bekanntem Ausspruch: »Man kann, was man will; / Man will, was man kann!« (Lavater, *Physiognomische Fragmente. 3. Versuch*, 161).[16] Klinger griff dieses Motto in einer

16 Lavater gab dies auch als Motto dem Kupferstich Kaufmanns eine Seite zuvor bei.

zu dem in zehn Einzelszenen vorliegenden Dramenfragment *Pyrrhus* vom Sommer 1775 gehörenden Szene im Anhang zum 3. Teil seines *Orpheus*-Romans 1779 unter dem Titel »Eine nächtliche Scene« nochmals auf. Dort sagt die liebeshungrige Königin zu Hecate: »Du kannst alles, so bald du nur willst!« (Klinger, W 1,217) Lavater hatte in seinen *Physiognomischen Fragmenten* das wahre, volle und ganze Genie als eine Übersteigerung von Individualität definiert, »das kann, was es will, und nur das will, was es kann« (Lavater, *Physiognomische Fragmente*, Ausg. Siegrist, 305), wohingegen der durchschnittliche Mensch nur kann, »was er kann, und ist, was er ist« (ebd., 309). Am gleichen Ort (vgl. ebd., 209 ff.) hatte Lavater Kaufmann ein überschwengliches Kapitel gewidmet, und auch in seiner privaten Korrespondenz und in Empfehlungsschreiben wurde Kaufmann von ihm zum Genie gemacht, wie Werner Milch sagt: »verhätschelt« und »überschätzt« (B 3c: 1932, 53). Kaufmann war der einzige Vertreter des Sturm und Drang, der auf andere großen Einfluß hatte und die literarischen Projektionen der Sturm-und-Drang-Autoren auch in sein Gebaren und in die Lebensweise übertrug, selbst aber – von wenigen Texten abgesehen[17] – nicht literarisch tätig war. Hamann charakterisierte ihn treffend mit folgendem Bonmot: »Er spielt beynahe die Rolle im bürgerlichen Leben, als ich in der Autorwelt« (zit. nach: Milch, B 3c: 1932, 15). Von Maler Müller wurde Kaufmann »Gottes Spürhund« (Weinhold, B 6c: 1874, 511)[18] genannt, stets auf der ebenfalls von Lavater inspirierten religiös begründeten Suche nach Seelen; von anderen wurde er als Inkarnation des Sturm und Drang verstanden. Er erschien meist mit Knotenstock,

17 Eine Ode Kaufmanns ist abgedruckt in: Milch, B 3c: 1932, 41.

18 Dieses Zitat stammt aus dem zweiten Faust-Fragment Müllers, das Karl Weinhold erstmals veröffentlichte. – Ob die Bezeichnung »Gottes Spürhund« möglicherweise von Kaufmann selbst stammt, wie sein Brief vom 28. Oktober 1776 an Maler Müller nahelegt, bleibt ungesichert (vgl. Rieger, B 6b: 1880, 178).

offenem Haar und für damalige Verhältnisse unschicklich weit bis zum Nabel geöffnetem Hemd (vgl. Milch, B 3c: 1932, 14). So konnte er sich selbst als Genieapostel aufführen und als Bürgerschreck wahrgenommen werden.

Diesem Bild des unkonventionellen Mannes entspricht Guelfo durchaus, doch geht Klinger in der Charakterisierung seiner Hauptfigur noch einen Schritt weiter. Auf Willen und Möglichkeit, die Bedingungen zum Handeln, kommt es Guelfo – im Gegensatz zum Kaufmannschen Motto – nicht mehr an, es zählt allein die Tat, die sich selbst rechtfertigt.

Der Appell Kamillas an die Schicklichkeitsstandards, ihre Aufforderung an Guelfo, anders und ein Mann zu sein, quittiert dieser mit einem Sturm-und-Drang-Bekenntnis, er ergreift Kamillas Hand, beide betrachten das Abendrot:

> Die letzten Sonnenstrahlen durch die Bäume her – Ich möchte mich in die Feuerhelle dort schwingen, auf jenen Wolken reiten mit vergoldetem Saume! – Kamilla! [...] Ach! und ich bin wieder so hin – ich möchte diese Feuerwolken zusammenpacken, Sturm und Wetter erregen und mich zerschmettert in den Abgrund stürzen! – Kamilla! Kamilla! Kamilla! (S. 38)

Daraufhin küßt er sie heftig, wie es in der Regieanweisung heißt. Guelfos Leidenschaftsausbruch ist Vorzeichen jener affektbedingten Unkontrolliertheit, die am Ende zum Brudermord führt. Guelfo fühlt sich zur Tat getrieben, er könne nicht anders, macht er in III,1 geltend. Klinger korreliert in dieser Szene (ähnlich auch in der monologischen Kurzszene III,3) mit Shakespeareschem Effekt die psychische Befindlichkeit Guelfos mit der äußeren Situation. Ein Sturm tobt in der Nacht, während Guelfo innerhalb weniger Zeilen sechs Mal betont, daß er sich seinem Trieb, zu handeln, die schreckliche Tat am Bruder zu begehen, nicht mehr entziehen könne (vgl. S. 41). Auch Grimaldi versucht ihn nicht länger an der Tat zu hindern, er gibt ihm vielmehr die Legitimation dafür, wenn er im Hinblick auf Guelfos Begehren und Eifersucht sagt:

> Verflucht! Eine solche Leidenschaft zu unterdrücken gebieten, die die größte Triebfeder unsers Wesens ist – die alles aus uns heraus windet, was wir werden können! (S. 45)

Dies ist das erklärte Gegenprogramm zum väterlichen Bändigungsversuch, der unversöhnliche Konflikt zwischen Vater und Sohn ist damit vorgezeichnet. In dieser Männerwelt nimmt die Mutter die Rolle der Vermittlerin ein. Sie versucht – wie übrigens auch Kamilla in II,5 – den Sohn zu schützen, indem sie sein wildes, ungebändigtes Verhalten als Krankheit zu begreifen versucht, um ihn damit dem Zugriff der rationalen Beurteilung zu entziehen. Der Vater hingegen inszeniert förmlich die Lehrprobe eines physiognomischen Experiments: »Ich muß sehen, wie sich Leidenschaften bey meinen Kindern zeichnen. Was beißt er die Zähne? was zieht er die Faust zusammen? was wölkt sich die Stirne? So steht man vorm Feinde. Mann, Dein Gesicht gefällt mir nicht« (S. 19) – harte Worte eines Vaters zu seinem Sohn. Auch Grimaldi kommt am Ende, nach geschehener Tat, zu dem Ergebnis: »Dein Anblick tötet« (S. 59). Im Sinne Lavaters ist damit bereits das Feld der Pathognomik betreten. Im Kapitel »Physiognomik und Pathognomik« seiner *Physiognomischen Fragmente* schreibt Lavater:

> *Physiognomik*, im eingeschränkten Sinne des Wortes, ist *Kraftdeutung*, oder *Wissenschaft der Zeichen der Kräfte*.
> *Pathognomik*, *Leidenschaftsdeutung*, oder *Wissenschaft der Zeichen der Leidenschaften*. Jene zeigt den *stehenden* – diese den *bewegten* Charakter.
> (Lavater, *Physiognomische Fragmente*, Ausg. Siegrist, 275)

Wie später in *Sturm und Drang* spielen also auch in diesem Stück Klingers die sinnliche Wahrnehmung des Sehens und die entsprechenden physiognomischen Ausdrucksmöglichkeiten eine bedeutende Rolle. Vom »nagenden Blick« Guelfos (S. 5) ist ebenso die Rede wie von seinem »Königsblick« (S. 12), an dem man erkenne, wie Grimaldi sagt, daß Guelfo der rechtmäßige Erbe und legitimer Herrscher sei. »Verkehrtstehende Augen« (S. 7) und »Blitz im Aug« (S. 22) Guelfos sind sichtbare Zeichen, die insgesamt Schrecken und die Unmöglichkeit der Bändigung im buchstäblichen Sinn veranschaulichen. Auch die Mutter wird schließlich der Gewalt des Blicks ausgesetzt, in III,2 sagt sie, Guelfos Auge rolle fürchterlich, er solle sie vor seinem Blick schützen (vgl. S. 49). Am Schluß des Dramas ist von seinem »Würgblick« die Rede, bevor er den »Brudermord« (S. 59) ausführt. In den *Physiognomischen Fragmenten* hatte Lavater im Kontext seiner Geniedefinition hervorgehoben, daß sich Genialität weder im Verstandesgebrauch noch in der Imaginationskraft erschöpfe, sondern daß sie auch physiognomisch erkennbar sei. Besonders am Blick sei zu erkennen, »daß *Blick Genie* ist – die Seele in den Blick konzentrirt. *Blitzblick* der schnellgespannten Seele« (Lavater, *Physiognomische Fragmente*, Ausg. Siegrist, 300). Lavaters Blitzblick des Genies verkehrt sich in Klingers dramatischer Darstellung in den Würgblick des Kraftkerls, der Würgblick ist somit die Parodie auf den Blitzblick des Genies.

In IV,5 ist die Tat schließlich aufgedeckt, Guelfo gesteht Grimaldi, seinen Bruder umgebracht zu haben, er empfindet nun Erleichterung. Den Eltern gegenüber leugnet er jedoch lange die Tat. Im Verhör mit dem Vater zitiert dieser nochmals die physiognomischen Attribute des unbeherrschten Sohns: »Wo ist dein Bruder, Mann mit dem Feuerblick? Du mit dem rollenden Auge der Verzweiflung« (S. 64). Guelfo macht für seine Tat den Bruder und die Eltern verantwortlich, Klinger streut diese Schuldzuweisungen über den gesamten Text. Bereits im 2. Akt sagt Guelfo: »vernichtet habt ihr mich doch alle« (S. 37), im 3. Akt stellt er fest: »alles verläßt mich!« (S. 51), und im 5. Akt heißt es über den Bruder, den Vater und die Mutter: »Er hat [...] mich verdorben und Ihr!« (S. 65). Am Ende bezichtigt der Vater den Sohn des Brudermords und tötet ihn. Damit wird nicht ein obwaltendes Schicksal für das tragische Geschehen verantwortlich gemacht, sondern die Familienverhältnisse, die Konflikte zwischen Vater und Sohn und zwischen den Söhnen untereinander sind es, die als »Modell einer schlechten Gesellschaft« (Martini, B 2: 1979, 161) deren Selbstzerstörung vor Augen führen. Daß am Ende der Vater als Vertreter der alten Ordnung und des Feudalismus am Leben bleibt, während die Söhne tot sind, gleicht der bitteren Erkenntnis des Sturm und Drang, daß eine Rebellion gegen die Vaterwelt nur zum Preis von deren unwiderruflicher Vernichtung möglich ist. Dies aber liegt nicht im Blick und im Interesse der jungen Autoren. Zu Recht hat Fritz Martini in seiner Studie über das Thema der feindlichen Brüder im Sturm und Drang darauf hingewiesen, daß der Bruderkonflikt und schließlich Brudermord zu den revolutionärsten Themen des Sturm und Drang – zu ergänzen wäre: neben dem Thema des Kindsmords – zählt. Freilich erschließt sich diese Bedeutung nicht, wenn man das Thema ausschließlich stoff- und motivgeschichtlich behandelt. Martini versucht statt dessen eine ›allegorische‹ Lesart, die das gesellschaftskritische Potential des Textes freilegt und es sozio- und psychohistorisch deutet. Die Herkunft des Brudermords aus der biblischen Tradition ist unzweifelhaft, doch gehen die Sturm-und-Drang-Autoren über ihre literarischen und biblischen Vorlagen insofern weit hinaus, als sie das Thema säkularisieren. Die Tatmotive und Handlungszusammenhänge werden nun auf den Kontext von familialen und gesellschaftlichen Konflikten übertragen und zunehmend psychologisiert. Der Konflikt mit dem Vater wird in Klingers und Leisewitz' Drama zwar vom Vater auf den Bruder verschoben, nicht aber grundsätzlich aufgelöst (vgl. Martini, B 2: 1979, 133). Der äußere Aufstand der Söhne gegen die Väter, ausgetragen entweder als Verweigerung der Herrschaftsnachfolge oder als unbegründeter

Herrschaftsanspruch, findet seine innerfamiliäre und binnenpsychische Entsprechung in der Weigerung der Söhne, der Stimme der väterlichen Vernunft weiterhin zu gehorchen. Durch diese Rebellion werden jene für die bürgerliche Gesellschaft des 18. Jahrhunderts verbindlichen und Konsens stiftenden Werte von Gesellschaft, Natur, Ästhetik und Religion zerstört. Die Gruppenbündnisse des Sturm und Drang setzen die Auflösung der Bindungen an die aufgeklärte Vaterwelt voraus. In der Verbindung von Privatheit und Öffentlichkeit, von Binnenrevolte und gesellschaftlicher Kritik kommt der spezifische Anspruch dieser Literatur zum Ausdruck, nicht mehr zum falschen Schein der kaschierten Versöhnung beizutragen, sondern die Risse aufzudecken und das Recht auf Selbstbestimmung zu verwirklichen. Darin mag ein Grund zu sehen sein, weshalb auf persönliche Anweisung Josephs II. Klingers Stück *Die Zwillinge* nach der ersten Aufführung am 11. Januar 1777 in Wien, die der Kaiser selbst gesehen hatte, verboten wurde (vgl. Plachta, B 2: 1994, 179). Die genauen Gründe für diese Maßnahme sind zwar nicht bekannt, doch nicht auszuschließen ist, daß der Kaiser einer über den Buchstaben des Textes hinausgehenden Deutung fähig war. Hätte er den Text wörtlich genommen, hätte er nichts vom Stück befürchten müssen: der alte Guelfo bleibt am Leben, die rebellierenden Söhne sind tot, die Ordnung ist wiederhergestellt.

Sturm und Drang

Das Schauspiel *Sturm und Drang*[19] erschien 1777, zurückdatiert auf 1776, denn im September dieses Jahres hatte Klinger es abgeschlossen. Es kann keineswegs als das Mo-

19 Textgrundlage: Ausg. Fechner.

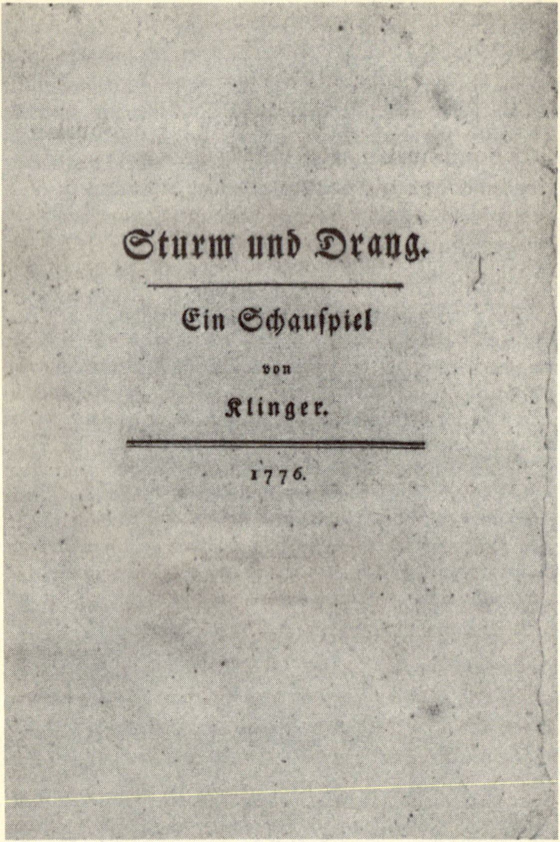

Sturm und Drang.

Ein Schauspiel

von

Klinger.

1776.

Titelblatt der Erstausgabe von Friedrich Maximilian Klingers
Drama *Sturm und Drang*

dell eines Sturm-und-Drang-Dramas schlechthin gelten, dazu ist es – gemessen an Goethes *Götz* – zu konventionell angelegt. Klinger montiert durchaus eine Einheit der Handlung, die phasenweise verdeckt wird, der Ort, an dem das Stück größtenteils spielt, ist traditionell gewählt und stiftet gleichfalls eine Einheit, die typisierten Sturm-und-Drang-Charaktere werden am Ende »in biedere, fast konventionell anmutende Formen gefaßt« (Schmiedt, B 2: 1985, 57). Gerhard Kaiser spricht von einer »Ernüchterung« (B 6b: 1985, 317) die sich nach dem Lesen des Stücks einstelle, des Eindrucks eines Familien-Rührstücks könne man sich kaum erwehren. Aus gutem Grund erhalten Klingers *Zwillinge* in Huyssens Darstellung (B 2: 1980) deshalb den Vorzug vor diesem Drama. Gleichwohl gehört es in die Reihe der Dramen des Sturm und Drang, und zwar aus inhaltlichen Gründen.

Sturm und Drang ist ein regelmäßiges, fünfaktiges Drama. Das Stück spielt in Amerika zur Zeit des Unabhängigkeitskrieges, es holt damit Zeitgeschichte auf die deutsche Bühne. Die Fremde wird zum eigentlichen Ort der Entdeckung von Identität, im fernen Amerika werden zwischen den Figuren Mißverständnisse beseitigt, Haß verkehrt sich in Zuneigung, Verständnis wird gestiftet. Dieser Aspekt wird insofern wichtig, als Klinger die Zerrissenheit der Individuen nicht so radikal in Szene setzt wie etwa Goethe oder Lenz. Klinger offeriert eine harmonische Lösung der Konflikte, und es bleibt die Frage zu beantworten, ob darin ein parodistisches Element zu sehen oder ob dies als Zugeständnis des Dichters an den Geschmack seines Publikums zu werten ist.

Gleich der 1. Akt eröffnet sprachlich eine Sturm-und-Drang-Szene, der Text beginnt mit einer Interjektion (»Heyda!«). Wild heißt eigentlich Carl Bushy. Die Schreibweise (Carl und Karl) im Text selbst ist uneinheitlich, entweder vermochte Klinger den Druck seines Dramas nicht zu überwachen und Korrekturen anzubringen, oder er legte keinen Wert auf eine Vereinheitlichung. Auf einer anderen Ebene bedeutet die deutsche Schreibweise Karl, daß der Ort der Handlung Amerika ebenso nebensächlich ist wie die englische Herkunft der Protagonisten. Von Bedeutung wäre in dieser Lesart allein das durch die Figuren repräsentierte und ausagierte Menschlich-Exemplarische: Wild, der Typus des zerrissenen, getriebenen Sturm-und-Drang-Mannes, der um jeden Preis handeln will, der die Möglichkeit zur Selbsthilfe nicht in der Heimat wie Götz, sondern nur in der Fremde findet. Wilds neuer Name – und damit seine neue Identität – ist wie derjenige von La Feu und Blasius als sprechender Name zu verstehen, er schöpft in seiner Eröffnungsrede aus dem Vokabular innerer Erregtheit und psychischer Dynamik (»Tumult«, »Lermen«, »Sinnen herumfahren«, »Sturm«, »wild«, »Geräusch«, »gebrüllt«, »toll tobe«, »Wirrwarr« sind typische Wörter von Wilds Eröffnungsrede). In der Regieanweisung zuvor werden ein Gasthof als Ort der Handlung und Reisekleider als Requisit genannt – sichtbare Zeichen des Getriebenseins und der Unbehaustheit der handelnden Figuren. Nicht aus Liebe oder Liebesleid zog Wild in die Fremde, sondern weil er fliehen mußte. Der Konflikt zweier Väter (Lord Berkley und Lord Bushy) machte ihn, den Sohn des einen, zum zerrissenen Subjekt, das Nomadische wurde fortan seine Lebensform. In der Konstellation dieser Figuren macht Klinger eine elementare Lebenserfahrung der Autoren des Sturm und Drang geltend. Die Schwierigkeit, eine »Lücke« in der bürgerlichen Gesellschaft zu finden, wie es Lenz zu Beginn seiner Schrift *Über Götz von Berlichingen* formuliert hatte, treibt die Autoren in die (innere oder äußere) Flucht oder in die Anpassung.

Blasius gibt sich selbst als anpassungsfähiger Zeitgenosse zu erkennen, mal empfindsam, mal Stutzer (vgl. S. 8). Wild fehlt hingegen der äußere Widerstand, kraftstrotzend sucht er den Gegenstand ungehemmten Handelns. Gleichzeitig macht er für das Unglück der Menschen (womit er vor allem sein eigenes meint) deren Gefühle verantwortlich. Sein Wunsch, sich in eine Pistole zu verkriechen und sich in die Luft schießen zu lassen, ist eine groteske Umkehrung des Münchhausenschen Kugelritts. Wild entwickelt diese Regressionsphantasie des Auslöschens der eigenen Identität mit dem Ziel heimlicher und endgültiger Flucht. Kein Zweifel, dieser Wild ist weniger auf der Flucht vor seinen Verfolgern als auf der Flucht vor sich selbst. Klinger korreliert so die äußeren Umstände des Stücks (Krieg, Verfolgung, Flucht) mit der inneren Verfassung der Personen und verleiht seinen Figuren eine massive psychische Erregtheit. Während Wild die Flucht vor dem äußeren Elend im Handeln sucht, wendet La Feu seine Handlungsabsichten nach innen, er trägt sich selbst auf, zukünftig »anders zu fühlen« (S. 35), und beschließt, einmal Feenmärchen zu schreiben. In den beiden exponierten Charakteren Wild und La Feu wird der Unterschied zwischen dem Anspruch eines Sturm-und-Drang-Typus und eines formelhaften Anakreontikers deutlich, die Literatur erfährt durch Klinger in der Darstellung Wilds einen Dynamisierungsschub, während La Feu die Sinnreduktion der Literatur propagiert. Bestimmt La Feu seine Seele dazu, anders zu fühlen, so verkündet Wild hingegen, er wolle seine Seele »in die Lüfte ausgießen« (S. 36). Dieser offensive Bekenntniszwang, der neue, und das heißt unverfälschte und unverstellte Wege der Kommunikation sucht, steht dem bürgerlichen Verinnerlichungsdruck barsch entgegen. Klinger bringt damit ein Grundanliegen des Sturm und Drang zur Sprache.

Sagt Caroline, die Tochter Lord Berkleys, im 1. Akt noch: »Vater uns mangelt nichts« (S. 13), so kontrastiert dies mit Wilds Bekenntnis: »ich bin elend« (S. 20). Klinger reproduziert zeittypische bürgerliche Konstellationen zweier Familien am Beispiel adliger Figuren. Während im Vater-Tochter-Verhältnis die Tochter als die empfindsam Entsagende dargestellt und ihr die stabilisierende Ersatzrolle für die verstorbene Mutter zugesprochen wird, gilt das Vater-Sohn-

Verhältnis als radikal zerbrochen. Der Sohn muß sich in der gefahrvollen Welt bewähren, die Tochter tröstet den melancholischen Vater (vgl. S. 10 ff.). Die Sinnentleertheit dieser Klischees wird von Klinger im Verlauf des Stücks bis hin zur Parodie weiter zugespitzt. Dies betrifft auch die Sprache der Hauptfiguren, in welcher eher ein Mangel an originaler Kraftgenialität gesehen wurde. »Papiersprache« (vgl. Hering, B 6b: 1966, 96) läßt sich aber nur konstatieren, wenn dieses parodistische Element im Text nicht ernst genommen wird.

Das Vaterwort ermächtigt den (verlorenen) Sohn zum Handeln: »Wär mein Harry da, ich wollte seine Faust eisern machen, sein Herz grimmig, seine Zähne gierig, er sollte mir Welt auf Welt ab traben, biß er Berkley an Bushy gerochen hätte« (S. 14), sagt Lord Berkley. Anders als in Goethes *Götz* werden Wille, Entschlossenheit und Tatkraft nicht mehr als Merkmale der väterlichen Welt ausgewiesen, sondern vom Vater an den Sohn als eine Art familialer Herrschaftsinsignien weitergegeben. Damit wendet sich der Blick des Dramatikers von der Vaterwelt des *Götz* deutlich auf die Welt der Sturm-und-Drang-Söhne. Auch Harry, Lord Berkleys Sohn (vgl. S. 49), als Schiffskapitän Boyet unterwegs, wird im 4. Akt seinem Vater begegnen. Caroline wird von Klinger als Empfindsame gezeichnet, möglicherweise spielte der junge Autor mit diesem Namen auf Caroline Flachsland, Herders spätere Frau, an, die dem sogenannten Darmstädter Kreis der Empfindsamen zu Beginn der 1770er Jahre angehörte (vgl. dazu Fechner, B 2: 1988, bes. 332). Für seine Figur Caroline ist jedenfalls das Klavier als empfindsames Requisit bedeutsam (vgl. S. 15), von ihrer Kusine Louise wird sie »sanft, empfindsam, lieb, gut« (S. 17) genannt, und von Wild selbst wird sie schließlich mit dem empfindsamen Topos des Engels belegt (vgl. S. 26). Die Tante Kathrin, weibliche Vertreterin der Vätergeneration, ist die erste, die eine Begegnung mit einem Sturm-und-Drang-Kerl hat. Sie begreift und dekodiert die gestische

Zeichensprache des Sturm und Drang, »ein langer, wilder Bursche«, der »fluchte und sah gen Himmel« (S. 18). Die Tante klärt die jüngeren Frauen auf und deutet die sprachliche Affektäußerung als ein »gutes Zeichen« (ebd.).

Helmut Scheuer hat besonders auf die literarischen Traditionslinien im Text hingewiesen, das Vorbild Shakespeare (vor allem *Romeo und Julia*) sei auch hier unverkennbar (vgl. Scheuer, B 6b: 1987). Der Untersuchung Scheuers ist es zu danken, daß in Klingers Stück der Bedeutung der nichtsprachlichen Zeichen als indirekter Form der Kommunikation zwischen den Figuren mehr Beachtung geschenkt wird. Führt die sehr differenzierte und typisierte Sprache der Figuren zu einer zunehmenden Isolierung, so wird dieser Entwicklung durch die nichtsprachliche Kommunikation entgegengewirkt. Dieses »visuelle Moment« (ebd., 67) kommt in der gebündelten Verwendung der Begriffe »Auge« und »Herz« zum Ausdruck. So sagt beispielsweise Caroline, die sich allein wähnt, über Wild in der Kurzszene II,3: »Meine Augen sehen nach ihm, mein Herz schlägt nach ihm, und es haben ihn meine Augen, und es hat ihn mein Herz« (S. 25).[20] In der unmittelbar anschließenden Szene tritt plötzlich Wild ein und »fährt zurück«, als er Caroline erblickt. Zugleich heißt es in der Regieanweisung: »mit gehefteten Blick und ganzer Seele sie anschauend«, wenig später kommt er ihr näher, immer noch »an ihren Augen hangend« (ebd.). Hatte Leibniz in seiner *Monadologie* von 1720 noch geschrieben, »die Seelen im allgemeinen sind lebendige Spiegel oder Abbilder des Universums der Geschöpfe«,[21] so werden nun in Klingers Stück die Augen zum Spiegel der Seele. Ähnlich hatte schon Werther das Papier zum Spiegel seiner Seele erhoben, doch geht Klinger über

20 »Das rollende Droh-Aug« (S. 49) ist auch das Merkmal des jungen Harry Berkley, an dem der Vater seinen Sohn erkennt.

21 Gottfried Wilhelm Leibniz, *Philosophische Schriften*, Bd. 1: *Kleine Schriften zur Metaphysik* [zweisprachig], hrsg. und übers. von Hans Heinz Holz, Darmstadt ^{2}1985, S. 477/479.

Goethes einseitig-monologische Anlage dieses Korrespondenzverhältnisses von Innen und Außen hinaus.[22] Das Auge wird zum Ausdrucksmedium des seelischen Befindens, es ist weniger Wahrnehmungs- als vielmehr Mitteilungsorgan. Anschauen und Sehen werden zu neuen Kommunikationsformen, die in der leidenschaftlichen Sprache einen verständlichen – im doppelten Wortsinn – Ausdruck finden. Bei gleicher Disposition der Figuren (wie im Fall Caroline und Wild) entsteht auf diese Weise eine »›dialogische‹ Struktur« (Scheuer, B 6b: 1987, 70), deren Inhalt Wahrheit und Unverstelltheit verbürgt. Diese ›Zeichenlehre der Leidenschaft‹[23], zu der alle Affektäußerungen zu rechnen sind, ist der utopische Kern einer bürgerlichen Verständigungskultur, der in Klingers Sturm-und-Drang-Dramen aufscheint. Exemplarisch wird die Sinnentleerung der Worte und die Unsicherheit über eine verbindliche Kommunikation im Falle La Feus. Im Gespräch mit Kathrine (Klinger gebraucht zweierlei Schreibweisen) zur Erklärung gezwungen, was sympathisieren heiße, entgegnet er: »So weit verstehe ich mich nicht Mylady, zu wissen was die Worte heißen« (S. 24). Auch diesem Satz hat Klinger eine Doppeldeutigkeit eingeschrieben. La Feu ist im Stück als Vertreter des formelhaften, konventionalisierten Sprechens eingeführt, dessen Worte verbraucht, dessen Liebesreden aber effektiv sind. Er bedient sich einer überlebten Rokokosprache, die einzig zum Ziel hat, sich aus dem gegenwärtigen Leben »in einen poetischen, arcadischen Traum« (S. 61) zu phantasieren. Folgerichtig wollen sich in V,3 – diese

22 Klinger ist in diesem Punkt sicherlich innovativer als der junge Goethe, der dem Auge als Organ der Sinneswahrnehmung mißtraut; vgl. dazu Utz, B 2: 1990, 96. Weitere detaillierte Forschungen hierzu wären wünschenswert.

23 1798 wird in Leipzig ein vierbändiges Werk von Fried[rich] Wilh[elm] Basil[ius] von Ramdohr mit dem Titel *Venus Urania. Ueber die Natur der Liebe, über ihre Veredlung und Verschönerung*, erscheinen, worin in Buch 5, Kap. 2 die Kapitelüberschrift lautet: »Semiotik, Zeichenlehre der Leidenschaft der Liebe«. – Vgl. Luserke, B 2: 1995a, 337.

Szene karikiert die Sturm-und-Drang-Naturempfindung Wilds in III,7 – Lady Kathrin und La Feu mit den Attributen der Schäferdichtung maskieren: einem Schäferhut, Schäferstab, Schäferkleid und leibhaftigen Schäfchen (vgl. S. 61). Auch dies könnte wiederum ein versteckter Hinweis Klingers auf den Kreis der Darmstädter Empfindsamen sein. Bekanntlich pflegte die zum Kreis gehörende, »Lila« genannte Hofdame Louise Henriette Friederike von Ziegler durch die Residenzstadt Homburg mit einem Lämmchen an der Leine zu spazieren (vgl. Fechner, B 2: 1988, 333). Das Bild konstruierter Idyllik dient einzig und allein dem Zweck, wie La Feu sagt, »das Leben wegphantasieren« (ebd.) zu wollen.

Durch die Karikatur dieses Bemühens wertet Klinger die beiden Hauptfiguren Wild und Caroline erheblich auf. In den beiden Naturszenen des 3. Akts spielt der Autor mit einem literaturgeschichtlichen Topos. Die Natur ist hier mehr als nur Locus amoenus, obwohl die wichtigsten Merkmale in Wilds Monolog genannt werden: die Geborgenheit vermittelnde Nacht, der kühle, säuselnde Nachtwind, die still ziehenden Wolken, der Mond, »das Rauschen der Bäume, das Sprudeln der Quelle, das Gemurmel des Bachs« (S. 45). Für den liebenden Wild ist dies die »Sprache der Natur« (ebd.), die ihm verständlich wird, er liest nicht mehr im Buch der Natur wie noch Werther, er kommuniziert jetzt mit ihr. Diese grundsätzliche Mitteilbarkeit ist auch das Thema der anschließenden Naturszene mit Caroline, auch sie teilt der Natur ihre Gefühle mit. Der dramaturgische Trick, daß Wild der zunächst heimliche, dann der erkannte Lauscher von Carolines Zwiegespräch mit der Natur ist, erlaubt es Klinger, die je getrennt geführte Kommunikation der beiden Figuren mit der Natur zusammenzuführen zu einem Dialog, der in Wilds Imperativ mündet: »Rede, meine Liebe!« (S. 46). Blasius hingegen verbietet Louise gerade das Reden (vgl. S. 63), er möchte lediglich ihr Gesicht betrachten dürfen. Hier erweist sich Hamanns frühe Forderung »rede, daß ich Dich sehe!« (Hamann, *Sokratische Denkwürdigkeiten*, 87) als überholt. Wenn Caroline reden würde, könnte sie von Wild gesehen, d. h. in ihrer Unverstelltheit erkannt werden. Doch Wild will etwas Bestimmtes hören, er erhofft die Bestätigung grenzenloser Liebe, die selbst den Tod geringachtet. Caroline kann aber nicht reden, statt dessen wiederholt sie den Imperativ des Mannes »reden! – ja reden!« (S. 46) und bricht in Tränen aus, reagiert also mit dem Repertoire empfindsamer Kommunikation. In diesem geschlechterdifferenten Verhalten zeigt sich die patriarchale Kommunikationsgeste der erwarteten Bestätigung. Wild befiehlt, Caroline gehorcht empfindsam.

Nach Carolines und Wilds Wiedererkennung in II,4 muß Wild feststellen, daß alle seine Sinne wirr geworden sind (vgl. S. 29). Diese Textstelle barg vermutlich eine unmittelbare Anspielung auf den ursprünglichen Titel des Stücks »Wirrwarr«. Im letzten Akt (V,9) bekennt Wild dann, daß Caroline seine sämtlichen Sinne gefangen habe (vgl. S. 67). Damit wird er selbst zum Gefangenen der begehrten Frau, die Gefangenschaft des Tatmenschen (Ugolino, Götz, Crugantino) wird nun zur Täterschaft des in seinen Gefühlen Gefangenen, dessen Tatendrang destruktive Energien zu entfalten beginnt, und Caroline sagt dies Wild mit den Worten: »Du zerstörst so gewaltig« (S. 67). Dieser Wechsel erlaubt Klinger einen versöhnlichen Schluß, der nicht nur den Erwartungen des zeitgenössischen Publikums an das harmonische Schlußtableau eines Stücks Rechnung trägt, indem sich die verfeindeten Väter Lord Bushy und Lord Berkley sowie ihre Söhne versöhnen und sich Wild und Caroline »in allem Gefühl der Liebe« (S. 74), wie es in der Regieanweisung heißt, umarmen. Nur der Hinweis auf sein Gesicht, womit er an die physiognomischen Kenntnisse seines Gegenübers Lord Berkley appelliert, vermag am Ende die Wahrhaftigkeit der Reue zu bestätigen. Den Grund für die von Klinger im Stück reichlich überzeichneten familiären Katastrophen sieht Bushy in einem »Mißverständniß«

(S. 73), gepaart mit unbezwungenen Leidenschaften. Wo sprachliches Verstehen nicht mehr möglich ist, bleibt nur noch der Verweis auf Auge und Herz, auf die Wahrheit der Wahrnehmung und auf die Wahrhaftigkeit des Gefühls. Klinger eröffnet in *Sturm und Drang* die Perspektive einer Wiederverständigung zwischen den Generationen, den Ständen und den Liebenden jenseits sprachlicher Möglichkeiten, die das Programm des Sturm und Drang um wesentliche emotionale und sinnenästhetische Qualitäten erweitert. Zu Recht betonte Gerhard Kaiser die starke Emotionalität des Stücks, sein »Formprinzip« sei das der »Projektion, das den Helden statt in der Auseinandersetzung mit der Welt in ihrer Überschreitung zeigt« (B 6b: 1985, 337). Doch ist diese Überschreitung nicht final so zu verstehen, daß sich die Tatkraft im Untergang erschöpft (wie etwa im *Götz*), sondern durchaus konstruktiv. Nicht mehr der Selbsthelfer ist gefragt, sondern der Dialogfähige. Klinger entwirft in der Überschreitung der gegebenen Konflikte das Modell eines Dialogs zwischen dem Sturm und Drang und der Aufklärung, zwischen den Söhnen und den Vätern. *Sturm und Drang* ist das Stück der Söhne, die feindlichen ›Brüder‹ sind die Väter. *Sturm und Drang* feiert die vorweggenommene und wohl erhoffte Versöhnung der Söhne mit den Vätern.

Daß sich Klinger bei der dramatischen Ausgestaltung oft der Überzeichnung, der Komik und der Parodie bediente, muß nicht unbedingt als ein Mangel des Stücks oder als Schwäche seines Autors verstanden, sondern sollte als legitime dramaturgische Möglichkeit der Rezeptionserleichterung und damit der praktischen Fähigkeit des Stücks zum Dialog mit den Zuschauern bzw. den Lesern begriffen werden. Freilich ist *Sturm und Drang* keine breite und zustimmende Rezeption beschieden gewesen. Im *Berlinischen Litterarischen Wochenblatt* vom 18. Oktober 1777 etwa stand die strenge Frage zu lesen: »Was nützen nun solche Schauspiele? wer kann die sehen? und wer will die sehen? Wer vermag mit solchen Menschen zu sympathisiren?« (Zit. nach: Klinger, *Sturm und Drang*, 99) Die begeisterte Zustimmung Wagners blieb die Ausnahme, es war das Lob eines Dramatikerkollegen und ›Gruppenmitglieds‹ (vgl. ebd., 78 ff.).

Leisewitz: *Julius von Tarent*

Bevor Johann Anton Leisewitz (1752–1806) mit seinem Drama *Julius von Tarent*[24] einem größeren Leserkreis bekannt wurde, hatte er bereits zwei dramatische Skizzen veröffentlicht. *Der Besuch um Mitternacht* und *Die Pfandung*, die erstmals im *Göttinger Musenalmanach* 1775 gedruckt wurden, gehören zu den wenigen ausgesprochen feudalismuskritischen Texten des Sturm und Drang; vielleicht ist Leisewitz vor seiner eigenen Courage erschrocken, so daß er die *Poetische Gespräche* genannten Skizzen nicht weiter ausführte. In diesen kurzen Texten zeigt er jedenfalls eine Einsicht, die er im *Julius von Tarent* nicht erreicht. In der *Pfandung* unterhalten sich abends Bauer und Bäuerin über die bevorstehende Pfändung ihrer letzten Habseligkeit, des Bettes. Sie ergehen sich nicht etwa im Lob auf den aufgeklärten Fürsten, der nur schlecht beraten sei und demzufolge zu despotischen Maßnahmen greife; hier hatte die vorjakobinische Herrschaftskritik der Aufklärung bekanntlich stets haltgemacht. Leisewitz läßt den Bauern sogar die Verweigerung des Fürstenlobs im Kirchenlied bekennen. Der Fürst hat die Staatseinnahmen verpraßt, »Flüche, Gewinsel und Seufzer« (Leisewitz, SS, 4) seiner Untertanen werden

24 Textgrundlage: Ausg. Keller.

ihm über den Tod hinaus folgen. Die Bauern trösten sich mit dem letztlich wieder theologischen Gedanken an die Unsterblichkeit, die ihnen niemand nehmen kann.

Im *Besuch um Mitternacht* spielen der Fürst und sein Kammerherr Schach. Zur Mitternachtsstunde erscheint der Geist Hermanns des Cheruskers dem despotischen Fürsten und nennt ihn, auf seine Untertanen und seine Mätresse anspielend, einen »Tyrann von Sklaven und der Sklave einer Hure« (ebd., 7). Auf die Frage des Fürsten, weshalb er gekommen sei, antwortet der Geist: »um zu reden!« (ebd.). Wie eine direkte Anrede an die Autoren des Sturm und Drang klingt es, wenn Leisewitz den Geist sagen läßt: »Aber Jüngling, höre, was ich rede! [...] Despotismus ist der Vater der Freiheit!« (Ebd., 8) Auf diesen Satz hin ist die Skizze im wesentlichen geschrieben. Gesellschaftliches Unrecht und Herrschaftsmißbrauch führen unweigerlich zu einer kollektiven Erhebung, an deren Ende die Freiheit steht. Leisewitz verbindet somit die idealisierte politische Geschichte Deutschlands mit dem unmittelbaren Appell, für Unrecht und Freiheitsstreben eine Sprache zu finden. Zugleich weist er in der Gestalt Hermanns des Cheruskers auf die mythisch-historischen Darstellungsmöglichkeiten der zeitgenössischen Literatur hin; auch dies kann als ein unmittelbarer Reflex auf Goethes *Götz von Berlichingen* verstanden werden.

Leisewitz gehört zu den wenigen Autoren des Sturm und Drang, die diese eindeutige und unmißverständliche Sprache finden. Mit am radikalsten begegnet dies in seiner *Rede eines Gelehrten an eine Gesellschaft Gelehrter*, die zuerst 1776 erschien, in der er fordert:

> Drängt euch nicht zu den Königen, ihr Genieen! die ihr über Königreiche und Jahrhunderte herrscht, und keinen Unterthan habt, der es nicht sein will!
> Kein Fürst schafft Talente. Die deutsche Litteratur sei Zeuge! (Leisewitz, SS, 106)

Julius von Tarent erschien 1776, das Stück spielt im Italien des ausgehenden 15. Jahrhunderts. Leisewitz stützte sich bei der Wahl seines Stoffes auf mehrere Quellen, die einzelnen Bezüge sind jedoch von der Forschung im Detail nicht gesichert.[25] Die Hauptpersonen rekrutieren sich allesamt aus der Aristokratie. Leisewitz führt eine doppelte Bruderkonstellation vor: Constantin, den Fürsten von Tarent, und seinen Bruder, den Erzbischof von Tarent, sowie die Söhne Constantins Julius und Guido. Beide Brüder lieben Blanca, die vom Fürsten in ein Kloster gebracht wurde, um die Thronfolge nicht durch unstandesgemäße Liebesbeziehungen in Gefahr zu bringen. Beide Brüder sind nicht bereit, auf ihre Liebe zu verzichten, und beide beabsichtigen eine Befreiung Blancas.

Auch Julius bereitet es Schwierigkeiten, ein Mann zu sein, dies zeigt bereits die 1. Szene des Stücks. Ähnlich wie Werther wehrt er sich – freilich nur in einem Tagtraum – gegen die geschlechterdifferente Rollenzuschreibung, die nicht seinen wahren Gefühlen entspricht. Seine Geschlechtsidentität kollidiert mit seiner Klassenidentität, »ich habe ein Herz und bin ein Fürst« (S. 7). Aus diesem Dilemma gibt es nur einen Ausweg, nämlich auf die Herrschaft zu verzichten. Darin zeigt sich der grundlegende Konflikt, daß die Leidenschaften des Individuums unversöhnlich mit den Pflichten der Gesellschaft konkurrieren. Graf Aspermontes Einwänden, daß sich Julius einer Staatspflicht zu stellen habe (vgl. auch S. 29), begegnet Julius mit dem barschen Hinweis: »Verschonen Sie mich mit Ihrer Philosophie – Philosophie für die Leidenschaften, Harmonie für den Tauben« (S. 8). Wie auch Klingers Otto sich schon vernünftigen Argumenten verschlossen hatte, so verweigert sich Julius einer vernünftigen Affektkontrolle. Erst in I,2 zeigt sich, daß der eigentlich affektgesteuerte Bruder nicht Julius, sondern Guido ist. Unmißverständlich macht

25 Vgl. dazu Spycher, B 6c: 1951. – Vgl. Leisewitz, *Julius von Tarent*, 104.

Johann Anton Leisewitz
Stich nach einem Porträt von Kauxdorf

er den Anspruch – seine »Rechte« (S. 9) – auf Blanca gegenüber dem Bruder geltend. Für ihn ist die Liebe Blancas eine Sache der Ehre, »das ist die Feder in meiner Maschine« (S. 42); »die große Feder in dieser Maschine« ist für Julius dagegen »eine Leidenschaft« (S. 41). Als Schlachtruf hat Guido im Krieg Blancas Namen im Mund geführt, nun fordert er die Frau zum Lohn für die Erfüllung seiner vaterländischen Pflicht. Ist Julius noch bereit, nach Blancas Meinung und nach ihren Gefühlen zu fragen, so spricht Guido der Frau jegliches Recht auf Selbstbestimmung ab. Diese vom Vater übernommene patriarchale Machtgeste veranlaßt denn auch auf einer anderen Handlungsebene des Stücks Gräfin Cäcilia, sich der Forderung ihres Onkels, des Fürsten von Tarent, zu verweigern, aus Standesgründen und aus Gründen des Machterhalts die Frau von Julius zu werden. Cäcilia sagt selbstbewußt und selbstbestimmt, sie wolle nicht die »Sklavin eines Mannes« (S. 33) sein, sondern frei bleiben. In Guidos Gestalt erscheint der Autonomiegedanke des Sturm und Drang in seiner Schwundform, als Machtmißbrauch: selbstbestimmt ist nur der Adlige, da er selbst bestimmt. Guido rät seinem Bruder, weiterhin empfindsam zu sein (vgl. S. 10); er gebraucht den Begriff der Empfindsamkeit zur Diffamierung des Bruders und zur Polarisierung der beiden Rivalen um die Liebe Blancas, später wird er Julius noch einen Zärtling nennen und über dessen weiche Arme und sein zartes Gehirnchen spotten (vgl. S. 43). Leisewitz spannt also den, wenn man es so nennen will, klassischen Bruderkonflikt über das Thema der verweigerten Affektkontrolle und Selbstbändigung auf.

Guido erscheint als Karikatur des Götz von Berlichingen, wenn er für sich und seinen machtpolitisch aufgeladenen Ehrbegriff das Motiv des Handelns in Anspruch nimmt. Handeln mache den Mann, läßt er sich vernehmen (vgl. S. 11); wo Julius nur rede, handle er (vgl. S. 14). Julius aber ist derjenige der beiden Brüder, der seinem Handeln die Reflexion vorschaltet und der dennoch nicht bereit ist, die Autonomie seiner Gefühle der Verstandeskontrolle und den Machtinteressen unterzuordnen.

Der Erzbischof klärt seinen Bruder über die rebellierenden Söhne auf. Was der Fürst für den spezifischen Charakter seiner Söhne ansehe, sei in Wahrheit »der allgemeine der Jugend. Es gibt keinen Jüngling von Hoffnung, der nicht einem deiner Söhne gliche« (S. 16). Mit dieser bemerkenswerten Textstelle reklamiert Leisewitz für die Sturm-und-Drang-Generation einen doppelten Anspruch. Zum einen verlangt er von der Vätergeneration die Akzeptanz der Söhne, zum anderen rechtfertigt er den Anspruch der Autonomie der Leidenschaften, der sich im gemäßigten Charakter eines Julius oder im unbändigen und ungebändigten eines Guido Gehör verschafft. Beide Formen freilich sind auf ihre Weise konsequent, und beide Brüder erscheinen somit als *eine* charakterliche Seite *einer* Person. Insofern wird das Thema der feindlichen Brüder im Sturm und Drang zum Thema der Selbstzerstörung des Individuums. Julius und Guido, »Riese gegen Riese« (S. 17), sind gleichermaßen Vertreter jener Kraftkerle des Sturm und Drang, die wortgewaltig und tatkräftig ihre eigenen Interessen und die Interessen ihrer ›Interessengemeinschaft Sturm und Drang‹ vertreten. Jedem Sturm-und-Drang-Sohn eignen beide Seiten von Handlungsmustern, Verhaltensstandards und Bewußtseinsformen.

Wenn Julius von der Regel der Natur spricht, die älter sei als die Ordensregel des Augustinus (vgl. S. 21), dann weist er damit auf die menschliche Triebnatur hin. Eine vernünftige Kontrolle, eine Bändigung der Leidenschaften durch die Vernunft ist nicht mehr möglich. Dies stellt das Drama deutlich vor Augen, und darin ist auch, wie Ulrich Karthaus hervorgehoben hat, der entscheidende Unterschied zum klassizistischen Drama der 1770er Jahre zu sehen; die Figuren »gehen an ihrer Natur zugrunde« (S. 126). Blanca ist inzwischen zwar Ordensschwester, doch »Nonne oder nicht

Nonne – [...] In meine Kammer will ich sie führen« (ebd.).[26] In diese Worte faßt Julius den Entschluß, der Liebe zu Blanca den Vorzug vor der Herrschaft über das tarentinische Fürstentum zu geben, hier wird der erforderten Konvenienzehe eine Abfuhr erteilt und die Liebesheirat eingeklagt. Auf die Machtausübung zu verzichten heißt für Julius, »sich in Freiheit setzen« (S. 22), denn der Staat »tötet die Freiheit« (S. 30). Damit realisiert Julius für sich uneingeschränkt und kompromißlos den Anspruch auf Selbstbestimmung. Freiheit heißt demzufolge die Freiheit haben, sein Leben selbst zu bestimmen, jenseits familialer und gesellschaftlicher Konventionen und Machtinteressen. Leisewitz propagiert damit nicht den Verzicht auf politische Mitbestimmung, selbst wenn er Julius sagen läßt, Deutschland sei die Freistatt der Liebe (vgl. S. 46). Vielmehr ist die Leidenschaft der Liebe die Voraussetzung für die Entfaltung gesellschaftlich wirkender individualistischer »Triebe und Kräfte« (S. 28), und Julius' Äußerung erfährt insofern eine utopische Ausrichtung, hinter der sich eine politische Hoffnung des Autors verbirgt. Leidenschaften werden politisiert, die geforderte Emanzipation der Leidenschaften erweist sich als Vorbedingung einer gesellschaftlich-politischen Emanzipation. Wer Leisewitz' *Julius von Tarent* als großen Verzichtstext und als Plädoyer für einen Rückzug in die Sphäre bürgerlicher Privatheit liest – das adlige Figurenensemble dient ja nur der augenfälligen Verdeutlichung bürgerlicher Verhaltensstandards, bürgerlicher Erwartungen und Sehnsüchte –, der verkürzt den Text um diese entscheidende Dimension, daß die Teilhabe an politischer Macht einen individualistischen Selbstbestimmungsanspruch voraussetzt.

Der Konflikt zwischen Vater und Sohn wird besonders deutlich bei der Beurteilung dieses Leidenschaftsrechts. Für

26 Bezeichnenderweise steht im Manuskript statt dessen: »In meinem Bette will ich sie sehen« (vgl. S. 21 Anm. 7). Über die Varianten zwischen Handschrift und Druckfassung informiert Werners Ausgabe von Leisewitz, *Julius von Tarent*, 1889.

den Vater als aufgeklärten absolutistischen Herrscher (vgl. S. 36 die Szene mit dem alten Bauern, der den Fürsten trotz seiner Armut als gütigen Herrscher preist) gilt, daß im Affekt weder geredet noch gehandelt werden darf, Reden und Handeln unterliegen einem übergeordneten Machtkalkül (vgl. S. 38). Sowohl Guido als auch Julius handeln aus der Sicht des Vaters ohne Verantwortung für das Gemeinwohl, eben affektiv. Da der Vater aber seine Nachfolge gesichert wissen will, zwingt er am Ende von III,2 die beiden Söhne, sich zu versöhnen. Obwohl er weiß, daß die Versöhnung erzwungen und unecht ist, hält er sich bewußt an die Fiktion (»ein Schauspiel«), »ich will mich täuschen – der getäuschte Zuschauer weint ja auch Freudentränen vor dem Schauplatze« (S. 40). Leisewitz versteckt in dieser Szene eine subtile Machtkritik: die Fürsten haben den Sinn für die Realität verloren. Auf die Sturm-und-Drang-Autoren übertragen heißt dies, daß die Vätergeneration sich an Fiktionen klammert, die keinen Bezug mehr zur Wirklichkeit haben, während die jungen Autoren des Sturm und Drang diejenigen sind, die sich der Wirklichkeit stellen und sie mitgestalten.

In Guidos Monolog in III,4 fällt dann jenes Stichwort, das schon Klinger in seinem *Otto* an zentraler Stelle hatte sprechen lassen. Guido erklärt seinem (bereits abgegangenen) Bruder als dem Nebenbuhler ewigen Krieg, sich selbst ernennt er zur Gewissensinstanz für seinen Bruder, die diesem stets gegenwärtig sein soll. Guido vergleicht dies mit dem Gewissen eines »Vatermörders« (S. 43), er begreift sich also im Vergleich als Vater und Julius' Liebe zu Blanca als Vatermord. Diese Stelle ist bemerkenswert, denn sie zeigt, daß in den Bruderkonflikt der Konflikt mit dem Vater und der Identifikation mit ihm eingeschrieben ist. Der weitere Handlungsverlauf bestätigt dies: indem Guido Julius bei dessen Versuch, Blanca zu befreien, aus Eifersucht umbringt, tötet er auch seinen Vater – zwar nicht leibhaftig, aber symbolisch. Der Fürst im Vater wird getötet; da er als oberster Richter wiederum Guido töten muß, verzichtet er auf seine Herrschaft, überläßt sein Land dem König von Neapel und geht in ein Kloster. Dieser Verzicht ist auch durchaus schlüssig, betrachtet der Fürst doch sein Land (das »äußre Haus«, wie er es nennt) als Familienbesitz, seine Regierungsgeschäfte als »häusliche Freuden« (S. 55), demzufolge die Untertanen als gleichwohl rechtlose Familienmitglieder. Wenn nun die eigentliche Kernfamilie (das »innre Haus«, vgl. ebd.) durch den Tod von Julius und Guido zerstört wird, so sind damit auch die Regierungsangelegenheiten zerstört. Der Bruder wird zum Brudermörder, der Sohn zum Vatermörder. *Julius von Tarent* deckt damit auch die Konfliktlage der Autoren des Sturm und Drang auf und zeigt die ungeheure Ambivalenz, die das Verhältnis der Autoren gegenüber der Aufklärung kennzeichnet. Der Konflikt zwischen Vater und Sohn wird im Sturm und Drang zu einem Muster des Konflikts zwischen den Söhnen.

Wagner: *Die Kindermörderin* und der Kindsmord als literarisches und soziales Thema

Die Tat des Kindsmords und die Diskussion darüber sind nicht erst ein Produkt der bürgerlichen Gesellschaft des 18. Jahrhunderts. 1737 wurde das zeitgenössische Wissen mit folgenden Worten erstmals lexikalisch festgehalten:[27]

27 Artikel »Kinder=Mord«, in: Johann Heinrich Zedler, *Großes vollständiges Universal-Lexikon*, reprogr. Nachdr. Graz 1961, Bd. 15 [1737], Sp. 650. – Vgl. zum folgenden Luserke, B 6d: 1996.

Kinder-Mord ist, wenn eine Mutter ihr unter den Hertzen getragenes Kind jämmerlich umbringet. Eine Anzeige eines Kinder-Mords ist, ein dick gewesener und wieder abgelegter Leib, ingleichen wenn eine Weibs-Person allein niedergekommen / und spricht, sie habe ein todtes Kind zur Welt gebracht, und die Zeit so lange her ist, daß das Kind wohl hat leben können.

Da das reine Verdachtsmoment zunehmend rechtsempfindliches Unbehagen bereitete, hielt man Mediziner und Gerichtsmediziner an, untrügliche Anzeichen für einen geschehenen Kindsmord zu finden. Der Kindsmord wurde vollständig in das Zeicheninventar der bürgerlichen Rechtsauffassung integriert. Cesare Beccaria machte Vorschläge zur Strafrechtsreform, worin er u. a. für die generelle Abschaffung der Todesstrafe auch bei Kindsmord plädierte, und löste damit eine umfassende Diskussion aus (vgl. Wächtershäuser, B 6d: 1973, 28). In der literarischen Thematisierung von Kindsmord also nur einen Gegenstand ausschließlich motivgeschichtlicher Forschung zu erblicken hieße, den Gegenstand in seiner historischen Bedeutung zu verfehlen.

Die Diskussion in der Mitte des 18. Jahrhunderts über den Kindsmord geht einen entscheidenden Schritt über die Thematisierung von ausschließlich rechts-, kriminal- oder religionsgeschichtlichen Aspekten hinaus.[28] Unter dem Stichwort ›Kindsmord‹ wird im 18. Jahrhundert ein komplexes Themenbündel verhandelt, und ebenso vielfältig sind die Wissens- und die Diskussionsformen, welche sich der Themen annehmen. Wenn in der Aufklärung über Kindsmord – mit moralischer, juristischer, religiöser oder gar emanzipatorischer Emphase – geschrieben wird, geht es in

28 Vgl. neben Wächtershäuser, B 6d: 1973, 28, auch Gustav Radbruch und Heinrich Gwinner, »Geschichte des Verbrechens. Versuch einer historischen Kriminologie«, Frankfurt a. M. 1991 [[1]1951], bes. Kap. 22.

Wirklichkeit um die Themen voreheliche Sexualität, außereheliche Sexualität, und um den Konflikt zwischen Liebesbeziehung auf der einen und Konvenienzbeziehung auf der anderen Seite, um Verführung und Vergewaltigung, um gesellschaftliche Herrschaftsprivilegien, um die soziale Stellung der ledigen Schwangeren, um die soziale Stellung des unehelichen Kindes und schließlich auch um Verfahren zur Ermittlung des Kindsvaters (Stuprators). Nur wenige Fälle sind überliefert, wonach nicht die Kindsmutter, sondern der Kindsvater oder eine andere männliche Person den Kindsmord verübte. Die Schuld am Verbrechen trifft stets die patriarchal unterdrückte Frau, in aller Regel wird nur an ihr die Tat gesühnt. Es geht also letztlich immer auch um die gesellschaftliche Akzeptanz nichtehelicher Sexualität mit Kindesfolge, es geht um eine Teilgeschichte der Sexualität in der bürgerlichen Gesellschaft, wenn in den Texten des Sturm und Drang von Kindsmord die Rede ist.

Für die zeitgenössischen aufgeklärten Diskutanten des Kindsmordthemas hat verbotene Sexualität die Tötung des dabei gezeugten Kindes unausweichlich zur Folge, der Zusammenhang von Sexualität und Verbrechen ist gleichermaßen Drohung und Verurteilung. Daß auf dem Höhepunkt der Diskussion eine Preisfrage zum Thema öffentlich ausgeschrieben wird, unterstreicht die Bedeutung dieses Zusammenhangs von nichtehelicher Sexualität und Kindsmord. Theologen, Mediziner, Psychologen, Kameralisten, Juristen, Pädagogen und Literaten beschäftigen sich mit diesem Thema. Kindsmord ist im ausgehenden 18. Jahrhundert jedoch nicht nur Gegenstand ausschließlich akademischer und literarischer Erörterungen. Schon ein Blick in das *Noth- und Hülfsbüchlein für Bauersleute* des Volksaufklärers Rudolph Zacharias Becker von 1788 bestätigt dies. Im Kapitel »Was dabey heraus kommt, wenn Bauersmädchen sich mit vornehmen Herren gemein machen« erzählt der Pastor die Geschichte von Liesel Wolf, die von einem adligen Offizier geschwängert und sitzengelassen wird. Der

Kindsmord – sie steckt das Neugeborene aus Angst vor Schande und sozialer Ächtung in den Backofen – wird mit einer lebenslangen Zuchthausstrafe geahndet (vgl. Becker, *Noth- und Hülfsbüchlein*, 199 ff.).

Im Jahr 1780 erschien anonym in der Mannheimer Zeitschrift *Rheinische Beiträge zur Gelehrsamkeit* die sogenannte »Mannheimer Preisfrage« (vgl. Glaser/Luserke, B 6d: 1996, mit weiterführender Literatur). Sie stellt eine Belohnung von 100 Dukaten für denjenigen in Aussicht, der eine überzeugende Antwort auf folgende Frage findet: »Welches sind die besten ausführbaren Mittel, dem Kindermorde Einhalt zu thun?«[29] Der Initiator der öffentlichen Ausschreibung und Verfasser der Preisfrage war der Mannheimer Regierungs- und Oberappellationsrat Ferdinand Adrian von Lamezan (vgl. Ulbricht, B 6d: 1990, 219). Unter den angeblich 400 aus allen Teilen Europas eingereichten Antworten wurden drei Beiträge ausgewählt und 1784 zusammen veröffentlicht unter dem Titel: *Drei Preisschriften über die Frage: Welches sind die besten ausführbarsten Mittel dem Kindermorde abzuhelfen, ohne die Unzucht zu begünstigen?* Lamezan hat den Zusammenhang von Lustverbot und Kindsmord durchaus erkannt. In der Einleitung zu seiner Preisfrage stellt er die enge Verbindung zwischen der Aufklärung als zeitgenössischer Forderung nach einer besseren Gesellschaft auf der einen und der Inventarisierung von Tugenden und Lastern dieser Gesellschaft auf der anderen Seite her. Der Kindsmord sei eines der schrecklichsten Verbrechen, und doch sei dieses Verbrechen eng mit Tugenden verwandt. Zugleich aber würden die Tugenden in Laster ausarten, der Kindsmord gehöre zu jenen »Verbrechen, von denen uns die Erfahrung lehret, daß Schärfung der Strafe sie nicht seltner mache« (Lamezan, *Preisfrage*, 84). Lamezan macht kein Geheimnis daraus, wem seine Sympa-

29 Lamezan, *Preisfrage*, 86. – Die bislang ausführlichste Darstellung und Untersuchung dieser Preisfrage findet sich bei Ulbricht, B 6d: 1990, bes. 219 ff.

thie gilt. Die Kindsmörderinnen werden als die »unglücklichen Schlachtopfer eines Geschlechtes« bezeichnet, das sich durch »sanftere Schwäche« und »Liebe« auszeichnet und dessen »Zierde Unschuld und Schamhaftigkeit« (ebd.) sind. Nicht die Schuldlosigkeit der Kindsmörderinnen steht in der Preisfrage zur Diskussion, sondern das Unglück, in das sie durch die Verführung der Männer geraten. Lamezan sieht die Lösung nicht darin, die Bestrafung des unehelichen Beischlafs aufzuheben, schon gar nicht darin, den Schwängerer schärfer zu bestrafen, »oder wollen wir einen jeden ehelosen Beischlaf von Seiten des Mannes mit der Gefahr verbinden, einst als Mörder behandelt zu werden?« (ebd., 85). Die bisherigen Versuche, das Kindsmordproblem zu lösen, seien »unzulänglich«, »unphilosophisch« oder »gottlos« gewesen (ebd., 86). Lamezan, der sich in der Ausschreibung selbst »ein Menschenfreund« (ebd.) nennt, macht seine Preisfrage zur »Sache der Menschheit« (ebd.). Die Sache der Menschheit ist die Sache der »Aufklärung« (ebd.), die wiederum die Sache der Männer ist, wie auch die kriminalistische Aufklärung des konkreten Kindsmordfalls selbst eine rein männliche Angelegenheit bleibt. Außerdem müssen die Folgen der Lust der allgemeinen Wohlfahrt dienen, um so die Prosperität des Staates zu sichern. Das »Geschäft der menschlichen Fortpflanzung« darf »nicht Vertilgung zur Seite« (ebd.) haben. Die Folgen müssen kalkulierbar bleiben, weshalb die Lust der Reglementierungen, der Überwachung und der Verbote bedarf.

Die zeitgenössischen Autoren, die sich an der Beantwortung der Mannheimer Preisfrage beteiligten, wußten, daß man nicht über Kindsmord schreiben konnte, ohne über Sexualität zu sprechen. Die meist moralisch oder religiös oder allgemein mit den guten Sitten begründeten, vorherrschenden Schicklichkeitsstandards auch des Schreibens verwehrten ihnen aber eine ausdrückliche Thematisierung. Die argumentative Grundlinie der drei Preisträger ist daher nahezu identisch. Das Problem des Kindsmords lasse sich nicht lösen ohne eine entsprechende Bändigung der Sexualität.

Die drei Antworten stammen von Bürgerlichen: von dem Juristen Johann Gottlob Benjamin Pfeil aus Rammelburg, dem Kammerrat Klippstein aus Darmstadt und dem Poetikprofessor und königlichen Bibliothekar Kreuzfeld aus Königsberg. Einig sind sie sich alle darin, daß die bisherigen Versuche, dem Kindsmord vorbeugend zu begegnen, gescheitert sind. In allen drei Schriften werden sowohl die Ursachen als auch die Motive des Kindsmords gleich gesehen. Im wesentlichen ist dies die Angst vor der sozialen (gesellschaftlichen und familiären) Schande und vor dem sozialen Abstieg. Adlige brauchten die Schande nicht zu fürchten, uneheliche Kinder wurden zumeist diskret in Klöster abgeschoben, und der soziale Abstieg konnte mit finanziellen Mitteln abgewendet werden. Der psychohistorische Aspekt läßt sich also vom sozioökonomischen nicht trennen. Die Angst vor sozialer Schande bedeutete dabei mehr als Scham über das Geschehene, über die verbotene Sexualität. Angst vor sozialer Schande als Motiv für den Kindsmord meint hier, was die Autoren als Furcht vor öffentlicher Unehre oder ähnlich benennen. Diese und nicht die Scham wird als Hauptursache des Kindsmords angegeben, was mit Blick auf das historische Material nicht unproblematisch ist. Denn bei den Kindsmörderinnen stellten sich sowohl die Scham über den Tabubruch (als Übernahme und Verinnerlichung einer bürgerlichen Verhaltensnorm) als auch das Bekenntnis der Furcht vor Schande meist erst als Verteidigungsstrategie im Prozeß der juristischen Ahndung, unter dem Druck des Richters, des Arztes, des Pfarrers usw. ein, erst dann also, wenn mit weltlicher oder religiöser Bestrafung gedroht wurde.

Schande, Ehre und Scham sind die Leitbegriffe des ersten der drei Texte. Pfeil interessiert besonders die Frage, welchen Einfluß der Kindsmord auf das Staatswohl hat. Ihm geht es deshalb vor allem um eine verbesserte Volks- und

Nationalerziehung im Dienst der Aufklärung des Verstandes und der Verbesserung des Herzens als den beiden Fixpunkten aufgeklärten Denkens. Er diagnostiziert als eigentliche Ursache des Kindsmords unkontrollierte Sexualität und mangelnde Erziehung; die Aufklärung des Verstandes und die Verbesserung des Herzens versteht er als Mittel gegen den Kindsmord.

So deutlich wie der zweite Preisträger Klippstein benennt keiner der Autoren die Gründe dafür, wie es zum Kindsmord kommt. Klippstein betrachtet eindeutig die »Ursachen des Kindermords zugleich als Folgen des unerlaubten Beischlafs« (*Drei Preisschriften*, 83). Als vorbeugende Maßnahmen für den Staat schlägt er die genaue Beobachtung einzelner Familien vor, ob sich der Verdacht auf Verheimlichung einer Schwangerschaft erhärte. Er fordert deshalb die Einrichtung einer »Sittenpolicei« (ebd., 95). Aufseherinnen in den Dörfern und Quartieren sollen über den moralischen Charakter der Familien wachen. Dies gilt vor allem für die Angehörigen der unteren Schichten. Ausgenommen von dieser Regelung sollen adlige Personen sein, die im Verdachtsfall diskret angezeigt werden sollen.

Der dritte Preisträger Kreuzfeld macht Schamhaftigkeit, Rache, Not und Bequemlichkeit als Ursachen für Kindsmorde aus, wobei die Furcht vor öffentlicher Schande die allgemeinste Ursache sei. Kreuzfeld hat beobachtet, daß die meisten Kindsmorde bei Dienstboten in den Hauptstädten verübt werden. Er plädiert deshalb für die Aufhebung der öffentlichen Schande, für das erleichterte Unterkommen der Schwangeren und für die bessere Versorgung der Neugeborenen. Daneben setzt er auf eine besondere Beobachtung und Überwachung der Schwangeren und auf den Eindruck der abschreckenden Schandstrafen.

Alle drei Preisträger bewerten die Beziehung zwischen dem Kindsvater und der Kindsmutter oder Kindsmörderin ähnlich. Grundsätzlich werden beide Geschlechter für die illegitimen Ausschweifungen verantwortlich gemacht, aber die eigentliche Schuld trifft letztlich doch die Frau – nicht des späteren Mordes, sondern des vorhergegangenen Beischlafs, der moralischen Schwachheit wegen. Obwohl den Männern ganz allgemein die Rolle des Verführers zugeschrieben und auch zur Last gelegt wird, lehnen es die Verfasser der Preisschriften ab, den Kindsvater zur Verantwortung zu ziehen. So erschöpfen sich die Ausführungen über die Rolle des Mannes meist in Vorschlägen bezüglich einmaliger Abfindungszahlungen oder geringfügiger Unterhaltsleistungen. Eine sexuelle (Liebes-)Beziehung mit Kind oder ohne Kind bleibt so lange tabuisiert, bis sie der bürgerlichen Norm der Ehe entspricht und dann meist keine Liebes-, sondern eine Konvenienzheirat zur Folge hat.

Pfeil hebt in seinem Beitrag hervor, daß das Thema Kindsmord auch nicht mit der Absicht der moralischen Besserung dem bürgerlichen Theaterpublikum auf der Bühne dargestellt werden dürfe. Diese Bemerkung ist ein Seitenhieb auf jene Literatur des Sturm und Drang, die sich wenige Jahre zuvor dieses Themas besonders angenommen hatte.

In den 1770er Jahren erschienen zwei Lehrwerke darüber, wie ein Kindsmord festzustellen sei. Soziale und psychische Ursachen, dienstherrliche Gewaltverhältnisse, Analphabetismus und Unaufgeklärtheit der Frauen interessierten dabei nicht: Christoph Gottlieb Büttners Buch *Vollständige Anweisung wie durch anzustellende Besichtigungen ein verübter Kindermord auszumitteln sey [...]* (1771), das sich an Ärzte wandte und in 88 eigenen Obduktionsberichten aus dem Zeitraum von 1733 bis 1770 den jüngeren, unerfahrenen Kollegen die Möglichkeit eines eindeutigen Verbrechensnachweises bot, und Peter Campers *Abhandlung von den Kennzeichen des Lebens und des Todes bey neugebornen Kindern [...]* (1777).

Aus dem Verdacht auf eine verheimlichte Schwangerschaft wird schnell die Verdächtigung. Strafrechtshistorisch versuchte man diesem Prozeß durch den Wandel vom Verdachtsrecht zum Beweisrecht zu begegnen, doch änderte dies an der konkreten historischen Lebenswirklichkeit der betroffenen Frauen nichts. Selbst Goethe hat bekanntermaßen als Mitglied des Geheimen Consiliums in Weimar für den Vollzug der Todesstrafe an einer Kindsmörderin plädiert. Dies geschah 1783, in dem Wissen der inzwischen breit geführten Diskussion der vergangenen Jahre.

Das Gedicht *Die Kindsmörderin* von Friedrich Schiller aus dem Jahr 1782 ist ein seltenes literatur- und kulturgeschichtliches Dokument (vgl. Schulz, B 6d: 1996). Die lyrische Ausdrucksform ist ein wenig genutztes Textmedium, um Kindsmord als gesellschaftliches Problem zu thematisieren. Die Pikanterie des Publikationsortes von Schillers *Kindsmörderin* nach der Gedichtausgabe von 1804–05 liegt darin, daß es eingebunden ist in stürmische Liebesgedichte: zuvor wird das Objekt der Begierde *Laura am Klavier* besungen, danach der Hymnus auf den *Triumph der Liebe* angestimmt. Schiller sieht die Bedeutung seines Gedichts weniger oder gar nicht in der ästhetischen Qualität, sondern rückt es eindeutig in den thematischen Zusammenhang von Begehren. Dabei arbeitet er sich natürlich auch an Vorbildern ab, die hier wenigstens der Vollständigkeit halber genannt seien. Gotthold Friedrich Stäudlins (1758–1796) Gedicht *Seltha, die Kindermörderin* erschien zwar erst 1782 im *Schwäbischen Musen-Almanach*, ist aber schon 1776 entstanden. Anton Matthias Sprickmanns (1749–1833) Ballade *Ida* erschien 1777. August Gottlieb Meißner (1753–1807) veröffentlichte 1779 die Gedichte *Lied einer Gefallenen* und *Die Mörderin*. Bürger publizierte seine Ballade *Des Pfarrers Tochter von Taubenhain* 1782. Während Bürger sich noch durchaus am ständischen Modell orientiert, wonach der adlige Verführer die bürgerliche Frau schwängert und sie aus Gründen des Standesunterschieds sitzenläßt, spitzt Schiller die Deutungsmöglichkeiten geschlechterdifferent zu. Schillers Kindsmörderin sieht nur in der Auslöschung ihres Ichs durch den Henker die einzige Möglichkeit, sich nochmals Freude und Selbstachtung zu verschaffen. Nicht einmal der Selbstmord, wie ihn noch das Bürgerliche Trauerspiel als konstitutives Merkmal geboten hatte, bleibt ihr. Hier, an der Kindsmörderin, erfüllt sich die Wahrheit jenes Worts von Lessings Emilia Galotti, die im Dialog mit ihrem Vater (V,7) gesagt hatte: »Gewalt! Gewalt! wer kann der Gewalt nicht trotzen? Was Gewalt heißt, ist nichts: Verführung ist die wahre Gewalt.«

Einige Autoren des Sturm und Drang, wie beispielsweise Heinrich Leopold Wagner (1747–1779) in seinem Drama *Die Kindermörderin*[30] (1776), setzten sich mit der thematischen Verknüpfung von sexueller Verführung, verheimlichter Schwangerschaft und vollzogenem Kindsmord auseinander und beschrieben die drastischen gesellschaftlichen und juristischen Folgen für die betroffene Frau. Zu diesen Autoren, die in der Aufklärung an der gesellschaftlichen Willensbildung mitarbeiteten, gehörten neben Wagner auch Lenz, Goethe (mit der Gretchen-Gestalt seines *Urfaust*), Maler Müller, Bürger, Schiller, Schink und andere.[31] Allerdings ist nicht jedes Ereignis so exakt historisch nachweisbar und so genau archivarisch aufzuarbeiten wie der Fall von Susanna Margaretha Brandt, dem historischen Vorbild von Goethes Gretchen (vgl. *Das Leben und Sterben der Kindermörderin Susanna Margaretha Brandt*, s. Bibl.). Wenn Richard van Dülmen feststellt, »zur Aufschlüsselung der sozialen Wirklichkeit der Kindsmörderin im 18. Jahrhundert trägt der ›schöne‹ Diskurs jedoch wenig bei« (vgl. B 6d: 1991, 104), so ist das zwar richtig, doch ist dies auch nicht das Anliegen der Literaten. Die Freiheit der Autoren

30 Textgrundlage: Ausg. Fechner. – Vgl. Mabee, B 6d: 1986; Werner, B 6e: 1977; Genton, B 6e: 1981; Luserke, B 6e: 1997.

31 Vgl. die freilich nicht vollständige Zusammenstellung bei B. Weber, B 6d: 1974, 18 ff., sowie den Abdruck einiger weniger bekannter Texte bei Rameckers, B 6d: 1927, 235 ff.

besteht gerade darin, daß sie nicht nach konsensfähigen Vorschlägen suchen müssen, sie können das aussprechen, was als unkonventionell, gar als Provokation aufgefaßt wird. Ihre Texte sind Provokation für diejenigen, die an politischer Macht und gesellschaftlicher Verantwortung teilhaben.

Faßt man diejenigen Autoren, die sich des Themas Kindsmord in den 1770er Jahren in fiktionalen Texten annehmen, in einer Tabelle zusammen, so ergibt sich folgende chronologische Reihe:

- Wagner: *Die Kindermörderin* (Drama, 1776).
- Lenz: *Zerbin oder die neuere Philosophie* (Erzählung, 1776).
- Schink: *Empfindungen einer unglücklich Verführten bey der Ermordung ihres Kindes* (Gedicht, 1777).
- Stäudlin: *Seltha, die Kindermörderin* (Gedicht, 1776 entstanden, 1782 im *Schwäbischen Musen-Almanach* veröffentlicht).
- Buchholz: *Bettina* (Erzählung, 1777).
- Sprickmann: *Ida* (Ballade, 1777) und *Mariens Reden bei ihrer Trauung* (Erzählung, 1778).
- Meißner: *Lied einer Gefallenen* und *Die Mörderin* (Gedichte, 1779).
- Bürger: *Des Pfarrers Tochter von Taubenhain* (Ballade, 1782).
- Schiller: *Die Kindsmörderin* (Gedicht, 1782).
- Goethe: *Urfaust* (Drama, entstanden 1773–75, veröffentlicht 1887).
- Wucherer: *Julie, oder die Gerettete Kinds-Mörderinn* (Drama, 1782).
- Maler Müller: *Das Nuß-Kernen, eine pfälzische Idylle* (entstanden in den späten 1770er Jahren, 1811 veröffentlicht).

Literaturgeschichtliche Bedeutung, eine Art Langzeitwirkung, entwickelte nur Wagners Drama. Dabei sind Wagners

Heinrich Leopold Wagner

literarische Anfänge, seine *Confiskablen Erzählungen* (1774), eher konventionell. Als Übersetzer Merciers[32] machte er sich jedoch bald einen Namen, mit den Literatursatiren *Prometheus, Deukalion und seine Rezensenten* (1775) und *Voltaire am Abend seiner Apotheose* (1778) und seinem ersten Drama *Die Reue nach der That* (1775) sowie durch die persönliche Bekanntschaft mit Autoren des Sturm und Drang wurde er sehr schnell als ein Vertreter der neuen Literatur wahrgenommen. Anfang 1776 entstand das »Trauerspiel« *Die Kindermörderin*, das neben Goethes *Götz* und den beiden Stücken *Der Hofmeister* und *Die Soldaten* von Lenz zu den wichtigsten Dramen des Sturm und Drang zu rechnen ist. 1776 erschien auch sein Roman *Leben und Tod Sebastian Silligs*.

Die Anlage der *Kindermörderin* mußte für das zeitgenössische Lesepublikum mehr als überraschend sein. Das Stück enthält 6 Akte – wobei Wagner gänzlich auf eine Szeneneinteilung verzichtet –, es spielt in Straßburg und zitiert viele allgemein bekannte Straßen und Gebäude. Einige Nebenrollen werden im elsässischen Dialekt gesprochen, was die Standesunterschiede betont und zugleich den Wirklichkeitsanspruch des Stücks erhöht.

Überhaupt verdient die Sprache der *Kindermörderin*, wie die Sprachform jedes Sturm-und-Drang-Dramas, besondere Aufmerksamkeit. Denn Wagner versucht, ein breites gesellschaftliches Spektrum sprachlich darzustellen, und verstößt damit gegen eine traditionelle Norm stilistischer Geschlossenheit (vgl. Werner, B 6e: 1977, 86 ff.). Besonders die ältere Forschung neigte zu der Ansicht, daß sich das Sturm-und-Drang-Drama des elliptischen Sprechens deshalb bediene, um dadurch die Leidenschaftlichkeit der Figuren zu veranschaulichen. Dieser Deutung wird in jüngerer Zeit wider-

32 Aus dieser Tatsache wird gelegentlich die Annahme einer weitgehenden Abhängigkeit der *Kindermörderin* von Merciers Dramentheorie abgeleitet; vgl. dazu die bedenkenswerten Argumente von Mayer, B 6e: 1981.

Die

Kindermörderinn

ein

Trauerspiel.

VI Aufzug pag 113

Leipzig,
im Schwickertschen Verlage.
1776.

Titelblatt der Erstausgabe von Heinrich Leopold Wagners Drama *Die Kindermörderin*

sprochen.[33] Am Beispiel der Aposiopesen (vor der entscheidenden Aussage abgebrochene Reden, die sich vor allem in der Alltagssprache finden) in Wagners *Kindermörderin* läßt sich nachweisen, daß das bisherige Verständnis der Geniesprache, die auf eine Auflösung syntaktischer Strukturen ziele, ungenau ist. Zum Vergleich: In Wagners *Kindermörderin* kommen etwa 80 Aposiopesen, davon 20 ergänzt und 60 nicht ergänzt, vor, im *Hofmeister* 44, in *Sturm und Drang* 33, in den *Soldaten* 12 und im *Ugolino* 8 (vgl. Binneberg, B 6e: 1977, 30 f. und 42). Leidenschaftliche Erregung ist in den wenigsten Fällen der Grund für einen Abbruch der Rede, so das Ergebnis von Binnebergs Untersuchung, die Unvollständigkeit des Satzes erfolge vielmehr vorsätzlich und planmäßig. Diese Redefigur besitze in den Sturm-und-Drang-Dramen »weniger emotional-expressive als rhetorisch-taktische Fähigkeiten und Wirkungen« (ebd., 50). Auch dies wäre ein weiterer Beleg für die Einbindung des Sturm und Drang in die (rhetorikgeschichtliche) Tradition der Aufklärung. Der Charakter der Alltagssprachlichkeit von Aposiopesen bringt die inhaltlich-thematische Seite von Wagners *Kindermörderin* mit der sprachlichen Seite zur Deckung, in beidem verfolgt der Autor die Absicht, eine möglichst genaue Übereinstimmung mit seiner historischen Wirklichkeit zu finden. Wagner verwirklicht konsequent das Programm einer Volkspoesie, indem er in seinem Stück Volkssprache und Dialekt wiedergibt. Auch Lenz hatte in seinem 1775 entstandenen Vortrag *Über die Bearbeitung der deutschen Sprache [...]* gefordert, »in die Häuser unserer sogenannten gemeinen Leute« (WuB 2,775) zu gehen, um dort soziologische Sprachstudien zu treiben und die ›gebildete‹ Sprache – welche die Sprache der Gebildeten ist –, zu bereichern.

Die Handlung der *Kindermörderin* umfaßt die Zeit von neun Monaten, die Analogie zur Dauer einer Schwanger-

33 Zu den älteren Arbeiten, auf die immer noch zurückgegriffen wird, vgl. Beißner (B 2: 1934) und Blackall (B 2: 1959); dagegen Binneberg, B 6e: 1977, und Kieffer, B 2: 1986.

schaft ist offensichtlich. Damit konterkariert Wagner auch die traditionelle Lehre der drei Einheiten von Ort, Zeit und Handlung und gibt dem Stück einen Gegenwartsbezug, der eine allegorische oder mythologische Deutung von vornherein ausschließt. Der Titel läßt keinen Zweifel am Inhalt des Stücks zu. Wagner bringt damit als erster ein Thema auf die Bühne, das bis dahin einer allgemeinen Tabuisierung unterlag. Er öffnet das Theater den Gegenwartsproblemen der verbotenen Sexualität, der verheimlichten Schwangerschaft und des vollzogenen Kindsmordes und führt dies am Beispiel einer kleinbürgerlichen Familie vor (so ist in der Regieanweisung zum 2. Akt davon die Rede, daß das Wohnzimmer im Humbrechtschen Haus »bürgerlich meublirt« sein solle; wichtigstes Requisit ist das Klavier). Wagner verleiht damit der Literatur des Sturm und Drang eine wichtige sozialkritische Stimme.

Wagner wählt als Schauplatz für seine einzelnen Akte ausnahmslos Wohnräume, die im Verlauf der dramatischen Handlung zunehmend mit Intimität besetzt werden. Der Verzicht auf Außen- und Naturszenen verstärkt die Bedeutung der Binnenperspektive für das Stück, Wagner geht es um das Interieur einer Seelenlandschaft. Spielt noch der 1. Akt im Zimmer eines Wirtshauses, so der 2. schon im Wohnzimmer des Humbrechtschen Bürgerhauses, der 3. Akt stellt das Zimmer des Offiziers v. Gröningseck desselben Hauses vor, und im 4. Akt agieren die Figuren in Evchens Schlafzimmer. Der 5. Akt spielt wieder wie der 2. im Wohnzimmer der Familie als Ort bürgerlichen Familienlebens und Bühne bürgerlicher Privatheit, und der 6. Akt hebt nochmals wie der 1. das soziale Gefälle zwischen den Bürgerlichen und den ›kleinen Leuten‹ hervor, es ist das Zimmer der Lohnwäscherin Marthan.

Die Hauptperson des Trauerspiels, so der Untertitel, ist Evchen Humbrecht, achtzehnjährige Tochter des Metzgers Martin Humbrecht und seiner Frau. Zur weiteren Familie gehört noch der Vetter Magister Humbrecht, der Geistlichkeit und Gelehrsamkeit gleichermaßen vertritt. Auf der anderen Seite stehen der adlige Offizier v. Gröningseck und der Intrigant Leutnant v. Hasenpoth, mit dessen kriminellen Energien die Zuschauer im 3. Akt bekannt gemacht werden; durch letzteren wird die eigentliche Tragödie des Kindsmords erst ausgelöst. Scheint es zunächst so, als habe v. Gröningseck Evchen vergewaltigt und geschwängert und dann sein Heiratsversprechen gebrochen, so klärt sich vom Schluß her auf, daß v. Hasenpoth Briefe fälschte, um die Heirat zwischen der Bürgerlichen und dem Adligen zu verhindern. Schon der 1. Akt zeigt v. Gröningseck, wie er Evchen sexuell belästigt, deren Mutter mit einem Schlafmittelchen betäubt und dabei auf die Unterstützung von Marianel, einer anderen von ihm Verführten, rechnen kann. Die Exposition dient Wagner also dazu, das Thema der bereits Verführten und ihre Abhängigkeit vom Verführer auf der einen und die Vergewaltigung Evchens auf der anderen Seite herauszustellen. Barbara Mabee spricht in diesem Zusammenhang von einer Verführung Evchens und konstruiert eine Mitschuld der Frau, sie stellt die keineswegs rhetorisch gemeinte Frage, ob Evchen nicht »mit dem sexuellen Akt ihren Drang nach Freiheit zum Ausdruck gebracht« habe (vgl. Mabee, B 6d: 1986, 35). Diese groteske Fehldeutung ignoriert die Buchstäblichkeit der Regieanweisungen ebenso wie den Wortlaut der Dialogfetzen.

Marianels Aussage, »wenn keine Hurenbuben wären; so gäbs lauter brave Mädels« (S. 9), bringt aus der Sicht der emotional und ökonomisch abhängigen, rechtlosen Frau auf den Punkt, was für v. Gröningseck zunächst nicht mehr als ein galantes Abenteuer war. Für ihn ist die verführte Frau eine »Hur« (ebd.). In Sprache und Körpersprache ist er derjenige, der sich Verfügungsgewalt über jeglichen Frauenkörper anmaßt. Die Mutter von Evchen packt er um die Hüfte und stellt sie zwischen seine Beine (vgl. S. 10, Regieanweisung) und nennt sie »mein Weibchen« (ebd.).

Galt in den Dramen Klingers und Leisewitz' der wilde Blick als Charakteristikum eines Kraftkerls, so ist es in

Wagners *Kindermörderin* gerade der fixierte Blick des Mannes, der unbeweglich den begehrten Frauenkörper anstarrt, von dem die Bedrohung für die Frau ausgeht (vgl. S. 16, Regieanweisung). Der wilde Blick des Selbsthelfer- und Kraftkerltypus in den anderen Dramen hingegen galt dem anderen Mann, dem Rivalen um die Gunst der Frau, dem unrechtmäßigen Thronfolger oder dem politischen Gegner. In dem Augenblick aber, wo der Kraftkerl in der *Kindermörderin* der begehrten Frau begegnet, wird sein Blick weich oder zärtlich, zumindest läßt er sich durch die Frau beruhigen. Evchen ahnt die bevorstehende Situation: »Ums Himmelswillen sehn sie mich nicht so an; ich kanns nicht ausstehn«, bittet sie v. Gröningseck, weiß aber, daß sie »verlohren« (ebd.) ist. Die Flucht in die Kammer nebenan erweist sich für Evchen als Falle, aus der es kein Entrinnen mehr gibt. Nach der Vergewaltigung sagt sie zu der durch das Schlafmittel betäubten Mutter: »deine Tochter ist zur Hure gemacht« (S. 17). Doch in der Kammer hat sich auch die Wandlung des Offiziers vom Saulus zum Paulus vollzogen, er erkennt in Evchen nicht eines von jenen »Alltagsgeschöpfen«, die »Spielwerk« und »zu gar nichts nütze sind« (S. 34), sondern findet in ihr eine Vertreterin der »simplen Natur« (S. 35), wie er es später im vertraulichen Männergespräch mit v. Hasenpoth nennen wird. Er wiederholt Evchen sein Heiratsversprechen, doch sie spricht von Schande, beleidigter Tugend, sich selbst nennt sie eine Gefallene – Begriffe, die zum codierten Wortschatz der zeitgenössischen Diskussion um vor- und außereheliche Sexualität gehörten; Begriffe aber auch, die die Bedrohung deutlich machen, der die verführte Frau bei Entdeckung der Tat durch den sozialen Abstieg ausgesetzt war. Am Ende des 1. Aktes bleibt Evchen aber nichts anderes übrig, als den Versprechungen des Offiziers Glauben zu schenken.

Der 2. Akt führt in die Humbrechtschen Familienverhältnisse ein. Der Vater wird als Vertreter der alten Ordnung geschildert, der heftig kritisiert, daß Frau und Tochter auf einem Ball gewesen sind. Dies entspreche nicht den bürgerlichen Verhaltensstandards (vgl. S. 20), der Vorwurf an die Mutter lautet, der Tochter werde zuviel Freiheit gelassen. Als sich im 5. Akt die Katastrophe zu entwickeln beginnt und Evchen plötzlich aus dem elterlichen Haus verschwindet, sieht der Vater die Ursache hierfür in der mißbrauchten Freiheit (vgl. S. 66). Doch was der Vater als Freiheit begreift, ist in der gesellschaftlichen Wirklichkeit die Unfreiheit der Frau. Der Vater achtet streng auf die Standesunterschiede (vgl. S. 21) und weigert sich, die Adligen als soziale Bezugsgruppe für die Bürgerlichen anzusehen. Wagner legt dem Metzger eine bemerkenswerte Verteidigung der Ständegesellschaft in den Mund und deckt damit den schwelenden gesellschaftlichen Konflikt auf. Über den Besuch von Bällen und das Tanzen sagt Humbrecht:

> [...] für die vornehmen Herren und Damen, Junker und Fräuleins, die vor lauter Vornehmigkeit nicht wissen, wo sie mit des lieben Herrgotts seiner Zeit hinsollen, für die mag es ein ganz artigs Vergnügen seyn; wer hat was darwider? – aber Handwerksweiber, Bürgerstöchter sollen die Nas davon lassen; die können auf Hochzeiten, Meisterstückschmäusen, und was des Zeugs mehr ist, Schuh genug zerschleifen, brauchen nicht noch ihre Ehr und guten Namen mit aufs Spiel zu setzen. – – Wenn denn vollends ein zuckersüßes Bürschchen in der Uniform, oder ein Barönchen, des sich Gott erbarm! ein Mädchen vom Mittelstand an solche Örter hinführt, so ist zehn gegen eins zu verwetten, daß er sie nicht wieder nach Haus bringt, wie er sie abgehohlt hat. (S. 22)

Für Evchen werden die Worte des Vaters zur physischen Bedrohung: »Vater; – jedes Wort von ihm wird mir ein Dolchstich seyn!« (S. 29) Dies ist mehr als nur ein metaphorisches Sprechen, in der Tat führen die Vaterworte zur Tötung des unehelichen Kindes, im doppelten Sinn. Einmal ist es Evchens Vater selbst, der sie mit seinen Worten in die Flucht und damit in die gesellschaftliche Isolation und ökonomische Not treibt, zum anderen sind es die – freilich im Brief gefälschten – Worte des Kindsvaters v. Gröningseck, welche die Kindsmutter in die ausweglose Situation bringen, in der sie schließlich ihr Kind tötet. Am Ende ist es nur der Landesvater, der König von Frankreich, der Evchen vor dem Schafott retten könnte, dem das Begnadigungsrecht allein obliegt und von dessen Wort Evchens Leib und Leben abhängt. Und daß Evchen gegen das Wort Gottvaters verstoßen hat, ist ihr ständig bewußt. Schon unmittelbar nach der Vergewaltigung verbietet sie v. Gröningseck, sie mit einem Engel zu vergleichen (vgl. S. 18). In der Spiegelgeschichte der anonymen Untermieterin, die ein uneheliches Kind von einem Offizier erwartet, tritt Evchen jenes Schicksal vor Augen, das ihr unweigerlich droht und das sie im 5. Akt einholen wird. Der Autor läßt keine Möglichkeit innerhalb der dramatischen Handlung, daß sich Evchens Schicksal anders als tragisch entwickelt. Der Hausherr Humbrecht kündigt der Frau, da sie für ihn eine Hure ist (vgl. S. 30 f.), und setzt hinzu, im Vergleichsfall an seiner Tochter ebenso zu handeln. Evchen erkennt, »in den paar Worten liegt mein ganzes Verdammungsurtheil!« (S. 31). Die väterlichen Worte sind für die Tochter Tat, sie fürchtet sich vor dem Wort ebenso wie vor der väterlichen Liebe (vgl. S. 49). Am Ende des 3. Akts gesteht v. Gröningseck seinem Freund v. Hasenpoth ein, daß Evchen schwanger ist, bekräftigt aber nochmals sein Heiratsversprechen. Doch erreicht dieses Wort Evchen nicht, die Beziehung zwischen v. Gröningseck und ihr bleibt erstaunlich wortlos. Selbst der verbotene, nächtliche Dialog zwischen den beiden kreist um Evchens Angst, daß v. Gröningseck nicht Wort hält (vgl. S. 52). Evchen erkennt ihre Abhängigkeit vom Wort des Mannes, sie, die sich selbst als »geschändetes Ich« (ebd.) empfindet, führt jene Begriffe an, die in der Kindsmorddebatte der 1770er und 1780er Jahre zentral sind: Wut des Vaters, Zorn der Familie, gesellschaftliche Schande (vgl. ebd.). Die Angst vor dem Wort des eigenen Vaters überträgt sie auf den Kindsvater, Furcht und Entmündigung hat sie als weibliches Subjekt zu verinnerlichen gelernt.

Um so bemerkenswerter ist die Einsicht, die Evchen im 4. Akt formuliert. Wenn sie »ein Mann wäre«, sagt sie, würde sie noch heute nach Amerika auswandern und dort »für die Freyheit streiten« (S. 46). Anders als Klingers Wild in *Sturm und Drang* würde sie Amerika nicht als Ort der Flucht und des ziellosen Handelns wählen, und anders auch als Donna Diana in Lenz' *Der neue Menoza*, die nicht im Irrealis spricht, sondern weitaus aggressiver jetzt und augenblicklich die Männer in ihrem Blut herumschleppen will (vgl. II,3), erkennt Evchen, daß individuelle Freiheiten, also auch das Recht des weiblichen Individuums im 18. Jahrhundert auf Selbstbestimmung, nicht ohne die Wahrung politischer Freiheitsrechte möglich sind. Das Recht auf Individualität ist mit den politischen Freiheiten zur allgemeinen Wohlfahrt verknüpft, Privatheit und Öffentlichkeit sind zwei sich bedingende Seiten alltäglichen Handelns. Evchen zeigt sich damit weit einsichtiger als viele der Kraftkerle anderer Sturm-und-Drang-Stücke. Erst im 6. Akt, als sie sich schon zu Frau Marthan geflüchtet hat, ist sie gewillt, die Aggression gegen den Kindsvater zu richten. Sie sei nur eine Frau, aber komme er wieder, so erklärt sie, »bohr ich ihm ein Brodmesser ins Herz« (S. 78).

Der 5. Akt bringt die Katastrophe. v. Hasenpoth hat Evchen einen gefälschten Brief zukommen lassen, aus dem hervorgeht, daß v. Gröningseck sein Heiratsversprechen brechen und nicht wieder zurückkehren werde. Hier fällt auch zum erstenmal das Stichwort »Kindermord« (S. 57). Magister Humbrecht berichtet dem Vater von einem Vorfall während des Gottesdienstes; nach der Predigt sei eine Verordnung über den Kindermord und »Kindermörderinnen« (S. 58) verlesen worden. Evchen sei dabei in Ohnmacht gefallen. Um seinen Verdacht zu stützen, daß Evchen von diesem Thema nicht unberührt geblieben sei, überreicht er dem Vater einen ebenfalls von v. Hasenpoth gefälschten Brief, worin die Schwangerschaft der Tochter aufgedeckt, sie selbst der Prostitution verdächtigt und eine einmalige Abfindungszahlung von 100 Talern für das Kind angeboten wird (vgl. S. 61). Denselben Betrag wird der Vater später für denjenigen ausloben, der seine geflohene Tochter wiederfindet (vgl. S. 77). Die Drohung des Vaters, den »Bastert« (S. 62) umzubringen, vollzieht Evchen selbst. Im letzten Akt nennt sie ihr Kind ebenfalls Bastard, kurz bevor sie es tötet. Wagner legt diese begriffliche Stigmatisierung, die das uneheliche Kind zum Aussätzigen macht, in der *Kindermörderin* wenige Augenblicke, bevor das Kind getötet wird, der Mutter als letztes, halb unbewußtes Tatmotiv in den Mund:

> [...] *ich* bin die Hure, die Muttermörderinn; *du* bist noch nichts! – ein kleiner Bastert, sonst gar nichts; – *(mit verbißner Wuth.)* – sollst auch nie werden, was *ich* bin, nie ausstehn, was *ich* ausstehn muß – *(nimmt eine Stecknadel, und drückt sie dem Kind in Schlaf [Schläfe] [...].)* (S. 80)

Bevor diese Tat aber in Szene gesetzt wird, hat Wagner an den Beginn des 6. Akts einen Dialog zwischen Evchen und Marthan gestellt, der eine Lösung dieses gesellschaftlichen Problems anbietet, die aus der Sicht der ›kleinen Leute‹ pragmatisch ist und in deutlichem Gegensatz zur adligen und bürgerlichen Problemlösung des Schlußtableaus steht. Im einzelnen betrifft dies folgende Punkte: »Was geschehn ist, ist geschehn, da hilft kein Greinen und kein Jammern!« (S. 72) Das Geschehene ist nicht rückgängig zu machen, indirekt heißt dies, daß auch eine gesellschaftliche Ächtung und juristische Verfolgung von vorehelicher Sexualität mit Kindesfolge keine zufriedenstellende Lösung bietet. Das zweite Argument Marthans verbindet das soziale mit dem religiösen Motiv:

> Ich sag immer, es ist aber doch nicht recht von den Herrschaften, die einen armen Dienstboten, wenn er in *den* Umständen ist, so mir nix dir nix zum Haus hinauswerfen, wir sind alle sündliche Menschen; wie bald kann nit ein Unglück geschehn, und dann hats der Herr oder die Frau doch auch aufm Gewissen.
>
> (S. 73)

Soziale Verantwortung der Herrschaft für ihre Dienstleute ernst nehmen heißt demnach, eine uneheliche Schwangerschaft nicht nach moralischen Kriterien zu bewerten. Soziales und religiöses Gewissen sind eins. Das dritte Argument betrifft die Integrität einer Frau mit unehelichem Kind. Marthan führt als Beispiel an, daß sie bei einer solchen Frau zehn Jahre gearbeitet und sie als »kreutzbrave Frau« (S. 75) kennengelernt habe. Das bedeutet, daß die Unehelichkeit eines Kindes nichts über die menschlichen Qualitäten der Mutter aussagen kann, insofern auch der Vorwurf der moralischen Verwerflichkeit gegenstandslos ist. Selbst als Evchen Marthan gesteht, daß sie die entflohene Tochter Humbrechts sei, vermag die Dienstfrau kein Unrecht darin zu erkennen. Sie führt das vierte Argument an, das die Stellung der Frau in der Gesellschaft des 18. Jahrhunderts zum Inhalt hat: »ganz gewiß ist sie verführt worden« (S. 78). Die Verführung durch den Mann ist die eigentliche Tat, nicht die verheimlichte Schwangerschaft, nicht die Flucht aus dem Elternhaus und nicht der rechtlose Sozialstatus einer Frau mit unehelichem Kind. In Absprache mit Evchen geht sie zu deren Vater, um die ausgesetzte Belohnung zu bekommen und ihn zu seiner Tochter zu führen. In diesem Moment spitzt sich das dramatische Geschehen plötzlich zu. In der klassischen Situation einer Handlung im Affekt tötet Evchen ihr Kind, sie identifiziert das Kind mit dem Kindsvater, sie tötet im Kind den Vater (vgl. S. 80). Daß der Vater, Marthan, schließlich der Magister und überraschend auch v. Gröningseck zu spät kommen, parodiert das herkömmliche Muster des harmonischen und empfindsamen Schlußtableaus eines Bürgerlichen Trauerspiels. Aus Angst vor einer etwa durch die Strafverfolgungsbehörden konstruierten Mitschuld geht Frau Marthan den Fiskal holen. Die Mißverständnisse klären sich, trotz des Kindsmordes will v. Gröningseck Evchen weiter heiraten. Um sie vor dem Tod auf dem Schafott zu bewahren, will er beim König von Frankreich ein Gnadenersuch einreichen. Von diesem Begnadigungsrecht machten freilich die wenigsten Landesherren Gebrauch. Es bleibt eine utopische Hoffnung, die das Ende von Wagners Stück seltsam rätselhaft macht. v. Gröningseck beklagt, daß es keinen Staat gebe, in dem solche Intriganten wie v. Hasenpoth, die ganze Familien zerrütten, angemessen bestraft werden. Unausgesprochen steht dahinter die Einsicht, daß nur die Opfer, die Frauen und die unehelichen Kinder, einer Bestrafung ausgesetzt werden. v. Gröningseck will ›Selbsthelfer‹ werden, »Selbstrache« sei »Pflicht« (S. 84).

Wagner stellt das Tatmotiv sehr komplex dar. Der Affekt, die Angst vor dem Vergewaltiger und Kindsvater, die Angst vor dem eigenen Vater, die Vorstellung, den Tod der Mutter verursacht zu haben, all dies entwickelt einen Schuld- und Gewaltzusammenhang, der in die Sexualität eingeschrieben ist und für die schwangere Frau keinen Ausweg mehr zuläßt:

> [...] dies, und o was alles noch mehr! brachte mich in Verzweiflung – ich wollte mir aus der Welt helfen, und hatte nicht Entschlossenheit genug selbst Hand an mich zu legen; jetzt mags der – Henker thun! – Mein Kind ist todt, todt durch mich – (S. 83)

Das ist Evchens Bekenntnis am Ende des Stücks, von den Männern wird sie nicht verstanden. Dem Vater wird die Welt zu eng (vgl. S. 85), er entzieht sich einer Mitverantwortung und Mitschuld. v. Gröningseck sagt ihr, daß es nicht zu dieser tragischen Entwicklung hätte kommen müssen,

»wenn du mir getraut, deiner Melancholie dich weniger überlassen, etwas mehr an die Tugend geglaubt hättest – oder ich etwas weniger« (S. 85). Eine bemerkenswerte Analyse, sucht sie doch die Gründe für die familiäre Katastrophe nahezu ausschließlich bei der vergewaltigten Kindsmörderin. Der Nachsatz (»oder ich etwas weniger«) unterstreicht nur die patriarchale Bändigung und wiederholt damit verbal, was die Ursache für die gesamte Entwicklung war, die Verfügungsgewalt des Mannes über den Frauenkörper. Denn hätte v. Gröningseck weniger an die Tugendhaftigkeit Evchens geglaubt, ihr damit weniger vertraut, hätte er sie genauer beobachten und kontrollieren müssen und so die Tat des Kindsmords vermeiden können. Dieses Denken zielt aber nur auf die Tat selbst, nicht auf das Tatmotiv und nicht auf die Tatursache. Liegt darin die Lösung des Problems Kindsmord? Wagner verweigert sich einer eindeutigen und harmonischen Antwort, viel eher hebt er nochmals hervor, daß der adlige Offizier am Ende immer noch nicht begreift, daß er verantwortlich ist für die Misere dieser bürgerlichen Familie.

Die moralischen Vorbehalte gegenüber der *Kindermörderin* waren bei den Zeitgenossen groß. Schon Wagner selbst arbeitete 1777 sein Stück für die Seylersche Theatertruppe in Frankfurt um, das nun den Titel trug *Evchen Humbrecht oder Ihr Mütter merkts Euch!* (gedruckt 1779) und damit zu einem tragikomischen Lehrstück wurde. Lessings Bruder Karl fertigte gar eine verträgliche Bühnenfassung an, die er unter dem gleichen Titel wie das Originalstück 1777 veröffentlichte. In der Vorrede dazu schreibt er, daß der Vorwurf, das Stück sei »unanständig und unmoralisch« (zit. nach: Wagner, *Die Kindermörderin*, 89), geprüft werden müsse. Lessing wirft Wagner, dem er grundsätzlich dramatisches Talent bescheinigt, vor allem vor, daß er sich über die dramatischen Regeln der Gattung Schauspiel hinweggesetzt habe. In diesem Zusammenhang formuliert er auch einige

Invektiven gegen die Genies und die Sturm-und-Drang-Dramatik. Am Ende der Vorrede wiederholt er den Vorwurf, einige Szenen des Stücks seien sittlich bedenklich, »schmutzig und plump« (ebd., 94) und keuschen Augen und Ohren nicht zuzumuten. Wagner kommentierte dies mit den Worten, man habe sein Werk »kastrirt« (ebd., 143), »verstümmelt, verhunzt, eignen Koth hineingeschissen« (zit. nach: Schmidt, B 6e: 1879, 153). Die Gelassenheit, mit der Maler Müller später in seinem erstmals 1811 veröffentlichten, aber schon in der zweiten Hälfte der siebziger Jahre geschriebenen Prosatext *Das Nuß-Kernen, eine pfälzische Idylle* einen Schulmeister, der von den jungen Genies ansonsten wenig hält, die Frage stellen läßt: »Und ist denn das so was Erschreckliches, ein Jungfernkind?« (Müller, W 1,307), bleibt eine Ausnahme.

Lenz: *Zerbin oder die neuere Philosophie*

Mit dieser Erzählung[34] von 1776 greift auch Lenz das Thema des Kindsmords auf. Als auktorialer Erzähler entwickelt er vor allem die psychischen Landschaften seiner Hauptfiguren. Zerbin[35] ist Kaufmannssohn und ein junger Magister der Philosophie in Leipzig mit den besten Aussichten auf eine akademische Laufbahn. Er hat seine Be-

34 Textgrundlage: WuB 2,354–379.

35 Die Namensgebung bleibt rätselhaft. Vielleicht spielte Lenz auf die Figur der Zerbina in Pergolesis Buffo-Oper *La serva padrona* (1733) an, Pergolesi war ihm immerhin vertraut (vgl. WuB 2,605). Auch in Diderots erst 1805 von Goethe übersetzter und 1821–23 im Original erschienener dialogischer Erzählung *Rameaus Neffe* wird Pergolesis Zerbina erwähnt.

währungsprobe als Selbsthelfer bereits hinter sich. »Ganz sich auf sich selbst verlassend« (S. 355), ist er seinem Vater entlaufen. In der Distanz zum Vater sucht er eine neue Identität, er nimmt einen fremden Namen an und verzichtet gänzlich auf jede ökonomische Unterstützung durch den Vater. Zerbin nimmt die Forderung nach Selbstbestimmung konsequent ernst, selbst als ihm der finanzielle Ruin droht, wagt er es nicht, seine (scheinbare) Eigenständigkeit aufzugeben.

Lenz fingiert eine historische Dokumentation; aus hinterlassenen Papieren Zerbins habe er seine Erzählung zusammengestellt, schreibt der Erzähler. Immer wieder schaltet sich der Autor selbst ein und redet die Leser und Leserinnen direkt an. Damit wird ein kontinuierlicher Erzählfluß durchbrochen, der Bericht gewinnt erheblich an Unmittelbarkeit.[36] Die Sympathien des Autors gelten wechselweise Zerbin und den Frauen Renatchen, Marie und Hortensie, mit denen Lenz Vertreterinnen dreier sozialer Schichten vorführt. Zerbin wird von Gellert als Mentor (Hofmeister) des jungen und reichen Grafen Altheim aus Dänemark empfohlen. Beide verkehren im Haus des schwerreichen Bankiers Freundlach und dessen lediger, aber heiratswilliger Schwester Renatchen in Leipzig. Der Offizier Hohendorf ist ein Schüler Zerbins und geht ebenfalls im Bankiershaus ein und aus. Die Bankiersschwester, eine gute Partie vor Augen, versucht nun, die Aufmerksamkeit und die Gunst des Grafen zu gewinnen, Zerbin wird dazu als Mittel zum Zweck mißbraucht. Lenz führt früh schon jenen Begriff für Zerbin ein, den er der Gräfin La Roche in den *Soldaten* zur Kennzeichnung von Marianes aussichtsloser sozialer Lage in den Mund legt, »Schlachtopfer« (S. 359). Zwischen Hohendorf, Zerbin und Altheim entsteht eine Ri-

36 Anders Hartmut Dedert (B 2: 1990, 56), der gerade die moralische Belehrung und die Stringenz der Erzählentwicklung als wesentliche Merkmale des *Zerbin* hervorhebt, was meines Erachtens der ›antimoralischen‹ Erzählabsicht von Lenz nicht gerecht wird.

valität um die Liebe Renatchens. Die Freundschaft zwischen Altheim und Zerbin, die auch zusammen wohnen, zerbricht, Zerbin verliert seine Schüler, auf deren Kolleggeld er angewiesen ist. Eifersucht, Rivalität und Mißtrauen schildert Lenz ausführlich und erhebt gegenüber seinen Leserinnen den Anspruch, das erste wahre »Gemählde einer Männerseele« (S. 365) zu liefern.

Lenz führt nun die zweite Frauenfigur ein. Hortensie, die Tochter seines Vermieters, nimmt Zerbin zum willkürlichen Gegenstand seines Begehrens ohne die Fesseln der Rücksichtnahme auf die Standesetikette und auf die wirtschaftlichen oder sozialen Folgen für die Frau, »er wollte lieben. Er wollte Anheften, Anschließen eines Herzens an das andere ohne ökonomische Absichten – er wollte keine Haushälterin, er wollte ein Weib, die Freude, das Glück« (S. 366 f.). Zerbins Liebe hat etwas Zwanghaftes, ihm geht es nur um das Gefühl und die Befriedigung des Gefühls, die Frau aber ist ihm gleichgültig, sie wird als Objekt instrumentalisiert. Dies ist der Umschlagpunkt der Erzählung, von hier aus beginnt die Tragödie sich zu entwickeln. Lenz führt die dritte Frauenfigur ein, Marie, Zerbins Dienstmädchen, sie wird als heiter, lustig, jung, schlank und rehfüßig geschildert (vgl. S. 367). Lenz durchbricht den Erzählfluß und nimmt das Ende bewußt vorweg. Die Erzählung gehorcht einer analytischen Entwicklung, denn der Autor erinnert an Maries spätere Richter, die sie zum Tode verurteilen werden, und beklagt, daß nicht das Tatmotiv, »die Gefühle eines jungen Mädchens« (S. 374), sondern allein die Tat selbst be- und verurteilt würde (vgl. ebd.). In der zeitgenössischen Debatte um die Todesstrafe für Kindsmörderinnen ist dies ein bemerkenswertes Argument, appelliert es doch durch die fingierte Form des historischen Dokuments unmittelbar an das gegenabsolutistische, aufgeklärte Rechtsempfinden.

Die sexuelle Beziehung zwischen Zerbin und Marie hat Folgen, Marie wird schwanger und verläßt sich auf wenig eindeutige Zusagen und Versprechungen Zerbins. Dies zeigt die völlige Abhängigkeit der verführten Frau vom Verführer. Zur psychischen Abhängigkeit tritt die ökonomische, denn Marie ist die Tochter eines Dorfbürgermeisters und kann wegen der gesellschaftlichen Schande nicht mehr in ihr Vaterhaus zurück. Zerbin sieht in einer Ehe nur Einschränkung und Verzicht, Liebe, worunter er freie Liebe und Sexualität versteht, habe nichts mit Heirat, Versorgung und Verantwortung zu tun. Der Autor kommentiert dies mit den Worten: »er ward vernünftig. [...] Die große Weisheit unserer heutigen Philosophen ging ihm auf, daß Ehe eine wechselseitige Hülfleistung, Liebe eine vorübereilende Grille sei« (S. 369). Die Fackel der Wahrheit, Symbol der Aufklärung, beleuchtet Zerbin die Standesunterschiede, er als Sohn eines reichen Kaufmanns und Städters vermag keine Verantwortung für das Landmädchen zu empfinden. Dies alles ist ein scharfer Angriff des Autors auf die aufgeklärte Moralphilosophie, die im Titel der Erzählung als »neuere Philosophie« (die Wahl des Komparativs macht bereits den Abstand zur neuesten Philosophie deutlich) und im ersten Abschnitt schon als »Modephilosophie« (S. 354) bezeichnet wurde. Dies mag erstaunen, würde man doch einen solchen Vorwurf eher von Vertretern orthodoxer Aufklärung erwarten, man denke etwa an den Hamburger Hauptpastor Johann Melchior Goeze und seinen Kampf gegen den *Werther* und gegen das zeitgenössische Theater. Lenz nennt im Text ausdrücklich Gellerts Moralphilosophie (vgl. S. 356), seinen Namen führt er innerhalb weniger Zeilen dreimal an. Gellert galt im 18. Jahrhundert neben August Hermann Francke, Christian Felix Weiße und Johann Jakob Engel als »Hofmeistermakler« (Fertig, B 7: 1979, 60). Und nur wenige Jahre bevor Lenz den *Zerbin* schrieb, wurden Gellerts *Moralische Vorlesungen* (1770) veröffentlicht. Darin heißt es in der 25. Vorlesung »Von der Ehe und ihren Verpflichtungen«, »ohne sie würde der Trieb der Liebe zügellos ausschweifen und gar bald zur verderblichsten Leidenschaft werden« (Gellert, *Moralische Vorle-*

sungen, 146). Dieser Naturtrieb gehöre durch das eheliche Band gefesselt, so die Wortwahl Gellerts.

> Alle unsere natürlichen Triebe haben eine vernünftige Einschränkung nöthig, und der stürmische Trieb der Liebe bedarf dieser Einschränkung am meisten, wenn er nicht ausarten, nicht das Herz, die Sitten, und den Verstand verderben soll.
>
> (Gellert, *Moralische Vorlesungen*, 147)

Lenz zeigt in *Zerbin oder die neuere Philosophie*, daß gerade dieser Bändigungszwang die eigentliche Ursache der Katastrophe für Marie und Zerbin ist. Theodor Gottlieb Hippel (1741–1796) schrieb in seiner Schrift *Über die Ehe* (1. Auflage 1774) – und möglicherweise hatte Lenz dies vor Augen –: »Der Endzweck der Ehe scheint mir *wechselseitige Unterstützung* zu seyn« (Hippel, SW 5,71). Der in der Forschungsliteratur gelegentlich zu findende Hinweis auf Kants Ehedefinition stammt aus dessen *Metaphysik der Sitten* (§ 24 ff.), die aber erst 1797 erschien, worin die Ehe als »die Verbindung zweier Personen verschiedenen Geschlechts zum lebenswierigen wechselseitigen Besitz ihrer Geschlechtseigenschaften« und die Geschlechtsgemeinschaft als »der wechselseitige Gebrauch, den ein Mensch von eines anderen Geschlechtsorganen und Vermögen macht«,[37] definiert werden. Nicht auszuschließen ist, daß Lenz während seines Studiums in Königsberg das eine oder andere in Kants Vorlesungen bereits gehört hat. Die Vorbehalte von Lenz gegen die Philosophie seiner Zeit – in diesem Sinne ist der Titel seiner *Philosophischen Vorlesungen* durchaus ironisch zu verstehen – kommen deutlich in den *Meinungen eines Laien* (1775) zum Ausdruck. Darin erklärt er, daß »alle aufgeklärten Menschen« (WuB 2,598) Philosophen sein wollten, die heutigen Philosophen aber diejeni-

37 Immanuel Kant, *Werke in zwölf Bänden*, hrsg. von Wilhelm Weischedel, Frankfurt a. M. 1977, Bd. 8, § 24.

gen seien – und dies bezeichnet er als »Stein des Anstoßes« (ebd., 561) –, »die so gern ihren eigenen Gesichtspunkt dem ganzen menschlichen Geschlechte für den Gesichtspunkt Gottes aufdringen möchten« (ebd.). Ein Hauptthema dieser Schrift ist die Frage nach der Letztbegründbarkeit von Moral, und Lenz beantwortet sie kurz und bündig: »Jeder Mensch bringt [...] sein Moralsystem mit sich auf die Welt« (ebd., 600).

Wenn nun Lenz die Verantwortung für die soziale Verelendung geschwängerter unverheirateter Frauen in seiner Erzählung der »Modephilosophie« (S. 354) Gellertscher Prägung gibt, so verbirgt sich dahinter ein Plädoyer gegen jedwede Form der staatlichen, religiösen und gesellschaftlichen Reglementierung von Liebesbeziehungen. Denn gäbe es den gesellschaftlichen Zwang nicht, Sexualität ausschließlich in einer lebenslangen Zweckgemeinschaft zu bändigen, verlören sich auch die Widerstände gegen die Institution Ehe, da Ehen dann nur noch freiwillig und bei gegenseitiger Zuneigung geschlossen würden. Daß Lenz hier zu kurz greift und nicht an die persönlichen und sozialen Folgen für die betroffenen Frauen denkt, liegt auf der Hand. Im *Zerbin* malt er aber mit deutlichen Farben aus, was der gesellschaftliche Druck (das Moralgebot der Ehe) für die psychische Befindlichkeit zweier Individuen, Zerbin und Marie, bedeutet, daß sie nämlich ihrer Handlungsfreiheit beraubt werden und ihr Begehren ausgelöscht wird. Marie wird als Kindsmörderin beschuldigt – die Tat selbst kann ihr nicht nachgewiesen, der Beweis einer Totgeburt aber auch nicht erbracht werden, was für eine Verurteilung im Rahmen der zeitgenössischen Rechtsprechung hinlänglich ist – und wird hingerichtet, Zerbin bringt sich am Ende selbst um.

Aus Angst vor Schande und Ächtung töten die Frauen die lebendigen Beweise ihres Begehrens, die Männer gehen frei aus. Das Thema Kindsmord offenbart die dunkle Seite der Aufklärung. Darin kann ein grundlegender Wandel vom aufgeklärten Bürgerlichen Trauerspiel zur Literatur des Sturm und Drang gesehen werden. Die Autoren des Sturm und Drang treiben die Aufklärung der Aufklärung radikal voran. Ihre Literatur zum Thema Kindsmord hebt den Zusammenhang von Vatergesellschaft, Männergewalt, Unterdrückung der Sexualität und Unterdrückung der Frauen erstmals ins öffentliche Bewußtsein.

Lyrik

Schubart

Der Schwabe Christian Friedrich Daniel Schubart (1739–1791), ein begeisterter Klopstock-Verehrer, wird oftmals als Gewährsmann für eine politische Tendenz in der Literatur des Sturm und Drang angeführt. Doch Schubart war weder Volksdichter noch Rebell. Zu dieser Legendenbildung mag wesentlich die Kenntnis von Schubarts Biographie beigetragen haben, saß er doch zehn Jahre lang von 1777 bis 1787 ohne Verurteilung in Haft. Sein literarisches Werk im engeren Sinn ist schmal, Schubart war viel eher Publizist, außerdem verfaßte er etliche historische und musikästhetische Schriften. Einige Gedichte Schubarts wurden im 19. Jahrhundert vertont und ins Repertoire bürgerlicher Kultur aufgenommen, wie beispielsweise sein Gedicht *Die Forelle* (1783), zuerst von Schubart selbst, später auch von Franz Schubert vertont.

Zahlreiche Gedichte Schubarts erschienen in seiner *Deutschen Chronik*[38], viele sind Gelegenheitsgedichte, Huldigungs- und Widmungsgedichte oder Idyllen und widmen

38 Textgrundlage: *Gedichte*, Ausg. Karthaus.

sich allgemein menschlichen oder religiösen Themen. *Der Bauer im Winter* (1774) wirkt harmlos idyllisch verglichen mit Leisewitz' Kurztext *Die Pfandung*, denn Schubart schließt sein Gedicht, nachdem er alle Vorteile des Landlebens aufgezählt hat, mit der Frage: »Kann wohl ein Mensch vergnügter seyn?« (S. 24). Das *Freyheitslied eines Kolonisten* (1775) bezieht sich auf den Nordamerikanischen Unabhängigkeitskrieg und ist kaum auf europäische, geschweige denn auf deutsche Verhältnisse zu übertragen. Die exotische Ferne mobilisiert ein Freiheitspathos, das in Schubarts Gedicht wie auch bei Gedichten des Göttinger Hain nur als rhetorische Geste angemessen zu verstehen ist. Die Verse »Wer nicht für unsre Freyheit ficht; / Den stürzet ins Meer!« (S. 31) sind zwar von einer Kompromißlosigkeit, die die Frage nach der politischen Freiheit in der Heimat mitdenken läßt, aber nicht beantwortet. Diese Ambivalenz von scharfsichtiger politischer Erkenntnis und Zugeständnissen an gesellschaftliche und ästhetische Normen – Schubarts Gedichte sind durchweg formal konventionell – zeigt besonders deutlich das Gedicht *Die Fürstengruft* (1779/80). Die schlechten Fürsten, die als Tyrannen geherrscht haben, werden am Jüngsten Tag dem Gericht Gottes zugeführt, während die »bessre[n] Fürsten« (S. 43) nach dem Tod mit ewiger Herrschaft belohnt werden, »Ihr seid zu herrschen werth« (ebd.). Unterschlägt man die letzten vier Strophen dieses Gedichts, so läßt sich in der Tat eine Allegorie auf die duodezfürstliche Tyrannis daraus konstruieren, doch der Schlußteil des Gedichts enthält die entscheidende theologische Wendung. Hier macht sich ein Ton geltend, den David Friedrich Strauß im Hinblick auf die *Deutsche Chronik* als Schubarts religiösen »Obscurantismus« (*C. F. D. Schubarts Leben in seinen Briefen* 2,319) bezeichnet hat. Die Kritik geht immer nur so weit, wie es mit Schubarts pietistischem Weltbild verträglich ist. Unvergleichlich ist Schubarts Gedicht *Der Gefangene* (1782), worin er seine eigene Kerkerhaft schildert. Schubart war der einzige Dichter des Sturm und Drang, der selbst politisch verfolgt wurde und die Folgen von Willkürherrschaft am eigenen Leib erfahren mußte.

In den beiden *Kapliedern* (1787) wird den Soldaten und ihren Angehörigen Mut zugesprochen, Gott sei mit ihnen, auch wenn sie im fernen Südafrika für deutsche Interessen ihr Leben ließen, schließlich gehe es um »Ehre und Gold« (S. 61) und eine vaterländische Pflicht. In einem Brief vom 22. Februar 1787 an den Verleger Himburg bezeichnet Schubart diese Gedichte als Klagelieder, die Mut und Trost spenden sollten. »Der Zwek der Dichtkunst ist, nicht mit Geniezügen zu prahlen, sondern ihre himmlische Kraft zum Besten der Menschheit zu gebrauchen« (*C. F. D. Schubarts Leben in seinen Briefen* 2,281). Damit ist Schubarts poetisches Programm auch der 1770er Jahre genau beschrieben.

Göttinger Hain

Die Verehrung für Klopstock teilte Schubart mit den Dichtern des Göttinger Hain.[39] Die Bedeutung Klopstocks für diese Dichtergruppe wie auch für die Autoren des Sturm und Drang insgesamt kommt am besten in einer brieflichen Notiz Goethes vom 10. Juni 1774 zum Ausdruck:[40]

> Klopstocks herrliches Werck hat mir neues Leben in die Adern gegossen. Die Einzige Poetick aller Zeiten und Völcker, die einzige Regeln die möglich sind!
>
> (*Goethes Briefe* 1,163)

Zum Göttinger Hain im engeren Sinn gehörten Ludwig Christoph Heinrich Hölty (1748–1776), Johann Martin Miller (1750–1814), Johann Heinrich Voß (1751–1826), Jo-

39 Textgrundlage: *Der Göttinger Hain*, Ausg. Kelletat.

40 Vgl. Kranefuss, B 6f: 1989; Behrens, B 6f: 1988.

hann Friedrich Hahn (1753–1779) sowie die Brüder Friedrich Leopold (1750–1819) und Christian (1748–1821) Grafen zu Stolberg. Bürger stand der Gruppe freundschaftlich nahe. Heinrich Christian Boie (1744–1806) war der Mittelpunkt der Gruppe, er gab auch einen der ersten deutschen Musenalmanache im Herbst 1769 heraus.[41] Die Musenalmanache von 1773 bis 1775, dem Jahr der Auflösung des Bundes, wurden das Organ des Göttinger Hain. Der literaturgeschichtlich bedeutendste Band war der Jahrgang 1774 des Göttinger *Musenalmanachs*, für den Klopstock, Bürger, Claudius, Herder und Goethe Beiträge schrieben.

Am 12. November 1772 wurde der Bund spontan gegründet. Voß berichtet darüber in einem Brief:

> Ach, den 12. September, mein liebster Freund, da hätten Sie hiersein sollen. Die beiden Millers, Hahn, Hölty, Wehrs und ich gingen noch des Abends nach einem nahgelegenen Dorfe. Der Abend war außerordentlich heiter, und der Mond voll. Wir überließen uns ganz den Empfindungen der schönen Natur. Wir aßen in einer Bauerhütte eine Milch, und begaben uns darauf ins freie Feld. Hier fanden wir einen kleinen Eichengrund, und sogleich fiel uns allen ein, den Bund der Freundschaft unter diesen heiligen Bäumen zu schwören. Wir umkränzten die Hüte mit Eichenlaub, legten sie unter den Baum, faßten uns alle bei den Händen, tanzten so um den eingeschlossenen Stamm herum, – riefen den Mond und die Sterne zu Zeugen unseres Bundes an, und versprachen uns eine ewige Freundschaft. Dann verbündeten wir uns, die größte Aufrichtigkeit in unsern Urteilen gegeneinander zu be-

41 Der Verleger Schwickert aus Leipzig ließ Druckfahnen des Göttinger Musenalmanachs stehlen und konnte so dem von Boie herausgegebenen ersten Göttinger *Musenalmanach für das Jahr 1770* zuvorkommen. Vgl. Mix, B 6a: 1987, 49 ff. – Zur Bedeutung der Korrespondenz für den Hainbund vgl. die Textsammlung von Metelmann, »Zur Geschichte des Göttinger Dichterbundes« (B 6f: 1965).

obachten, und zu diesem Endzwecke die schon gewöhnliche Versammlung noch genauer und feierlicher zu halten. (S. 349 f.)

Wöchentliche Sitzungen folgten, in denen Gedichte vorgelesen und anschließend einer kritischen Debatte unterzogen wurden. Ein Bundesjournal protokollierte diese Treffen. Der Bund war – so das Motto – auf ewig geschlossen, dauerte aber nur kurze Zeit. Die einzelnen Mitglieder gaben sich Bardennamen, die sich an Klopstocksche Namensbildungen anlehnten: Minnehold (Miller), Haining (Hölty), Teuthard (Hahn), Werdomar (Boie) usw. Der Göttinger Hain war ein Freundschaftsbund und für die Geselligkeitskultur des 18. Jahrhunderts nichts Außergewöhnliches. Klopstocks Bardengedichte und Oden boten die mythologisch-poetische Rechtfertigung, in die Gedichte der Hainbündler mischten sich poetische, religiöse, moralische und patriotische Töne. Zur Feindfigur wurde, wie auch eine Zeitlang bei den Sturm-und-Drang-Autoren, Wieland erklärt.

Die Bedeutung Klopstocks sowie die Wichtigkeit der Gruppenbindung und des Freundschaftskults hebt besonders deutlich das Gedicht *Nach Hahns Abschied* von Friedrich Müller (»Maler Müller«, 1749–1825) hervor, das im *Musenalmanach für das Jahr 1776* erschienen ist, zu dem der Dichter auch noch andere Texte beitrug. Darin besingt er die Trennung von seinem Freund Hahn. Der Ton des Gedichts, die syntaktische und stilistische Eigenwilligkeit Müllers sind charakteristisch für das empfindsame Pathos der kraftgenialen Geste des Sturm und Drang:[42]

Ha! dieß wilde, pochende,
Dieß unaufhaltsamfliegende,
Dieß ängstlichtragende, mitfühlende Herz!

42 *Musenalmanach für das Jahr 1776*, Lauenburg 1775, S. 206 f. – Dieses Gedicht ist, obwohl es zu den wenigen innovativen Gedichten der Hainbündler zählt, nicht in der Textsammlung *Der Göttinger Hain* enthalten.

Ludwig Christoph Heinrich Hölty
Stich von Daniel Chodowiecki (1777)

Das, unglückselig ewig,
Barbarisch immer aufnimmt und trägt!
Wie's drängt! wie's tobt! dir vorwärts nacheilt,
Und mich peinigt und quält,
Und meine Sinnen zerrüttet,
Und mir die Nerven zerreißt!
[...]
Genieße! und gedenke meiner!
Ha! gedenke meiner, wenn du thränenschauernd
Unter der Liebe Fülle versinkst,
Und du am Herzen liegest dem –
O wie soll ich ihn nennen!
Vater! Freund! Vater!
Klopstock! Klopstock! Ihm!

Die Gedichte der einzelnen Hainbündler sind höchst unterschiedlichen Niveaus. Anakreontik, Rokoko, Schäferlyrik und Empfindsamkeit prägen die lyrischen Ausdrucksmöglichkeiten und die Formenvielfalt vieler Texte, die Dichter des Göttinger Hain sind durchaus dem Lyrikverständnis der Aufklärung verhaftet geblieben. Am häufigsten Verwendung findet die Ode, hatte sie doch schon Herder in seinen *Fragmenten einer Abhandlung über die Ode* (um 1765) als den Ursprung der Dichtkunst bezeichnet; in jeder Ode zeige sich ein »*Faden der Leidenschaft*« (SW 32,73). Darüber hinaus werden zahlreiche andere lyrische Formen wie Elegie, Idylle, Hymne, Ballade und Lied erprobt.

Eine ausschließlich formgeschichtliche Betrachtung des Göttinger Hain ist eine Sache, eine andere die inhaltliche Bewertung der wichtigsten Gedichte. »Schwertergeklirr, Treuegestammel und Lastergeschrei« wurden von der Forschung zu Recht als »ungenießbar« (Huyssen, B 6f: 1983, 183) bezeichnet. Die moralische Tugendlehre der jungen Autoren, ihre Betonung von Keuschheit und vaterländischem Sinn (vgl. etwa Höltys *Vaterlandslied*, S. 112), ihr

Bardenkult und ihre Ästhetik des Alltagsgegenstands lassen ihre Texte höchst ambivalent erscheinen.

Eine klare politische Aussage, die über chauvinistisch-patriotische Töne hinausgeht, und die Forderung nach allgemeiner politischer Freiheit lassen sich allenfalls in Friedrich Leopold von Stolbergs frühestem Gedicht *Die Freiheit* (1770) und in der Idylle *Die Leibeigenschaft* (1775) von Voß nachweisen. Voß läßt den Pferdeknecht Michel sagen: »Besser, arm und frei, als ein Sklave bei Kisten und Kasten!« (S. 277), während für Stolberg die beschworene Freiheit die erhoffte Freiheit »für das Vaterland« (S. 173) ist, gesellschaftliche Freiheit also an die Erwartung einer geeinten deutschen Nation gekoppelt bleibt. Dies wird in der Druckfassung seines Gedichts von 1775 noch deutlicher, wo Stolberg schreibt: »Nur Freiheitsschwert ist Schwert für das Vaterland!« (S. 174) Brutus, Tell, Hermann, Cato und Timoleon sind Synonyme für einen nationalen Freiheitskampf, »im Herzen des, dem freie Seele / Gott gab, mit Flammenschrift eingegraben« (S. 173). Übrigens eine erstaunliche Parallele zu Goethes spätem Gedicht *Trilogie der Leidenschaft* (1825), wo der Autor im zweiten Gedicht, der *Elegie*, als lyrisches Ich spricht: »das Bild der Lieben, / Mit Flammenschrift ins treue Herz geschrieben« (HA 1,383).

Woldemar Friedrich Graf von Schmettow (1749–1794) schrieb in seinem Aufsatz *Brutus, Freyheit und Schwärmerey* – und man könnte diese Bemerkung unverändert auf die Freiheitslieder des Göttinger Hain übertragen –:

> Solte man nicht auf den Argwohn gerathen, daß sich die Kraftgenies wie Götter ansehen, die mit einem Dactilum Könige niederschmettern, und mit einem spondeen Könige vergöttern können?
>
> (Schmettow, *Ueber Empfindeley* 2,91)

Die Adelskritik des Göttinger Hain erschöpft sich im wesentlichen in einer Rückbesinnung auf die Verinnerlichung eines bestimmten Tugendkatalogs. Die Gültigkeit des bürgerlichen Seelenadels, im Bürgerlichen Trauerspiel dem Geld- und Geburtsadel entgegengestellt, wird durch die jungen Autoren des Göttinger Hain auch auf die unteren Schichten ausgedehnt. Hölty bringt dies in seinem Gedicht *An einen Freund [...]* (1776) auf die Formel: »Die Sittsamkeit flieht goldne Fürstensäle, / Und liebt die niedern Hütten nur« (S. 118). Auch Stolbergs *Mein Vaterland* (1775; S. 187 f.) – die Widmung des Gedichts gilt Klopstock – liefert eine Vermischung von Tugendideologie mit einem tränenseligen Patriotismus, wenn es heißt:

In deinen Hütten sichert die Zucht
Den Bund der Ehe! Rein ist das Bett
  Zärtlicher Gatten, und fruchtbar
    Ihre keuschen Umarmungen!
[...]
Ich bin ein Deutscher! (Stürzet herab,
Der Freude Tränen, daß ich es bin!)
  Fühlte die erbliche Tugend
    In den Jahren des Kindes schon!

(S. 187 f.)

Bei Hölty ist dieser spezifische Ton schließlich noch weiter gesteigert. In der Ode *An Hahn* (1773) finden sich die Zeilen:

Kein deutscher Jüngling wähle das Mädchen sich,
Das deutsche Lieder hasset, und Wollustsang
  Des Galliers in ihrer Laute
    Tändelnde Silberakkorde tönet!

Schwing deine Geißel, Sänger der Tugend! schwing
Die Feuergeißel, welche dir Braga gab,
  Die Natternbrut, die unsre deutsche
    Redlichkeit, Keuschheit und Treue tötet,

Zurückzustäupen! [...]

(S. 70)

Nur wenige Gedichte greifen zentrale Themen anderer Texte des Sturm und Drang auf, wie z. B. Stolbergs *An die Natur* (1774; S. 178 f.). Höltys Ballade *Adelstan und Röschen* (1774; S. 13 ff.) schildert die Erlebnisse eines Ritters mit einem Schäfermädchen und bleibt dabei weit hinter der theatralischen Tragik und der sprachlichen Ausdruckskraft von Bürgers schauervoller Sturm-und-Drang-Ballade *Lenore* (1774) zurück. Kontrastiert man Höltys Gedicht ferner mit Klingers Parodie der Schäferdichtung in der Gestalt La Feus und Lady Kathrins aus *Sturm und Drang*, so ist die Konventionalität dieser Lyrik offensichtlich. Ob es sich um *Einen schönen Busen* (vgl. S. 65 f.) oder eine *Tobakspfeife* (vgl. S. 66) handelt, Hölty besingt es in manierierter Odenform.

Mit den *Phantasien in drei Priapischen Oden*, die erstmals 1800 veröffentlicht wurden, haben zumindest die Autoren Bürger, Voß und Stolberg die offensiv in der Öffentlichkeit vorgetragene Moralität der Gruppenideologie konterkariert.[43] Die *Priapischen Oden* gehören zu den wichtigsten deutschsprachigen pornographischen Texten des späten 18. Jahrhunderts. Sie setzen dort ein, wo Johann Christoph Rosts (1717–1765) *Schöne Nacht* endete, die zumindest Hölty nachweislich bekannt war, wie seine Ballade *Leander und Ismene* (vgl. bes. S. 25) belegt, und damit sicherlich den anderen Hainbündlern auch nicht unbekannt geblieben ist.

43 Die *Phantasien in drei Priapischen Oden* sind zuletzt nachgedruckt worden in: »Komm. Zieh dich aus. Handbuch der literarischen Hocherotik deutscher Zunge«, hrsg. und mit einem Vorspiel von Heinz Ludwig Arnold, Zürich 1991, S. 191–199.

Goethe

Läßt sich der Göttinger Hain eher einer ästhetizistischen Richtung in der Lyrik des Sturm und Drang zurechnen, die im Formalen durchaus innovativ war, im thematisch-inhaltlichen Bereich aber konventionell blieb, so führen Goethe und Lenz mit einigen wenigen ihrer Gedichte insgesamt einen neuen Ton in die Lyrik ein.

Die sogenannten Sesenheimer Gedichte wurden für Friederike Brion, Pfarrerstochter aus Sesenheim in der Nähe Straßburgs und umschwärmte Jugendliebe von Goethe und Lenz, geschrieben. Diese Gedichte umfassen insgesamt elf Texte. Heinrich Kruse, ein Student, konnte 1835 die zehn Gedichte der Handschrift abschreiben, ein weiteres Gedicht wurde ihm von der Schwester Friederike Brions mündlich mitgeteilt. Acht Gedichte stammen sicher aus der Feder Goethes, darunter das bekannteste *Mir schlug das Herz*, später von Goethe *Willkomm und Abschied* betitelt; die beiden Gedichte *Wo bist du itzt mein unvergeßlich Mädchen* und *Ach bist du fort?* (vgl. WuB 3,95 f.), beide im Sommer 1772 entstanden, sowie einige einzelne Strophen sind von Lenz.[44] Drei weitere Gedichte Goethes aus dieser Zeit zählen zu den wichtigsten lyrischen Zeugnissen des Sturm und Drang: *Ob ich Dich liebe weiß ich nicht, Maifest* und *Heidenröslein*. Goethes frühe, mit dem eingeführten Kunstbegriff *Sesenheimer Lieder* benannte Sturm-und-Drang-Lyrik, seine *Prometheus*-Hymne und die Ode *Wanderers Sturmlied* gehören zu den innovativsten lyrischen Produkten der Literatur des 18. Jahrhunderts. Gleichwohl wurde mit guten Gründen davor gewarnt, alle Jugendgedichte

44 Zum Lyriker Lenz, der in der Forschung eher vernachlässigt wurde, vgl. die Arbeiten von Mathias Bertram, »Lenz als Lyriker«, St. Ingbert 1994, sowie von Gert Vonhoff, »Subjektkonstitution in der Lyrik von J. M. R. Lenz. Mit einer Auswahl neu herausgegebener Gedichte«, Frankfurt a. M. / Bern / New York 1990.

Goethes schlechthin als Zeugnisse überschießender Genialität zu bewerten (vgl. Conrady, B 5: 1974 und 1989). Die meisten Gedichte der Leipziger und Straßburger Zeit sind konventionell, dem Zeitgeschmack verhaftet, in Form und Inhalt den Geschmack der Adressaten bedienend. Zu bedenken ist ferner, daß diese Gedichte teils erst mehrere Jahre nach ihrer Entstehung von Goethe veröffentlicht wurden, einige erschienen 1775 in der Zeitschrift *Iris*, andere erst 1790 im Rahmen seiner ersten Gesamtausgabe.

Um so wichtiger ist es, jenseits der Goethe-Philologie und des Biographismus, der in Goethes Sesenheimer Liedern beharrlich nur Dokumente einer großen Liebe entdekken wollte, das Augenmerk auf das Bahnbrechende, auf den Kosmos im Detail, auf den ästhetischen Mehrwert oder den »ideologischen Überschuß«, wie es Conrady nannte (vgl. Conrady, B 5: 1989, 109), zu richten.

Die handschriftliche Fassung von Goethes wichtigstem Gedicht der Sesenheimer Lieder aus dem Sommer 1771 begann mit den Worten »Es schlug mein Herz, geschwind zu Pferde / Und fort! [...]« (S. 160),[45] die Druckfassung von 1775 variierte dies folgendermaßen: »Mir schlug das Herz; geschwind zu Pferde / Und fort, [...]« (S. 834). Im Druck 1790 hieß das Gedicht dann *Willkomm und Abschied*. Es ist ein Schwellengedicht, das die Situation eines Übergangs markiert, gleichermaßen Ablösung von traditionellen Vorbildern und Neuanfang, behutsames Tasten nach neuen Ausdrucksformen (vgl. Sauder, B 5: 1988, 413). Die Forschung hat darin lange – wie in den anderen Sesenheimer Liedern – nichts anderes als die Offenbarung eines ersten Erlebnisgedichts sehen wollen. So berechtigt diese Überlegungen sind, so sehr entwickeln sie eine historische und hermeneutische Schieflage, wenn man die Gedichte ausschließlich auf ihren Erlebnisgehalt reduziert. Denn zu be-

45 Textgrundlage für die Gedichte Goethes: SW 1.1. – Vgl. Sauder, B 5: 1988; Thomé, B 5: 1988; Gaier, B 5: 1991; Luserke, B 5: 1996.

denken ist, daß diese Texte nichts über die Spontaneität bei der Niederschrift oder den Kunst- und Formwillen ihres Autors aussagen. Die persönliche Aussage, die Feier des Individuellen im Gedicht ist kunstvoll inszeniert, das ist bei jeder Deutung zu berücksichtigen. Das Erlebnis der Begegnung mit und des Abschieds von der Geliebten wird nicht kontinuierlich dargestellt, sondern gerade durch Schnitttechniken der Reflexion und der Naturmythisierung durchbrochen, es entwickelt sich also kein dauerhafter, beständiger Erlebniseindruck. Allein die Hälfte des Gedichts dient der Beschreibung der äußeren und inneren Zustände des männlichen Ichs, die Beschwörung der Leidenschaft erfährt erst eine Mäßigung in der unmittelbaren Begegnung mit der geliebten Frau. Die Natur wird als wild, als finster, schauerlich, ungebändigt und bedrohlich, die Frau als mild, süß, lieblich, zärtlich erfahren (etwa in deutlichem Gegensatz zur herrlich leuchtenden Natur im *Maifest*, S. 162). Durch die Bedrohung von außen wächst der Mut des Ichs, innere Größe und titanische Stärke entstehen aus Vereinzelung und Leidenschaft. Die äußeren Umstände werden bezwungen, die Leidenschaft findet ihr Ziel. Die Frau ist nicht mehr gestische Hilfsfigur wie in den Rokokogedichten, sondern gleichberechtigte, ja dominierende Partnerin. Denn sie ist es, die am Schluß des Gedichtes geht, während das männliche Ich stehenbleibt, nicht sie ist es, die weibliche Verhaltensweisen reproduziert und »mit naßem Blick« den Kopf »zur Erden« (S. 835) senkt, sondern der Mann, nicht sie schwärmt davon, zu lieben oder geliebt zu werden, sondern das männliche Ich. Gleichwohl bleibt die Frau stumm, der Leser erkennt sie nur in dem durchaus empfindsamen Beschreibungsvokabular des Mannes. Die Gleichberechtigung der Liebespartner findet ihre Grenzen im historischen Ort des Gedichts, die bürgerliche Gesellschaft des 18. Jahrhunderts läßt dies nur als Liebesutopie in der Form des lyrischen Sprechens zu.

Goethes *Prometheus*-Ode entstand 1773 oder 1774 und wurde erstmals 1785 veröffentlicht. Die von Prometheus in

Anspruch genommene Freiheit findet ihre formale Entsprechung in den freien Rhythmen des Rollengedichts, das auf ein Reimschema verzichtet. Das lyrische Ich spricht als mythologische Figur Prometheus. Goethe greift damit eine Identifikations- und Projektionsfigur der Sturm-und-Drang-Autoren auf. Prometheus reklamiert mit emanzipatorischer Geste eine eigene, selbstgeschaffene Welt für sich. Die Possessivpronomen in den ersten beiden Strophen zeigen dies an: »meine Erde«, »meine Hütte«, »meinen Herd« (vgl. S. 230). Und das Gedicht endet mit dem Anspruch von Prometheus, selbst Menschen zu bilden, welche die Autorität des Vaters nicht zu achten brauchen. Darin kann man ein poetologisches Bekenntnis des Autors lesen; die literarische und ästhetische Selbständigkeit, die der Sturm und Drang beanspruchte, erfährt hier nochmals bekenntnishaften Ausdruck. Auch fehlt nicht die Thematik des Selbsthelfertums (»Hast du's nicht alles selbst vollendet / Heilig glühend Herz?«, S. 230) sowie der Rebellion gegen die Vaterautorität, sei sie als ästhetisch-dramatische Norm gedacht, sei sie als religiöse, gesellschaftliche oder familiale Vaterinstanz erfahren (»Ich dich ehren? Wofür?«, ebd.). Es gibt wohl kaum einen respektloseren und damit provokanteren Text als Goethes *Prometheus*-Ode in der Literatur des Sturm und Drang; ihre wichtigsten Themen – individuelle Selbstbestimmung, Selbsthelfertum, Rebellion gegen die väterliche Ordnung und poetologische Selbstrechtfertigung – werden hier formuliert. Dabei gerät die Prometheus-Figur, verstanden als das überhöhte Ideal des Sturm-und-Drang-Autors, in ein Dilemma, denn Prometheus-Goethe meint in der Schlußstrophe nicht den Vater, dies wäre er selbst, sondern – genealogisch exakt gesehen – den Großvater. Ihm selbst sollen seine eigenen Geschöpfe den gleichen Respekt zollen, den Zeus von seinen Göttersöhnen erwartete. Der Konflikt zwischen Prometheus und seinen »Menschen« (S. 231) ist unausweichlich, auch Prometheus' Söhne werden gegen ihren Vater rebellieren. Im Schluß der Ode ist schon das Ende

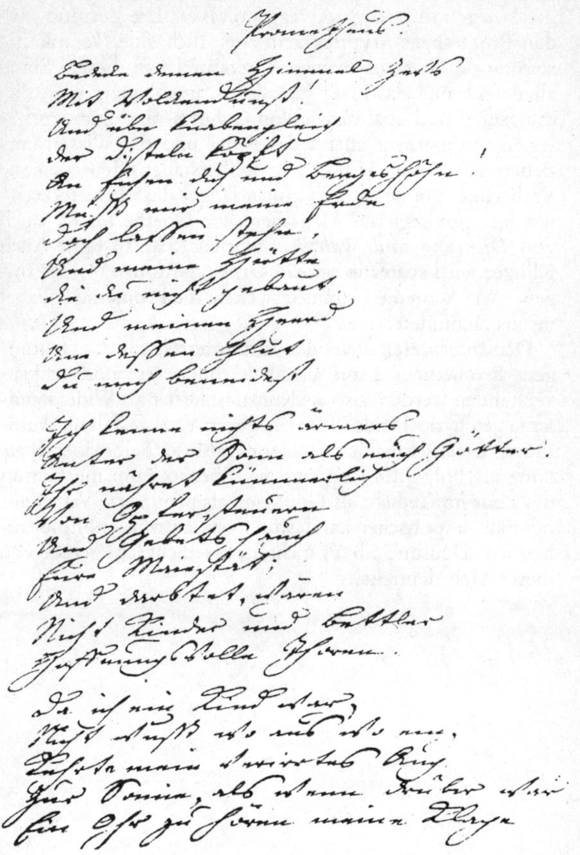

Prometheus.

Bedecke deinen Himmel Zeus
Mit Wolkendunst!
Und übe Knabengleich
Der Disteln köpft
An Eichen dich und Bergeshöhn!
Mußt mir meine Erde
Doch lassen stehn,
Und meine Hütte
Die du nicht gebaut
Und meinen Heerd
Um dessen Glut
Du mich beneidest.

Ich kenne nichts ärmers
Unter der Sonn als euch Götter.
Ihr nähret kümmerlich
Von Opfersteuern
Und Gebetshauch
Eure Majestät;
Und darbtet, wären
Nicht Kinder und Bettler
Hoffnungsvolle Thoren.

Da ich ein Kind war,
Nicht wußt wo aus wo ein,
Kehrte mein verirrtes Aug
Zur Sonne, als wenn drüber wär
Ein Ohr zu hören meine Klage

Handschrift von Goethes
Prometheus-Ode

des Sturm und Drang vorweggenommen. Die Berufung auf den Prometheus-Mythos kann aber auch eine Demokratisierung des Wissens meinen. Literatur ist in diesem Sinne allgemein, und das heißt für alle da, unabhängig vom Bildungsgrad und unabhängig von Geburts- und Ständeprivilegien. Prometheus stiehlt das Feuer und das Wissen ums Feuermachen vom Himmel, er stellt es allen Menschen zur Verfügung. Poesie ist somit nicht länger das »Privaterbteil« weniger privilegierter Menschen, wie Goethe im 10. Buch von *Dichtung und Wahrheit* schrieb (SW 16,440). Auch Klinger wird später in seinem *Orpheus*-Roman (4,139) fragen: »Wer kann die Flamme erweken, die Prometheus Fakel in uns anzündete?«

Den Interpreten bietet der Text unterschiedliche Deutungen: Prometheus kann als Shaftesburys »second maker« verstanden werden, also als Künstler; ferner als Widerständler gegen herrschende Normen, gegen Vatergestalten, Autoritäten usw.; schließlich als Figur maßloser Selbstüberschätzung als Folge des Geniewahns. Ebenso kann die Gestalt des Zeus im Gedicht als Gottvater, als projizierte Vaterfigur oder als despotischer Landesfürst gelesen werden. Eine einheitliche Deutung gibt es nicht, das Gedicht lebt gerade von dieser Mehrdeutigkeit.

7
Lenz

Das Bild der Zeitgenossen[1] von Jakob Michael Reinhold Lenz (1751–1792) schwankt zwischen dem Verdikt, er sei ein »bürgerlicher Wolf« (Böttiger, *Literarische Zustände*, 1,19) gewesen, und der Stilisierung als »lieber leidender Heiliger« (Röderer an Lenz, Mai 1776, WuB 3,454). Lenz wurde die »jammervollste aller Literaturleichen« (Bleibtreu, B 2: 1973, 4), obwohl er doch einer der wichtigsten Autoren des Sturm und Drang war. Er selbst resümierte resignierend in einem Brief vom 28. August 1775 an Herder: »Meinen [...] Freunden ein Rätsel« (WuB 3,323 f.). Man empfand ihn als Fremdkörper, als jenen Stachel im Fleisch einer selbstgenügsamen Literaturrepublik, der ständig löckte. Vornehm wurde er in der Literaturgeschichte als Nachahmer Goethes bestattet. In Christian Heinrich Schmids kritischer Darstellung der zeitgenössischen Literatur erfährt Lenz 1774 eine ausgesprochen seltene wohlwollende Beurteilung:

> Göthens dramat. Grundsätze[2] mit Beyspielen zu unterstützen und thätig anzupreisen beeifert sich sein Freund Hr. *Lenz*, Hofmeister zu Strasburg. Mit gleich großer Lebhaftigkeit gebohren, mit gleich starken oder fast noch stärkern Hange zum Sonderbaren, mit gleich emsigen Beobachtungsgeiste, mit gleich fleißiger Lec-

1 Über das Lenz-Bild in der heutigen Literaturwissenschaft informieren Stephan/Winter, B 7: 1984, bes. 53 ff., sowie das jährlich erscheinende *Lenz-Jahrbuch*.

2 Hier unterlag Schmid einem Irrtum: Die *Anmerkungen übers Theater* von Lenz, auf die er sich bezieht, schrieb er Goethe zu.

Jakob Michael Reinhold Lenz
Kupferstich von G. F. Schmoll (um 1774)

türe der Britten, mit wenigerer Natur im Ausdruck der Leidenschaften und Ausbildung der Charactere, aber mit reicherem Humor im Komischen, hat er das Lustspiel auf eben die Art reformirt, wie Göthe das Trauerspiel. (Schmid, *Fortsetzung*, 182 f.)

Anders fällt die Einschätzung durch Goethe aus. Über Lenz schrieb er in *Dichtung und Wahrheit* (14. Buch):

Durch die verkehrtesten Mittel suchte er seinen Neigungen und Abneigungen Realität zu geben, [...] seine Tage waren aus lauter Nichts zusammengesetzt.
(Goethe, SW 16,633)

Wenig später liest man dann, Lenz habe Goethe »zum vorzüglichsten Gegenstande seines imaginären Hasses, und zum Ziel einer abenteuerlichen und grillenhaften Verfolgung ausersehn [...]. Lenz jedoch, als ein vorübergehendes Meteor, zog nur augenblicklich über den Horizont der deutschen Literatur hin und verschwand plötzlich, ohne im Leben eine Spur zurückzulassen« (SW 16,636 f.). Und in einem fragmentarischen Schema zu *Dichtung und Wahrheit* vom Mai 1810 nennt Goethe Lenz ein »seltsames und indefiniblestes Individuum«, dem Talent ebenso zugestanden, wie ihm ein intrigantes Verhalten bescheinigt wird, »wobei ihm [...] immer seine Halbnarrheit, ein gewisser von Jedermann anerkannter, bedauerter, ja geliebter Wahnsinn, zu Statten kam« (SW 9,941). In dieses Bild paßte denn auch der Bericht von Joseph Rückert aus dem Jahr 1799 über die Weimarer Geniejahre:[3]

3 Joseph Rückert, *Bemerkungen über Weimar 1799*, hrsg. und mit einem Nachw. vers. von Eberhard Haufe, Weimar [o. J.], S. 112. – Über das ›Weimarer Geniewesen‹, an dem sich auch der junge Herzog Karl August lebhaft beteiligte, vgl. das Material, das Bernd Maurach in seinem Aufsatz »Zeitgenosse Goethe. K. A. Böttigers verschmähte kritische Notizen über Goethe«, in: »Jahrbuch des Freien Deutschen Hochstifts« 1978, S. 225–255, teils aus unveröffentlichten Aufzeichnungen Böttigers zusammengetragen hat.

Die Raserei des Geistes hatte einen so hohen Grad erreicht, daß *Lenz*, der arme, den sein Unstern nach Weimar mitten in den Wirbel hineinführte, bei dem Anblick eines in der Sonne liegenden Kuhfladens in die bekannten ekelhaften Worte ausbrach: »Welche Wonne ein Kuhfladen zu sein und in der Sonne zu liegen!«

Auch Böttiger berichtete Sonderbares über das Weimarische Geniewesen, das für ihn eher ein Genieunwesen war:

> Da kam aus Reval der seiner Anomalien wegen von seinem Vater enterbte *Lenz* (sonst auch Mendoza oder der tolle Lenz genannt). In der größten Sommerhitze trug er einen blauen Sammtrock, und als er im Winter auf der Post reisete, zog er sich, während die andern Passagiere für Frost klapperten, barfuß aus, weil es ihm unausstehlich heiß sei. Bei einem Hofballe setzte er einmal die ganze Noblesse in Alarm, als er sich erdreistete, uneingeführt im Ballsaal einzutreten und ein Fräulein zur Menuet aufzuführen. [...] Dieser Lenz hat sich in der Folge noch lange in Deutschland herumgetrieben, und solche Anfälle von Tollheit gehabt, daß er hat gebunden werden müssen.
>
> (Böttiger, *Literarische Zustände*, 1,12 f.)

Lenz erfährt von einem Maskenball bei Hofe, zu dem nur Adlige geladen sind und, wie es bei Böttiger heißt, »Tanzrecht« haben. Lenz begibt sich dennoch hin – ein kapitaler Verstoß gegen die Standesetikette. Er kann nicht aufgehalten werden und bittet ein adliges Fräulein zum Tanz. Böttiger weiter:

> Es wird ruchbar, daß ein bürgerlicher Wolf unter die Heerde gekommen sei, alles wird aufrührerisch. Der Hofball desorganisirt sich. Der Kammerherr von Einsiedel kommt athemlos zum Herzog herauf und erzählt ihm die Geschichte. Dieser befiehlt ihm, Lenzen heraufzuholen, und liest ihm ein derbes Capitel. Nun wird er von Fuß an gekleidet und bei allen Geniestrei-

> chen als plastron [Stoßkissen zu Übungszwecken beim Fechten] gebraucht. Als man hier nicht länger mit ihm sich stallen konnte, schickte man ihn fort. (Ebd., 19)

Nach dem Februar 1778 liest man dann in einem Brief von Voß an Goeckingk vom 13. Mai 1778:

> Bald darauf hörte ich, daß Lenz bey Schloßer verrückt geworden wäre, und an der Kette läge. Wißen Sie etwas nähres? (Voß, *Briefe*, 43)

Weniger umständlich hatte Georg Wilhelm Petersen bereits am 11. Januar 1777 in einem Brief an Nicolai bemerkt: »Die Nachricht von Lenzens Verrückung ist kanonisch« (zit. nach: Sommerfeld, B 2: 1921, 278 Anm. 1). Und in der Tat, so wurde diese Nachricht, deren Grund ein Gerücht war, zu einem literaturgeschichtlichen Tatbestand. Lenz galt als verrückt, seine Werke als die eines Verrückten, was ihnen a priori – vor aller Lektüre – jegliche ästhetische Qualität nahm. Dies hat sich im letzten Viertel des 20. Jahrhunderts geändert, seit den achtziger Jahren ist Lenz auch als eigenständiger Autor, außerhalb des Goetheschen Schattens stehend, entdeckt.

Anmerkungen übers Theater

Die *Anmerkungen übers Theater nebst angehängtem übersetzten Stück Shakespears*[4] erschienen 1774 durch Goethes Vermittlung. Lenz, der sich selbst in einem Brief an Herder vom 28. August 1775 »der stinkende Atem des Volks«

4 Textgrundlage: WuB 2,641–671. – Es ist zweifellos ein Verdienst Martinis, die poetikgeschichtliche Bedeutung der *Anmerkungen übers Theater* erkannt zu haben, vgl. Martini, B 7: 1970; vgl. ferner Martin Rector, »Anschauendes Denken. Zur Form von Lenz' ›Anmerkungen übers Theater‹«, in: »Lenz-Jahrbuch/Sturm-und-Drang-Studien« 1 (1991) S. 92–105. Vgl. Luserke, B 7: 1993.

(WuB 3,333) nannte, fügte seinem programmatischen Essay die Übersetzung von Shakespeares Komödie *Love's Labour's Lost* unter dem Titel *Amor vincit omnia* bei und machte damit das Stück des Engländers dem deutschsprachigen Publikum zugänglich. Entstanden waren die *Anmerkungen* allerdings schon wesentlich früher. Wie aus der kleinen Notiz vor Beginn des eigentlichen Textes hervorgeht, wurden sie zwei Jahre vor Herders Sammlung *Von Deutscher Art und Kunst* und Goethes *Götz* in der ›Straßburger Gesellschaft‹, deren Mitglied Lenz war, vorgelesen.

In der Entscheidung, den Vortragscharakter der Schrift beizubehalten – Lenz hatte dies auch bei anderen theologischen, ästhetischen und moralphilosophischen Texten getan –, drückt sich ein bewußter konzeptueller Wille des Autors aus. Belegen auf der inhaltlichen Ebene die schweren Angriffe gegen Positionen aufgeklärter Dichtungstheorie die Entschlossenheit von Lenz, andere, zeitgemäßere Darstellungsformen der Dramatik zu finden, so unterstreicht die Konzeption der *Anmerkungen* diesen offensiven Anspruch. Entschieden unterläuft Lenz die bis dahin gängigen und erwarteten Regeln der aufgeklärt-theoretischen Programmschrift, einen Vorläufer hat er darin allenfalls in Hamann. Nicht in logisch-systematisch gegliederte Sinnabschnitte oder Paragraphen, die einen übersichtlichen Aufbau und klare Grundthesen erkennen ließen, teilt Lenz seinen Text auf, sondern »rhapsodienweis« (S. 641), scheinbar nur assoziativ miteinander verknüpft trägt er seine Thesen vor.

Vielleicht spielte Lenz mit dem Titel seiner Schrift *Anmerkungen* auf jene Formulierung von Hamann im vierten *Hirtenbrief* an, in dem er, mit dem Bescheidenheitstopos kokettierend, feststellt, er sei in den »besten Anmerkungen über das Drama« (Hamann, SW 2,360) sehr unerfahren, gerade das Gegenteil traf zu. Die poetologische Lehre der drei Einheiten nennt Hamann darin eine dramatische Monadenlehre, sie sei ein »Geheimniß nicht nur für Kinder, sondern auch für bescheidene und blöde Kenner [Unkundige]« (ebd., 361).

Lenz setzt sich in den *Anmerkungen* zunächst mit dem Begriff der Nachahmung (Mimesis) der Natur auseinander. Im französischen Klassizismus des 17. Jahrhunderts und in der deutschen Poetiktradition des frühen 18. Jahrhunderts erfuhr der Nachahmungsbegriff einen tiefgreifenden Bedeutungswandel. Nachahmung beschränkte sich nun nicht mehr auf die Nachahmung der Natur, sondern betraf auch und vor allem die Nachahmung der Alten, worunter die durch Bildungstradition kanonisierten Texte griechischer und römischer Autoren verstanden wurden. Nachahmung der Natur definiert Lenz als Nachahmung »aller der Dinge, [...] die durch die fünf Tore unsrer Seele in dieselbe hineindringen« (S. 645). Die Natur wird dadurch auf den Bereich der sinnlichen Wahrnehmbarkeit eingeschränkt. Die Wahrnehmung durch Hören, Riechen, Schmecken, Sehen und Tasten betrifft ausschließlich die Sinneswelt, den »mundus sensibilis«, der in der rationalistischen Aufklärungsphilosophie von Leibniz, Wolff und Baumgarten stets dem »mundus intelligibilis«, der Wahrnehmungskoordination und der Erkenntnisleistung durch die menschliche Vernunft, unterstellt ist. Lenz integriert gleich zu Beginn seiner Schrift seine ästhetischen Überlegungen in eine sensualistische Theorie, nicht von ungefähr wird im Text deren französischer Vertreter Dubos genannt. Der Nachahmungstrieb sei ein Grundtrieb des Menschen. Mit diesem durchaus noch der Poetiktradition verhafteten Verständnis von Dichtung als »Schöpfung ins Kleine« (ebd.) und dem Dichter als Alter deus, als zweiter Schöpfergott, leitet Lenz seine Angriffe auf Aristoteles ein. Prüft man die Argumente genauer, so stellt sich freilich heraus, daß seine Gegenlesarten der Aristotelischen *Poetik* und seine Angriffe auf die Person des Philosophen weniger diesem selbst gelten als seinen Auslegern. In dieser Abgrenzung tritt die historische Bedeutung von Lenz' radikalem Bruch mit Positionen der aufgeklärten Dichtungstheorie klarer hervor.

Neben den Nachahmungstrieb setzt Lenz noch eine zweite Quelle der Poesie, das Synthetisieren und Analysieren der durch die sinnliche Wahrnehmung gewonnenen Verstandesbegriffe. Aber über Nachahmungstrieb und Verstandesarbeit hinaus bedarf es schließlich noch einer dritten Bedingung, um Poesie zur »Sprache der Götter« (ebd.) werden zu lassen, das Genie.

> Wir nennen die Köpfe Genies, die alles, was ihnen vorkommt, gleich so durchdringen, durch und durch sehen, daß ihre Erkenntnis denselben Wert, Umfang, Klarheit hat, als ob sie durch Anschaun oder alle sieben Sinne zusammen wäre erworben worden. (S. 648)

Wenn Begeisterungsfähigkeit, Schöpferkraft und das Vermögen zu dichten hinzutreten und wenn das Genie zudem »den Gegenstand zurückzuspiegeln« (ebd.) in der Lage ist, dann handelt es sich um ein poetisches Genie. Im Begriff der Spiegelung ist oftmals der Anhaltspunkt für ein Programm des literarischen Realismus gesehen worden, eine Linie, die sich literaturgeschichtlich von Lenz über Büchner und Grabbe bis hin zu Brecht verlängern läßt. Doch sollte der originale Wortlaut der *Anmerkungen* nicht mit den Worten der Lenz-Figur in Büchners *Lenz*-Novelle (1839) und dem dort geführten, sogenannten Kunstgespräch verwechselt werden. Der Realismusbegriff ist im Hinblick auf Lenz nur eingeschränkt hilfreich, geht es dem Autor doch niemals um die exakte, quasi-dokumentarische Übertragung der Wirklichkeit in die Dichtung. Dies unterschlüge die Arbeit fiktionaler Vernunft des Genies (zumindest der beanspruchten Genialität), die alle Texte von Lenz, gleich welcher Gattung, charakterisiert.

Lenz verwirft die Muster der antiken Tragödie, in denen die Menschen ausnahmslos als einem obwaltenden Schicksal Unterworfene dargestellt werden; ebenso lehnt er die leidenden Helden der christlich-stoizistischen Märtyrerdramen des 17. Jahrhunderts ab. Dagegen hält er an der Bestimmung fest, daß der Hauptgegenstand der Nachahmung der Mensch als individueller Charakter, als »der kenntliche Umriß eines Menschen auf der Bühne« (S. 651) sei. Darin liegt auch die Schwierigkeit der poetischen Gestaltung begründet, denn »es gehört zehnmal mehr dazu, eine Figur mit eben der Genauigkeit und Wahrheit darzustellen, *mit der das Genie sie erkennt*, als zehn Jahre an einem Ideal der Schönheit zu zirkeln, das endlich doch nur in dem Hirn des Künstlers, der es hervorgebracht, ein solches ist« (S. 653, Hervorhebung M. L.). Ein selbständig handelnder Mensch ist für Lenz ein Charakter (vgl. S. 654). Damit formuliert er für die Literatur des Sturm und Drang eine Norm, die in den meisten ihrer Texte eingelöst wird, ohne daß diese sich freilich auf die *Anmerkungen* bezögen. Dieser neuen Norm müssen sich die technisch-handwerklichen und dramaturgischen Erfordernisse eines Schauspiels unterordnen, dies betrifft z. B. die Lehre von den drei Einheiten von Ort, Zeit und Handlung, die Lenz eine »so erschröckliche jämmerlichberühmte Bulle« (ebd.) nennt. Lenz setzt die Lehre von der *einen* Einheit dagegen, die Dichter und Publikum gleichermaßen fühlen müßten (vgl. S. 655). Lenz wechselt unmerklich den Standpunkt, er gelangt von der Binnensicht auf die klassischen Regeln dramatischen Schreibens zur Außenperspektive, wenn er hervorhebt, daß diese eine Einheit der »Gesichtspunkt« sei, »aus dem wir das Ganze umfangen und überschauen« (ebd.) können. Dies gleicht einem archimedischen Punkt des Schauspiels, oder modern formuliert, Lenz läßt nur den Point of view als Einheit gelten. Für die ursprüngliche Einheit der Handlung bedeutet dies:

> Bei uns ist's die Reihe von Handlungen, die wie Donnerschläge auf einander folgen, eine die andere stützen und heben, in ein großes Ganze zusammenfließen müssen, das hernach nichts mehr und nichts minder ausmacht als die Hauptperson, wie sie in der ganzen Gruppe ihrer Mithändler hervorsticht. (S. 655 f.)

Die Einheiten des Orts und der Zeit verwirft Lenz vollständig.

Gegen Ende seines Textes kommt Lenz auf die Unterscheidung von Komödie und Tragödie und deren Mischform, die Tragikomödie, zu sprechen. Die »Hauptempfindung« der Komödie sei die »Begebenheit«, die der Tragödie sei die »Person, die Schöpfer ihrer Begebenheiten« ist (S. 668). Dieser Satz enthält im Kern das Programm einer modernen Tragikomödie. Die historische Vorlage fand Lenz beim römischen Dichter Plautus, von dem er fünf Dramen übersetzte und ebenfalls 1774 unter dem Titel *Lustspiele nach dem Plautus fürs deutsche Theater* drucken ließ.[5] In der griechischen Antike waren Furcht und Mitleid bzw. Jammern und Schaudern jene Affekte, die durch die Tragödie erregt werden sollten, in der Komödie hingegen das Lachen. Diese Hauptempfindung, wie es Lenz nennt, erweitert er entscheidend. Die Begebenheit, also die dramatische bzw. komische Handlung, die komische Situation, nennt Lenz auch »eine Sache« (S. 669). Bei der Tragödie dagegen steht die Person im Mittelpunkt, die in der Eigendynamik des Stücks ihre eigene tragische Situation entwickelt. Anders formuliert: Die Komödie lebt von der Situation, die Tragödie von der Zeichnung der Einzelcharaktere. Ist die Person zugleich auch Schöpferin der dramatischen Situation (der »Begebenheit«), so kommt es über sie zur Vermittlung von tragischem und komischem Konzept. Die handelnde Person, der Mensch, stiftet in der Dynamik seiner dramatischen Entwicklung die komische Situation, im Menschen als Subjekt und Objekt des dramatischen Geschehens konstituieren sich Tragödie und Komödie als Tragikomödie.

Mit seinen eigenwilligen Bestimmungen setzte sich Lenz sichtbar in Widerspruch zur zeitgenössischen Aufklärungspoetik. Lessing etwa hatte im 51. Stück seiner *Hamburgi-*

5 Eine weitere, von den Plautus-Komödien beeinflußte dramatische Arbeit wurde erst 1991 publiziert, vgl. Text und Kommentar in: Luserke/Weiß, B 7: 1991.

schen Dramaturgie (1768–69) unter dem Rückgriff auf die Aristotelische *Poetik* festgelegt:

> Da in der Komödie die Charaktere das Hauptwerk, die Situationen aber nur die Mittel sind, jene sich äußern zu lassen, und ins Spiel zu setzen: so muß man nicht die Situationen, sondern die Charaktere in Betrachtung ziehen [...]. Umgekehrt ist es in der Tragödie, wo die Charaktere weniger wesentlich sind, und Schrecken und Mitleid vornehmlich aus den Situationen entspringt. (Lessing, W 6,437 f.)

Lenz hat in seinen Dramen *Der Hofmeister, Der neue Menoza* und *Die Soldaten* sein Konzept einer Gattungsmischung von Tragödie und Komödie erprobt. Schon aufgrund dieser Tatsache ist es problematisch, das parodistisch-komische Element in den Dramen zu ignorieren, das für sie je wesentlich ist.

Der Hofmeister oder Vorteile der Privaterziehung

Lenz ist mit seinem ersten Drama *Der Hofmeister oder Vorteile der Privaterziehung*[6] bekannt geworden, mit diesem Stück hat er sich bei den Zeitgenossen als Vertreter der Literatur des Sturm und Drang eingeführt (vgl. zum folgenden Luserke, B 7: 1993). Die Handschrift des *Hofmeisters* entstand schon in den Jahren 1771/72 und zeigt erhebliche Abweichungen gegenüber der späteren Druckfassung von 1774.[7] Das Drama ist als Tragikomödie angelegt, Lenz knüpft unmittelbar an die programmatischen Aussagen seiner *Anmerkungen übers Theater* an. Er entwickelt das dra-

6 Textgrundlage: WuB 1,41–123.
7 Vgl. Lenz, *Hofmeister*, Ausg. Kohlenbach; vgl. Guthrie, B 7: 1991.

matische Geschehen zwar in fünf Akten, doch zeigt schon die Szenenfolge innerhalb der Akte, daß diese formale Geschlossenheit ein Zugeständnis des Autors an das zeitgenössische Lese- und Zuschauerpublikum ist. Die Bedeutung und dramatische Funktion der Einzelszenen wird dadurch erheblich aufgewertet.

Die tragenden Themen im *Hofmeister* sind Erziehung und Sexualität. Wie der Untertitel signalisiert, geht es um die Vor- und Nachteile der privilegierten Privaterziehung von jungen Adligen durch einen Hofmeister und um die Fragen von Ort und Möglichkeiten der sexuellen Selbstbestimmung in der bürgerlichen Gesellschaft. Lenz veranschaulicht diese Themen an den beiden jungen Hauptfiguren Hermann Läuffer und Gustchen von Berg. Schon der Name »Läuffer« bezeichnet etwas Doppeltes: Einmal weist er auf das Lakaienhafte des Hofmeisterstandes hin, das lediglich – wie auch in Klingers *Zwillingen* (vgl. dort S. 27) – die gesellschaftliche Macht des Adligen repräsentieren hilft; den Status des Dienstboten würde auch eine Deutung bestätigen, die sich auf die Beobachtung stützt, daß Lenz und Heinse Fernschach miteinander gespielt haben, wie ihr Briefwechsel belegt – Läuffer kann demnach als Schachfigur verstanden werden, die sich nur diagonal zu bewegen vermag, nicht den direkten Weg suchen kann und die eine beliebige Figur im Schachspiel höherer Interessen ist.[8] Zum anderen ist Läuffer ebenso wie das livländische ›Läufling‹ gleichbedeutend mit ›Flüchtling‹. Hermann Läuffer befindet sich auf der Flucht – oder wie es in einer Regieanweisung heißt: »Läuffer läuft fort« (S. 69), er wäre dann eines jener typischen getriebenen Individuen der Sturm-und-Drang-Dramatik.

Das Thema der Erziehung wird in II,1 erstmals ausführlich entfaltet. Der Vater des Hofmeisters spricht beim Ge-

8 Auch Adelheid und Liebetraut in Goethes *Götz von Berlichingen* spielen Schach, Liebetraut erzählt dabei »von Laufern, Springern, und andern Bestien« (SW 1.1,580).

heimen Rat von Berg vor. In dem einseitigen Streitgespräch, das sich entwickelt, sieht sich der Vater von Beginn an in die Defensive gedrängt. Der junge Läuffer ist schon im dritten Jahr Hofmeister bei der Familie des Majors von Berg. Der Beruf des Adjunkts, einer Hilfskraft im öffentlichen oder kirchlichen Dienst, und der Beruf des Pfarrers wurden dem jungen Hofmeister vom Vater versagt, und »bei der Stadtschule hat mich der Geheime Rat nicht annehmen wollen« (S. 42). v. Berg selbst ist derjenige, der dem jungen Läuffer die Anstellung als Lehrer in einer öffentlichen Schule verwehrte, obwohl er sich als Verfechter des öffentlichen Schulunterrichts in Szene setzt. Läuffer ist damit gezwungen, sich seinen Lebensunterhalt durch Privatunterricht beim Adligen zu verdienen.[9] In II,1 wird v. Bergs Forderung nach einer öffentlichen Schulerziehung in Dorf- und Stadtschulen von Bürgerlichen und Adligen gleichermaßen als bloße rhetorische Geste entlarvt:

> Ohne Freiheit geht das Leben bergabwärts rückwärts, Freiheit ist das Element des Menschen wie das Wasser des Fisches, und ein Mensch der sich der Freiheit begibt, [...] ermordet sich selbst. (S. 55)

In pädagogischen Fragen wie in Fragen der Staatsordnung vertritt der Geheime Rat die Position des aufgeklärten Absolutismus, die Freiheit, von der er spricht, ist die Freiheit der Untertanen in einer aristokratischen Gesellschaftsordnung. Göttliche, weltliche und familiale Ordnung bleiben unantastbar, das Verständnis v. Bergs für den Hofmeister Läuffer und für seine Nichte Gustchen endet dort, wo dieses Ordnungsgefüge bedroht erscheint. Den Verlust der Fähigkeit zur Selbstbestimmung, den Verlust der individuellen Freiheit, bezeichnet er als Selbstmord; die Verantwortung dafür trägt also allein das Individuum. Ökonomische,

9 Thorsten Unger, B 7: 1993, 214, spricht dagegen im Hinblick auf den Geheimen Rat von einer positiven Reflexionsfigur, die den Hofmeister sogar noch unterstütze.

politische und gesellschaftliche Zwänge, die einen jungen Menschen wie Läuffer möglicherweise erst in die Lage bringen, seine Fähigkeit zur Selbstbestimmung zu verlieren, interessieren den Adligen nicht. Statt dessen sagt er:

> Ihr beklagt euch so viel übern Adel und über seinen Stolz, die Leute sähn Hofmeister wie Domestiken an, Narren! was sind sie denn anders? Stehn sie nicht in Lohn und Brod bei ihnen wie jene? Aber wer heißt euch ihren Stolz nähren? Wer heißt euch Domestiken werden, wenn ihr was gelernt habt, und einem starrköpfischen Edelmann zinsbar werden, der sein Tage von seinen Hausgenossen nichts anders gewohnt war als sklavische Unterwürfigkeit? (S. 56)

Daß Lenz diese Argumente dem Repräsentanten gesellschaftlicher Macht v. Berg in den Mund legt, gibt dem Stück von Beginn an eine parodistische Ausrichtung, die ihren Höhepunkt in der Schlußszene des Stücks findet. Denn auch am Ende sagt Fritz, der Sohn des Geheimen Rats, er wolle sein Kind nie von einem Hofmeister erziehen lassen. Nicht also der Ständekonflikt wird vom jungen Adligen als Ursache der dramatischen Misere benannt, sondern dem Hofmeister wird die Alleinschuld zugewiesen, der – kastriert – seiner Liebe entsagen muß. Der Sohn, der sich zunächst während des Studiums rebellisch gebärdet, fügt sich in die väterliche Ordnung, so daß der Geheime Rat zufrieden feststellen kann: »ihr wilde Bursche denkt besser als eure Väter« (S. 118). Diese Worte des Adligen sind an seinen Sohn gerichtet und nicht etwa an den bürgerlichen Hofmeister und Pastorensohn Läuffer. Die Sturm-und-Drang-Geste ist dem Anspruch des Augenblicks unterstellt, belegt also keine dauerhafte Haltung. Auch an dieser Stelle des Stücks weist Lenz auf das Ende des Sturm und Drang hin, das Stück parodiert zwar die drohende Anpassung, begegnet ihr aber nicht entschieden.

Lenz deckt gleich im Anfang des Stücks das Unverständnis der Adligen für die bürgerliche Emanzipation auf und inszeniert auf der Grundlage dieses Ständekonflikts das Thema der selbstbestimmten Sexualität. Gegenstand der hofmeisterlichen Erziehung ist die Affekt- und Leidenschaftsmodellierung. Das ständische Privilegiendenken des Städters (wie etwa des Vaters von Läuffer) und des Landadligen, der immerhin auf einem Schloß wohnt (vgl. S. 77), kennt kein Recht auf eine Liebesbeziehung oder gar auf wilde, ungebändigte Leidenschaften. Leidenschaft macht – dies führt v. Berg vor Augen – unmündig, unbeherrschte Affekte entäußern das tätige Individuum seines Anspruchs auf Selbstbestimmung; selbstverschuldete Unmündigkeit, von Kant später in seiner Aufklärungsdefinition zum negativen Schlagwort erhoben, bedeutet demnach selbst zu verantwortender Verzicht auf Bändigung der Leidenschaften, wie es der Geheime Rat in III,1 seinem Bruder erklärt: »Deine Wut macht dich unmündig« (S. 77), und ihn einfach im Zimmer einschließt. Major von Berg reagiert selbst unmündig, als er von der Liebesbeziehung zwischen dem Hofmeister und seiner Tochter erfährt. Der Adlige besitzt das Vorrecht auf Verführung, gar Vergewaltigung, wie Wagners *Kindermörderin* zeigt, dem Bürger bleibt – wie etwa dem Dorfschullehrer Wenzeslaus im Stück – die Bändigung durch diätetische Lebensführung (vgl. III,4) oder die Selbstkastration mit mehr als zweifelhaftem Erfolg, denn auch Lise ist vor Läuffers Angriffen nicht sicher. Daß im übrigen diese Kastration nicht nur literarische Fiktion war, sondern durchaus sozialgeschichtliche Brisanz enthielt, zeigt das Beispiel eines Hofmeisters, der als Eunuch sich besonders zur Unterrichtung von Kindern für qualifiziert hielt und damit auch in einer Anzeige in der *Olla Potrida* 1779 warb (vgl. Luserke, B 7: 1993, 35).

Dem Liebespaar Herrmann Läuffer und Auguste von Berg bleibt nur die endgültige Trennung, die aufgeklärte bürgerliche Gesellschaft duldet diese Beziehung nicht. Lenz hebt die Bedeutung des Themas Sexualität schon in der Wahl des Bühnenrequisits und in der auffälligen Intimisierung der Szene hervor, denn in II,5 liegt Gustchen auf dem Bett und Läuffer sitzt daneben. Die Atmosphäre von Privatheit und Vertrautheit kann kaum deutlicher hervorgerufen werden. Im Gegensatz zu I,5/I,6 tritt nun niemand mehr überraschend herein, und die Figuren gebärden sich nicht mehr in übersteigerter, fast schon karikierender Pathetik. Vielmehr ist das Gespräch jetzt vertraut und direkt, ohne Rücksicht auf den konventionellen, ständedistinkten Konversationston. Läuffers Klage über seine wirtschaftliche Misere eröffnet die Szene, er wird von Gustchens Vater unterbezahlt, Lohn wird ihm vorenthalten. Die Intervention von Läuffers Vater beim Geheimen Rat, er möge sich für seinen Sohn beim Major verwenden, war erfolglos, »der Geheime Rat will nicht« (S. 67). Zum zweitenmal verweigert der Adlige dem bürgerlichen Bittsteller die nötige Hilfe. Auch in dieser Szene zeigt sich, daß nicht Gustchens Vater, Major von Berg, sondern ihr Onkel, der Geheime Rat, die entscheidende Machtinstanz ist. Läuffer muß deshalb den Dienst als Hofmeister bei der Familie von Berg quittieren, zu einem Zeitpunkt, da Gustchen bereits schwanger ist. Die Worte Gustchens »Meine Krankheit liegt im Gemüt – Niemand wird dich mutmaßen« (S. 69) am Schluß dieser Szene weisen auf die Schwangerschaft voraus. Läuffer ist wirtschaftlich und beruflich gescheitert. Gustchen fühlt sich von ihrer Familie »gehaßt, verachtet, ausgespien« (S. 68) und zitiert dabei Shakespeares *Romeo und Julia.* Das literarische Zitat wird für sie bereits in III,1 Wirklichkeit.

Lenz geht es um einen doppelten Tabubruch, einmal um das Tabu der selbstbestimmten, vorehelichen Sexualität, zum anderen um den sozialen Abstieg der adligen Tochter, der auf die unstandesgemäße Liebesbeziehung folgt. Gustchens uneheliches Kind unterstreicht die soziale Dramatik, bestätigt aber nicht im nachhinein den Grund dafür. Die oberste patriarchale Autorität des Stücks, der Geheime Rat, ist es auch, der am Ende des Stücks eine scheinbar harmonische Lösung stiftet, indem er Gustchen zum Verstummen bringt. Die Frauen, Jungfer Rehaar wie Gustchen, dienen nur noch als Projektionsfläche männlicher Wünsche, sie dürfen in stummen Rollen nur hinter der Bühne agieren, vor dem Publikum spielen in der Schlußszene ausschließlich Männer. Barbara Becker-Cantarino ist zuzustimmen, wenn sie – den Brechtschen Begriff vom *Hofmeister* als frühester und scharfer Darstellung der deutschen Misere übernehmend[10] – darauf hinweist, daß das Stück vor allem die Misere des Patriarchats im Deutschland des 18. Jahrhunderts widerspiegelt (vgl. Becker-Cantarino, B 7: 1987, 34). Durch die verordnete Abwesenheit der Frauen zeigt Lenz, daß es eine zufriedenstellende Lösung des verhandelten Standes-, Erziehungs- und Sexualitätskonflikts nicht ohne die davon Betroffenen gibt. Denn so, wie das Stück endet, ist lediglich die alte ständisch-väterliche Ordnung wiederhergestellt. So gesehen wird die Schlußszene zu einer »Satire« (S. 42) auf alle Harmonisierungssehnsüchte des Bürgerlichen Trauerspiels. Zentrale Konflikte der Familie im bürgerlichen Zeitalter wie Erziehung, Selbstbestimmung, individuelle Freiheiten und Sexualität sind nur zum Preis einer ›gewaltsamen Harmonie‹ widerspruchsfrei zu lösen, beinhalten aber bereits in der Lösung weitere Konflikte. Einer utopischen Lösung, wie sie gelegentlich im Stück gesehen wird, verweigert sich Lenz (vgl. Bohnen, B 7: 1987, 329).

Schubart hielt den *Hofmeister* für ein Stück des jungen Goethe und besprach es 1774 euphorisch in seiner *Deutschen Chronik*:

> Ich kann's allen aufgeklärten Deutschen zumuthen, daß sie diese neue ganz eigenthümliche Schöpfung [...] schon werden gelesen, empfunden, angestaunt haben. [...] Das ist 'mal ein Werk voll deutscher Krafft und Natur. (Zit. nach: Luserke, B 7: 1993, 104)

10 Vgl. Bertolt Brecht, *Werke. Große kommentierte Berliner und Frankfurter Ausgabe*, hrsg. von Werner Hecht [u. a.], Bd. 8: *Stücke 8*, Berlin / Weimar / Frankfurt a. M 1992, S. 556 f.

Den *Soldaten* war diese Zustimmung nicht beschieden, gleichwohl wurde das Stück eines der wichtigsten Dramen des Sturm und Drang (zur Rezeptionsgeschichte beider Dramen vgl. Unglaub, B 7: 1983).

Der neue Menoza

Der neue Menoza oder Geschichte des cumbanischen Prinzen Tandi, Untertitel »Eine Komödie«,[11] wurde 1773 geschrieben und 1774 veröffentlicht. Lenz spielte mit dem Titel auf den Roman *Menoza, ein Asiatischer Prinz [. . .]* (1747) des dänischen Autors Eric Pontoppidan (1698–1764) an. Der ›edle Wilde‹, der die aufgeklärte Zivilisation in Europa kennenlernen will – in Wahrheit ist aber die scheinbar unzivilisierte exotische Ferne der eigentliche Ort zivilisatorischer Aufklärung –, ist ein vertrautes Motiv aus der Aufklärungsliteratur. Lenz erweitert diese Traditionslinie in seinem Stück um die Rousseausche Aufklärungs- und Kulturkritik. Prinz Tandi ist wohl der einzige Repräsentant des Sturm und Drang, der aus einem exotischen Land kommt. Ist der wahre Kraftkerl und Sturm-und-Drang-Vertreter dann am Ende der edle Wilde? Lenz verneint dies schlicht durch die Biographie Tandis. Als Kind in Europa geboren, wurde er von Jesuiten nach Kuba gebracht (vgl. I,1). Dort erfährt er, der Sohn eines niederen Adligen und Unteroffiziers, einen erstaunlichen sozialen Aufstieg. Zunächst Page, wird er vom König adoptiert und schließlich Thronfolger.

Wie im *Hofmeister* bildet der niedere Landadel das Figurenrepertoire des Dramas. Baccalaureus Zierau und Magister Beza – beides wiederum sprechende Namen – vertreten Positionen der Aufklärung. Prinz Tandi wird als ein Mann

11 Textgrundlage: WuB 1,125–190.

vorgestellt, der die Europäer auf ihre Zivilisiertheit hin prüfen will. In dieser Absicht einer Expedition in die Aufklärung hat Lenz bereits eine tragikomische Situation angelegt. Die Handlung als »Hauptempfindung« der Komödie, wie es in den *Anmerkungen übers Theater* hieß, birgt den tragischen Konflikt. Der Prinz macht seine Beobachtungen bis zu dem Moment, da er sich selbst des Inzests mit seiner Schwester verdächtigt, ausschließlich im Haus der Biederlings in Naumburg. Die Figur des Prinzen ist eine tragische Person und entwickelt die komische Situation.

In I,7 stattet Lenz in der Regieanweisung den fremden Prinzen mit den Requisiten aufgeklärten Wissens aus. Tandi sitzt an einem Tisch voller Bücher, Landkarten betrachtend. Zierau wird in die Komödie eingeführt als Person, die das aufgeklärte Wissen nicht mehr versteht, sondern nur noch reproduziert, das Wissen wird bei Zierau Zierat, schließlich nur noch inhaltsloses Zitat. Sein Wissen gleicht einem Inventar von Aufklärungsstereotypen. Zierau kann somit als Weiterentwicklung des namenlosen Hofmeisters v. Seiffenblase im *Hofmeister* verstanden werden. Beide vertreten typisiertes Wissen, Aufklärung ist bei ihnen Deklamation. Schon in II,4 hat Tandi den Entschluß gefaßt, wieder in seine Heimat zurückzureisen. Das aufgeklärte Europa erscheint ihm als »Morast« (S. 140), Ekel empfindet er angesichts der Tatsache, daß die Aufgeklärten reden statt zu handeln, »ihr wißt erstaunlich viel, aber ihr tut nichts« (S. 141), hält er v. Biederling vor. Damit nimmt Prinz Tandi die Haltung eines Sturm-und-Drang-Typs ein. Tandi diagnostiziert Verstellung und Falschheit anstelle von Wahrheit und Echtheit im Handeln und Fühlen. Seine Zivilisations- und Aufklärungskritik ist radikal, gleichwohl führt sie zu ursprünglichen aufgeklärten Verhaltensstandards zurück. Tandi wird zum Verteidiger eines bürgerlichen Ehrbegriffs, in II,2 fordert er gar den Grafen Camäleon – Vertreter des galanten und dekadenten Adligen – zum Duell, da er sich »der Glorie der Schönheit unheilig genähert« (S. 137) habe. Gemeint ist damit die sexuelle Attacke des Grafen auf Wilhelmine bei Mondschein im Garten, die in Camäleons Niederlage und der Übertragung seines Begehrens auf Wilhelmines Mutter endet (vgl. II,5). Doch zunächst wirft er sich vor Wilhelmine auf den Boden, »umfaßt ihre Knie und drückt sein Gesicht an dieselben« (S. 137). Diese Unterwerfungsgeste karikiert das tatsächliche Machtverhältnis in dieser Situation. Denn der Graf läßt Wilhelmine keine freie Entscheidung, sondern will ihr eine Zustimmung abnötigen, da er selbst sie zur erotischen Stimulation in dieser Verführungsszene braucht. Die Stilisierung des Grafen »ich bin ein Gott« (ebd.) ist Ausdruck seiner Allmachtsphantasie. Er reproduziert und festigt damit das reale Machtverhältnis zwischen Mann und Frau, denn als Gott kann er die Frau im buchstäblichen Sinn besitzen. Zugleich enthält die phantasierte Allmacht auch die Antwort auf die Apotheose der begehrten Frau, die er kurz zuvor seine »Göttin« (ebd.) nennt. Wenn der Graf sich selbst nun auch als Gott begreift, hat er die Macht über die Göttin wiederhergestellt. Von dieser Macht, die er in seiner Lebenswelt auch als Adliger genießt, macht er dann bei seinem Vergewaltigungsversuch in IV,6, der Maskenballszene, Gebrauch, als er meint, Wilhelmine verberge sich hinter einer bestimmten Larve. Tandi indes plädiert für eine empfindsam überhöhte Emanzipation der Sinnlichkeit, die Voraussetzung für ein ausbalanciertes Gleichgewicht zwischen Vernunft und Sexualität ist. Grundlage des sozial tugendhaften Handelns bleibt für ihn dieses stabilisierte Gleichgewicht. Magister Beza, Vertreter des pedantischen Buchstabenwissens (ABC!), vermag diese Auffassung nur als »Freigeisterphilosophie« und »Weltphilosophie« (S. 146) zu begreifen.

Die Kontrastfigur zu Wilhelmine ist Donna Diana. Sie kann als weiblicher Selbsthelfer, etwa im Gegensatz zur leidenden Gesandtin in Klingers *Leidendem Weib*, gesehen werden. Damit dürfte ihre Figur in der Sturm-und-Drang-Dramatik einmalig sein, denn selbst Adelheid in Goethes

Götz intrigiert nur, entwickelt aber nicht jene Entschiedenheit, die Donna Dianas Handeln kennzeichnet. Donna Diana ist die ganz andere Frau, die außerhalb bürgerlicher Erziehungs- und Ordnungszwänge lebt und deren Entschiedenheit kaum den realen historischen und gesellschaftlichen Möglichkeiten einer Frau in der Mitte des 18. Jahrhunderts entspricht. Die Demütigung, die Donna Diana durch Männer erfährt, gibt sie unmittelbar im Herrschaftsverhältnis zu ihrer Amme Babet weiter. Sie beschimpft sie in II,3 als »Hexe«, »Närrin«, »Balg«, »Blasebalg« und »verdammten Kobold«, in III,4 gar als »Kot von Weib« (S. 163). Ihre Imperative und Drohgebärden sind verbalsadistischer Natur: »halt's Maul«, »ich bohr dir das Herz durch«, »ich zieh dir dein Fell ab«, »so durchstoß, zerreiß ich dich«, »so stirb« (S. 138 f.). Im Grunde gilt diese Aggressivität den Männern, die sie als »Hunde«, »Giftmischer« und »Meuchelmörder« (vgl. ebd. und S. 161) beschimpft. Die Erkenntnis, daß eine Frau nicht besser als ein Hund sei, solange sie eine Frau ist, formuliert Donna Diana augenblicklich als Appell um:

> Laß uns Hosen anziehn und die Männer bei ihren Haaren im Blute herumschleppen. [...] Ein Weib muß nicht sanftmütig sein, oder sie ist eine Hure [...].
>
> (S. 138 f.)

Am Ende des Stücks zeigt sich, daß dies keineswegs nur inszenierte Aggressivität ist, auf dem Maskenball wird sie Graf Camäleon erstechen. Auch Babet erkennt genau die reale Gewalttätigkeit Donna Dianas, sie leidet unter deren Mißhandlung (vgl. S. 138). Und daß sie in Wirklichkeit ihre Mutter ist, zieht den dramatischen Knoten, den Lenz mit größter Raffinesse geschürzt hat, um so fester. Donna Diana reagiert insgesamt zwar unbeherrscht und unterläuft die Regeln vernünftiger Affektkontrolle. Doch nur so ist es ihr überhaupt möglich, sich dem Zugriff patriarchaler Macht zur Wehr zu setzen.

Wilhelmine von Biederling dagegen hat bürgerliches Verhalten verinnerlicht und vermag ihre Leidenschaften zu bändigen. Tandi schnitzt ihren Namen in einen Baum, sie setzt den seinen hinzu. In II,7 gestehen sie sich dann unter den Augen des Vaters ihre Liebe ein, ihr Begehren erhält die väterliche Billigung. In III,3 wird Tandi und Wilhelmine mitgeteilt, daß sie Geschwister sind, was sich später als Irrtum herausstellt. Die Leser erfahren, daß das Paar, obgleich noch nicht verheiratet, die Ehe sexuell bereits vollzogen hat. Wilhelmine erklärt: »Wir sind Mann und Frau miteinander« (S. 160), eine Tatsache, die in einer anderen Familienkonstellation und unter anderen ständischen Bedingungen zur Katastrophe führen würde (vgl. etwa den *Hofmeister*). In einem Brief an Herder vom 28. August 1775 nannte Lenz diese Szene die »Szene nach der Hochzeitsnacht« und bezichtigt sich selbst mit den Worten: »Wie konnt ich Schwein sie auch malen!« (WuB 3,333). In III,6 spricht der Vater v. Biederling dann ebenfalls davon, die vollzogene »Heirat« gültig zu machen. Lenz verlagert also in der Peripetie des Stücks, als Tandi und Wilhelmine erfahren, sie seien Geschwister, den dramatischen Mittelpunkt von der Frage, wie Leidenschaften zu bändigen, wie mit ihnen umzugehen ist in einer aufgeklärten Gesellschaft, auf das Problem der juristischen und theologischen Anerkennung einer Geschwisterehe. Wie die zeitgenössische Diskussion zu dieser Frage zeigt, greift Lenz damit wiederum ein aktuelles Thema auf. Hinzu kommt das Problem der moralischen Schuld, die Tandi und Wilhelmine empfinden. In der Erkenntnis, daß ihre Beziehung (scheinbar) inzestuös ist, liegt der dramatische, tragische Höhepunkt, der Umschlag von Glück in Unglück. Erst als die Wahrheit ausgesprochen wird und die Amme Babet berichtet, nicht Wilhelmine sei Tandis Schwester, sondern Donna Diana, und sie selbst habe die beiden Mädchen einst vertauscht, erst dann kann sich Wilhelmine ihr inzwischen gewaltsam unterdrücktes Begehren eingestehen (vgl. IV,3). Bei der Frage der rechtlichen Anerkennung der vermeintlichen Geschwisterehe erweist sich Tandi wieder als der wahrhaft Aufgeklärte. Nicht juristische Norm und religiöse Auslegung sind Grundlage seines Handelns, sondern die ›Sprache des Herzens‹, die moralisch verwirft, was juristisch erlaubt ist. Lenz führt an diesem Punkt die Aufklärungskritik der Empfindsamkeit und des Sturm und Drang zusammen. Ist Wilhelmine für Tandi bis dahin noch Sünde schlechthin, so wird sie nach der Wiedererkennung sein »wiedergefundenes Leben« (S. 187). Erst in dieser Szene (V,1) erfährt auch der Prinz, was Wilhelmine schon weiß, daß sie nicht seine Schwester ist. Wilhelmines Antwort »meine wiedergefundene Seele« (S. 187) weist nochmals auf den empfindsamen Aspekt der Liebesbeziehung hin. In der Andeutung des Vaters Biederling, Tandi habe sich noch kurz zuvor kastrieren wollen, liegt Lenz' Absicht, wie schon im *Hofmeister* die Selbstkastration als Versuch einer unumkehrbaren Bändigung der Leidenschaften zu thematisieren. Das Bild einer aufgeklärten Gesellschaft wird Prinz Tandi und damit den Lesern bzw. Zuschauern am Beispiel der Sexualität vor Augen geführt. Dabei reicht der Bogen der Darstellung vom Vergewaltigungsversuch des Grafen Camäleon über die blindwütige Gewalt Donna Dianas bis hin zur empfindsamen Lösung bei Tandi und Wilhelmine. Hier könnte man in der Tat einen direkten Anknüpfungspunkt an Lenz' *Philosophische Vorlesungen* erkennen, doch steht dem die Tatsache entgegen, daß die Ehe – jeder Norm und empfindsamen Tugendideologie zuwider – längst vollzogen ist. Voraussetzung für diese Lösung ist im Stück ein emanzipatorischer Akt, die Befreiung der Leidenschaften aus einem tugendsamen Bändigungszwang. Die moralische, religiöse und gesellschaftliche Anerkennung der vollzogenen Ehe folgt erst darauf. Lenz plädiert damit unmißverständlich für die Anerkennung einer freien Liebesbeziehung. In der Darstellung dieses Plädoyers entspricht er seiner eigenen dramentheoretischen Konzeption, wonach die Komödie als Gesellschaftsgemälde die

Dinge so schildert, wie sie sind, und die Natur nicht als schöne Natur drapiert. Die beiden Schlußszenen enthalten so verstanden die poetologische Rechtfertigung dieses Verfahrens. Zugleich wird der Generationenaspekt im Sturm und Drang umgekehrt. Denn in V,2 und V,3 tritt Baccalaureus Zierau als Verfechter einer aufgeklärten Regelpoetik auf. Sein Vater hingegen ist derjenige, der die Gültigkeit und Normativität dieser Regeln von Geschmack, Illusion, Nachahmung der schönen Natur und den drei Einheiten von Ort, Zeit und Handlung in Frage stellt. Die Probe aufs Exempel, die der Vater macht, führt dazu, daß der Theatergenuß zerstört wird. Die poetologischen Regeln entfalten eine destruktive Energie, welche sich gegen den subjektiven Genuß als eine der Grundvoraussetzungen der Rezeption im Verständnis des Sturm und Drang wendet, sinnliches Erleben und ästhetische Erfahrung werden dabei zerstört. Die Erkenntnis, die Vater Zierau daraus zieht, formuliert er in einer Anweisung an seinen Sohn: »räsonniere nicht« (S. 190). Sich seines eigenen Verstandes zu bedienen zeitigt ein Ergebnis, das dem subjektiven und regelfreien Kunstgenuß des Sturm und Drang entgegensteht. Lenz treibt seine Aufklärungskritik im *Neuen Menoza* ins Groteske und führt zugleich die schon bei den Zeitgenossen gängige Verharmlosung des Sturm und Drang als Generationsproblem ins Absurde. Der junge Zierau ist im *Neuen Menoza* der in Zitaten der Aufklärung Denkende, und der Vater ist der eigentliche Rebell.

Matthias Claudius schrieb als einer der wenigen eine wohlwollende Rezension des *Neuen Menoza*, er lobte vor allem die Technik der komplexen Verwicklungen und deren überraschende Auflösung und hob die Natürlichkeit und echte Empfindung des Stücks hervor. Schubart hingegen schimpfte das Stück »albern«, »einfältig« und »kindisch« (vgl. den Abdruck der Rezension in: Luserke, B 7: 1993, 106 f.). Wegen der Ablehnung des *Neuen Menoza* sah sich Lenz genötigt, am 11. Juli 1775 in den *Frankfurter gelehrten*

Anzeigen eine Selbstrezension zu veröffentlichen. Vor allem Wieland hatte sich an der Gattungsbezeichnung Komödie gestoßen und geraten, der Autor solle sein Stück eher ein Mischspiel nennen (vgl. ebd., 107). Lenz knüpft nochmals an seine poetologischen Ausführungen in den *Anmerkungen* an und schreibt:

> Ich nenne durchaus Komödie nicht eine Vorstellung die bloß Lachen erregt, sondern eine Vorstellung die für jedermann ist. Tragödie ist nur für den ernsthaftern Teil des Publikums [...]. Komödie ist Gemälde der menschlichen Gesellschaft, und wenn die ernsthaft wird, kann das Gemälde nicht lachend werden. [...] Daher müssen unsere deutschen Komödienschreiber komisch und tragisch zugleich schreiben, weil das Volk, für das sie schreiben, oder doch wenigstens schreiben sollten, ein solcher Mischmasch von Kultur und Rohigkeit, Sittigkeit und Wildheit ist.
>
> (Lenz, WuB 2,703 f.)

Johann Georg Schlosser verfaßte eine kleine Flugschrift mit dem Titel *Prinz Tandi an den Verfasser des neuen Menoza* (1775; vgl. Bibl.), worin er aus der Perspektive des Prinzen Lenz' Darstellungsgabe lobt. Es gebe nur »*Eine* Regel, und die ist: Fühle, was du fühlen machen willst. – Und die Regel lehrt keine Aesthetick. Das ist der Stempel des Dichter-Genies. Du hast ihn, *Lenz*! begnüge dich mit dem« (ebd., 13). Schlosser modelt Tandi zum empfindsamen Europäer um und rügt ausdrücklich die Szene nach der Brautnacht, die habe er in seinem Exemplar »aus dem Buch geschnitten« (ebd., 20), und Lenz empfiehlt er dasselbe. Schlossers *Prinz Tandi* ist so die empfindsame Antwort auf den Sturm-und-Drang-*Menoza* von Lenz.

Die Soldaten

Die Soldaten[12] entstanden im Winter 1774/75, gedruckt wurde die Komödie im Frühjahr 1776. Auch dieses Stück hat, wie übrigens die meisten Dramen von Lenz, einen biographischen Hintergrund, der die inhaltlichen Vorgaben für das Stück bestimmt. 1774 hielt sich Lenz in Straßburg als Reisebegleiter der adligen Brüder von Kleist auf. Friedrich Georg Baron von Kleist hatte mit der Straßburgerin Cleophe Fibich ein Verhältnis begonnen, das, als es ruchbar wurde, vom Vater des Mädchens in ein förmliches, notariell beglaubigtes Heiratsversprechen überführt wurde. Die Angst des Bürgers – der Vater Fibich war Juwelier und Ratsherr – vor dem sozialen Abstieg seiner Tochter, wenn sie verführt und sitzengelassen würde, und die Aussicht auf eine gute Partie mögen für diese Form der Vertragsvereinbarung ausschlaggebend gewesen sein. Es wurde eine hohe Entschädigungssumme für den Fall ausgehandelt, daß einer der beiden Vertragspartner die Übereinkunft nicht einhielte.[13] Nach vier Jahren wurde der Kontrakt aufgelöst, der Baron hatte sich zwischenzeitlich in seine kurländische Heimat abgesetzt. Cleophe Fibich, deren bürgerliche Integrität verloren war, blieb ledig, die finanzielle Entschädigung wurde nicht ausbezahlt.

Lenz schrieb seine Komödie vor dieser konkreten Lebenswirklichkeit, und er schrieb sie in sie hinein, er verband mit seinem Text die Hoffnung, im Namen der verführten und betrogenen Frau in einen gesellschaftlichen Mechanismus eingreifen zu können, dessen Opfer stets die bürgerlichen Frauen, dessen Täter in der Regel adlige Männer waren. Dennoch fürchtete er die möglichen Wirkungen des Stücks. Er versuchte sogar noch, den Druck zurückzuziehen. An Herder schrieb er Ende März 1776:

12 Textgrundlage: WuB 1,191–246.
13 Zum vollständigen Wortlaut dieser sogenannten Promesse de Mariage vom 27. Oktober 1773 vgl. WuB 1,735 f.

> Das Mädchen, das die Hauptfigur meiner »Soldaten« ausmacht, lebt gegenwärtig in der süßen Erwartung ihren Bräutigam, das ein Offizier ist, getreu wiederkehren zu sehen. Ob der's tut oder sie betrügt, steht bei Gott. Betrügt er sie, so könnten die »Soldaten« nicht bald genug bekannt gemacht werden um den Menschen zu zerscheitern oder zu seiner Pflicht vielleicht noch zurückzupeitschen. Betrügt er sie nicht, so könnte vielleicht das Stück ihr ganzes Glück und ihre Ehre verderben, obschon nichts als einige Farben des Details von ihr entlehnt sind und ich das Ganze zusammengelogen habe. (Lenz, WuB 3,416)

Als das Stück schließlich erschien, fand es kaum Resonanz. Lenz gelingt es in den *Soldaten*, einen Einzelfall so darzustellen, daß er das Allgemeine im einzelnen deutlich hervorhebt. Die *Soldaten* sind ein Beispiel dafür, daß Literatur im Augenblick wirkungslos bleiben kann – weder kehrte der Baron aus seiner Heimat zurück, noch änderte sich zunächst etwas am grundsätzlichen Problem der bürgerlichen Unterdrückung von Sexualität und an adliger Ständeherrschaft. Doch langfristig gesehen entfalteten die *Soldaten* eine literaturgeschichtliche Wirkung und kulturgeschichtliche Bedeutung, die durchaus mit derjenigen von Goethes *Werther* verglichen werden kann. Lenz wollte die Stände so darstellen, »wie sie sind; nicht, wie sie Personen aus einer höheren Sphäre sich vorstellen« (WuB 3,326).

Mariane Wesener, Tochter eines Galanteriehändlers, hat eine Liebesbeziehung mit dem Tuchhändler Stolzius, der als einziger die ständebedingte Ungleichheit durchschaut und die individuelle Unschuld Marianes am Ende erkennt. Doch auch er richtet letztlich die Aggression gegen sich selbst, ungleich konsequenter als Herrmann Läuffer im *Hofmeister*. In I,3 tritt Baron Desportes auf, gegen dessen ständische, und das bedeutet auch ökonomische Überlegenheit Stolzius machtlos ist. Desportes will Mariane lediglich verführen, für ihn ist es ein galantes Abenteuer, während Mariane und auch ihr Vater vom sozialen Aufstieg und von gesellschaftlicher Anerkennung träumen (»kannst noch einmal gnädige Frau werden«, S. 204). Mariane wird von Desportes in die Komödie eingeladen, ein Motiv, das Lenz bereits im *Hofmeister* und im *Neuen Menoza* eingeführt hat. Die Komödie bzw. das Theater ist der Ort, wo sich die Tochter der väterlichen Überwachung entziehen kann. Vater Humbrecht in Wagners *Kindermörderin* formulierte die Ängste, die auch Vater Wesener plagen. Zu seiner Tochter sagte er:

> [...] lehr du mich die jungen Milizen nit kennen. [...] eh man sich's versieht, wips ist ein armes Maidel in der Leute Mäuler. Ja und mit der und der Jungfer ist's auch nicht zum besten bestellt und die und die kenn ich auch und die hätt ihn auch gern drin – (S. 197)

Die Komödie als Ort entfesselter Sexualität, welcher der Verlust der bürgerlichen Ehre folgt, wird besonders kraß durch Marianes Schwester Charlotte benannt. Als sie erfährt, daß Mariane in der Komödie gewesen ist, beschimpft sie sie als »gottsvergeßne Allerweltshure« (S. 202). Dem Besuch der Komödie mit einem Adligen, dazu noch einem Offizier, droht die sexuelle Verführung des bürgerlichen Mädchens zu folgen. Deshalb widersetzt sich Wesener dem Wunsch Desportes', »meine Tochter ist nicht gewohnt in die Komödie zu gehen« (S. 195). Der nun folgende Entschluß von Mariane und Desportes, »wir wollen Ihrem Vater einen Streich spielen« (S. 196), eröffnet eine komische List, deren Protagonistin zur tragischen Heldin wider Willen gemacht wird. Mariane betritt einen doppelten, tragischen Weg in die Komödie: Sie geht trotz des väterlichen Verbots mit Desportes ins Theater. Sie wird aber auch durch ihren Komödienbesuch als Hauptfigur und Handlungsträgerin des Stücks förmlich in die Komödie des Stücks entlassen.

Diesem doppelten Weg Marianes in die Komödie stellt Lenz in I,4 eine grundsätzliche Debatte zwischen mehreren

Offizieren, einem Pfarrer und einem Hofmeister über Nutzen und Nachteil des Theaters zur Seite. Der namenlose Hofmeister, der die Funktion des Stichwortgebers erfüllt, verteidigt die Einrichtung eines Theaters als »fast unentbehrliche Sache« (S. 198), zumal für eine Stadt mit Garnison. Dem widerspricht der Feldprediger Eisenhardt, der die aufgeklärte Position des Vaters Wesener argumentativ vertritt, für Soldaten habe das Theater keinen Nutzen und den bürgerlichen Familien schade es nur, da die Frauen und Mädchen verführt würden. Der Offizier Haudy wiederum weist auf die vorbeugende Funktion der Triebabfuhr durch das Theater hin, »was für Unordnungen werden nicht vorgebeugt oder abgehalten durch die Komödie« (S. 198), die Komödie wirke »im ganzen Staat« (S. 199) nützlicher als alle Predigten. Damit sind die Positionen abgesteckt, die im Stück selbst den Handlungsrahmen vorgeben.

Mariane wird bei Stolzius und seiner Mutter denunziert, die Aussichten auf den gesellschaftlichen Aufstieg erweisen sich als wertloses Heiratsversprechen, Desportes ist nämlich »weggelaufen« (S. 218). Auch Mariane wird in IV,5, dem dramatischen Höhepunkt des Stücks, fortlaufen. Für den Adligen jedoch bedeutet die Flucht Freiheit und Neubeginn, für die Bürgerliche Mariane hingegen ist Flucht gleichbedeutend mit sozialer Entwurzelung. Stolzius ist der eigentliche Selbsthelfer des Stücks, doch hilft er sich auf tragische Weise, indem er nicht nur Desportes umbringt, sondern auch sich selbst tötet. Stolzius beantwortet die Frage v. Gröningsecks aus der Schlußszene von Wagners *Kindermörderin*, wo denn der Staat sei, der solche Ungeheuer bestrafe, die ganze Familien zugrunde richteten; auch für ihn ist wie für v. Gröningseck Rache eine Pflicht. Am Ende der *Soldaten* wird sich nämlich zeigen, daß dieser Staat kein Interesse daran hat, adlige Verführer und Offiziere zu bestrafen.

Auch die empfindsame Gräfin La Roche, deren historisches Urbild unschwer in Sophie von La Roche zu erkennen ist, vermag nicht, trotz aller scheinbaren Hilfe für Mariane, über ihre Standesgrenzen hinwegzusehen. Sie appelliert an Marianes Vernunft und verlangt strikte Unterwerfung unter ihre Kontrolle. Sie legt in Regeln und Vorschriften fest, was für Marianes Leben Glück zu bedeuten habe. Und die Verletzung dieser Vorschriften, die, folgt man dem Buchstaben des Textes, in Wirklichkeit keine Verletzung ist (vgl. III,4; vgl. Luserke, B 7: 1993, 95 ff.), rechtfertigt für die Gräfin den Verweis Marianes aus ihrem Haus.

Die Schlußszene V,5 bietet eine auf den ersten Blick befremdliche Lösung des Soldatenproblems an. Hier treffen die empfindsame Gräfin und der adlige Offizier Graf von Spannheim aufeinander, das Problem wird also nicht mit den Betroffenen verhandelt. Wie schon im *Hofmeister*, so zeichnet sich auch hier nur die Lösung einer ›gewaltsamen Harmonie‹ ab. Die Gräfin vermag keine Mitverantwortung an der sozialen und psychischen Misere Marianes zu erkennen. Der Graf spricht aus, was auch der Beweggrund für die Aristokratin ist, Mariane nicht mehr zu helfen: »Ihre Ehre ist hin, kein Mensch darf sich ohne zu erröten ihrer annehmen« (S. 245). Die Ehre der Gräfin hingegen ist gewährleistet, »*sie weint*« (S. 246) und bedient damit ein empfindsames Verhaltensmuster. Eine massivere implizite Kritik am Ehr- und Standesdenken des Adels ist von einem Sturm-und-Drang-Autor nicht überliefert. Für die Gräfin ist Marianes Fall im doppelten Wortsinn eine Angelegenheit des Willens, sie wollte sich nicht helfen lassen. Damit spricht sich die Adlige selbst von jeglicher Mitverantwortung los. Die Gräfin führt die Ursache für die desaströsen sozialen Folgen männlichen Begehrens, das den »unvermeidlichsten Untergang« (S. 246) einer bürgerlichen Familie wie der Weseners bedeuten kann, auf die erzwungene Ehelosigkeit des Soldatenstandes zurück. Sie stimmt in diesem Punkt mit dem Feldprediger Eisenhardt überein, der in einem peripatetischen Dialog mit Pirzel in III,4 ausrief: »O Soldatenstand, furchtbare Ehlosigkeit, was für Karikaturen machst du aus den Menschen« (S. 221). Die Gräfin und der Prediger weisen damit auf die Bedeutung der Ehe als zentraler Instanz der Triebkontrolle der bürgerlichen Gesellschaft im 18. Jahrhundert hin. Nach Vorstellung der Gräfin müsse, dies ihr Lösungsvorschlag, den Soldaten »von Zeit zu Zeit ein unglückliches Frauenzimmer aufgeopfert« (S. 264) werden, um die anderen Mädchen und Frauen zu schonen. Daß es sich bei den Geopferten stets um bürgerliche Frauen handelt, ist der stille Vorbehalt der Gräfin. Graf von Spannheim sekundiert mit der Überlegung einer staatlich geförderten und prämierten Soldatenprostitution und bündelt seine Überlegungen in der Erkenntnis, »den Trieb haben doch alle Menschen« (ebd.). Darin stimmt auch der hohe Offizier mit Eisenhardt überein, der feststellte, »der Trieb ist in allen Menschen« (S. 200), nur ziehen beide unterschiedliche Konsequenzen daraus (im übrigen hatte so auch schon Zerbin in der gleichnamigen Erzählung räsoniert: »der Trieb ist allen Menschen gemein; er ist ein Naturgesetz«, WuB 2,370). Lenz zeigt in dieser Schlußszene unmißverständlich die Dekadenz des Adels auf. An dem Gespräch ist kein Bürgerlicher mehr beteiligt, die verführte Frau ist längst tragisch gescheitert. Das Stück ist eigentlich schon mit Szene V,4 zu Ende. Es endet hier mit jenen Worten, mit denen der *Hofmeister* eröffnet wurde: »Mein Vater« (WuB 1,245 und 42). Auch die *Soldaten* und der *Hofmeister* sind Vaterdramen; beide handeln von der unverschuldeten Unmündigkeit als Preis der patriarchalen bürgerlichen Gesellschaft. Wenn Kant 1784 die Frage »Was ist Aufklärung?« mit dem Satz beantwortet: »Aufklärung ist der Ausgang des Menschen aus seiner selbstverschuldeten Unmündigkeit« (Kant u. a., *Was ist Aufklärung?*, 9), so zeigen die Dramen von Lenz schon einige Jahre zuvor, daß diese Unmündigkeit nicht selbstverschuldet, sondern gesellschaftlich gewollt ist. Die unmündigen Individuen – sowohl die Frau (Mariane und Gustchen) als auch der junge Bürgerliche (Herrmann Läuffer und Stolzius) – werden unmündig *gemacht.*[14] Und ebenfalls wie im *Hofmeister* konstituiert sich in den *Soldaten* in der Debatte über die Sexualität das Tragikomische, wonach die Handlung das Komische und die handelnden Personen das Tragische bedingen, wie dies Lenz in den *Anmerkungen übers Theater* ausgeführt hatte. Das Tragikomische wird für Lenz zur zeitgemäßen Darstellungsform.

Wie ernst meint nun Lenz das, was er da sagt? Wie verhält sich dieser Befund zu der erst 1913 gedruckten Schrift *Über die Soldatenehen*, wie zu den *Philosophischen Vorlesungen für empfindsame Seelen* (1780) und den brieflichen Selbstzeugnissen und Selbstbekenntnissen? Bietet Lenz ein Lösungsmodell an, formuliert er Antworten auf die Fragen, die seine Stücke aufwerfen? Neuerdings wird in seinen wieder vollständig zugänglichen *Philosophischen Vorlesungen* die Möglichkeit gesehen, das kritische und parodistische Element im *Hofmeister* und in den *Soldaten* weniger stark zu gewichten und statt dessen die theologisch und moralphilosophisch ausgerichteten Überlegungen als Erklärungsmuster für die dramatischen Arbeiten wie für die fiktionalen Texte insgesamt heranzuziehen.[15] Dies ist zwar prinzipiell bedenkenswert, doch sollte man auch der Tatsache Rechnung tragen, daß Lenz unterschiedliche Darstellungsformen und verschiedene Textsorten zur Diskussion seiner Themen wählt. Diese formale Vielfalt – Drama, Abhandlung, Vortrag, Predigt, Rollenspiel, Gelehrtensprache, Alltagsdenken usw. – sollte nicht vorschnell über den Leisten einer Einheitsdeutung geschlagen werden. So mahnt Lenz

14 Darauf haben bereits Zeitgenossen hingewiesen, vgl. etwa den Brief Hamanns an Christian Jacob Kraus vom 18. Dezember 1784, worin er über Kant und seinen Aufsatz u. a. schreibt: »Was hilft mir das *Feyerkleid* der Freyheit, wenn ich daheim im Sclavenkittel. [...] *Die selbst verschuldete Unmündigkeit ist* ein ebenso schiefes Maul, als er dem ganzen schönen Geschlecht macht, und das meine 3 Töchter nicht auf sich sitzen laßen werden« (Kant u. a., *Was ist Aufklärung?*, 22).

15 Vgl. das Nachwort von Weiß zu: Lenz, *Philosophische Vorlesungen*, und die Entgegnung von Luserke/Marx, B 2: 1995.

beispielsweise Herder brieflich im März 1776, nicht zu vergessen, daß die Menschen, was ihre Triebnatur beträfe, Tiere blieben. Wörtlich fügt er hinzu: »Ich bin stolz darauf, Mensch zu sein« (WuB 3,416). In den *Philosophischen Vorlesungen* hingegen definiert er den Geschlechtstrieb als die »Mutter aller unserer Empfindungen« und empfiehlt als zivilisatorisch schicklichste Form der »Zähmung« von Sexualität die »empfindsame Liebe« (vgl. dort 68, 69, 72). Nun liegen zwischen dem Briefzeugnis und der Entstehung der *Vorlesungen* aber vier Jahre, in denen sich auch die gruppenbindenden und kommunikativen Bedingungen für Lenz geändert haben.

Die Schlußszenen des *Hofmeisters* und der *Soldaten* sowie die Empfehlungen der *Philosophischen Vorlesungen* wörtlich nehmen hieße, den parodistisch-kritischen Aspekt in den Texten zu ignorieren, die gerade ein befreites und anderes Reden erproben, als es der theologische Traktat oder die moralphilosophische Vorlesung erfordern. Die Parodie im *Hofmeister* beispielsweise läuft auf die Eheschließung Läuffers zu. Wenn Lenz in den *Philosophischen Vorlesungen* die Institution der Ehe als »grosse von Gott etablirte Ordnung« begreift, »in der wir diesen Trieb mäßig stillen dürfen« (ebd., 61), dann ist die Ehe zwischen Herrmann Läuffer und Lieschen völlig funktions- und sinnlos. Der Verzicht auf den Trieb durch die Kastration nimmt der Ehe ihre definitorische Substanz und entlarvt sie als Karikatur des Dichters. Gleichwohl wurde ihre prinzipielle juristische und christlich-moralische Möglichkeit in zeitgenössischen Fachkreisen diskutiert, wie das Beispiel von Hippels Schrift *Über die Ehe* (1. Auflage 1774) zeigt, die ebenso wie Gellerts *Moralische Vorlesungen* (1770, besonders die 25. Vorlesung *Von der Ehe und ihren Verpflichtungen*) erstaunliche Parallelen zu Lenz' Text aufzeigt.

Lenz muß aber auch theologisch und moralphilosophisch argumentieren, das verlangen sein Vater und seine Umwelt, nicht zuletzt die 1767 gegründete Société de Philosophie et

Belles-Lettres in Straßburg von ihm, an deren Veranstaltungen er teilnahm und die schließlich von ihm als literarischer Zirkel am 8. Oktober 1775 als Deutsche Gesellschaft neu gegründet wurde. Der Einfluß theologischer Positionen Salzmanns auf Lenz ist bekannt und sollte nicht unterschätzt werden, auch Salzmann ist eine jener dominierenden Vaterfiguren – ebenso wie Herder, den Lenz brieflich als »Vater« anredet (vgl. WuB 3,332) –, von denen sich Lenz allmählich befreien wird. Es scheint angemessen, »Lenz als Gefangenen der späten Aufklärung, der sich sehnsüchtig zumindest in einem Teil seiner letzten Vorlesung in die Idylle seiner *Soldatenehen* träumte« (Sauder, B 7: 1994, 26), zu sehen.

Vielleicht sollte man Widersprüche nicht eilig glätten wollen, sich eher eines Rates aus den *Meinungen eines Laien [...]* (1775) von Lenz selbst erinnern, der auf das geschulte Argumentieren in Pro und Contra seiner Vorträge anspielte: »nehmen Sie vorlieb, und glauben nur ja nicht alles, was ich Ihnen gesagt habe« (WuB 2,598). Zu bedenken wäre aber auch ein Wort Heinses, der sich gegen den Vorwurf der Immoralität seiner Petronius-Übersetzung zur Wehr setzen mußte und unter dem Datum vom 2. Januar 1774 an Wieland schrieb:

> [...] ich werde den Unverständigen niemals begreiflich machen, daß man der unschuldigste Mensch seyn, und doch in seinem zwanzigsten Jahre von Verzweiflung und brausender Jugend berauscht zu einer solchen Ausschweifung seinen Genius von elenden Menschen, deren Phantasie ein ewiger *Cunnus* [weibliches Geschlechtsteil] ist, verführen lassen könne. Ich habe Ihnen schon gesagt, daß das Abscheulichste darinnen von der schänderischen Hand des Herrn von Liebenstein sey, der stündlich an meiner Seele wie ein Lavater und Jakob Böhme des Priapus arbeitete.
>
> (Heinse, SW 9.1,178)

Schon Klinger schrieb im 2. Kapitel des 5. Teils unter der Überschrift »(Dieses Kapitel ist nicht für Damen)« und unter Anspielung auf den Helden seines Romans *Orpheus* (1778–80):

> Daß das *Erections*-Vermögen, oder die Standkraft, die Hauptkraft unsrer Maschine sey, wer ist's der hieran zweifle, er seye denn in Bambinos Lage?
>
> (Klinger, *Orpheus* 5,138)

Die »beßern, verfeinerte, geistigere Seelenkräfte« (ebd.) glichen einem oberen Stockwerk der Seele, dessen Fundament von der Standhaftigkeit der »Hauptkraft« abhänge. Später (im 2. Teil seiner *Betrachtungen und Gedanken [...]*) fügte er dem noch hinzu:

> Das Widernatürliche und Gewaltsame unsers Zustandes in der bürgerlichen Gesellschaft zeigt sich nirgends stärker, als in der Unterjochung des Geschlechtstriebes, die uns religiöse und politische Gesetze auflegen und aus Wahn und noch mehr aus Not zur Tugend machen mußten. [...] Und wenn das volle Erwachen eben dieses Triebes Tugenden, Talente und Genie erzeugt, erhöht und beflügelt, so gibt ihnen auch die gewaltsame Unterdrückung desselben sehr oft eine düstre, falsche, gefährliche Richtung. So rächt sich die Natur an der Gesellschaft durch ihre Opfer [...]. Hier spielt der unterdrückte oder so befriedigte Geschlechtstrieb immer die Hauptrolle, verschlingt oder umwölkt den Willen. (Klinger, SW 12,252 f.)

Und:

> Das Gefühl des Geschlechtstriebes, das, wenn es einmal rege wird, immer rege bleibt, und selbst im Alter nicht ganz ausstirbt, hat uns die Welt und die Natur verschönert; ihm danken wir die süße Täuschung, aus

> ihm entsproß das Gefühl der Liebe und der ihr verwandten Freundschaft. Es mischt sich in alle unsere geselligen Empfindungen, auch da, wo wir es nicht ahnen, und wenn es durch die Ehe die Gesellschaft geordnet hat und zusammenhält, so verdanken wir ihm auch den einzigen Reiz, der weder von Macht, Stand, Ansehn, noch Reichthum abhängt. Sobald dieser physische Trieb erwacht, entwickeln sich die schlafenden Fähigkeiten, – die wahre Einbildungskraft, das wahre Geistige [...]. (Ebd., 57)

Mit dem *Hofmeister*, dem *Neuen Menoza* und den *Soldaten* griff Lenz in zeitgenössische Debatten ein, mit seinen Vorträgen und Aufsätzen nahm er ebenso Stellung zu gesellschaftlichen und ästhetischen Fragen seiner Zeit. Im dramatischen Rollen- und Figurenspiel konnte er Themen und Probleme verdeutlichen und zuspitzen. Er führte damit das kritische Bewußtsein der bürgerlichen Gesellschaft der 1770er Jahre auf seinen Höhepunkt. In Lenz' Sturm-und-Drang-Dramen erfährt die Aufklärung aus dem Geist der Aufklärung ihre schärfste Kritik. Andreas Huyssen kann man zustimmen, wenn er schreibt, die Bedeutung von Lenz' *Hofmeister* und den *Soldaten* und von Klingers *Leidendem Weib* liege darin, »daß sie zeigen, wie sich rationale Geringschätzung, empfindsame Verharmlosung und sozial bedingte Unterdrückung der Leidenschaft und Geschlechtlichkeit katastrophal auswirkten, und wie gerade auch die Prinzipien bürgerlicher Lebensführung harmonischen und erfüllten Liebesbeziehungen im Wege standen« (Huyssen, B 2: 1977, 166).

Pandämonium Germanikum

Das *Pandämonium Germanikum*[16] von Lenz – entstanden 1775, erstmals 1819 gedruckt – ist die bedeutendste Literatursatire des Sturm und Drang, sie ist eine Literaturgeschichte im Kleinen und zugleich eine Abrechnung mit den ehemaligen Mitstreitern.

> Ich hab Euch versprochen, es Euch sauer zu machen Klinger so Maler Müller und Wagner selbst, den ich recht sehr schätze. Nehmt Euch also in Acht vor mir, pariert ja wohl und wenn Ihr Blöße findet, so stoßt herein auf *mich*, wie Ihr wollt und wie Ihr könnt. Göthe hat ein Pasquill von mir, worin Euch allen die Köpfe gewaschen werden – bis Ihr gescheuter seid.
>
> (Lenz, WuB 3,480)

Dies schrieb Lenz an Klinger im Sommer 1776 und brachte damit zum Ausdruck, daß im Jahr der großen Dramen des Sturm und Drang dessen Verfallsgeschichte bereits begann. Vorausgegangen war eine nachhaltige Störung der Kommunikation zwischen Goethe und Lenz. »Goethe schweigt auch gegen mich«, heißt es in einem Brief von Lenz an Lavater vom 8. April 1775.

Die 1. Szene des *Pandämonium Germanikum* zeigt schon, daß es sich bei diesem Stück um einen Text der Selbstvergewisserung seines Autors handelt. Im Angriff auf die etablierten Literaten beschwört Lenz nochmals die Gemeinsamkeit mit Goethe. Auf das Gruppengefühl des Sturm und Drang wurde längst Verzicht geleistet. Darin mag auch ein Grund dafür zu sehen sein, daß Lenz zur Niederschrift des Stücks und auch noch zu einer zweiten handschriftlichen Fassung motiviert war. Der unmittelbare Anlaß ist indes in einer bösartigen Anspielung Friedrich Nicolais zu sehen. Dieser hatte in seiner im Januar 1775 veröffentlichten *Werther*-Parodie geschrieben:

16 Textgrundlage: Ausg. Luserke/Weiß. – Vgl. Luserke, B 7: 1994.

> ’s war da ein junges Kerlchen, leicht und lüftig, hatt’ allerlei gelesen, schwätzte drob kreuz und quer, und plaudert’ viel, neust’ aufgebrachtermaßen, vom ersten Wurfe, von Volksliedern, und von historischen Schauspielen, zwanzig Jährchen lang, jed’s in drei Minuten zusammengedruckt, wie ein klein Teufelchen im Pandämonium. Schimpft’ auch alleweil’ auf’n Batteux, Werther selbst konnt’s schier nicht besser. Sonst konnte der Fratz bei hundert Ellen nicht an Werthern reichen, hatte kein’ Grütz’ im Kopf und kein Mark in’n Beinen. Sprang ums Weibsen herum, fispelte hier, faselte da, streichelte dort, gabs Pfötchen, holt’n Fächer, schenkt’ ’n Büchschen, und so gesellt’ er sich auch zu Lotten. (Nicolai, *Freuden*, 18 f.)

Damit hatte Nicolai eine Forderung Herders aus seiner Sammlung *Von Deutscher Art und Kunst* erfüllt, die er in die Frage gehüllt hatte: »wer unter uns wird zu elidiren wagen?« (vgl. dort S. 49). Natürlich häufte Nicolai in seiner Parodie die Elisionen nur, um damit die elliptische Syntax und den Regelverstoß der Sturm-und-Drang-Literatur gegen die Gepflogenheiten der wohlgeformten Rede zu karikieren. Herder hatte es geradezu als schädlich erachtet, daß kein deutscher Schriftsteller den Gebrauch von Elisionen wage, würden sie doch erst den ungehinderten Gang von Sinn und Leidenschaft einer Textpassage ermöglichen. Auch der gehäufte Gebrauch von Ausrufungszeichen in den Dramen des Sturm und Drang war Gegenstand ironischer Betrachtung. Spöttisch hieß es im *Theater-Journal für Deutschland* von 1778 (8. Stück, 53 f.):

> Nichts ist gewöhnlicher, als in unsern neuern dramatischen Schriften Ausrufungszeichen an Ausrufungszeichen zu finden. Unsere gedruckte Bogen gleichen einem in Schlachtordnung gestellten Heere, wo eine Menge Spieße über die niedern Flinten hervorragen.

Und doch sind die Schriftsteller dieser Art immer die friedlichsten. Sie blinken ein wenig von weitem im Sonnenglanze. In der Nähe sind es nur Paradetruppen.

Lenz wird Nicolais Parodie gekannt haben. Goethe hatte diese Art von Wertheriaden kurz als »das Berliner ppp Hundezeug« (Brief an Auguste Gräfin zu Stolberg vom 10. März 1775) bezeichnet. Lenz verstand die Anspielung in Nicolais Satire, er wußte, daß er selbst mit jenem jungen Kerlchen gemeint war, das von Nicolai auch als »Geelschnabel« und »Lecker« (Nicolai, *Freuden*, 21) bezeichnet wird. Bereits der Titel von Lenz' Stück verweist auf Nicolais Satire. Wenn Lenz von Nicolai »ein klein Teufelchen im Pandämonium« (ebd., 19) genannt wird, so diffamiert er damit dessen Eigenständigkeit, seine Originalität und Individualität. Lenz antwortet darauf mit dem Titel *Pandämonium Germanikum*, was soviel heißen kann wie ›Gesamtheit aller deutschen Dämonen‹. Daß zu diesen Goethe und Lenz, Klopstock, Lessing und Herder nicht gehören, zeigt der Text.

In der 1. Szene des 1. Akts heißt es in einer Regieanweisung des Autors: »Lenz versucht zu stehen« (S. 10). Einen Standort zu finden bedeutet für Lenz zu verstehen, sich über sich selbst und über sein Verhältnis zu Goethe zu orientieren. Darauf weist schon die parallele Struktur der beiden Redeanteile von Lenz- und Goethe-Figur hin. Goethe eröffnet die Szene mit einer Frage, die Lenz überfordert, er kann sie nicht beantworten. Beide wissen nicht, wo sie sich befinden. Goethe hat Lenz also zunächst nichts voraus, mit seinem subjektiven Willensentschluß als gängiger Sturm-und-Drang-Gebärde (»Ich will hinauf«, ebd.) wird jedoch die Differenz sichtbar. Die Tat folgt unmittelbar dem sprachlichen Entschluß, »Goethe [...] verschwindt« (ebd.).

Dem Verschwinden Goethes im »Gebirg« geht diese Differenz voraus; Lenz stellt nun eine Frage (»wo willt du hin«, ebd.), Goethe antwortet nicht; Lenz möchte verweilen, »Goethe geht« (ebd.); Lenz möchte »erzehlen« (ebd.),

Goethe verschwinden. Das Sprechen des Freundes erreicht Goethe nicht mehr, in der Situation der Orientierungslosigkeit läßt er Lenz allein zurück, er erwartet Antworten, antwortet selbst aber nicht. In dem sich nun anschließenden Monolog von Lenz bricht die Differenz vollends auf. Nur dem abwesenden Freund, nur im Sprechen mit sich selbst, kann Lenz mitteilen, was ihm Bedürfnis ist: »Hätt' ihn gern, kennen lernen« (ebd.). Lenz kennt Goethe nicht, der Traum – denn um einen solchen handelt es sich bei diesem Stück, wenn man die Regieanweisung des Schlußsatzes im letzten Akt zur Deutung heranzieht –, der Traum imaginiert die Fremdheit Goethes. Was Lenz zu Lebzeiten droht und was sich schließlich realisiert, das Ausgelöschtwerden aus dem Gedächtnis des Freunds, nimmt der Autor hier vorweg, die drohende Verwirrung des späteren Lebenswegs ahnend. Darauf verweist das Requisit, Lenz erscheint in dieser Szene »im Reis'kleid« (ebd.). Natürlich kennt der Träumende wie die Lenz-Figur selbst Goethes Identität.

Das Traumbild der Orientierungslosigkeit, der drohenden Auslöschung verdichtet sich in der nun folgenden Regieanweisung noch weiter, der steile Berg ist »ganz mit Busch überwachsen« (ebd.). Der Boden ist demnach kaum mehr oder nur schwer auszumachen, die Wirklichkeit – als deren Sinnbild der Boden gelesen werden kann – droht Lenz verlorenzugehen.

Wieder weist Lenz auf die Wichtigkeit von Kommunikation hin. Das Bedürfnis, mit jemandem »reden« (S. 10) zu können, verweist auf seine Orientierungslosigkeit und zunehmende Isolation. Der beste Freund verweigert nicht nur die Hilfe, sondern auch das Wort. Während Lenz noch das Solidaritätsgefühl der Straßburger Gruppe beschwört (»Goethe, Goethe! wenn wir zusammenblieben wären«, ebd.) und auch jetzt noch nicht die Realität der Trennung akzeptiert, schwelgt Goethe auf einer anderen Seite des Bergs im unmittelbaren Naturgefühl: »Lenz! Lenz! daß er da wäre – Welch herrliche Aussicht!« (ebd.).

Lenz hingegen betont seine Eigenständigkeit und offenbart damit das äußerst zwiespältige Verhältnis zu Goethe. Zwar wäre er gerne mit ihm zusammen auf den Berg gestiegen. Doch ist der Stolz und der damit verbundene Anspruch auf die eigene Leistung an dieser Gelenkstelle der Szene überdeutlich pointiert, fast drohend an die Adresse Goethes gerichtet: »Ich sehe hier wohl Fustapfen, aber alle hinunter, keinen herauf« (ebd.). Lenz geht seinen Weg allein, er ist weder auf Goethes noch auf eines anderen Hilfe angewiesen. Der eigene Weg betont die Eigenständigkeit des poetischen Schaffens. Lenz gehört nicht zu den Nachahmern Goethes, die in der 2. Szene karikiert werden. Vielmehr steht er gleichrangig neben Goethe, jedoch allein. Auch in der Regieanweisung zu Beginn von Szene I,3 sitzt Lenz »an einem einsamen Ort ins Thal hinabsehend, seinen Hofmeister im Arm« (S. 20). Die Isolation als Folge der zunehmenden Entfremdung von Goethe, das sich drohend abzeichnende Weimar-Trauma, inszeniert der Autor Lenz nochmals überdeutlich in dem anschließenden Dialog der Eingangsszene. Goethe erblickt Lenz, ist »mit einem Sprung [...] bey ihm« (S. 12). Die spontane Affektivität der Wiederbegegnung geht aber von Lenz aus. Die Frage Goethes, was Lenz denn hier mache, ist weniger Ausdruck der Freude als vielmehr Erstaunen darüber, daß es Lenz gelungen ist, überhaupt so weit gekommen zu sein. Er beantwortet die Frage denn auch nicht, vielmehr beschwört Lenz noch einmal gestisch die alte Freundschaft. Er geht Goethe entgegen und »drückt ihn ans Herz« (ebd.). Der »Bruder Goethe« (ebd.) aber reagiert auf die Nähe wie auf eine Bedrohung, die er sogleich abwehrt. Erst in II,5 wird er diese Anrede erwidern, wiederum Lenz anspringen, ihn von hinten umarmen und auch ihn seinen Bruder nennen (vgl. S. 56), nachdem zuvor Lenz den Segen Klopstocks erhalten hat. Ein Fremder fragt, wer denn der Lenz sei, darauf die Antwort: »Ein junges aufkeimendes Genie« (S. 18). Noch führt die Verirrung nicht in die endgültige Isolation, noch ist Lenz in der Nähe Goethes, und noch erfährt er den Respekt der wichtigsten Autoritäten Herder und Klopstock. Analog zu dieser Sequenz in I,2 ist die Sequenz in I,1 aufgebaut. Goethe fragt, wo Lenz denn herkomme, aber Lenz stellt hier die entscheidende Frage: »Wer bist du denn?« (S. 12). Das eigentliche Rätsel ist demnach nicht Lenz, sondern Goethe. Und Goethe ist derjenige, der die Auskunft über seine Identität verweigert (»Weiß ich wo ich her bin«, ebd.). Goethe verkleinert den Freund, nennt ihn ein »Bübgen« (ebd.), wie Lenz übrigens später auch von Herder tituliert wird (vgl. II,5). Väterlich lobt Goethe die Absicht von Lenz, nur »gut seyn« zu wollen – und dann fällt der vielsagende Satz: »Es ist mir als ob ich mich in dir bespiegelte« (S. 12). Für Goethe besteht demnach Lenz' Funktion darin, sich in diesem wiederzuerkennen.

Wie bewußt dem Autor Lenz die drohende Trennung von Goethe gewesen ist, zeigt die letzte Szene dieses Akts. In II,6 beansprucht Goethe ausdrücklich jene Anerkennung für sich, die nach der Lesart des Autors aber Lenz selbst zusteht. Lenz läßt nämlich Klopstock, Herder und Lessing einstimmig über ihn sagen: »Der brave Junge. Leistet er nichts, so hat er doch groß geahndet«, worauf Goethe sagt, »ich will's leisten« (S. 56). Dieses Urteil der drei Autoritäten spricht dem Autor Lenz die größere literaturgeschichtliche Bedeutung zu. Klopstock, Herder und Lessing sind jene Instanz, die das objektive Urteil über die Leistung des Dichters Lenz fällt. Goethes Einspruch hierauf wird in der pointierten Kürze vom Autor geradezu als Anmaßung herausgestellt. Die Menge der hereinstürmenden jungen Leute, die denselben Anspruch erheben wie Goethe, vervielfacht die Bedrohung für Lenz. Das Auslöschen des eigenen Werks und damit der eigenen Identität beginnt bereits mit dem Verbot des Autors Goethe, das *Pandämonium Germanikum* drucken zu lassen. Die Realität holt am Ende des Textes im Traum die Fiktion ein, die Fiktion erweist sich bereits als Realität. Der Auftritt des Satireschreibers Lenz im Stück selbst bleibt literaturgeschichtlich gesehen eine Ausnahme. Erst Christian Dietrich Grabbe wird den Selbstauftritt des Autors in einer Satire in seinem Stück *Scherz, Satire, Ironie und tiefere Bedeutung* (1827) wieder dramaturgisch nutzen.

Keine der Literatursatiren der 1770er Jahre ist so erzwungen defensiv angelegt wie dieses Stück von Lenz. Zugleich macht das *Pandämonium Germanikum* deutlich, daß im Bewußtsein der Sturm-und-Drang-Autoren die Theorie der Einzigartigkeit im Geniepostulat zu einer gewollten Exklusivität führt. Die produktionsästhetische Voraussetzung von Genialität ist im *Pandämonium Germanikum* in ein Elitebewußtsein umgeschlagen, auch wenn es noch als Traum, gleichwohl als visionärer Traum, verdeckt wird.

Die satirischen Schriften des Sturm und Drang insgesamt sind ein vernachlässigtes Kapitel deutscher Literaturgeschichte.[17] Dabei handelt es sich nur um eine geringe Anzahl von Texten, die als dramatisierte Satiren diesem Genre zuzurechnen sind: Neben Lenz' *Pandämonium Germanikum* (entstanden im Frühsommer 1775) sind zu nennen Goethes *Götter, Helden und Wieland* (1774, entstanden Ende September / Anfang Oktober 1773), sein *Neu eröffnetes moralisch-politisches Puppenspiel* (1774), das die Satiren *Jahrmarktsfest zu Plundersweilern* und *Ein Fastnachtsspiel vom Pater Brey* enthält, sowie der *Prolog zu den neuesten Offenbarungen Gottes* (1774), Wagners *Prometheus, Deukalion und seine Recensenten* (Februar 1775) und *Voltaire am Abend seiner Apotheose* (1778), Klingers *Prinz Seidenwurm* (1780), Klingers, Lavaters und Sarasins Gemeinschaftsarbeit *Plimplamplasko. Der hohe Geist, heut Genie* (1780). Hottingers *Menschen, Thiere und Göthe* (Herbst

17 Heide Hüchtings Monographie, die immer noch die Fußnotenliteratur durchzieht, ist aufgrund ihrer nationalsozialistischen Ausrichtung inakzeptabel (vgl. Heide Hüchting, »Die Literatursatire der Sturm- und Drang-Bewegung«, Berlin 1942). – Insbesondere müßte die neuere Forschung zur Satire der Aufklärung berücksichtigt werden.

1775) hingegen ist eine aufgeklärte Satire auf die Autoren des Sturm und Drang ebenso wie sein Drama *Das Geniewesen* (1781) und Nicolais *Werther*-Parodie (Januar 1775).

Goethes Farce *Götter, Helden und Wieland* ist noch eine Personalsatire im engeren Sinn, in deren Mittelpunkt Wieland steht. Der Verspottete erwacht am Ende des Stücks aus seinem Traum, während in Lenz' *Pandämonium Germanikum* der Spötter selbst am Ende aus dem Traum erwacht. Bezeichnend ist, daß bei beiden Autoren, Goethe wie Lenz, die Fiktion des Traums Wunschvorstellungen und Kritik gleichermaßen zu thematisieren erlaubt. Der Traum ist der Ort, wo die Wirklichkeit befragt und wo sie gebeugt werden kann, ohne mit gesellschaftlichen oder ästhetischen Normen zu kollidieren.

Bereits am 8. April 1775 hatte Lenz mit Lavater über Wagners anonym erschienene Satire *Prometheus, Deukalion und seine Recensenten*, die zunächst Goethe zugeschrieben wurde, korrespondiert. Wagners und Hottingers Texte sind – anders als Lenz' und Goethes Satiren – versifizierte Satiren und in diesem Sinne auch in einer aufgeklärten Tradition stehend. Hottinger bezieht sich zwar unmittelbar auf Goethes *Werther* und Wagners *Prometheus*, denunziert aber insgesamt auch die emanzipatorische Haltung der Sturm-und-Drang-Autoren. Dies zeigt sich zum einen am Inventar der Dramatis personae (u. a. treten Gans, Rabe, Hund, Esel und Frosch auf), zum anderen am Spott über programmatische Positionen des Sturm und Drang. So sagt z. B. der Hund zu Prometheus:

> Wir beyde schiken uns wol zusammen,
> Mögt alle Regeln zum Feu'r verdammen.
> Is Quark, is für den Pöbel nur.
> Viel besser Herr Doktor [Prometheus] is Natur –
> Holla – [...].
>
> (Hottinger, *Menschen*, 10)

Der moralische Appell im Epilog des Stücks als aufgeklärter Ruf zur Ordnung, auf den Lenz und Goethe in ihren Literatursatiren verzichten, führt die gegen die Aufklärungskritik des Sturm und Drang gerichtete und auf Verunglimpfung zielende Absicht des Stücks zusammen:

S' is ä Flegeley 'üch an jedem Biedermann z'reibä,
Der 'üch nit thät nach 'üerm Gustus schreibä.
[...].
S' is Thorhät, s' is eitle Bewegung.
Schnakscher Einfall is nit Widerlegung.
Is wol 'n Gaudium für d'n Narren;
Aber der klug Mann denkt, Herr Doktor hat 'nen Sparren.

(Ebd., 23)

Die Aufforderung aus Wagners Literatursatire »Spitz jezt die Ohren, liebs Publikum« (Wagner, *Prometheus*, 17) kann als programmatische Warnung des Literatursatirenstreits zwischen aufgeklärten Autoren und Autoren des Sturm und Drang in den 1770er Jahren verstanden werden. Auch Wagners Satire rückt noch Wieland in den Mittelpunkt des Spotts (»Ey sieh doch! guck! das nenn ich mir Original! / So was macht Jupiter W** [Wieland] nicht mal«, ebd., 19), doch wird der Streit um die Beurteilung von Goethes *Werther* mindestens gleichrangig behandelt. Neben den Streit um eine einzelne Person tritt nun die Auseinandersetzung um einen literarischen Text, die gleichwohl nicht minder personenbezogen geführt wird. Der Bruch zwischen Sturm und Drang und Aufklärung wird deutlich markiert. Prometheus sagt in seinem Schlußmonolog:

Den Spektakel auf einmal zu enden
Hätt freylich Prometheus die Mittel in Händen;
Doch da er zu gros denkt Insekten zu jagen,
Mag ihnen Epilogus d'Meynung noch sagen.

(Wagner, *Prometheus*, 25)

Und dieser läßt denn auch an Deutlichkeit nichts zu wünschen übrig:

Aber so machts halt euer schäuslich Kritik
Verfolgt's Genie, erstickt manch Mästerstück.
(Ebd., 26)

8
Randfiguren und Ende des Sturm und Drang

Carbonnières: *Die letzten Tage des jungen Olban*

Louis Ramond de Carbonnières (1755–1827), wie Wagner gebürtiger Straßburger, hatte nur kurze Zeit Anschluß an die Gruppe des Straßburger Sturm und Drang und hinterließ auch nur ein Theaterstück im Stil des Sturm und Drang. Man hat ihn nicht unzutreffend als »früheste[n] ›Götz‹-Nachahmer« und als einen »erste[n] französische[n] Liebhaber der jüngsten deutschen Literatur«[1] des Sturm und Drang bezeichnet. Mit Goethe und Lenz war er bekannt, er nannte sich selbst nach Wilhelm von Humboldts Mitteilung »Lenzens vertrauter Freund«.[2] Carbonnières war wie Lenz engagiertes Mitglied der Deutschen Gesellschaft in Straßburg. 1777 veröffentlichte er sein Drama *Die letzten Tage des jungen Olban* auf französisch, 1778 folgte die erste deutsche Übersetzung in der Zeitschrift *Olla Potrida*,[3] doch ist der Text erheblich gekürzt worden.

Das Drama ist in der französischen Fassung als Lesedrama angelegt, Akt- und Szeneneinteilung fehlen, das chronologische Grundmuster bildet die Zeiteinheit von drei

1 Christoph Perels, »Die Sturm und Drang-Jahre 1770 bis 1776 in Straßburg«, in: »Sturm und Drang«, B 2: 1988a, 61 f.

2 *Goethes Briefwechsel mit Wilhelm und Alexander v. Humboldt*, hrsg. von Ludwig Geiger, Berlin 1909, S. 107.

3 Textgrundlage: [Ramond de Carbonnières], *Die letzten Tage des jungen Olban. Nach Dorat von H. (ungedruckt.)*, in: *Olla Potrida* 1 ([April] 1778) S. 14–56. Vgl. Luserke, B 8: 1994.

Tagen, die den Text auch formal strukturiert. In der deutschen Übersetzung führen Herausgeber und Übersetzer der *Olla Potrida* eine durchgehende Szeneneinteilung ein, welche den spezifischen Sturm-und-Drang-Kurzszenen Rechnung trägt. Dadurch erfährt das Stück insgesamt eine Straffung.

Oberflächlich betrachtet, geht es im Stück nur um eine Liebesgeschichte. Die Waise Lali, eine der Hauptfiguren der 12 Personen des Stücks (in der Reihenfolge ihres Auftretens: Solfa, Lali, Birk, Sinval, Missionar, Nina, Serci, Vater, Sohn, Fritz, Mutter, Tochter) und von dem gedienten Soldaten Birk an Tochter Statt aufgenommen, liebt Sinval alias Olban; dieser aber liebt Nina, die Nichte Birks; Serci, der Freund Olbans, wiederum liebt Nina. Zu diesem Liebeskonflikt tritt ein religiöser Konflikt um Lalis Konversion, der die konfessionelle Spaltung karikiert. Sinval bzw. Olban war bis zu seiner Aufnahme bei Birk der Freund von Nina. Nach einem Duell wird er für vogelfrei erklärt, der Vorfall liegt zwei Jahre zurück, und inzwischen ist Nina mit Serci verheiratet. Erst das Auftauchen Ninas und die Enthüllung von Olbans Vergangenheit spitzen den dramatischen Konflikt zu, Olban verläßt das Haus, irrt durch den Wald und erschießt sich schließlich vor einer Schloßruine. Unterschlagen wird in der deutschen Übersetzung Carbonnières Widmung »A Monsieur Lenz«. Die zwei Zeilen umfassende »Vorrede« lautet: »Sieh hier die Verirrungen, die Leiden empfindsamer Herzen. Lies, unempfindliche Seele – und verdamme!« (S. 14) Damit sind den Lesern gleichsam programmatisch wichtige Rezeptionsstrukturen vorgegeben. Einmal wird mit dem Begriff »empfindsame Herzen« die soziale und literarische Tendenz der Empfindsamkeit ausdrücklich als Bezugsrahmen genannt; ferner wird in der Übernahme des Plurals »die Leiden« (vgl. auch S. 20 und 52) das Vorbild des *Werther* angerufen, worauf auch schon im Titel das Epitheton »junger Olban« hinweist; und schließlich gewinnt die direkte Leseranrede vor dem Hintergrund von Empfindsamkeit und aufkärungskritischem Skandalbuch eine unvermutete Schärfe: »Lies, unempfindliche Seele – und verdamme!«; imperativisch wird zur Lektüre aufgefordert, der Autor ist sich bewußt, Lesegewohnheiten und rezeptive Erwartungshaltungen vorsätzlich zu unterlaufen. Und gerade in dieser kämpferischen Formulierung wird die Abgrenzung des neuen Textes von der herkömmlichen, der aufgeklärten Literatur deutlich. Wer das Stück oder zumindest die darin dargestellten Probleme und Themen ablehnt, sieht sich dem Vorwurf einer »unempfindlichen Seele« ausgesetzt. Sturm und Drang, Empfindsamkeit und Aufklärungsskepsis bilden den literarischen Horizont, in den Carbonnières seinen Text hineinstellt, der Autor präsentiert sich von Beginn an in der Haltung des literarischen Rebells.

Im Verzicht auf eine dramaturgisch sinnvolle Akt- und Szeneneinteilung geht Carbonnières weit über sein Vorbild Lenz hinaus. Die Häufung der Kurzszenen ist auffallend. Durch die abrupten Szenenübergänge entsteht eine Ästhetik des Plötzlichen, welche den Eindruck einer Gleichzeitigkeit unterschiedlicher Handlungselemente erzeugt und damit der Illusion einer gleichmäßigen Entwicklung die Dynamik der augenblicklichen Katastrophe ohne Verzögerungen entgegenstellt (»Plötzlich verwandelt sich die Bühne in einen Saal«, S. 22 und ähnlich S. 54). Die Häufung von Anakoluthen und Elisionen (S. 18, 40, 49 u. ö.) und das elliptische Reden vornehmlich Birks sind im Satz typographisch durch Auslassungspunkte oder Gedankenstriche gekennzeichnet. Ausrufungszeichen finden reichlich Anwendung, wobei das imperativische Reden auch zur Charakterisierung der Repräsentanten einer aufgeklärten Weltordnung gebraucht wird, wie beispielsweise beim Musiklehrer Solfa oder beim Hauptmann Birk, und nicht nur Kennzeichen kraftgenialischer Gebärden oder tosender Leidenschaften ist. Augenfällig sind auch die Interjektionen wie »Ha!« (S. 15, 33, 46), »Bah!« (S. 37) und Kraftausdrücke wie »zum

T ...« (S. 17), »zum Henker!« (S. 17, 35) oder »Er soll dich heyrathen, oder ich schieß ihm's Gehirn aus dem Kopfe heraus« (S. 40).

Während die Figuren Birk, der Musiklehrer Solfa und zunächst auch Olban selbst als Vertreter der empfindsamen Aufklärung angelegt sind, operiert Lali mit dem für die Sturm-und-Drang-Literatur spezifischen Begriff der Leidenschaft. Während bei Olban die allmähliche Abnahme der Leidenschaften mit der Entwicklung des Dramas verknüpft ist, gilt für die weibliche Hauptperson Lali gerade das Gegenteil.

Das Familienmodell des Bürgerlichen Trauerspiels wird dadurch zugespitzt, daß es sich bei Birk, Lali und Olban nicht mehr um eine Blutsverwandtschaft, sondern um eine Wahlfamilie handelt. Birk ist kinderlos und ›adoptiert‹ Lali als Tochter (vgl. S. 16), auch Olban möchte er an Sohnes Statt annehmen: »Eine Tochter hatte ich, (er zeigt auf Lali) ich brauchte noch einen Sohn. (er nimmt ihn bey der Hand) Gefunden!« (S. 18) Der Zusammenbruch der bürgerlichen Kleinfamilie ist von Beginn an offensichtlich. Nur die Tochter überlebt den Vater und den Bruder. Der »Papa« (S. 25) als zentrale Instanz familialer »Ordnung« (ebd.) in der aufgeklärten Gesellschaft scheitert. Für den Bürgerlichen Birk, der die Hand seiner Tochter und sein Vermögen Olban regelrecht andient, spielen Stand und Geld nur so lange eine Rolle, bis er die unerschütterliche Liebe Lalis zu Olban erkennt. Damit setzt sich Birk über ein weiteres sozial- und literaturhistorisches Distinktionsmerkmal hinweg. Anstelle einer nach den Maßgaben von ständischer Abkunft und Vermögen ausgerichteten Konvenienzehe unterstützt er die Absicht einer Liebesheirat seiner Tochter. Moniert er anfänglich noch, daß Olban ein Mann sei, »ohne Vermögen, ohne Stand, der nichts thut, als seufzen« (S. 25), so betont er nur vier Szenen später Olban gegenüber: »Du bist ein Mensch; was mach' ich mir aus Stand und Geburt ... du bist arm, ich war's auch; du bist nicht vornehm? Ich bin gemeiner Soldat gewesen« (S. 28). Diesen Aspekt des radikalen Verzichts auf Stand, Vermögen und bürgerliche Ehre verdoppelt der Autor Carbonnières nochmals in einer eigenen Sequenz am Ende des Stücks, nun aber in der gesellschaftlichen Hierarchie gleichsam nach unten gebrochen. Die Personen agieren nicht mehr im Haus des Hauptmanns Birk in einem Saal oder in einem Garten. Dem Locus amoenus eines kultivierten Gartens wird nun der Locus terribilis der wilden Natur entgegengesetzt. »Hütte in einem Fichtenwald. Nacht. Mitten in der Hütte ein großes Feuer, davon der Rauch durchs Dach hinausgeht. Eine alte und eine junge Frau am Fenster sitzend« (S. 47, Regieanweisung). In die Hütte dieser intakten, aber verarmten Familie dringt Olban ein und wird angeschossen. Die Schwundform einer Wiedererkennungsszene schließt sich daran an, Fritz, dem Olban einst das Leben gerettet hat und dessen Name an die gleichnamige Person aus Lenz' *Hofmeister* denken läßt – wie auch der Hauptmann Birk an Lenz' Major von Berg erinnert –, erkennt seinen Lebensretter wieder. Doch Olban bezichtigt die Hüttenbewohner als Räuber, er kriminalisiert die Armen und gibt auf die Frage des Vaters: »Was soll man aber machen, wenn man nichts hat?«, die ebenso lakonische wie für die Betroffenen unverständliche Antwort: »Sterben« (S. 50). Carbonnières kehrt diese auf den ersten Blick rätselhaft anmutende Situation augenblicklich um und macht so die Antwort des Verletzten verständlich. Olban gibt den Geldlosen sein gesamtes Barvermögen; nun ist er derjenige, der, wie der Vater sagte, nichts hat, und die Hüttenbewohner sind unversehens vermögend geworden. Olbans Antwort, daß dem, der kein Geld habe, nur zu sterben bliebe, trifft nun ihn selbst. Als Armer und Schwerverwundeter verläßt er die Hütte, um sich zu töten. In der Figur Olbans bündeln sich damit drei Problembereiche: zum einen der Liebeskonflikt mit Lali und Nina, zum anderen der Familienkonflikt mit Birk und schließlich der Sozialkonflikt mit Fritz und den Namenlosen.

Carbonnières *Olban* ist ein Stück des Übergangs, eines jener wenigen Dramen, die einer aufgeklärten Empfindsamkeit noch verpflichtet sind und doch deutliche Merkmale eines Sturm-und-Drang-Stücks aufweisen, u. a. auch hierin ist der Text Goethes *Werther* verpflichtet.

Moritz:
Blunt oder der Gast

Karl Philipp Moritz (1756–1793) veröffentlichte 1780 das Drama *Blunt oder der Gast.*[4] Es fehlt in fast allen literaturgeschichtlichen Lexika, selbst in den spezielleren Handbüchern zur Literatur des Sturm und Drang findet es keine Erwähnung. Doch Moritz' *Blunt* kann als Abgesang auf die Literatur des Sturm und Drang gelesen werden. Unter dem Titel *Blunt oder der Gast. Fragment* erschien der Text in der *Litteratur- und Theater-Zeitung* im Sommer 1780. Ein Jahr später veröffentlichte Moritz eine überarbeitete Buchausgabe, welche den kühnen formalen Entwurf des Erstdrucks einebnet. Denn der Erstdruck bietet im Gegensatz zur Buchausgabe, worin der Sohn nicht vom Vater umgebracht wird, zwei Schlußfassungen, eine Mord- und eine Harmonievariante. Dieser doppelte Schluß (vgl. Schulz, B 2: 1991, bes. 119 f.) unterläuft die Konzeption einer Mischgattung wie die der Tragikomödie: der Text ist nicht Tragödie und Komödie zugleich, sondern innerhalb des Stücks wird von einer Gattung in die andere gewechselt.

In der *Litteratur- und Theater-Zeitung* Nr. 33 vom 12. August 1780 ist folgende Nachricht von einem »To-

4 Textgrundlage: *Werke*, Ausg. Günther, 1,7–32. – Vgl. Luserke, B 8: 1993.

desfall« zu lesen: »Vor kurzem starb Johann Reinhold Michael [!] Lenz, Verfasser des Hofmeisters, neuen Menoza, Engländers, der Soldaten u. a. m. [...].«[5] Obwohl Lenz erst 1792 starb, ging die Nachricht seines Todes durch die aufgeklärte Presse der 1780er Jahre. Mit seinem angeblichen Tod war auch der Sturm und Drang insgesamt für tot erklärt. Unmittelbar vor dieser Mitteilung endet in der Ausgabe der Zeitung das Drama von Moritz, der junge Autor schreibt mit seinem *Blunt* gewissermaßen unwissentlich den Epilog auf den Sturm und Drang. So gesehen kann man sagen, daß *Blunt* das letzte Drama des Sturm und Drang ist, nachdem sich längst schon die eigentlichen, älteren Gruppenmitglieder von ihm abgewandt hatten.

In der Vorrede zur Buchausgabe dementiert Moritz die thematische Verbindung seines Schauspiels mit literarischen Vorlagen, die ihn über die Namensgebung der Dramatis personae hinaus beeinflußt haben mögen:

> Ohne zu wissen, daß Lillo den Stoff zu diesem Stück schon bearbeitet hat, und ohne einmal die Ballade zu kennen, woraus derselbe genommen ist, veranlaßte mich eine dunkle Erinnerung aus den Jahren meiner Kindheit, wo ich diese Geschichte hatte erzählen hören, sie dramatisch zu bearbeiten. (Moritz, *Blunt*, [3])

Gemeint ist hier der englische Autor George Lillo (1693–1739), der mit seinem Trauerspiel *The London Merchant* (1731) ein literatur- und sozialgeschichtliches Tabu gebrochen hatte. Durften bis zu diesem Zeitpunkt nur Helden aristokratischer Herkunft in Trauerspielen dargestellt werden, so wird nun im *London Merchant* ein Bürgerlicher, ein Kaufmann, tragödienfähig. Der Vater Blunt und sein Bruder in Moritz' Schauspiel tragen zumindest denselben Namen wie der Bediente von Milwood aus dem *London Merchant*. In Lillos 1736 veröffentlichtem Drama *Fatal Curio-*

5 Vollständiger Abdruck u. a. in: Luserke, B 7: 1993, 120.

sity geht es wie bei Moritz um ein Ehepaar, das in wirtschaftliche Not geraten ist, einen Mann beraubt und ermordet, von dem sich nach der Tat herausstellt, daß er der verschollen geglaubte Sohn ist. Allerdings muß man einschränkend hinzufügen, daß bei Moritz die weiteren Personen des Stücks, nämlich Blunts Frau Gertrude, die Tochter Adelheid und die Tochter des Bürgermeisters Mariane, den Namen Blunt ebensogut als einheimischen Familiennamen lesen lassen. Eine andere Spur scheint mir indes aufschlußreicher zu sein: In Klingers *Otto* taucht der Name Blunt auf. Dort ist die Rede von Heinrich von Blunt, der als Ritter in Karls Diensten stand, und seinem Sohn (vgl. Klinger, SW 1,23). Die Rolle selbst entspricht eher einer Nebenrolle. Inhaltlich gibt es Parallelen zu den dramatischen Szenen *Besuch um Mitternacht* und *Pfandung* von Leisewitz. In dieser Lesart würde Moritz direkt an die Dramatik des Sturm und Drang anknüpfen.

Auf der einen Seite stehen bei Moritz der bürgerliche Blunt und seine Frau Gertrude mit ihrer sechsjährigen Tochter Adelheid. Der erstgeborene Sohn gilt seit einem Schiffbruch als tot. Auf der anderen Seite stehen der Bruder Blunts, der Bürgermeister einer Stadt mit eigener Gerichtsbarkeit ist, und seine Tochter Mariane. Beide Familien vertreten unterschiedliche soziale Schichten. Der Bürgermeister ist vermögend und residiert in einem »großen schönen Hause, und in einer Straße, wo lauter schöne Häuser stehn« (S. 15), während der berufslose Blunt mit seiner Familie den sozialen Abstieg erfahren hat und nun in ärmlichen Verhältnissen, »in so einem kleinen Hause, das halb in die Erde gebaut ist« (ebd.), wohnt. Um ein kleines Zubrot zu verdienen, vermietet Blunt das einzige Bett in seinem Haus an einen Fremden. Damit beginnt das Stück. Bereits die Szenenbeleuchtung in der Regieanweisung verlegt das dramatische Geschehen in eine psychische und moralische Dunkelzone: »Mitternacht«, »düstre Lampe«, die Personen in Decken »gehüllt« (S. 9). Das Schauspiel hat keine eigentliche Exposition. Vielmehr werden die Offenlegung der Vorgeschichte und die Darlegung jener Ursachen, die zum dramatischen Konflikt – in diesem Fall zum Mord – führen, in die Entwicklung des Dramas hineingenommen. Moritz verzichtet auch konsequent auf eine Akt- und Szeneneinteilung und geht mit diesem formalen Eingriff weit über die poetologische Radikalität der Sturm-und-Drang-Dramen hinaus.

Der Vater Blunt entwickelt eine Rachsucht, die sich nicht auf eine bestimmte Person richtet, sondern diffus auf den beneideten Reichtum der anderen. Sein Ausruf »ich will Blut! Blut!« (ebd.) verweist nicht auf ein obwaltendes Schicksal, das ihn etwa zum Handeln zwänge. Die Tötungsabsicht des Vaters entspringt seinem Neid auf den Reichtum des zufällig anwesenden Fremden. Moritz läßt damit keinen Zweifel an dem wahren Mordmotiv. In der Dosenepisode, die man durchaus in Beziehung zur Dosenepisode in Wagners *Kindermörderin* setzen kann, führt er den Tötungswunsch des Vaters mit dem Begehren des Sohnes zusammen. Der junge Blunt, Wilhelm genannt, ist gekommen, um Mariane, die Tochter seines Onkels, zu heiraten. Im Gegensatz zum Vater sieht Wilhelm alle seine Wünsche verwirklicht.

Wilhelms Dose mit dem Bildnis der Geliebten hält zur gleichen Zeit der Vater in der Hand. Während für den Sohn die Dose mit dem Versprechen sexueller Erfüllung verknüpft ist, repräsentiert sie für den Vater lediglich den ökonomischen Vorteil. Ihn interessiert nicht das Bild, sondern allein der Wert der goldenen Dose und der Brillanten. Eigentlich müßte der alte Blunt seinen Sohn nun nicht mehr ermorden, denn er ist schon im Besitz der begehrten Ware, er tut es aber dennoch. Der Vater täuscht Wahnsinn vor, um seinen Mordplan ausführen zu können. Er hebt hinter dem Haus eine Grube aus und gibt vor, nach einem Schatz zu graben, welcher der Familie endlich wieder Reichtum bringen soll. Der Vater tötet den Sohn, und »der Vorhang fällt zu« (S. 18).

Die nachfolgenden Szenen unterliegen einer konsequenten Dramaturgie. Als Mariane vom Tod ihres Geliebten erfährt, bricht sie zusammen und beginnt zu delirieren. Ihre Rede ist überraschend, sie verwechselt den Vornamen ihres Geliebten:

> Still, mein Vater! – Carl schläft – er hat sein Haupt zur Ruhe gelegt – er liegt noch im tiefen Schlummer begraben – aber kommen Sie, wir wollen ihn überraschen, eh' er es sich versehen soll – Nun sind wir da – Carl! Carl! wach auf! (S. 23)

Blunt wird in den Kerker gebracht und darf, bevor das Todesurteil an ihm vollstreckt wird, seinen Sohn noch einmal sehen.[6] Diese Szene hat Moritz mit »Blunts Wohnung. Die Leiche des Ermordeten« (S. 25) überschrieben, sie enthält den entscheidenden dramaturgischen Trick, der das Stück insgesamt als Epitaph auf die Sturm-und-Drang-Literatur zu lesen erlaubt. Der Vater stilisiert den getöteten Sohn unter seiner »Gewissensangst« zum »Engel« (ebd.) und wünscht: »Könnt' ich das Geschehne ungeschehen machen« (ebd.), »o, daß doch dies alles ein Traum wäre! – daß es ein Traum wäre!« (S. 26).

Im Original des Erstdrucks durch einen Doppelbalken vom vorhergehenden und durch drei Sternchen vom nachfolgenden Dramentext sichtbar abgesetzt,[7] fügt Moritz nach

6 Die Überschrift dieser Szene »Im Kerker (.) Blunt. Gertrude« (S. 24) lautet im Original genau umgekehrt »Blunt und Gertrude (im Kerker)« (*Litteratur- und Theater-Zeitung*, Nr. 33, 12. August 1780, S. 515) und hebt damit nicht die Situation der polizeilichen Verwahrung hervor, sondern die Intensität im Dialog der unfreiwillig Verschworenen. Gertrude z. B. »muß« ihren Sohn sehen, Blunt hingegen »will« (S. 25). Eine ähnliche philologische Ungenaugkeit findet sich in der Szene darauf; hier werden zwei im Erstdruck deutlich voneinander getrennte Szenen zu einer einzigen zusammengezogen. Damit geht der Charakter der Kurzszene »Blunts Wohnung« (S. 25), die im Original nur zehn Zeilen umfaßt (vgl. *Litteratur- und Theater-Zeitung*, Nr. 33, 12. August 1780, S. 517), in Günthers Neudruck völlig verloren.

7 Diese typographischen Besonderheiten des Erstdrucks sind in Günthers Ausgabe nicht übernommen.

diesem Ausruf des Vaters ein Gedicht ein. In diesem Gedicht ruft der alte Blunt die »holde Phantasie« (S. 26) an, die ihn mit Hilfe der Imagination, also des Tagtraums, an jenen Punkt zurückbringen soll, bevor er die Tat beging. Danach folgt wiederum die Szene »Die Kammer des Fremden« (S. 26 / S. 17), diesmal liegt der junge Blunt aber nicht »halbentkleidet« (S. 17) auf dem Bett, sondern »halbangezogen« (S. 26). In jenem Augenblick, als der Vater den Sohn töten will, wacht dieser »aus einem schweren Traume« (S. 27) auf. Der Mord geschieht nun nicht, im Gegenteil, es gibt ein fast empfindsames Schlußtableau der allseitigen Umarmung und Harmonie. Das Gedicht nimmt gleichsam die technischen Möglichkeiten des Films vorweg, jegliche poetologische Norm wird ignoriert. Der alte Blunt als der Aufklärervater schreibt im Traum seine eigene Geschichte um, die Ursache seines Verbrechens; »nun sind unsre Wünsche erfüllt« (S. 31). Mit dieser Formulierung des jungen Blunt am Ende des Stücks weist Moritz das Drama als Wunscherfüllung aus. Die Wiederholung bereits gespielter bzw. gelesener Szenen wie in *Blunt* führt die Technik der Variation einzelner Szenen und der Durchbrechung einer formal geschlossenen Handlungsstringenz der Sturm-und-Drang-Dramatik fort. Auch in der häufigen Verwendung von Elisionen, Parenthesen und Anakoluthen sind formale und stilistische Übernahmen aus der Sturm-und-Drang-Literatur zu sehen. Auf der inhaltlichen Ebene werden diese Übernahmen ergänzt durch eine umgekehrte Adaption, welche die Figurenkonstellation insgesamt neu zu gruppieren erlaubt. Nun rebellieren nicht mehr die Söhne gegen die Väter, sondern die Söhne vergeben den Vätern, die Väter sind beredt, und die Söhne verwehren ihnen das Sprechen. Die bürgerliche Kleinfamilie wird zur ›symbolischen‹ Familie und erscheint nun als jene vielschichtige historische, soziale, kulturelle und literarische Figuration, die wir ›Aufklärung‹ nennen. Die ›symbolischen‹ Söhne sind jene Gäste – der Untertitel »oder der Gast« taucht bezeichnenderweise nur auf dem Titelblatt auf –, die nur kurzzeitig geduldet werden.

Wie ein vorgezogenes Ende des Sturm und Drang klingt es, wenn Lenz in einem Dramenfragment mit dem Titel *Die Kleinen* (1775/76) schreibt:

> Lebt wohl große Männer, Genies, Ideale, euren hohen Flug mach ich nicht mehr mit, man versengt sich Schwingen und Einbildungskraft, glaubt sich einen Gott und ist ein Tor. [...] Pfui doch mit den großen Männern, die herrschen wollen, es sind die kleinsten Pygmäen [...]. (Lenz, WuB 1,474)

Die Rufe wurden lauter, das Genie(un)wesen abzustellen, wieder zur Tagesordnung zurückzukehren. Vielleicht hatte Lenz eine Bemerkung von Philipp Christoph Kayser (1755–1823) zu denken gegeben, der in einem Brief vom 20./23. Februar 1777 an ihn schrieb: »Ich wünschte Dir und andern daß Ihr endlich einmal aufhörtet zu idealisieren« (WuB 3,525).

In Lenz' Fragment klingt die entschiedene Absage an die Adlermetaphorik der Genieästhetik an. Aus der Autonomie des Genies entwickelte sich die geniale Autonomieästhetik, die in den Werken der Weimarer Klassik ihren Ausdruck fand. Schiller gehört mit seinen Jugenddramen chronologisch gesehen und mit Hinblick auf die fehlende Gruppenanbindung nicht mehr zum Sturm und Drang. Ob seine Stücke *Die Räuber* (1781), *Fiesko* (1783) und *Kabale und Liebe* (1784) aber inhaltlich und thematisch noch zum Sturm und Drang zu rechnen sind, war und ist in der Forschung umstritten. Ungeachtet ihrer dramatischen Qualität und ihres literaturgeschichtlichen Werts sind sie Nachahmungsstücke. Der junge Dramatiker versuchte, durchaus erfolgreich, im Stil des Sturm und Drang zu schreiben. Seine Stücke blieben aber isolierte Fremdkörper einer längst vergangenen literaturgeschichtlichen Periode. Für die ältere Forschung wie auch für die DDR-Germanistik gab es im wesentlichen kaum Zweifel daran, daß Schillers Jugenddramen dem Sturm und Drang zuzurechnen sind, meist wurde darin die Vollendung, zumindest der Höhepunkt dieser Periode gesehen. In den siebziger Jahren erschienen drei Arbeiten, die höchst unterschiedlich diese Diskussion am Beispiel der *Räuber* fortführten (schon die Begrenzung auf dieses Drama macht die Schwierigkeiten deutlich, die sich aus literaturgeschichtlichen Zuordnungsfragen ergeben können). Manfred Wacker konnte in seiner Dissertation von 1973 überzeugend nachweisen, daß die *Räuber* ein Stück des Übergangs zwischen Sturm und Drang und Weimarer Klassik sind, sie fügen sich »weder in die Chronologie noch in die Topographie des Sturms und Drangs« (B 8: 1973, 23). 1974 erschien eine Studie zum Sturm-und-Drang-Drama von Michael Mann (B 8: 1974), dem die *Räuber* als Gipfelpunkt der Epoche Sturm und Drang dienten.[8] Peter Michelsen vertrat 1979 in einer detailliert argumentierenden Studie die These, das sprachliche, szenische und gestische Zeicheninventar der *Räuber* gehe nicht explizit auf die Sturm-und-Drang-Dramatik zurück, sondern sei der Bühnentradition der Oper und des Balletts im 18. Jahrhundert verpflichtet (B 8: 1979, 65). Zwischen diesen Positionen bleibt also, genau besehen, »alles in der Schwebe«, wie es Werner Volke (B 8: 1988, 295) formuliert hat. Schillers Jugendwerke sind, auf die literaturgeschichtliche Periode des Sturm und Drang bezogen, ein »Nachhall« (ebd.) – nicht mehr, aber auch nicht weniger.

8 Eine Lesart übrigens, die sich bis heute hartnäckig hält, wie die Dissertation von Stefanie Wenzel (B 2: 1993) zeigt.

[illegible] Wilhelmine, [illegible]
[illegible] In dem [illegible] Berlin [illegible]
[illegible] die [illegible] unter [illegible]
[illegible]
[illegible] Berlin [illegible]
[illegible]
[illegible]
[illegible]
[illegible] zwischen [illegible]
[illegible]
[illegible] Topographie des [illegible]
[illegible]
[illegible]
[illegible] Epoche [illegible]
[illegible]
[illegible]
[illegible]
[illegible]
[illegible]
[illegible]
[illegible]
[illegible]
[illegible]

Bibliographie

Im Text wird auf die nachfolgend verzeichneten Titel der Bibliographie (B) jeweils in Klammern mit dem Verfassernamen, der Nummer des bibliographischen Abschnitts, dem Publikationsjahr und der Seitenzahl verwiesen (z. B.: Walz, B 2: 1905, 48).

1. Ausgaben

[Anon.:] Chr[istian] Fr[iedrich] D[aniel] Schubarts Leben und Karakter von einem Freund desselben. Nachdr. der Ausg. Mannheim 1778. Stuttgart 1989.

[Anon.:] Geschichte eines Kraftgenies oder seltsame und wunderbare Abentheuer eines Ritters von Ungefähr. In zwey Büchern. Nach dem Spanischen des Quevedo frey umgearbeitet. Hamburg 1789.

[Anon.:] *Der Hofmeister.* In: Olla Potrida (1779) Nr. 4. S. 313.

[Anon.:] Neuigkeiten aus dem Reiche des Genies und der Satyre. Frankfurt a. M. / Leipzig 1773.

[Anon.:] [Rez. von:] Allgemeine deutsche Bibliothek Bd. 44 (1780). In: Nürnbergische gelehrte Zeitung. 104. St. (1781) S. 219–221.

[Anon.:] [Rez. von:] Der Empfindsame Maurus Pankrazius Ziprianus Kurt, auch Selmar genannt, ein Moderoman. Erfurt 1781 [. . .]. In: Nürnbergische gelehrte Zeitung. 52. St. (1781) S. 417 f.

[Anon.:] [Rez. von: Klinger, *Otto*:] Allgemeine Deutsche Bibliothek. Bd. 27 (1776) 2. St. S. 384–386.

[Anon.:] Rhapsodien aus den Handschriften eines Tadlers. In: Theater-Journal für Deutschland. Hrsg. von Heinrich August Ottokar Reichard. 9.–12. St. Gotha 1779. Nachdr. München 1981. S. 82 bis 85.

Abel, Jakob Friedrich: Rede über das Genie. Werden große Geister geboren oder erzogen und welches sind die Merkmale derselbigen? [1776.] Mit einem Nachw. hrsg. von Walter Müller-Seidel. Marbach a. N. 1955.

Almanach der deutschen Musen auf das Jahr 1776. Leipzig [1776].

Batteux, [Charles]: Einschränkung der schönen Künste auf Einen einzigen Grundsatz, aus dem Französischen übersetzt [von Johann Adolf Schlegel], und mit einem Anhange einiger eignen Abhandlungen versehen. Leipzig 1751.

Becker, Rudolph Zacharias: Noth- und Hülfsbüchlein für Bauersleute. Nachdr. der Erstausg. von 1788, hrsg. und mit einem Nachw. von Reinhart Siegert. Dortmund 1980.

Böttiger, Karl August: Literarische Zustände und Zeitgenossen. Hrsg. von K. W. Böttiger (1838). 2 Bde. Nachdr. Frankfurt a. M. 1972.

Bürger, Gottfried August: Sämtliche Werke. Hrsg. von Günter und Hiltrud Häntzschel. München/Wien 1987. [Zit. als: SW.]

Büsching, Anton Friedrich: A. F. B's Unterricht für Informatoren und Hofmeister. [1760.] 2., verb. Ausg. Leipzig 1802.

Claudius, Matthias: Der Wandsbecker Bote. [1771–75.] Mit einem Vorw. von Peter Suhrkamp und einem Nachw. von Hermann Hesse. Frankfurt a. M. 1975.

[Cranz, August Friedrich:] Condolenz-Schreiben an die großen Geister Teutschlandes Hrn. Leßing, Hrn. Göthe und ihre Cameraden bey dem Tod der Emilia Galotti, der Mina von Barnhelm und des Götz von Berlichingen, da diese Stücke durch den unsterblichen Dichter Herrn Herrn [!] Möller Mitglied der Seilerschen Gesellschafft ins Reich der Vergessenheit und Vermoderung abzugehen gezwungen wurden. Verfertiget und abgefaßt von Johannes Nepomucenus Christophorus Schnirkel zeitlichen Burgermeister der am Nieder-Rhein sehr berühmten Stadt Dülken, wie auch ordentlichen Mitglied der dortigen gelehrten Gesellschafft. Köln / Frankfurt a. M. / Mainz / Hanau [1777].

Drei Preisschriften über die Frage: Welches sind die besten ausführbarsten Mittel dem Kindermorde abzuhelfen, ohne die Unzucht zu begünstigen? Mannheim 1784.

[Ehrmann, Johann / Kaufmann, Christoph:] Allerley gesammelt aus Reden und Handschriften großer und kleiner Männer. Herausgegeben von Einem Reisenden E. U. K. Erstes Bändchen. Frankfurt a. M. / Leipzig 1776.

Empfindsamkeit. Theoretische und kritische Texte. Hrsg. von Wolfgang Doktor und Gerhard Sauder. Stuttgart 1976 [u. ö.].

Frankfurter gelehrte Anzeigen vom Jahr 1772. Neudr. [Hrsg. von Bernhard Seuffert.] Heilbronn 1883.

Füssli, Heinrich: Aphorismen über die Kunst. Übers. und hrsg. von Eudo C. Mason. Basel 1944.

Füssli, Heinrich: Briefe. Hrsg. von Walter Muschg. Basel 1942.

Füßli, Johann Heinrich: Remarks on the Writings and Conduct of J. J. Rousseau. Bemerkungen über J. J. Rousseaus Schriften und Verhalten. Mit Einf., dt. Übers. und Komm. hrsg. von Eudo C. Mason. Zürich 1962.

Gellert, C[hristian] F[ürchtegott]: Moralische Vorlesungen. Nach des Verfassers Tode herausgegeben von Johann Adolf Schlegeln und Gottlieb Leberecht Heyern. Neue Ausgabe, mit dem Ehrengedächtniß des Verfassers, von Herrn Ernesti vermehrt. Schaffhausen 1772.

Gerstenberg, Heinrich Wilhelm von: Vermischte Schriften (1815–1816). 3 Bde. [Nachdr.] Frankfurt a. M. 1971. [Zit. als: VS.]

[Gerstenberg:] Briefe über Merkwürdigkeiten der Litteratur. Hrsg. von Heinrich Wilhelm Gerstenberg et. al. Drei Sammlungen und Fortsetzung in einem Band. Reprogr. Nachdr. der Ausg. Schleswig und Leipzig 1766–1767 und Hamburg und Bremen 1770. Hildesheim / New York 1971.

Gerstenberg, Heinrich Wilhelm von: Ugolino. Eine Tragödie in fünf Aufzügen. Mit einem Anhang und einer Auswahl aus den theoretischen und kritischen Schriften. Hrsg. von Christoph Siegrist. Stuttgart 1966 [u. ö.].

Goethes Werke. (Weimarer Ausgabe.) Hrsg. im Auftrage der Großherzogin Sophie von Sachsen. 133 Bde. Weimar 1887–1919. [Zit. als: WA.]

Goethe, Johann Wolfgang: Werke. (Hamburger Ausgabe.) Hrsg. von Erich Trunz. 14 Bde. Hamburg 1948–60 [u. ö.]. [Zit. als: HA.]

Goethe, Johann Wolfgang: Sämtliche Werke. Briefe, Tagebücher und Gespräche. (Frankfurter Ausgabe.) Hrsg. von Friedmar Apel, Hendrik Birus, Anne Bohnenkamp [u. a.]. 40 Bde. Frankfurt a. M. 1985 ff.

Goethe, Johann Wolfgang: Sämtliche Werke nach Epochen seines Schaffens. Münchner Ausgabe. Hrsg. von Karl Richter in Zsarb. mit Herbert G. Göpfert, Norbert Miller und Gerhard Sauder. 20 Bde. München/Wien 1985 ff. Bd. 1.1 und 1.2: Der junge Goethe 1757–1775. Hrsg. von Gerhard Sauder. Ebd. 1985–87. Bd. 16: Aus meinem Leben. Dichtung und Wahrheit. Hrsg. von Peter Sprengel. Ebd. 1985. [Zit. als: SW.)

Goethes Briefe und Briefe an Goethe. Hamburger Ausgabe. 6 Bde. Hrsg. von Karl Robert Mandelkow. Hamburg 1962–69. Neuausg. München 1988.
Der junge Goethe. Neu bearb. Ausg. 5 Bde. Hrsg. von Hanna Fischer-Lamberg. 6 Bde. Berlin 1963–73.
Der junge Goethe im zeitgenössischen Urteil. Bearb. und eingel. von Peter Müller. Berlin 1969.
Der Göttinger Hain. Hrsg. von Alfred Kelletat. Stuttgart 1967 [u. ö.].
Goeze, Johann Melchior: Theologische Untersuchung der Sittlichkeit der heutigen deutschen Schaubühne überhaupt [...]. Neue Auflage. Hamburg 1770.
[Gohier, Louis Jérôme:] Die Königs-Krönung[.] Aufgeführt auf dem Theater zu Rennes in Gegenwart Ihro Durchlaucht der Prinzessin von Lamballe. [Übers. von Heinrich Leopold Wagner.] Haag [Erlangen] 1775.
[Haefeli, Johann Kaspar / Stolz, Johann Jakob:] Vermischte Betrachtungen auf alle Tage im Jahr. Frankfurt a. M. / Leipzig 1777. (Allerley gesammelt aus Reden und Handschriften großer und kleiner Männer. Herausgegeben von keinem Reisenden K. U. E. Zweytes Bändchen.)
Hamann, Johann Georg: Sämtliche Werke. Bd. 2: Schriften über Philosophie / Philologie / Kritik 1758–1763. Hist.-krit. Ausg., hrsg. von Josef Nadler. Wien 1950. [Zit. als: SW.]
Hamann, Johann Georg: Briefwechsel. Bd. 2: 1760–1769. Hrsg. von Walther Ziesemer und Arthur Henkel. Wiesbaden 1956.
Hamann, Johann Georg: Fünf Hirtenbriefe das Schuldrama betreffend. Einf. und Komm. von Sven-Aage Jørgensen. Kopenhagen 1962.
Hamann, Johann Georg: Sokratische Denkwürdigkeiten. Aesthetica in nuce. Mit einem Komm. hrsg. von Sven-Aage Jørgensen. Stuttgart 1968 [u. ö.].
[Hase, Friedrich Traugott:] Geschichte eines Genie's. 2 Bde. Leipzig 1780.
Heinse, Wilhelm: Sämmtliche Werke. Hrsg. von Carl Schüddekopf. Bd. 9: Briefe. Erster Band. Bis zur italiänischen Reise. Leipzig 1904. [Zit. als: SW.]
Heinse, J[ohann] J[akob] W[ilhelm]: Musikalische Dialogen. Nachdr. der Ausg. Leipzig 1805. Hildesheim / New York 1977.
[Heinse:] Petronius: Satiricon oder Das Gastmahl des Trimalcion.

In der Übertragung von Wilhelm Heinse. [1773.] Frankfurt a. M. 1986.
Herder, Johann Gottfried: Sämtliche Werke. Hrsg. von Bernhard Suphan. 33 Bde. Berlin 1877–1913. [Zit. als: SW.]
Herder, Johann Gottfried: Werke. Hrsg. von Wolfgang Pross. Bd. 1: Herder und der Sturm und Drang 1764–1774. München/Wien 1984. [Zit. als: W.]
Herder / Goethe / Frisi / Möser: Von deutscher Art und Kunst. Einige fliegende Blätter. [1773.] Hrsg. von Hans Dietrich Irmscher. Stuttgart 1968 [u. ö.].
Hippel, Th[eodor] G[ottlieb] von: Sämmtliche Werke. Bd. 5: Ueber die Ehe. Berlin 1828.
Holbach, Paul Thiry d': System der Natur oder von den Gesetzen der physischen und der moralischen Welt. [1770.] Übers. von Fritz-Georg Voigt. Frankfurt a. M. 1978.
[Hottinger, Johann Jakob:] Das Geniewesen, ein Lustspiel, in fünf Aufzügen. Frankfurt a. M. / Leipzig 1781.
[Hottinger, Johann Jakob:] Menschen, Thiere und Göthe, eine Farce. Voran ein Prologus an die Zuschauer und hinten ein Epilogus an den Herrn Doktor. In: Rheinischer Most. Erster Herbst. [o. O.] 1775. [Nachdr.:] (J. J. Hottinger:) Menschen, Thiere und Goethe. Eine Farce. 1775. (Hch. Leop. Wagner:) Confiskable Erzählungen. 1774. Wien bey der Bücher-Censur. Wortgetreue Neudrucke der seltenen Originalausgaben. Mit einer litterarhistorischen Einleitung von M. Desceltes. Leipzig 1904. S. 1–24.
[Hottinger, Johann Jacob / Sulzer, Johann Rudolf:] Brelocken an's Allerley der Groß- und Kleinmänner. Leipzig 1778.
Hupel, August Wilhelm: Idiotikon der deutschen Sprache in Lief- und Ehstland [!]. Nebst eingestreuten Winken für Liebhaber. Riga 1795. Nachdr. Zwickau [um 1972].
Jung-Stilling, Johann Heinrich: Lebensgeschichte. Vollständiger Text nach den Erstdrucken (1777–1817). Mit einem Nachw. von Wolfgang Pfeiffer-Belli. München 1968.
Jupiter und Schinznach. Drama per musica. Nebst einigen bey letzter Versammlung ob der Tafel recitirten Impromptus. [Hrsg. von Ulysses von Salis-Marschlins.] [o. O.] 1777.
Kant / Erhard / Hamann / Herder / Lessing / Mendelssohn / Riem / Schiller / Wieland: Was ist Aufklärung? Thesen und Definitionen. Hrsg. von Ehrhard Bahr. Stuttgart 1974 [u. ö.].

[Klemm, Christian Gottlob:] Die Seelengeographie. Ein deutsches Originallustspiel in fünf Aufzügen. Leipzig 1772.

Klinger, Friedrich Maximilian von: Sämmtliche Werke. Zwölf Teile in vier Bänden. Nachdr. der Ausg. Stuttgart/Tübingen 1842. Hildesheim / New York 1976. [Zit. als: SW.]

Klinger, Friedrich Maximilian: Werke. Hist.-krit. Gesamtausg. Hrsg. von Sander L. Gilman, Georg Bangen, Edward P. Harris und Ulrich Profitlich. 24 Bde. Tübingen 1978 ff. [Nicht abgeschl.] [Zit. als: W.]

Klingers Werke in zwei Bänden. Berlin/Weimar 1981.

[Klinger, Friedrich Maximilian:] Orpheus eine Tragisch-komische Geschichte. 5 Tle. Genf 1778–80.

Klinger, Friedrich Maximilian: Plimplamplasko der hohe Geist. Faks.-Dr. nach der Ausg. von 1780. Mit einem Nachw. von Peter Pfaff. Heidelberg 1966.

Klinger, Friedrich Maximilian: Sturm und Drang. Ein Schauspiel. Mit einem Anhang zur Entstehungs- und Wirkungsgeschichte hrsg. von Jörg-Ulrich Fechner. Stuttgart 1970 [u. ö.].

Klinger, Friedrich Maximilian: Die Zwillinge. Ein Trauerspiel in fünf Aufzügen. Mit einem Nachw. von Karl S. Guthke. Stuttgart 1972 [u. ö.].

Klopstock, Friedrich Gottlieb: Ausgewählte Werke. München 1962. [Zit. als: AW.]

Kraus, Joseph Martin: Etwas von und über Musik fürs Jahr 1777. Faks.-Nachdr. der Ausg. Frankfurt 1778. Mit Komm. und Reg. hrsg. von Friedrich W. Riedel. München/Salzburg 1977.

[Lamezan, Ferdinand Adrian von:] [Preisfrage.] In: Rheinische Beiträge zur Gelehrsamkeit 2 (1780) S. 84–87.

Lavater, Johann Caspar: Physiognomische Fragmente, zur Beförderung der Menschenkenntniß und Menschenliebe. Dritter Versuch. Leipzig/Winterthur 1777.

Lavater, Johann Caspar: Physiognomische Fragmente zur Beförderung der Menschenkenntnis und Menschenliebe. [1775–78.] Eine Auswahl. Hrsg. von Christoph Siegrist. Stuttgart 1984 [u. ö.].

Das Leben und Sterben der Kindermörderin Susanna Margaretha Brandt. Nach den Prozeßakten der Kaiserlichen Freien Reichsstadt Frankfurt am Main, den sogenannten Criminalia 1771, dargestellt von Siegfried Birkner. Frankfurt a. M. 1989.

Lebensbeschreibung Herrn Götzens von Berlichingen. Nach der Ausg. von 1731, hrsg. von Albert Leitzmann. Halle 1916.

Leisewitz, Johann Anton: Sämmtliche Schriften. Zum erstenmale vollständig gesammelt und mit einer Lebensbeschreibung des Autors eingeleitet von Franz Ludwig Anton Schweiger. Reprogr. Nachdr. der Ausg. Braunschweig 1838. Hildesheim / New York 1970. [Zit. als: SS.]

Leisewitz, Johann Anton: Julius von Tarent und die dramatischen Fragmente. [Hrsg. von Richard Maria Werner.] Heilbronn 1889.

Leisewitz, Johann Anton: Julius von Tarent. Ein Trauerspiel. Hrsg. von Werner Keller. Stuttgart 1965 [u. ö.].

Lenz, Jakob Michael Reinhold: Gesammelte Werke in vier Bänden. Mit Anm. hrsg. von Richard Daunicht. Bd. 1: Dramen I. München 1967. [Mehr nicht ersch.]

Lenz, Jakob Michael Reinhold: Werke und Briefe in drei Bänden. Hrsg. von Sigrid Damm. München/Wien 1987. Taschenbuchausg.: Frankfurt a. M. 1992. [Zit. als: WuB.]

[Lenz:] Briefe von und an J. M. R. Lenz. Gesammelt und hrsg. von Karl Freye und Wolfgang Stammler. 2 Bde. Leipzig 1918.

Lenz, J. M. R.: Der Hofmeister. Synoptische Ausgabe von Handschrift und Erstdruck hrsg. von Michael Kohlenbach. Basel / Frankfurt a. M. 1986.

Lenz, Jacob Michael Reinhold: Der neue Menoza. Eine Komödie. Text und Materialien zur Interpretation bes. von Walter Hinck. Berlin 1965.

Lenz, Jakob Michael Reinhold: Der neue Menoza. Oder Geschichte des cumbanischen Prinzen Tandi. Text und Materialien hrsg. von Erich Unglaub. München 1987.

Lenz, Jakob Michael Reinhold: Pandämonium Germanikum. Eine Skizze. Synoptische Ausgabe beider Handschriften. Mit einem Nachw. hrsg. von Matthias Luserke und Christoph Weiß. St. Ingbert 1993.

Lenz, Jakob Michael Reinhold: Philosophische Vorlesungen für empfindsame Seelen. Faks.-Dr. der Ausg. Frankfurt und Leipzig 1780. Mit einem Nachw. hrsg. von Christoph Weiß. St. Ingbert 1994.

[Lenz:] Pleschtschejew, Sergei: Übersicht des Russischen Reichs nach seiner gegenwärtigen neu eingerichteten Verfassung. Aus dem Russischen übersetzt von J. M. R. Lenz. [1787.] Mit einem Nachw. von Matthias Luserke und Christoph Weiß. Hildesheim / Zürich / New York 1992.

Lessing, Gotthold Ephraim: Werke und Briefe in zwölf Bänden. Hrsg. von Wilfried Barner [u. a.]. Frankfurt a. M. 1985 ff. [Nicht abgeschl.] [Zit. als: W.]

[Mauvillon, Jakob / Unzer, Ludwig August:] Ueber den Werth einiger Deutschen Dichter und über andere Gegenstände den Geschmack und die schöne Litteratur betreffend. Ein Briefwechsel. 2 Bde. Frankfurt a. M. / Leipzig 1771–72.

Mercier, Louis-Sébastien: Du Théâtre ou nouvel essai sur l'Art Dramatique. Nachdr. der Ausg. Amsterdam 1773. Hildesheim / New York 1973.

[Mercier, Louis-Sébastien / Wagner, Heinrich Leopold:] Neuer Versuch über die Schauspielkunst. Aus dem Französischen. Mit einem Anhang Aus Goethes Brieftasche. Faks.-Dr. nach der Ausg. von 1776. Mit einem Nachw. von Peter Pfaff. Heidelberg 1967.

Möser, Justus: Sämtliche Werke. Hist.-krit. Ausg. Hrsg. von der Akademie der Wissenschaften zu Göttingen. 14 Bde. in 16 Tln. Oldenburg [u. a.] 1943 ff. [Nicht abgeschl.] [Zit. als: SW.]

Möser, Justus: Harlekin. Texte und Materialien mit einem Nachw. hrsg. von Henning Boetius. [Abdr. nach der neuen verb. Aufl. Bremen 1777.] Bad Homburg v. d. H. / Berlin / Zürich 1968.

Moritz, Karl Philipp: Werke. Hrsg. von Horst Günther. Bd. 1: Autobiographische und poetische Schriften. Frankfurt a. M. 1981.

Moritz, Karl Philipp: Anton Reiser. Ein psychologischer Roman. [1785.] Mit Textvarianten, Erl. und einem Nachw. hrsg. von Wolfgang Martens. Stuttgart 1972 [u. ö.].

Moritz, Carl Philipp: Blunt oder der Gast. Ein Schauspiel in einem Aufzuge. Berlin 1781.

[Müller, Friedrich:] Mahler Müllers Werke. Faks.-Dr. nach der Ausg. von 1811 (3 Bde.), mit einem Nachw. hrsg. von Gerhard vom Hofe. Heidelberg 1982. [Zit. als: W.]

Nicolai, Friedrich: Gesammelte Werke. Hrsg. von Bernhard Fabian und Marie-Luise Spieckermann. Bd. 4: Ein feiner kleiner Almanach (1777–1778). Anhang zu Friedrich Schillers Musen-Almanach (1797). Reprogr. Nachdr. der Ausg. Berlin und Stettin 1777 bis 1778 und 1797. Hildesheim / Zürich / New York 1985. [Zit. als: GW.]

Nicolai, Friedrich: Freuden des jungen Werthers. Leiden und Freuden Werthers des Mannes. Voran und zuletzt ein Gespräch. [1775.] Mit Materialien. Ausgew. und eingel. von Wilhelm Große. Stuttgart 1980.

Nicolai, Friedrich / Lessing, Gotthold Ephraim / Mendelssohn, Moses: Briefe die neueste Literatur betreffend. Nachdr. der Ausg. Berlin 1762–64. Hildesheim / New York 1974.

[Pfeil, Johann Gottlieb Benjamin:] Vom bürgerlichen Trauerspiele. In: Neue Erweiterungen der Erkenntnis und des Vergnügens 6 (1755) 31. St. S. 1–25.

Rousseau, Jean-Jacques: Schriften. 2 Bde. Hrsg. von Henning Ritter. Frankfurt a. M. 1988.

Schiller, Friedrich: Sämtliche Werke. Hrsg. von Gerhard Fricke und Herbert G. Göpfert. Bd. 1: Gedichte/Dramen I. Bd. 2: Dramen II. München [6]1981. Bd. 5: Erzählungen / Theoretische Schriften. München [7]1984. [Zit. als: SW.]

Schlosser, Johann Georg: Prinz Tandi an den Verfasser des neuen Menoza. [1776.] Mit einem Nachw. hrsg. von Matthias Luserke. Heidelberg 1993.

[Schmettow, Woldemar Friedrich Graf von:] Ueber Empfindeley u[nd] Kraftgenies, Modevorurtheile u[nd] Schimpfreden, auch einige ernste Gegenstände. 2 Hefte. Dessau/Leipzig 1783–84.

[Schmid, Christian Heinrich:] Fortsetzung der kritischen Nachrichten vom Zustande des teutschen Parnasses. In: Der Teutsche Merkur 8 (1774) 1. St. S. 164–201.

[Schubart:] Christian Friedrich Daniel Schubart's Leben in seinen Briefen. Gesammelt, bearb. und hrsg. von David Friedrich Strauß. 2 Bde. [Nachdr. der Ausg. Berlin 1849.] Königstein (Ts.) 1978.

[Schubart:] Deutsche Chronik. Hrsg. von Christian Friedrich Daniel Schubart. Jahrgang 1774 – Jahrgang 1777. Faks.-Dr. [4 Bde.], mit einem Nachw. hrsg. von Hans Krauss. Heidelberg 1975.

Schubart, Christian Friedrich Daniel: Gedichte. Aus der *Deutschen Chronik*. Hrsg. von Ulrich Karthaus. Stuttgart 1978.

Schubart, Christian Friedrich Daniel: Zur Geschichte des menschlichen Herzens. In: C. F. D. S.: Gesammelte Schriften und Schicksale. Stuttgart 1839. Nachdr. Hildesheim / New York. Bd. 6. S. 82–89. [Zit. als: GS.]

Sturm und Drang. Kritische Schriften. Plan und Auswahl von Erich Loewenthal. Heidelberg [3]1972.

Sturm und Drang. Ein Lesebuch für unsere Zeit. Hrsg. von Peter Müller. Berlin 1992.

Sturm und Drang. Lyrik mit Materialien. Auswahl der Texte und der Materialien von Friedrich Burkhardt. Stuttgart 1992.

Sturm und Drang. Weltanschauliche und ästhetische Schriften. Hrsg. von Peter Müller. 2 Bde. Berlin/Weimar 1978.

Sturz, Peter Helferich: Schriften. Erste Sammlung. Leipzig 1779.

Sulzer, Johann Georg: Allgemeine Theorie der schönen Künste in einzelnen, nach alphabetischer Ordnung der Kunstwörter aufeinanderfolgenden, Artikeln abgehandelt. Reprogr. Nachdr. der 2., verm. Aufl. Leipzig 1792–99. 4 Bde. und Reg.-Bd. Hildesheim 1967–70.

Sz. [Anton Matthias Sprickmann]: Etwas über das Nachahmen allgemein, und über das Göthisieren insbesondre. In: Deutsches Museum 2 (1776) 11. St. S. 1048–52.

Theater-Journal für Deutschland. Hrsg. von Heinrich August Ottokar Reichard. 5.–8. St. Gotha 1778. Nachdr. München 1981.

Voß, Johann Heinrich: Briefe an Goeckingk 1775–1786. Hrsg. von Gerhard Hay. München 1976.

[Wagner, Heinrich Leopold:] Apolls Abschied von den Musen ein allegorischer Prolog mit welchem sich Einem Hochedlen und Hochweisen Magistrat wie auch dem gesammten nach Standes Gebühr geehrten Publiko der kaiserlichen freyen Reichs- Wahl- und Handelstadt Frankfurt am Mayn unterthänigst empfehlen wollte und sollte die Seylerische Schauspielergesellschaft. Frankfurt a. M. 1777.

Wagner, Heinrich Leopold: Die Kindermörderin. Ein Trauerspiel. Im Anhang: Auszüge aus der Bearbeitung von K. G. Lessing (1777) und der Umarbeitung von H. L. Wagner (1779) sowie Dokumente zur Wirkungsgeschichte. Hrsg. von Jörg-Ulrich Fechner. Stuttgart 1969 [u. ö.].

Wagner, Heinrich Leopold: Leben und Tod Sebastian Silligs. Ein Roman für allerley Leser zur Warnung nicht zur Nachfolge. [1776.] Mit einem Nachw. hrsg. von Gerhard Sauder und Christoph Weiß. St. Ingbert 1991.

Wagner, Heinrich Leopold: Phaeton, eine Romanze, Dem Durchlauchtigsten Fürsten und Herrn Ludwig, Fürsten zu Nassau, Grafen zu Saarbrücken und Saarwerden, Herrn zu Lahr, Wisbaden und Idstein etc. etc. etc. in tiefster Ehrfurcht erzehlet von Heinrich Leopold Wagner. Nachdr. der Ausg. Saarbrücken 1774. St. Ingbert 1990.

Wagner, Heinrich Leopold: Prometheus, Deukalion und seine Recensenten. [1775.] In: H. L. W.: Gesammelte Werke in fünf Bänden. Zum ersten Mal vollständig hrsg. durch Leopold Hirsch-

berg. Bd. 1: Dramen I. [Mehr nicht ersch.] Potsdam 1923. S. 7–26.
Wieland, Christoph Martin: Der Geist Shakespears. In: Der Teutsche Merkur 3 (1773) 2. St. S. 183–188.
W[ieland, Christoph Martin:] [Rez. von: Lenz, *Anmerkungen übers Theater.*] Zusaz des Herausgebers. In: Der Teutsche Merkur 1775. 1. Vierteljahr. S. 95 f.
Winckelmann, Johann Joachim: Gedanken über die Nachahmung der griechischen Werke in der Malerei und Bildhauerkunst. Sendschreiben. Erläuterung. Hrsg. von Ludwig Uhlig. Stuttgart 1969 [u. ö.].
[Young, Edward:] Gedanken über die Original-Werke. Aus dem Englischen [von H. E. von Teubern]. Faks.-Dr. nach der Ausg. von 1760. Nachw. und Dokumentation zur Wirkungsgeschichte in Deutschland von Gerhard Sauder. Heidelberg 1977.
Zimmermann, Johann Georg: Ueber die Einsamkeit. 4 Bde. Leipzig 1784–85.

2. Aufklärung, Sturm und Drang, Empfindsamkeit

Adorno, Theodor W.: Gesammelte Schriften. Bd. 3: Max Horkheimer / T. W. A.: Dialektik der Aufklärung. Philosophische Fragmente. [1944.] Frankfurt a. M. 1984.
Balet, Leo / Gerhard, E.: Die Verbürgerlichung der deutschen Kunst, Literatur und Musik im 18. Jahrhundert. [1936.] Hrsg. und eingel. von Gert Mattenklott. Frankfurt a. M. / Berlin / Wien ^{2}1981.
Beck, Adolf: Griechisch-deutsche Begegnung. Das deutsche Grie„-chenerlebnis im Sturm und Drang. Stuttgart 1947.
Becker-Cantarino, Barbara: Sophie von La Roche. In: Deutsche Dichter. Leben und Werk deutschsprachiger Autoren. Hrsg. von Gunter E. Grimm und Frank Rainer Max. Bd. 3: Aufklärung und Empfindsamkeit. Stuttgart 1988 [u. ö.]. S. 247–253.
Beißner, Friedrich: Studien zur Sprache des Sturms und Drangs. Eine stilistische Untersuchung der Klingerschen Jugenddramen. In: Germanisch-Romanische Monatsschrift 22 (1934) S. 417–429.

Blackall, Eric A.: The language of Sturm und Drang. In: Stil- und Formprobleme in der Literatur. Vorträge des VII. Kongresses der Internationalen Vereinigung für moderne Sprachen und Literaturen in Heidelberg. Hrsg. von Paul Böckmann. Heidelberg 1959. S. 272–283.

Bleibtreu, Carl: Revolution der Literatur. [1886.] Mit erläuternden Anm. und einem Nachw. neu hrsg. von Johannes J. Braakenburg. Tübingen 1973.

Bovenschen, Silvia: Die imaginierte Weiblichkeit. Exemplarische Untersuchungen zu kulturgeschichtlichen und literarischen Präsentationsformen des Weiblichen. Frankfurt a. M. 1979.

Bräuning-Octavio, Hermann: Herausgeber und Mitarbeiter der Frankfurter gelehrten Anzeigen 1772. Tübingen 1966.

Bruford, Walter H.: Die gesellschaftlichen Grundlagen der Goethezeit. [1936.] Mit Literaturhinweisen von Reinhardt Habel. Frankfurt a. M. / Berlin / Wien 1979.

Brummack, Jürgen: Herders Polemik gegen die »Aufklärung«. In: Aufklärung und Gegenaufklärung in der europäischen Literatur, Philosophie und Politik von der Antike bis zur Gegenwart. Hrsg. von Jochen Schmidt. Darmstadt 1989. S. 277–293.

Dedert, Hartmut: Die Erzählung im Sturm und Drang. Studien zur Prosa des achtzehnten Jahrhunderts. Stuttgart 1990.

Doktor, Wolfgang: Die Kritik der Empfindsamkeit. Bern / Frankfurt a. M. 1975.

Dreger, Hans: Entstehung des Subjektivismus und der Wiedergeburt der Individualität im Sturm und Drang. Tübingen 1935.

Elias, Norbert: Über den Prozeß der Zivilisation. Soziogenetische und psychogenetische Untersuchungen. Bd. 1: Wandlungen des Verhaltens in den weltlichen Oberschichten des Abendlandes. Bd. 2: Wandlungen der Gesellschaft. Entwurf zu einer Theorie der Zivilisation. [1939.] Frankfurt a. M. 1976.

Engelsing, Rolf: Analphabetentum und Lektüre. Zur Sozialgeschichte des Lesens in Deutschland zwischen feudaler und industrieller Gesellschaft. Stuttgart 1973.

– Der Bürger als Leser. Lesergeschichte in Deutschland 1500–1800. Stuttgart 1974.

Fechner, Jörg-Ulrich: ». . . ein seltenes Schauspiel«: die Empfindsamen in Darmstadt. Eine kulturgeschichtliche Skizze. In: Sturm und Drang. [Katalog zur Ausstellung im Freien Deutschen

Hochstift und im Frankfurter Goethe-Museum 1988.] Hrsg. von Christoph Perels. Frankfurt a. M. 1988. S. 328–337.

Fechner, Jörg-Ulrich: Leidenschafts- und Charakterdarstellung im Drama. (Gerstenberg, Leisewitz, Klinger, Wagner.) In: Sturm und Drang. Ein literaturwissenschaftliches Studienbuch. Hrsg. von Walter Hinck. [1978.] Durchges. Neuaufl. Kronberg (Ts.) 1989. S. 175–191.

Feldmann, Wilhelm: Modewörter des 18. Jahrhunderts. In: Zeitschrift für Deutsche Wortforschung 6 (1904/05) S. 101–119.

Foucault, Michel: Sexualität und Wahrheit. Übers. von Ulrich Raulff und Walter Seitter. Bd. 1: Der Wille zum Wissen. Frankfurt a. M. 1977. Bd. 2: Der Gebrauch der Lüste. Ebd. 1986. Bd. 3: Die Sorge um sich. Ebd. 1986.

Gaier, Ulrich: Gegenaufklärung im Namen des Logos: Hamann und Herder. In: Aufklärung und Gegenaufklärung in der europäischen Literatur, Philosophie und Politik von der Antike bis zur Gegenwart. Hrsg. von Jochen Schmidt. Darmstadt 1989. S. 261–276.

Genton, François: Le drame du ›Sturm und Drang‹ dans la France de l'ancien régime. In: Le Sturm und Drang: une rupture? Actes du colloque organisé par l'IUFM [...]. Besançon 1996. S. 135–168.

Gerth, Klaus: Die Poetik des Sturm und Drang. In: Sturm und Drang. Ein literaturwissenschaftliches Studienbuch. Hrsg. von Walter Hinck. [1978.] Durchges. Neuaufl. Kronberg (Ts.) 1989. S. 55–80.

Gervinus, G[eorg] G[ottfried]: Geschichte der Deutschen Dichtung. Bd. 4. [1840.] 5. Aufl. Hrsg. von Karl Bartsch. Leipzig 1873.

Glantschnig, Helga: Liebe als Dressur. Kindererziehung in der Aufklärung. Frankfurt a. M. 1987.

Grieger, Astrid: »Etwas zu dem Ruhm und Nutzen meines Vaterlandes beyzutragen«. Die politische Dimension der bürgerlichen Kunstkonzeptionen in der Sturm-und-Drang-Zeit. Würzburg 1993. [Zit. als: 1993a.]

– »Sie freuen sich über das, was sie verstehen«. Kriterien bürgerlicher Kunstanschauung in der zweiten Hälfte des 18. Jahrhunderts am Beispiel Johann Heinrich Mercks. In: Lenz-Jahrbuch. Sturm-und-Drang-Studien 3 (1993) S. 163–182. [Zit. als: 1993b.]

Guthke, Karl S.: Englische Vorromantik und deutscher Sturm und Drang. M. G. Lewis' Stellung in der Geschichte der deutsch-englischen Literaturbeziehungen. Göttingen 1958. [Zit. als: 1958a.]

Guthke, Karl S.: Zur Frühgeschichte des Rousseauismus in Deutschland. In: Zeitschrift für deutsche Philologie 77 (1958) S. 384–396. [Zit. als: 1958b.]

– Geschichte und Poetik der deutschen Tragikomödie. Göttingen 1961.

– Das deutsche bürgerliche Trauerspiel. 4., durchges. Aufl. Stuttgart 1984.

Hammer, Klaus: Die Dramentheorie des Sturm und Drang. Diss. Halle 1967. [Masch.]

Heckscher, William S.: Sturm und Drang. Conjectures on the origin of a phrase. In: Simiolus 1/2 (1966/67) S. 94–105.

Herrmann, Hans Peter: Sozialgeschichte oder Kunstautonomie? Zur Problematik neuerer Geschichten der deutschen Literatur. In: Kritik der Sozialgeschichtsschreibung. Zur Diskussion gegenwärtiger Konzepte. Hrsg. von Rüdiger Scholz. Hamburg 1990. S. 173–214.

Hettner, Hermann: Geschichte der deutschen Literatur im achtzehnten Jahrhundert. [1856–70.] Drittes Buch: Das klassische Zeitalter der deutschen Literatur. Erste Abtheilung: Die Sturm- und Drangperiode. 3., umgearb. Aufl. Braunschweig 1879.

Hinck, Walter: Das deutsche Lustspiel des 17. und 18. Jahrhunderts und die italienische Komödie. Commedia dell'arte und Théâtre Italien. Stuttgart 1965.

– (Hrsg.): Sturm und Drang. Ein literaturwissenschaftliches Studienbuch. [1978.] Durchges. Neuaufl. Kronberg (Ts.) 1989.

Hof, Walter: Pessimistisch-nihilistische Strömungen in der deutschen Literatur vom Sturm und Drang bis zum Jungen Deutschland. Tübingen 1970.

Huyssen, Andreas: Das leidende Weib in der dramatischen Literatur von Empfindsamkeit und Sturm und Drang: Eine Studie zur bürgerlichen Emanzipation in Deutschland. In: Monatshefte 69 (1977) H. 2. S. 159–173.

– Drama des Sturm und Drang. Kommentar zu einer Epoche. München 1980.

Interpretationen: Dramen des Sturm und Drang. Stuttgart 1987. Erw. Ausg. Ebd. 1997.

Jauß, Hans Robert: Literaturgeschichte als Provokation. Frankfurt a. M. 1970.

Jørgensen, Sven Aage / Bohnen, Klaus / Øhrgaard, Per: Aufklärung, Sturm und Drang, frühe Klassik 1740–1789. München

1990. (Geschichte der deutschen Literatur von den Anfängen bis zur Gegenwart. Begr. von Helmut de Boor und Richard Newald. Bd. 6.)

Kahn, Ludwig W.: Social ideals in German literature 1770–1830. [1938.] New York 1969.

Kaiser, Gerhard: Aufklärung, Empfindsamkeit, Sturm und Drang. 3., überarb. Aufl. München 1979. (G. K.: Geschichte der deutschen Literatur. Bd. 3.)

Kieffer, Bruce: The Storm and Stress of language. Linguistic catastrophe in the early works of Goethe, Lenz, Klinger, and Schiller. [o. O.] [The Pennsylvania State University] 1986.

Kiesel, Helmuth / Münch, Paul: Gesellschaft und Literatur im 18. Jahrhundert. Voraussetzungen und Entstehung des literarischen Markts in Deutschland. München 1977.

Kindermann, Heinz: Entwicklung der Sturm- und Drang-Bewegung. Wien 1925.

Kistler, Mark O.: Drama of the Storm and Stress. New York 1969.

Kließ, Werner: Sturm und Drang. Gerstenberg, Lenz, Klinger, Leisewitz, Wagner, Maler Müller. Velber bei Hannover 1966.

Köster, Arthur: Die allgemeinen Tendenzen der Geniebewegung im 18. Jahrhundert. In: A. K.: Die deutsche Literatur der Aufklärungszeit. Heidelberg 1925. S. 237–291.

Korff, H[ermann] A[ugust]: Die Dichtung von Sturm und Drang im Zusammenhange der Geistesgeschichte. Ein gemeinverständlicher Vortragszyklus. Leipzig 1928.

– Geist der Goethezeit. Versuch einer ideellen Entwicklung der klassisch-romantischen Literaturgeschichte. Tl. 1: Sturm und Drang. [1923.] Unveränd. reprogr. Nachdr. der 8., unveränd. Aufl. Leipzig 1966. Darmstadt 1988.

Langen, August: Der Wortschatz des deutschen Pietismus. Tübingen 1954.

Leibbrand, Werner: Der »Sturm und Drang« in der deutschen Psychologie. In: Der Nervenarzt. Jg. 14. H. 1. 15. 1. 1941.

Leidner, Alan C.: A titan in extenuating circumstances. Sturm und Drang and the »Kraftmensch«. In: Publications of the Modern Language Association of America 104 (1989) S. 178–189.

Lenz-Jahrbuch. Sturm-und-Drang-Studien. Hrsg. von Matthias Luserke und Christoph Weiß in Verb. mit Gerhard Sauder. Bd. 1 ff. 1991 ff.

Luserke, Matthias: Die Bändigung der wilden Seele. Literatur und Leidenschaft in der Aufklärung. Stuttgart/Weimar 1995.

– / Marx, Reiner: Die Anti-Läuffer. Thesen zur SuD-Forschung oder Gedanken neben dem Totenkopf auf der Toilette des Denkers. In: Lenz-Jahrbuch. Sturm-und-Drang-Studien 2 (1992) S. 126–150.

– / Marx, Reiner: Nochmals S[turm] u[nd] D[rang]. Anmerkungen zum Nachdruck der *Philosophischen Vorlesungen* von J. M. R. Lenz. In: Jakob Michael Reinhold Lenz im Spiegel der Forschung. Hrsg. von Matthias Luserke. Hildesheim / Zürich / New York 1995. S. 407–414.

McInnes, Edward: The Sturm und Drang and the development of social drama. In: Deutsche Vierteljahrsschrift für Literaturwissenschaft und Geistesgeschichte 46 (1972) S. 61–81.

– »Ein ungeheures Theater«. The drama of the Sturm und Drang. Frankfurt a. M. 1987.

Madland, Helga Stipa: Non-Aristotelian drama in eighteenth century Germany and its modernity: J. M. R. Lenz. Bern 1982.

Maisak, Petra: Aspekte der Kunst im Sturm und Drang. In: Sturm und Drang. [Katalog zur Ausstellung im Freien Deutschen Hochstift und im Frankfurter Goethe-Museum 1988.] Hrsg. von Christoph Perels. Frankfurt a. M. 1988. S. 223–252.

Martini, Fritz: Die Poetik des Dramas im Sturm und Drang. Versuch einer Zusammenfassung. In: Deutsche Dramentheorien. Beiträge zu einer historischen Poetik des Dramas in Deutschland. Hrsg. und eingel. von Reinhold Grimm. Frankfurt a. M. 1971. S. 123–166.

– Geschichte im Drama – Drama in der Geschichte. Spätbarock, Sturm und Drang, Klassik, Frührealismus. Stuttgart 1979.

Martino, Alberto: Geschichte der dramatischen Theorien in Deutschland im 18. Jahrhundert. Bd. 1: Die Dramaturgie der Aufklärung (1730–1780). Aus dem Ital. von Wolfgang Proß. Tübingen 1972.

Mattenklott, Gert: Melancholie in der Dramatik des Sturm und Drang. [1968.] Erw. und durchges. Aufl. Königstein (Ts.) 1985.

Möller, Helmut: Die kleinbürgerliche Familie im 18. Jahrhundert. Verhalten und Gruppenkultur. Berlin 1969.

Mog, Paul: Ratio und Gefühlskultur. Studien zur Psychogenese und Literatur im 18. Jahrhundert. Tübingen 1976.

Müller, Peter: Einleitung. In: Sturm und Drang. Weltanschauliche und ästhetische Schriften. Hrsg. von P. M. Berlin/Weimar 1978. Bd. 1. S. XI–CXXIV.

Müller-Solger, Hermann: Die Rezeptionsauffassung in der Dramaturgie des Sturm und Drang. In: Lessing Yearbook 6 (1974) S. 179–198.

Nohl, Herman: Die Deutsche Bewegung. Vorlesungen und Aufsätze zur Geistesgeschichte von 1770–1830. Hrsg. von Otto Friedrich Bollnow und Frithjof Rodi. Göttingen 1970.

[Parthey, Gustav C. F.:] Die Mitarbeiter an Friedrich Nicolai's Allgemeiner Deutscher Bibliothek nach ihren Namen und Zeichen in zwei Registern geordnet. Ein Beitrag zur deutschen Literaturgeschichte. Reprogr. Nachdr. der Ausg. Berlin 1842. Hildesheim 1973.

Pascal, Roy: Der Sturm und Drang. Autorisierte dt. Ausg. von Dieter Zeitz und Kurt Mayer. [1953.] Stuttgart [2]1977.

– Die Sturm-und-Drang-Bewegung. [1952.] In: Sturm und Drang. Hrsg. von Manfred Wacker. Darmstadt 1985. S. 25–66.

Plachta, Bodo: Damnatur – Toleratur – Admittitur. Studien und Dokumente zur literarischen Zensur im 18. Jahrhundert. Tübingen 1994.

Prokop, Ulrike: Die Einsamkeit der Imagination. Geschlechterkonflikt und literarische Produktion um 1770. In: Deutsche Literatur von Frauen. Bd. 1: Vom Mittelalter bis zum Ende des 18. Jahrhunderts. Hrsg. von Gisela Brinker-Gabler. München 1988. S. 325 bis 365. [Zit. als: 1988a.]

– Frauen in der Epoche des Sturm und Drang. In: Sturm und Drang. [Katalog zur Ausstellung im Freien Deutschen Hochstift und im Frankfurter Goethe-Museum 1988.] Hrsg. von Christoph Perels. Frankfurt a. M. 1988. S. 350–369. [Zit. als: 1988b.]

Quabius, Richard: Generationsverhältnisse im Sturm und Drang. Köln/Wien 1976.

Rieck, Werner: Literatursatire im Sturm und Drang. [1969.] In: Sturm und Drang. Hrsg. von Manfred Wacker. Darmstadt 1985. S. 144–164.

Runge, Edith Amelie: Primitivism and related ideas in Sturm und Drang literature. [1946.] Nachdr. New York 1972.

Ruppert, Hans: Die Darstellung der Leidenschaften und Affekte im Drama des Sturmes und Dranges. Berlin 1941.

Saltzwedel, Johannes: Das Gesicht der Welt. Physiognomisches Denken in der Goethezeit. München 1993.

Salumets, Thomas: Unterwanderte ›Normendestruktion‹. Zur Poetologie des Sturm-und-Drang-Dramas. In: Euphorion 85 (1991) S. 70–84.

Sauder, Gerhard: Empfindsamkeit. Bd. 1: Voraussetzungen und Elemente. Stuttgart 1974. Bd. 2: Quellen und Dokumente. Ebd. 1980.

– Die deutsche Literatur des Sturm und Drang. In: Neues Handbuch der Literaturwissenschaft. Bd. 12: Europäische Aufklärung (II. Teil). Wiesbaden 1984. S. 327–378.

– Empfindsamkeit – sublimierte Sexualität. In: Empfindsamkeiten. Hrsg. von Klaus P. Hansen. Passau 1990. S. 167–177. [Zit. als: 1990a.]

– Romantisches Interesse am Sturm und Drang (Maler Müller, Lenz, Goethe). In: G. S., Rolf Paulus, Christoph Weiß (Hrsg.): Maler Müller in neuer Sicht. Studien zum Werk des Schriftstellers und Malers Friedrich Müller (1749–1825). St. Ingbert 1990. S. 225–242. [Zit. als: 1990b.]

– Zwei »Einleitungen«. Anmerkungen bei Gelegenheit des neuen Sturm-und-Drang-Lesebuchs von Peter Müller. In: Lenz-Jahrbuch. Sturm-und-Drang-Studien 2 (1992) S. 227–232.

Schaer, Wolfgang: Die Gesellschaft im deutschen bürgerlichen Drama des 18. Jahrhunderts. Grundlagen und Bedrohung im Spiegel der dramatischen Literatur. Bonn 1963.

Scherer, Wilhelm: Die deutsche Literaturrevolution. [1870.] In: Sturm und Drang. Hrsg. von Manfred Wacker. Darmstadt 1985. S. 17–24.

– Geschichte der Deutschen Literatur. [1880–83.] Hrsg. von Heinz Amelung. Berlin 1929.

Schings, Hans-Jürgen: Melancholie und Aufklärung. Melancholiker und ihre Kritiker in Erfahrungsseelenkunde und Literatur des 18. Jahrhunderts. Stuttgart 1977.

– Der mitleidigste Mensch ist der beste Mensch. Poetik des Mitleids von Lessing bis Büchner. München 1980.

Schmidt, Erich: Satirisches aus der Geniezeit. In: Archiv für Litteraturgeschichte 9 (1880) S. 179–199.

Schmidt, Jochen (Hrsg.): Aufklärung und Gegenaufklärung in der europäischen Literatur, Philosophie und Politik von der Antike bis zur Gegenwart. Darmstadt 1989.

Schmiedt, Helmut: Wie revolutionär ist das Drama des Sturm und Drang? In: Jahrbuch der Deutschen Schillergesellschaft 29 (1985) S. 48–61.

Schmiedt, Helmut: Zweierlei Schicksale. Zur Bearbeitung von Sturm-und-Drang-Texten durch ihre Autoren. In: Lenz-Jahrbuch. Sturm-und-Drang-Studien 4 (1994) S. 113–122.
Schneider, Ferdinand Josef: Die deutsche Dichtung der Geniezeit. Stuttgart 1952.
Schöne, Albrecht: Säkularisation als sprachbildende Kraft. Studien zur Dichtung deutscher Pfarrersöhne. Göttingen 1958. [Bes. Tl. 3.]
Schulz, Georg-Michael: Das ›Lust- und Trauerspiel‹ oder Die Dramaturgie des doppelten Schlusses. Zu einigen Dramen des ausgehenden 18. Jahrhunderts. In: Lessing Yearbook 23 (1991) S. 111 bis 126.
Siegrist, Christoph: Aufklärung und Sturm und Drang: Gegeneinander oder Nebeneinander? In: Sturm und Drang. Ein literaturwissenschaftliches Studienbuch. Hrsg. von Walter Hinck. [1978.] Durchges. Neuaufl. Kronberg (Ts.) 1989. S. 1–13.
Sørensen, Bengt Algot: Herrschaft und Zärtlichkeit. Der Patriarchalismus und das Drama im 18. Jahrhundert. München 1984.
Sommerfeld, Martin: Friedrich Nicolai und der Sturm und Drang. Ein Beitrag zur Geschichte der deutschen Aufklärung. Mit einem Anhang: Briefe aus Nicolais Nachlass. Halle 1921.
Stamm, Israel: Sturm und Drang and Conservatism. In: Germanic Review 30 (1955) H. 4. S. 265–281.
Stern, Martin: Die Schwänke der Sturm-und-Drang-Periode: Satiren, Farcen und Selbstparodien in dramatischer Form. In: Goethes Dramen. Neue Interpretationen. Hrsg. von Walter Hinderer. Stuttgart 1980. S. 23–41.
Stockmeyer, Clara: Soziale Probleme im Drama des Sturmes und Dranges. Eine literarhistorische Studie. Frankfurt a. M. 1922.
Sturm und Drang. [Katalog zur Ausstellung im Freien Deutschen Hochstift und im Frankfurter Goethe-Museum 1988.] Hrsg. von Christoph Perels. Frankfurt a. M. 1988. [Zit. als: 1988a.]
Sturm und Drang. Erläuterungen zur deutschen Literatur. Hrsg. vom Kollektiv für Literaturgeschichte, Leitung Kurt Böttcher. [1957.] Berlin ^{7}1988. [Zit. als: 1988b.]
Le Sturm und Drang: une rupture? Actes du colloque organisé par l'IUFM [...] le 17 novembre 1995 à Besançon. Besançon 1996.
Thomke, Hellmut: Sturm und Drang. In: Reallexikon der deutschen Literaturgeschichte. Berlin / New York ^{2}1984. Bd. 4. S. 278–296.

Utz, Peter: Das Auge und das Ohr im Text. Literarische Sinneswahrnehmung in der Goethezeit. München 1990.
Vilmar, A. F. C.: Die Genieperiode. Marburg/Leipzig 1872.
Voßkamp, Wilhelm: Dialogische Vergegenwärtigung beim Schreiben und Lesen. Zur Poetik des Briefromans im 18. Jahrhundert. In: Deutsche Vierteljahrsschrift für Literaturwissenschaft und Geistesgeschichte 45 (1971) S. 80–116.
Wacker, Manfred (Hrsg.): Sturm und Drang. Darmstadt 1985.
Walter, Friedrich: Die zensurierten Klassiker. Neue Dokumente theresianisch-josephinischer Zensur. In: Jahrbuch der Grillparzergesellschaft 29 (1930) S. 142–147.
Walz, John A.: The phrase ›Sturm und Drang‹. In: Modern Language Notes 20 (1905) S. 48 f.
Walzel, Oskar F.: Das Prometheussymbol von Shaftesbury zu Goethe. Leipzig/Berlin 1910.
Waser, Hedwig: Eine Satire aus der Geniezeit. In: Vierteljahrschrift für Litteraturgeschichte 5 (1892) S. 249–270.
Wehler, Hans-Ulrich: Deutsche Gesellschaftsgeschichte. Bd. 1: Vom Feudalismus des Alten Reiches bis zur Defensiven Modernisierung der Reformära 1700–1815. München 1987.
Wenzel, Stefanie: Das Motiv der feindlichen Brüder im Drama des Sturm und Drang. Frankfurt a. M. / Bern / New York 1993.
Wild, Reiner: Die Vernunft der Väter. Zur Psychographie von Bürgerlichkeit und Aufklärung in Deutschland am Beispiel ihrer Literatur für Kinder. Stuttgart 1987.
Wilke, Jürgen: Literarische Zeitschriften des 18. Jahrhunderts (1688–1789). 2 Tle. Stuttgart 1978.
Wittmann, Reinhard: Geschichte des deutschen Buchhandels. Ein Überblick. München 1991.
Zeydel, Edwin H.: Early references to Storm and Stress in German literature. Bloomington 1926.

3. Vorläufer, Einflüsse, Wegbereiter

a) Periodisierung

Hart-Nibbrig, Christiaan L. / Käser, Rudolf / Martin, Denise: Zur Frage der »Epochenschwelle« am Beispiel des sogenannten »Sturm und Drang«. In: Etudes des Lettres 4 (1981) H. 4. S. 85–108.

Krauss, Werner: Zur Periodisierung Aufklärung, Sturm und Drang, Weimarer Klassik. [1961.] In: Sturm und Drang. Hrsg. von Manfred Wacker. Darmstadt 1985. S. 67–95.

b) Hamann, Herder

Haym, Rudolf: Herder. 2 Bde. [1880–85.] Mit einer Einl. von Wolfgang Harich. Berlin 1954.

Jørgensen, Sven-Aage: Johann Georg Hamann. Stuttgart 1976.

Lumpp, Hans-Martin: Philologia crucis. Zu Johann Georg Hamanns Auffassung von der Dichtkunst. Mit einem Kommentar zur *Aesthetica in nuce* (1762). Tübingen 1970.

Minor, Jacob: Johann Georg Hamann in seiner Bedeutung für die Sturm- und Drangperiode. Frankfurt a. M. 1881.

Sauder, Gerhard (Hrsg.): Johann Gottfried Herder 1744–1803. Hamburg 1986.

Unger, Rudolf: Hamann und die Aufklärung. Studien zur Vorgeschichte des romantischen Geistes im 18. Jahrhundert. [1911.] Nachdr. der 2., unveränd. Aufl. Halle 1925. 2 Bde. Darmstadt 1963.

c) Kaufmann, Mercier, Rousseau

Boubia, Fawzi: Theater der Politik – Politik des Theaters. Louis-Sebastien Mercier und die Dramaturgie des Sturm und Drang. Frankfurt a. M. / Bern / Las Vegas 1978.

McInnes, Edward: Louis-Sébastien Mercier and the drama of the Sturm und Drang. In: Publications of the English Goethe Society. N. S. 54 (1985) S. 76–100.

Milch, Werner: Christoph Kaufmann. Frauenfeld/Leipzig 1932.

Pusey, W. W.: Louis-Sébastien Mercier in Germany. His vogue and influence in the eighteenth century. [1939.] Nachdr. New York 1966.

San-Giorgiu, Jon: Sebastien Merciers dramaturgische Ideen im »Sturm und Drang«. Basel 1921.

Wuthenow, Ralph-Rainer: Rousseau im »Sturm und Drang«. In: Sturm und Drang. Ein literaturwissenschaftliches Studienbuch. Hrsg. von Walter Hinck. [1978.] Durchges. Neuaufl. Kronberg (Ts.) 1989. S. 14–54.

d) *Füssli, Lavater*

Beutler, Ernst: Johann Heinrich Füßli. Ansprache bei Eröffnung der Füßli-Ausstellung des Frankfurter Goethemuseums am 27. August 1938. Halle 1939.

Caflisch-Schnetzler, Ursula: »Wer wird meine Klagen hören?« Der ewig Fremde und der unruhig Etablierte: Johann Heinrich Füssli und Johann Caspar Lavater. In: Lenz-Jahrbuch. Sturm-und-Drang-Studien 3 (1993) S. 183–208.

Federmann, Arnold: Johann Heinrich Füssli. Dichter und Maler 1741–1825. Zürich/Leipzig 1927.

Janentzky, Christian: J. C. Lavaters Sturm und Drang im Zusammenhang seines religiösen Bewußtseins. Halle 1916.

Johann Heinrich Füssli 1741–1825. [Katalog zur Ausstellung Hamburger Kunsthalle 4. Dezember 1974 bis 19. Januar 1975.] Hrsg. von Werner Hofmann. München 1974.

Schnorf, Hans: Sturm und Drang in der Schweiz. Zürich 1914.

e) *Gerstenberg*

Gerth, Klaus: Studien zu Gerstenbergs Poetik. Ein Beitrag zur Umschichtung der ästhetischen und poetischen Grundbegriffe im 18. Jahrhundert. Göttingen 1960.

Jacobs, Montague: Gerstenbergs Ugolino. Ein Vorläufer des Geniedramas. Mit einem Anhang: Gerstenbergs Fragment *Der Waldjüngling*, aus der Handschrift veröffentlicht. Berlin 1898.

Schmidt, Henry J.: The language of confinement. Gerstenberg's *Ugolino* and Klinger's *Sturm und Drang*. In: Lessing-Yearbook 11 (1979) S. 165–197.

Wagner, Albert Malte: Heinrich Wilhelm von Gerstenberg und der Sturm und Drang. Bd. 1: Gerstenbergs Leben, Schriften und Persönlichkeit. Heidelberg 1920. Bd. 2: Gerstenberg als Typus der Übergangszeit. Ebd. 1924.

4. Ästhetik, Volkslied, Bürger, Shakespeare

Bauerhorst, Kurt: Der Geniebegriff, seine Entwicklung und seine Formen unter besonderer Berücksichtigung des Goetheschen Standpunkts. Ein Beitrag zur neueren Geistesgeschichte. (Diss. Breslau.) Ohlau (Schlesien) 1930.

Blochmann, Elisabeth: Die deutsche Volksdichtungsbewegung in Sturm und Drang und Romantik. In: Deutsche Vierteljahrsschrift für Literaturwissenschaft und Geistesgeschichte 1 (1923) S. 419 bis 452.

Druvins, Ute: Volksüberlieferung und Gesellschaftskritik in der Ballade. In: Sturm und Drang. Ein literaturwissenschaftliches Studienbuch. Hrsg. von Walter Hinck. [1978.] Durchges. Neuaufl. Kronberg (Ts.) 1989. S. 117–133.

Grappin, Pierre: La théorie du génie dans le préclassicisme allemand. Paris 1952.

Gundolf, Friedrich: Shakespeare und der deutsche Geist. [1911.] München/Düsseldorf [11]1959.

Häntzschel, Günter: ›Mit den Waffen des Geistes‹. Anmerkungen zu Gottfried August Bürger anläßlich seines 200. Todestages. In: Lenz-Jahrbuch. Sturm-und-Drang-Studien 4 (1994) S. 143–154.

Inbar, Eva Maria: Shakespeare in der Diskussion um die aktuelle deutsche Literatur, 1773–1777: Zur Entstehung der Begriffe ›Shakespearisierendes Drama‹ und ›Lesedrama‹. In: Jahrbuch des Freien Deutschen Hochstifts 1979. S. 1–39.

Kaim-Kloock, Lore: Gottfried August Bürger. Zum Problem der Volkstümlichkeit in der Lyrik. Berlin 1963.

Kircher, Erwin: Volkslied und Volkspoesie in der Sturm-und-Drangzeit. Straßburg 1902. Wiederabdr. u. d. T. [text- und seitenidentisch]: Volkslied und Volkspoesie in der Sturm- und Drangzeit. Ein begriffsgeschichtlicher Versuch. In: Zeitschrift für Deutsche Wortforschung 4 (1903) S. 1–57.

Peters, Günter: Der zerrissene Engel. Genieästhetik und literarische Selbstdarstellung im achtzehnten Jahrhundert. Stuttgart 1982.

Sauder, Gerhard: Geniekult im Sturm und Drang. In: Hansers Sozialgeschichte der deutschen Literatur vom 16. Jahrhundert bis zur Gegenwart. Hrsg. von Rolf Grimminger. Bd. 3.1: Deutsche Aufklärung bis zur Französischen Revolution 1680–1789. Hrsg. von R. G. 2., durchges. Aufl. München/Wien 1984. S. 327–340.

Stellmacher, Wolfgang: Grundfragen der Shakespeare-Rezeption in der Frühphase des Sturm und Drang. [1964.] In: Sturm und Drang. Hrsg. von Manfred Wacker. Darmstadt 1985. S. 112–143.

Stern, Martin: Gottfried August Bürgers Sonett *An das Herz*. In: Literatur und Geistesgeschichte. Festgabe für Heinz Otto Burger. Hrsg. von Reinhold Grimm und Conrad Wiedemann. Berlin 1968. S. 171–187.

Tombo, Rudolf: Ossian in Germany. Bibliography, general survey, Ossian's influence upon Klopstock and the Bards. New York 1901. Nachdr. ebd. 1966.

Wolf, Herman: Versuch einer Geschichte des Geniebegriffs in der deutschen Ästhetik des 18. Jahrhunderts. Bd. 1: Von Gottsched bis auf Lessing. Heidelberg 1923.

5. Goethe

Beutler, Ernst: *Von Deutscher Baukunst*. In: Goethe. N. F. 6 (1941) S. 232–263.

Boyle, Nicholas: Goethe. Der Dichter in seiner Zeit. Bd. 1: 1749–1790. Aus dem Engl. übers. von Holger Fliessbach. München 1995.

Braemer, Edith: Goethes Prometheus und die Grundpositionen des Sturm und Drang. Weimar 1963.

Conrady, Karl Otto: Über »Sturm und Drang«-Gedichte Goethes. Anmerkungen zu ihrem historischen Ort und zu ihrer heutigen Bedeutung. In: K. O. C.: Literatur und Germanistik als Herausforderung. Skizzen und Stellungnahmen. Frankfurt a. M. 1974. S. 125–153.

– Zur Bedeutung von Goethes Lyrik im Sturm und Drang. In: Sturm und Drang. Ein literaturwissenschaftliches Studienbuch. Hrsg. von Walter Hinck. [1978.] Durchges. Neuaufl. Kronberg (Ts.) 1989. S. 97–116.

Flaschka, Horst: Goethes *Werther*. Werkkontextuelle Deskription und Analyse. München 1987.

Gaier, Ulrich: Vom Mythos zum Simulacrum: Goethes *Prometheus*-Ode. In: Lenz-Jahrbuch. Sturm-und-Drang-Studien 1 (1991) S. 147–167.

Goethe-Bibliographie. Literatur zum dichterischen Werk. Zsgest. von Helmut G. Hermann. Stuttgart 1991.

Graefe, Johanna: Die Religion in den *Leiden des jungen Werther*. Eine Untersuchung auf Grund des Wortbestandes. In: Goethe-Jahrbuch. N. F. 20 (1958) S. 72–98.

Graham, Ilse A.: Vom *Urgötz* zum *Götz*: Neufassung oder Neuschöpfung? Ein Versuch morphologischer Kritik. In: Jahrbuch der Deutschen Schillergesellschaft 9 (1965) S. 245–282.

Grathoff, Dirk: Der Pflug, die Nußbäume und der Bauerbursche: Natur im thematischen Gefüge des *Werther*-Romans. In: Goethes *Werther*. Kritik und Forschung. Hrsg. von Hans Peter Herrmann. Darmstadt 1994. S. 382–402.

Herrmann, Hans Peter (Hrsg.): Goethes *Werther*. Kritik und Forschung. Darmstadt 1994.

– Landschaft in Goethes *Werther*. In: Goethes *Werther*. Kritik und Forschung. Hrsg. von Hans Peter Herrmann. Darmstadt 1994. S. 360–381.

Ingen, Ferdinand van: Aporien der Freiheit: Goethes *Götz von Berlichingen*. In: Verlorene Klassik? Hrsg. von Wolfgang Wittkowski. Tübingen 1986. S. 1–23.

Jäger, Georg: Die Wertherwirkung. Ein rezeptionsästhetischer Modellfall. In: Historizität in Sprach- und Literaturwissenschaft. Hrsg. von Walter Müller-Seidel. München 1974. S. 389–409. Wiederabdr. in: Goethes *Werther*. Kritik und Forschung. Hrsg. von Hans Peter Herrmann. Darmstadt 1994. S. 223–231.

Leppmann, Wolfgang: *Clavigo*. In: Goethes Dramen. Neue Interpretationen. Hrsg. von Walter Hinderer. Stuttgart 1980. S. 78 bis 88.

Luserke, Matthias: Goethes *Prometheus*-Ode. Text und Kontext. In: Goethe-Gedichte. Zweiunddreißig Interpretationen. Hrsg. von Gerhard Sauder. München/Wien 1996. S. 45–57.

McInnes, Edward: Moral, Politik und Geschichte in Goethes *Götz von Berlichingen*. In: Zeitschrift für deutsche Philologie 103 (1984) Sonderh. S. 2–20.

Martini, Fritz: Goethes *Götz von Berlichingen*. Charakterdrama und Gesellschaftsdrama. In: F. M.: Geschichte im Drama – Drama in der Geschichte. S. 104–128.

Meyer-Kalkus, Reinhart: Werthers Krankheit zum Tode. Pathologie und Familie in der Empfindsamkeit. In: Urszenen. Literaturwissenschaft als Diskursanalyse und Diskurskritik. Hrsg. von Friedrich A. Kittler und Horst Turk. Frankfurt a. M. 1977. S. 76 bis 138.

Müller-Salget, Klaus: Zur Struktur von Goethes *Werther*. In: Goethes *Werther*. Kritik und Forschung. Hrsg. von Hans Peter Herrmann. Darmstadt 1994. S. 317–337.

Nägele, Rainer: Johann Wolfgang Goethe: *Götz von Berlichingen*. In: Interpretationen: Dramen des Sturm und Drang. Stuttgart 1987. Erw. Ausg. Ebd. 1987. S. 7–31.

Neuhaus, Volker: Johann Wolfgang Goethe, *Götz von Berlichingen*. Erläuterungen und Dokumente. Stuttgart 1973 [u. ö.].
– Johann Wolfgang Goethe: *Götz von Berlichingen*. In: Geschichte als Schauspiel. Deutsche Geschichtsdramen. Interpretationen. Hrsg. von Walter Hinck. Frankfurt a. M. 1981. S. 82–100.
Osterkamp, Ernst: Im Buchstabenbilde. Studien zum Verfahren Goethescher Bildbeschreibungen. Stuttgart 1991.
Sauder, Gerhard: Willkomm und Abschied: wortlos. Goethes Sesenheimer Gedicht *Mir schlug das Herz*. In: Gedichte und Interpretationen. Bd. 2: Aufklärung und Sturm und Drang. Hrsg. von Karl Richter. Stuttgart 1983 [u. ö.]. S. 411–424.
Scherpe, Klaus R.: Werther und Wertherwirkung. Zum Syndrom bürgerlicher Gesellschaftsordnung im 18. Jahrhundert. Anhang: Vier Wertherschriften aus dem Jahre 1775 in Faksimile. Bad Homburg v. d. H. / Berlin / Zürich 1970.
Schiller und Goethe im Urtheile ihrer Zeitgenossen. [...] Gesammelt und hrsg. von Julius W. Braun. [...] Abt. 2: Goethe. Bd. 1: 1773–1786. Berlin 1883.
Schmiedt, Helmut (Hrsg.): »Wie froh bin ich, daß ich weg bin!« Goethes Roman *Die Leiden des jungen Werther* in literaturpsychologischer Sicht. Würzburg 1989.
Schöffler, Herbert: Die Leiden des jungen Werther. Ihr geistesgeschichtlicher Hintergrund. [1938.] In: H. S.: Deutscher Geist im 18. Jahrhundert. Essays zur Geistes- und Religionsgeschichte. Hrsg. von Götz von Selle. Göttingen 1956. S. 155–181.
Stauf, Renate: Justus Mösers Konzept einer deutschen Nationalidentität. Mit einem Ausblick auf Goethe. Tübingen 1991.
Stephan, Arndt und Inge: Werther und Werther-Rezeption – Ein Unterrichtsmodell zur Aufarbeitung bürgerlichen Selbstverständnisses. In: Projekt Deutschunterricht 9. Hrsg. von Bodo Lecke. Stuttgart 1975. S. 146–176.
Stewart, Walter K.: Time structure in drama: Goethe's Sturm und Drang plays. Amsterdam 1978.
Sudheimer, Hellmuth: Der Geniebegriff des jungen Goethe. Berlin 1935.
Thomé, Horst: Tätigkeit und Reflexion in Goethes *Prometheus*. Umrisse einer Interpretation. In: Gedichte und Interpretationen. Bd. 2: Aufklärung und Sturm und Drang. Hrsg. von Karl Richter. Stuttgart 1983 [u. ö.]. S. 425–435.
Vaget, Hans Rudolf: *Die Leiden des jungen Werthers* (1774). In:

Goethes Erzählwerk. Interpretationen. Hrsg. von Paul Michael Lützeler und James E. McLeod. Stuttgart 1985 [u. ö.]. S. 37–72.
Weimar, Klaus: Goethes Gedichte 1769–1775. Interpretationen zu einem Anfang. Paderborn/München/Wien/Zürich 1982.
Willems, Marianne: Das Problem der Individualität als Herausforderung an die Semantik im Sturm und Drang. Studien zu Goethes *Brief des Pastors zu *** an den neuen Pastor zu ****, *Götz von Berlichingen* und *Clavigo*. Tübingen 1995.
Wörterbuch zu Goethes *Werther*. Begr. von Erna Merker in Zsarb. mit Johanna Graefe und Fritz Merbach, fortgef. und voll. von Isabel Engel [u. a.]. Berlin 1966.
Zabel, Hermann: Goethes *Werther* – eine weltliche Passionsgeschichte? Anmerkungen zur Interpretation literarischer Kunstwerke in ihrem Verhältnis zur biblisch-christlichen Tradition. In: Zeitschrift für Religions- und Geistesgeschichte 24 (1972) S. 57–69.
Zimmermann, Rolf Christian: Das Weltbild des jungen Goethe. Studien zur hermetischen Tradition des deutschen 18. Jahrhunderts. Bd. 1: Elemente und Fundamente. München 1969. Bd. 2: Interpretation und Dokumentation. Ebd. 1979.

6. Gruppenbildung und Gruppenbindung

a) Allgemein

Bolten, Jürgen: Melancholie und Selbstbehauptung. Zur Soziogenese des Bruderzwistmotivs im Sturm und Drang. In: Deutsche Vierteljahrsschrift für Literaturwissenschaft und Geistesgeschichte 59 (1985) S. 265–277.
Keller, J.: Les sociétés culturelles à Strasbourg vers 1770. In: Revue d'Allemagne 3 (1971) H. 1. S. 223–235.
Lefftz, Joseph: Die gelehrten und literarischen Gesellschaften im Elsass vor 1870. Colmar 1931.
Martini, Fritz: Die feindlichen Brüder. Zum Problem des gesellschaftskritischen Dramas von J. A. Leisewitz, F. M. Klinger und F. Schiller. In: F. M.: Geschichte im Drama – Drama in der Geschichte. Stuttgart 1979. S. 129–186.
Mix, York-Gothart: Die deutschen Musenalmanache des 18. Jahrhunderts. München 1987.

Pope, Timothy F.: J. M. R. Lenz's ›Literarischer Zirkel‹ in Strasbourg. In: Seminar 20 (1984) H. 1. S. 235–245.

b) Klinger

Blasberg, Cornelia: Ein »kopirendes Original«. F. M. Klingers Trauerspiel *Die Zwillinge* zwischen Geniekult und Traditionsbindung. In: Jahrbuch der Deutschen Schillergesellschaft 38 (1994) S. 39–64.

Erdmann, Oskar: Ueber F. M. Klingers dramatische Dichtungen. In: Jahresbericht über das Königliche Wilhelms-Gymnasium zu Königsberg i. Pr. [...]. (Programm Nr. 16.) Königsberg 1877. S. 1 bis 44.

Hering, Christoph: Friedrich Maximilian Klinger. Der Weltmann als Dichter. Berlin 1966.

Jennings, Michael W.: »Vergessen von aller Welt«. Literatur, Politik und Identität in Klingers Dramen des Sturm und Drang. In: Zeitschrift für deutsche Philologie 104 (1985) S. 494–506.

Kaiser, Gerhard: Friedrich Maximilian Klingers Schauspiel *Sturm und Drang*. Zur Typologie des Sturm-und-Drang-Dramas. [1973.] In: Sturm und Drang. Hrsg. von Manfred Wacker. Darmstadt 1985. S. 315–340.

Rieger, M.: Klinger in der Sturm- und Drangperiode. Mit vielen Briefen. Darmstadt 1880.

– Klinger in seiner Reife. Mit einem Briefbuch. Darmstadt 1896. (M. R.: Friedrich Maximilian Klinger, sein Leben und Werke. Tl. 2.)

Scheuer, Helmut: Friedrich Maximilian Klinger: *Sturm und Drang*. In: Interpretationen: Dramen des Sturm und Drang. Stuttgart 1987. Erw. Ausg. Ebd. 1997. S. 57–98.

Schmidt, Henry J.: The Language of Confinement. Gerstenberg's *Ugolino* and Klinger's *Sturm und Drang*. In: Lessing-Yearbook 11 (1979) S. 165–197.

Smoljan, Olga: Friedrich Maximilian Klinger. Leben und Werk. Weimar 1962.

Werner, Richard Maria: [Rez.] Ueber F. M. Klinger's dramatische Dichtungen von Oscar Erdmann [...]. In: Zeitschrift für die österreichischen Gymnasien 30 (1879) S. 276–298.

c) *Leisewitz, Maler Müller*

Karthaus, Ulrich: Johann Anton Leisewitz: *Julius von Tarent*. In: Interpretationen: Dramen des Sturm und Drang. Stuttgart 1987. Erw. Ausg. Ebd. 1997. S. 99–127.

Kolb, Ines: Herrscheramt und Affektkontrolle. Johann Anton Leisewitz' *Julius von Tarent* im Kontext von Staats- und Moralphilosophie der Aufklärung. Frankfurt a. M. / Bern 1983.

Sauder, Gerhard / Paulus, Rolf / Weiß, Christoph (Hrsg.): Maler Müller in neuer Sicht. Studien zum Werk des Schriftstellers und Malers Friedrich Müller (1749–1825). St. Ingbert 1990.

Spycher, Peter: Die Entstehungs- und Textgeschichte von J. A. Leisewitz' *Julius von Tarent*. Bern 1951.

Weinhold, Karl: Beiträge zu Maler Müllers Leben und Schriften. In: Archiv für Litteraturgeschichte 3 (1874) S. 495–523.

Wuthenow, Ralph-Rainer: Die stehenden Gewässer der Hypochondrie. Zu den Tagebüchern von Johann Anton Leisewitz. In: Lenz-Jahrbuch. Sturm-und-Drang-Studien 3 (1993) S. 116–131.

d) *Kindsmord*

Dedert, Hartmut: Kindsmord in Arkadien. Aufklärung und ihre Grenzen in Maler Müllers Idylle *Das Nuß-Kernen*. In: Andreas Gößling / Stefan Nienhaus (Hrsg.): Critica poeticae. Lesarten zur deutschen Literatur. Würzburg 1992. S. 113–124.

Dülmen, Richard van: Frauen vor Gericht: Kindsmord in der frühen Neuzeit. Frankfurt a. M. 1991.

Glaser, Renate / Luserke, Matthias: Lustverbot und Kindsmord. Zivilisationsgeschichtliche Überlegungen zur Mannheimer Preisfrage von 1780. In: Ich und der Andere. Aspekte menschlicher Beziehungen. Hrsg. von Reiner Marx und Gerhard Stebner. St. Ingbert 1996. S. 197–218.

Goetzinger, Germaine: Männerphantasie und Frauenwirklichkeit: Kindermörderinnen in der Literatur des Sturm und Drang. In: Frauen Literatur Politik. Hrsg. von Annegret Pelz [u. a.]. Hamburg 1988. S. 263–286.

Luserke, Matthias: Kulturelle Deutungsmuster und Diskursformationen am Beispiel des Themas Kindsmord zwischen 1750 und 1800. In: Lenz-Jahrbuch. Sturm-und-Drang-Studien 6 (1996) S. 198–229.

Mabee, Barbara: Die Kindesmörderin in den Fesseln der bürgerlichen Moral: Wagners Evchen und Goethes Gretchen. In: Women in German Yearbook. Feminist Studies and German Culture 3 (1986) S. 29–45.
Madland, Helga Stipa: Infanticide as fiction: Goethe's *Urfaust* and Schiller's *Kindsmörderin* as models. In: The German Quarterly 62 (1989) S. 27–38.
Meyer-Knees, Anke: Verführung und sexuelle Gewalt: Untersuchung zum medizinischen und juristischen Diskurs im 18. Jahrhundert. Hrsg. von Karin Bruns [u. a.]. Tübingen 1992.
Rameckers, Jan Matthias: Der Kindesmord in der Literatur der Sturm-und-Drang-Periode: Ein Beitrag zur Kultur- und Literatur-Geschichte des 18. Jahrhunderts. Rotterdam 1927.
Schulz, Georg-Michael: *Die Kindsmörderin*. Lust an kühnen Bildern. In: Gedichte von Friedrich Schiller. Hrsg. von Norbert Oellers. Stuttgart 1996. S. 11–26.
Ulbricht, Otto: Kindsmord und Aufklärung in Deutschland. München 1990.
Wächtershäuser, Wilhelm: Das Verbrechen des Kindesmordes im Zeitalter der Aufklärung: Eine rechtsgeschichtliche Untersuchung der dogmatischen, prozessualen und rechtssoziologischen Aspekte. Berlin 1973.
Weber, Beat: Die Kindsmörderin im deutschen Schrifttum von 1750–1795. Bonn 1974.
Weber, Heinz-Dieter: Kindesmord als tragische Handlung. In: Der Deutschunterricht 28 (1976) S. 75–97.
Werner, Oscar Helmuth: The unmarried mother in German literature: With special reference to the period 1770–1800. New York 1917. Nachdr. Ebd. 1966.

e) Wagner

Binneberg, Kurt: Über die Dramensprache des Sturm und Drang. Am Beispiel der Aposiopesen in H. L. Wagners *Kindermörderin*. In: Jahrbuch des Freien Deutschen Hochstifts 1977. S. 27–54.
Genton, Elisabeth: Prometheus, Deukalion und seine Rezensenten. Eine umstrittene Literatursatire der Geniezeit. In: Revue d'Allemagne 3 (1971) H. 1. S. 236–254.
– La vie et les opinions de Heinrich Leopold Wagner (1740–1779). Frankfurt a. M. 1981.

Luserke, Matthias: Heinrich Leopold Wagner: *Die Kindermörderin* (1776). In: Interpretationen: Dramen des Sturm und Drang. Stuttgart 1987. – Erw. Ausg. Ebd. 1997.
Mayer, Dieter: Heinrich Leopold Wagners Trauerspiel *Die Kindermörderin* und die Dramentheorie des Louis Sébastien Mercier. In: literatur für leser. H. 2. 1981. S. 79–92.
Sauder, Gerhard: Kein Sturm und Drang in Saarbrücken. Heinrich Leopold Wagners Hofmeisterzeit. In: saarheimat 3–4 (1979) S. 57–62.
Schmidt, Erich: Heinrich Leopold Wagner, Goethes Jugendgenosse. 2., völlig umgearb. Aufl. Jena 1879.
Werner, Johannes: Gesellschaft in literarischer Form. H. L. Wagners *Kindermörderin* als Epochen- und Methodenparadigma. Stuttgart 1977.

f) Lyrik (siehe auch Goethe und Lenz)

Behrens, Jürgen: Der Göttinger Hain. In: Sturm und Drang. [Katalog zur Ausstellung im Freien Deutschen Hochstift und im Frankfurter Goethe-Museum 1988.] Hrsg. von Christoph Perels. Frankfurt a. M. 1988, S. 1–19.
Huyssen, Andreas: Sturm und Drang. In: Geschichte der deutschen Lyrik vom Mittelalter bis zur Gegenwart. Hrsg. von Walter Hinderer. Stuttgart 1983. S. 177–201.
Kranefuss, Annelen: Klopstock und der Göttinger Hain. In: Sturm und Drang. Ein literaturwissenschaftliches Studienbuch. Hrsg. von Walter Hinck. [1978.] Durchges. Neuaufl. Kronberg (Ts.). 1989. S. 134–162.
Metelmann, Ernst: Zur Geschichte des Göttinger Dichterbundes 1772–1774. Faksimile-Neudruck einer Quellenpublikation aus der Zeitschrift *Euphorion* XXXIII (1932). Stuttgart 1965.

7. Lenz

Arendt, Dieter: J. M. R. Lenz: *Der Hofmeister* oder Der kastrierte ›pädagogische Bezug‹. In: Lenz-Jahrbuch. Sturm-und-Drang-Studien 2 (1992) S. 42–77.

Becker, Sabina: Lenz-Rezeption im Naturalismus. In: Lenz-Jahrbuch. Sturm-und-Drang-Studien 3 (1993) S. 34–63.

Becker-Cantarino, Barbara: Jakob Michael Reinhold Lenz: *Der Hofmeister*. In: Interpretationen: Dramen des Sturm und Drang. Stuttgart 1987. Erw. Ausg. Ebd. 1997. S. 33–55.

Bohnen, Klaus: Irrtum als dramatische Sprachfigur. Sozialzerfall und Erziehungsdebatte in J. M. R. Lenz' *Hofmeister*. In: Orbis Litterarum 42 (1987) S. 317–331.

Diffey, Norman R.: Jakob Michael Reinhold Lenz and Jean-Jacques Rousseau. Bonn 1981.

Duncan, Bruce: The comic structure of Lenz's *Soldaten*. In: Modern Language Notes 91 (1976) S. 515–523.

Eibl, Karl: ›Realismus‹ als Widerlegung von Literatur. Dargestellt am Beispiel von Lenz' *Hofmeister*. In: Poetica 6 (1974) S. 456 bis 467.

Fertig, Ludwig: Die Hofmeister. Ein Beitrag zur Geschichte des Lehrerstandes und der bürgerlichen Intelligenz. Stuttgart 1979.

Genton, Elisabeth: Jacob Michael Reinhold Lenz et la scène allemande. [Paris] 1966.

Gerth, Klaus: »Vergnügen ohne Geschmack«. J. M. R. Lenz' *Menoza* als parodistisches »Püppelspiel«. In: Jahrbuch des Freien Deutschen Hochstifts 1988. S. 35–56.

Girard, René: Lenz 1751–1792. Genèse d'une dramaturgie du tragicomique. Paris 1968.

– Lenz ou l'inquiétante étrangeté. In: Etudes Germaniques 43 (1988) S. 15–24.

Glaser, Horst Albert: Heteroklisie – der Fall Lenz. In: Gestaltungsgeschichte und Gesellschaftsgeschichte. Literatur-, kunst- und musikwissenschaftliche Studien. In Zsarb. mit Käte Hamburger hrsg. von Helmut Kreuzer. Stuttgart 1969. S. 132–151.

Grathoff, Dirk: Literarhistorische Ungleichzeitigkeiten: Der *Hofmeister* von Lenz zu Brecht – ein Rückschritt im Fortschritt. In: Studien zur Ästhetik und Literaturgeschichte der Kunstperiode. Hrsg. von D. G. Frankfurt a. M. / Bern / New York 1985. S. 163 bis 207.

Greiner, Bernhard: Der Fluchtpunkt des Aufklärungs-Theaters als Leerstelle: J. M. R. Lenz' Komödie *Der Hofmeister*. In: Gesellige Vernunft. Zur Kultur der literarischen Aufklärung. Festschrift für Wolfram Mauser. Hrsg. von Ortrud Gutjahr, Wilhelm Kühlmann, Wolf Wucherpfennig. Würzburg 1993. S. 43–55.

Guthrie, John: Revision und Rezeption: Lenz und sein Hofmeister. In: Zeitschrift für deutsche Philologie 110 (1991) H. 2. S. 181 bis 201.

Hill, David (Hrsg.): Jakob Michael Reinhold Lenz. Studien zum Gesamtwerk. Opladen 1994.

Inbar, Eva Maria: Shakespeare in Deutschland: Der Fall Lenz. Tübingen 1982.

Koneffke, Marianne: Der »natürliche« Mensch in der Komödie *Der neue Menoza* von Jakob Michael Reinhold Lenz. Frankfurt a. M. 1990.

Krämer, Herbert: J. M. R. Lenz, *Die Soldaten*. Erläuterungen und Dokumente. Stuttgart 1974 [u. ö.].

Lappe, Claus O.: Wer hat Gustchens Kind gezeugt? Zeitstruktur und Rollenspiel in Lenz' Hofmeister. In: Deutsche Vierteljahrsschrift für Literaturwissenschaft und Geistesgeschichte 54 (1980) S. 14–46.

Leidner, Alan C.: The dream of identity: Lenz and the problem of Standpunkt. In: The German Quarterly 59 (1986) S. 387–400.

Liewerscheidt, Dieter: J. M. R. Lenz *Der Neue Menoza*, eine apokalyptische Farce. In: Wirkendes Wort 3 (1983) S. 144–152.

Lützeler, Paul Michael: Jakob Michael Reinhold Lenz: *Die Soldaten*. In: Interpretationen: Dramen des Sturm und Drang. Stuttgart 1987. Erw. Ausg. Ebd. 1997. S. 129–159.

Luserke, Matthias: J. M. R. Lenz: *Der Hofmeister – Der neue Menoza – Die Soldaten*. München 1993.

– Das *Pandämonium Germanikum* von J. M. R. Lenz und die Literatursatire des Sturm und Drang. In: »Unaufhörlich Lenz gelesen . . .«. Studien zu Leben und Werk von J. M. R. Lenz. Hrsg. von Inge Stephan und Hans-Gerd Winter. Stuttgart 1994. S. 257 bis 272.

– (Hrsg.): Jakob Michael Reinhold Lenz im Spiegel der Forschung. Hildesheim / Zürich / New York 1995.

– / Weiß, Christoph: Arbeit an den Vätern. Zur Plautus-Bearbeitung *Die Algierer* von J. M. R. Lenz. In: Lenz-Jahrbuch. Sturm-und-Drang-Studien 1 (1991) S. 59–91.

Lyman, Linda Marian: J. M. R. Lenz and the development of modern tragicomedies. (Diss.) Oregon 1975.

Madland, Helga Stipa: Gesture as evidence of language skepticism in Lenz's *Der Hofmeister* and *Die Soldaten*. In: The German Quarterly 57 (1984) S. 546–557.

Madland, Helga Stipa: Image and text: J. M. R. Lenz. Amsterdam 1994.

Martini, Fritz: Die Einheit der Konzeption in J. M. R. Lenz' *Anmerkungen übers Theater*. In: Jahrbuch der Deutschen Schillergesellschaft 14 (1970) S. 159–182.

Murat, Jean: Le *Pandaemonium Germanicum*. In: Revue d'Allemagne 3 (1971) H. 1. S. 255–266.

Parkes, Ford Briton: Epische Elemente in Jakob Michael Reinhold Lenzens Drama *Der Hofmeister*. Göppingen 1973.

Pastoors-Hagelüken, Marita: Die »übereilte Comödie«. Möglichkeiten und Problematik einer neuen Dramengattung am Beispiel des *Neuen Menoza* von J. M. R. Lenz. Frankfurt a. M. 1990.

Preuß, Werner Hermann: Selbstkastration oder Zeugung neuer Kreatur. Zum Problem der moralischen Freiheit in Leben und Werk von J. M. R. Lenz. Bonn 1983.

– ›Verfasser unbekannt‹ – ›typisch Lenz‹. Über den Anteil von J. M. R. Lenz an der Zeitschrift *Für Leser und Leserinnen*. In: Lenz-Jahrbuch. Sturm-und-Drang-Studien 3 (1993) S. 99–115.

Rector, Martin: La Mettrie und die Folgen. Zur Ambivalenz der Maschinen-Metapher bei Jakob Michael Reinhold Lenz. In: Willkommen und Abschied der Maschinen. Literatur und Technik – Bestandsaufnahme eines Themas. Essen 1988. S. 23–41.

– Götterblick und menschlicher Standpunkt. J. M. R. Lenz' Komödie *Der Neue Menoza* als Inszenierung eines Wahrnehmungsproblems. In: Jahrbuch der Deutschen Schillergesellschaft 33 (1989) S. 185–209.

Reiff, Paul: *Pandämonium germanicum*, by J. M. R. Lenz. In: Modern Language Notes 18 (1903) H. 3. S. 69–72.

Rieck, Werner: Poetologie als poetisches Szenarium. Zum *Pandämonium Germanicum* von Jakob Michael Reinhold Lenz. In: Lenz-Jahrbuch. Sturm-und-Drang-Studien 2 (1992) S. 78–111.

Rosanow, M. N.: Jakob M. R. Lenz der Dichter der Sturm- und Drangperiode. Sein Leben und seine Werke. Vom Verf. autorisierte u. durchgesehene Uebersetzung. Dt. von C. v. Gütschow. Leipzig 1909. Nachdr. Ebd. 1972.

Sauder, Gerhard: Konkupiszenz und empfindsame Liebe. J. M. R. Lenz' *Philosophische Vorlesungen für empfindsame Seelen*. In: Lenz-Jahrbuch. Sturm-und-Drang-Studien 4 (1994) S. 7–29.

Scherpe, Klaus R.: Dichterische Erkenntnis und ›Projektemacherei‹. Widersprüche im Werk von J. M. R. Lenz. In: Goethe-Jahrbuch 94 (1977) S. 206–235.

Schwarz, Hans-Günther: Dasein und Realität. Theorie und Praxis des Realismus bei J. M. R. Lenz. Bonn 1985.

Stephan, Inge / Winter, Hans-Gerd: »Ein vorübergehendes Meteor?« J. M. R. Lenz und seine Rezeption in Deutschland. Stuttgart 1984.

– (Hrsg.): »Unaufhörlich Lenz gelesen ...«. Studien zu Leben und Werk von J. M. R. Lenz. Stuttgart/Weimar 1994.

Stötzer, Jürgen: Das vom Pathos der Zerissenheit geprägte Subjekt. Eigenwert und Stellung der epischen Texte im Gesamtwerk von Jakob Michael Reinhold Lenz. Frankfurt a. M. / Bern / New York 1992.

Szondi, Peter: Die Theorie des bürgerlichen Trauerspiels im 18. Jahrhundert. Der Kaufmann, der Hausvater und der Hofmeister. Hrsg. von Gert Mattenklott. Mit einem Anh. über Molière von Wolfgang Fietkau. Frankfurt a. M. 1973.

Titel, Britta: »Nachahmung der Natur« als Prinzip dramatischer Gestaltung bei Jakob Michael Reinhold Lenz. Diss. Frankfurt a. M. 1963. [Masch.]

Unger, Thorsten: Handeln im Drama. Theorie und Praxis bei J. Chr. Gottsched und J. M. R. Lenz. Göttingen 1993.

Unglaub, Erich: »Das mit den Fingern deutende Publicum«. Das Bild des Dichters Jakob Michael Reinhold Lenz in der literarischen Öffentlichkeit 1770–1814. Frankfurt a. M. 1983.

Voit, Friedrich: Jakob Michael Reinhold Lenz, *Der Hofmeister oder Vorteile der Privaterziehung*. Erläuterungen und Dokumente. Stuttgart 1986 [u. ö.].

Vonhoff, Gert: Subjektkonstitution in der Lyrik von J. M. R. Lenz. Mit einer Auswahl neu herausgegebener Gedichte. Frankfurt a. M. / Bern / New York 1990.

Weiß, Christoph: *Waldbruder*-Fragmente. Über einige bislang ungedruckte Entwürfe zu J. M. R. Lenz' Briefroman *Der Waldbruder, ein Pendant zu Werthers Leiden*. In: Lenz-Jahrbuch. Sturm-und-Drang-Studien 3 (1993) S. 87–98.

Werner, Franz: Soziale Unfreiheit und ›bürgerliche Intelligenz‹ im 18. Jahrhundert. Der organisierende Gesichtspunkt in J. M. R. Lenzens Drama *Der Hofmeister oder Vorteile der Privaterziehung*. Frankfurt a. M. 1981.

Wiesmeyer, Monika: Gesellschaftskritik in der Tragikomödie. *Der Hofmeister* (1774) und *Die Soldaten* (1776) von J. M. R. Lenz. In: New German Review 2 (1986) S. 55–68.

Winter, Hans-Gerd: J. M. R. Lenz. Stuttgart 1987.
Wirtz, Thomas: »Halt's Maul«. Anmerkungen zur Sprachlosigkeit bei J. M. R. Lenz. In: Der Deutschunterricht 41 (1989) H. 6. S. 88–107.

8. Randfiguren

Cirdlestone, Cuthbert: poésie, politique, Pyrénées, Louis-François Ramond (1755–1827), sa vie, son œuvre littéraire et politique. Paris 1968.
Luserke, Matthias: Der Abgesang auf den Sturm und Drang. Plädoyer für eine neue Lektüre von Moritz' Drama *Blunt oder der Gast*. In: Karl Philipp Moritz. Hrsg. von Heinz Ludwig Arnold. München 1993. S. 67–75.
– Louis Ramond de Carbonnières und sein Drama *Die letzten Tage des jungen Olban* (1778). Ein Beitrag zur vergessenen Geschichte des Sturm und Drang. In: Lenz-Jahrbuch. Sturm-und-Drang-Studien 4 (1994) S. 81–100.
Mann, Michael: Sturm- und Drang-Drama. Studien und Vorstudien zu Schillers *Räubern*. Bern 1974.
Michelsen, Peter: Der Bruch mit der Vater-Welt. Studien zu Schillers *Räubern*. Heidelberg 1979.
Moritz, Eckart: Karl Philipp Moritz und der Sturm und Drang. Marburg 1938.
Nehls, Irene: Pfälzer Sturm und Drang: Ludwig Philipp Hahn (1746–1814). St. Ingbert 1987.
Orlando, Francesco: L'opera di Louis Ramond. Mailand 1960.
Scherpe, Klaus R.: Friedrich Schiller: *Die Räuber*. In: Interpretationen: Dramen des Sturm und Drang. Stuttgart 1987. Erw. Ausg. Ebd. 1997. S. 161–211.
Schrimpf, Hans Joachim: Karl Philipp Moritz. Stuttgart 1980.
Volke, Werner: Nachhall. Friedrich Schiller. In: Sturm und Drang. [Katalog zur Ausstellung im Freien Deutschen Hochstift und im Frankfurter Goethe-Museum 1988.] Hrsg. von Christoph Perels. Frankfurt a. M. 1988. S. 293–295.
Wacker, Manfred: Schillers *Räuber* und der Sturm und Drang. Stilkritische und typologische Überprüfung eines Epochenbegriffs. Göppingen 1973.

Werner, Richard Maria: Ludwig Philipp Hahn. Ein Beitrag zur Geschichte der Sturm- und Drangzeit. Straßburg 1877.

Bei der Deutschen Forschungsgemeinschaft, die mir ein Heisenberg-Stipendium und ein Forschungsprojekt zum Thema »Sturm und Drang« gewährte, bedanke ich mich für vielfache Hilfe. Den Mitarbeiterinnen Franziska Herboth und Simone Lehmann sei für ihre tatkräftige Unterstützung gedankt.

Dieses Buch ist aus zahlreichen Vorstudien hervorgegangen, die in den Literaturhinweisen vollständig angeführt sind.

Verzeichnis der Abbildungen

Namenregister

Titelregister

Begriffsregister

